Paul Bekker
Gustav Mahlers Sinfonien

SEVERUS Verlag

Bekker, Paul: Gustav Mahlers Sinfonien. 2016
Neuauflage der Ausgabe von 1969
ISBN: 978-3-95801-452-7

Umschlaggestaltung: Annelie Lamers, SEVERUS Verlag

Bibliografische Information der Deutschen Nationalbibliothek: Die Deutsche Nationalbibliothek
verzeichnet diese Publikation in der Deutschen Nationalbibliografie; detaillierte bibliografische
Daten sind im Internet über https://dnb.de abrufbar.

Der SEVERUS Verlag ist ein Imprint der Bedey & Thoms Media GmbH,
Hermannstal 119k, 22119 Hamburg

SEVERUS Verlag, 2016
http://www.severus-verlag.de
Gedruckt in Deutschland

Paul Bekker

Gustav Mahlers Sinfonien

SEVERUS

PAUL BEKKER

GUSTAV MAHLERS
SINFONIEN

INHALT

VORWORT

Der Titel besagt, daß dieses Buch keine Biographie Mahlers ist, sondern sich nur mit dem Werk beschäftigt. Biographien Mahlers gibt es zur Genüge, die von Specht und Stefan haben den Vorzug, aus unmittelbarer Kenntnis und teilweisem Miterleben des Schicksales der Persönlichkeit geschrieben zu sein. Was an Wissenswertem über den Menschen Mahler zu sagen ist, soweit es sich dem Außenstehenden überhaupt offenbarte, kann man aus ihnen erfahren. Daher erschien es mir überflüssig, bereits Gesagtes zu wiederholen. Notwendig aber war eine zusammenfassende Darstellung des Werkes. Es liegt mir fern, die bisher auf diesem Gebiete getanen Vorarbeiten anderer zu unterschätzen. Ich habe sie im Literatur-Verzeichnis angeführt, und sie, wo sie mir Bemerkenswertes gaben, für mein Buch benutzt. Immerhin glaube ich sagen zu dürfen, daß der meiner Arbeit zugrunde liegende Plan hier zum erstenmal aufgestellt worden ist. Es galt, das Gesamtwerk in allen Einzelheiten und zugleich als Totalität anschaulich zu machen. Sollte es mir gelungen sein, dieses Vorhaben auch nur annähernd zu verwirklichen, so müßte mein Buch trotz Fehlens einer Lebensbeschreibung das Bild der Persönlichkeit geben, denn selten ist so wie bei Mahler das Werk das Leben, das Leben das Werk gewesen.

Ich bin nicht der Meinung, daß kritische Erörterungen über dieses Leben und dieses Werk schon abgeschlossen seien. Aber ehe wir darüber streiten, haben wir die Verpflichtung, es genau kennen zu lernen. Nahezu alles, was heut gegen, vieles, was heut für Mahler gesagt wird, beruht auf unzureichender Sachkenntnis. Ich habe das an mir selbst erfahren, als ich, im Beginn meiner kritischen Tätigkeit, Mahler nur aus wenigen, zufällig an mich herangetragenen Sinfonien beurteilte. Erst als ich mir nach und nach das Gesamtwerk durch planmäßiges Studium nahe brachte, erkannte ich, daß sich hier aus scheinbaren Unzulänglichkeiten und Widersprüchen das Bild einer Persönlichkeit formt, wie sie so stark und innerlich ergreifend selten durch die Zeiten schreitet. Aus dieser eigenen Erfahrung entstand der Plan zu einem Buche, das Mahlers Gesamtwerk Musikern und Laien in faßlicher Darstellung nahebringen, die Verbindungen von Sinfonie zu Sinfonie zeigen, die innere Gesetzlichkeit, das organische Wachsen des Ganzen begreiflich machen sollte. Aussicht auf Gelingen konnte dieser Versuch nur haben, wenn er nicht auf Schwärmen und begeisterte Anpreisungen beschränkt blieb, sondern fachliche Begründung im einzelnen gab. Die Synthese war Zweck, Mittel dazu mußte die Analyse sein.

Man findet also hier eine Sammlung von Analysen. Sie sind mit vielen Notenbeispielen ausgestattet, damit der Leser sich im Augenblick klangsinnliche Ergänzung des Wortes verschaffen und das Gesagte nachprüfen kann. Im allgemeinen sind die Notenbeispiele einzeilig gehalten, nicht der Raumersparnis, sondern des leichteren Überblickes wegen. Soweit es möglich war und das Bild nicht allzusehr komplizierte, habe ich bei den späteren, dem polyphonen Stil zuneigenden Werken die Mehrstimmigkeit angedeutet, ohne jedoch die ganze Partitur auf eine Zeile bringen zu wollen. Es kam stets nur auf Hervorhebung der wichtigsten Linien an, nicht auf Vollständigkeit. Der Leser, der die Klavierauszüge oder die Studien-Partituren zur Hand nimmt, kann sich das Fehlende leicht ergänzen, ich hoffe aber, daß die Notenbeispiele auch ohne Hilfsmittel ausreichenden Einblick gewähren.

Für Unterstützung bei meiner Arbeit habe ich Frau Alma Maria Mahler zu danken. Sie gewährte mir Einblick in den Partiturentwurf der zehnten Sinfonie und machte mir wichtige, bisher nicht veröffentlichte Skizzen zugänglich. Unbekannt ist mir die in Vorbereitung befindliche Briefsammlung. Ich weiß nicht, ob und wie weit sie Auskunft über Werke erteilen, meine Darstellung bestätigen oder widerlegen wird. Ich bin mir aber bewußt, mit dem ehrlichen Willen des sachlich gesinnten Interpreten an die Arbeit gegangen zu sein. Wenn es einer Bekräftigung meiner Ansicht von der Notwendigkeit dieser Arbeit und von der Bedeutsamkeit des Mahlerschen Werkes bedurfte, so hätte ich sie in der freudigen Überzeugung gefunden, die sich in mir vom Beginn bis zum Abschluß des Buches dauernd steigerte. Demgegenüber erscheinen mir neuere polemische Versuche, das Eintreten für Mahler als Herabsetzung Beethovens zu kennzeichnen, als unfruchtbare und tendenziöse Bemühungen. Ich selbst habe vor nunmehr neun Jahren ein Buch über Beethoven geschrieben. Wenn ich jetzt eines über Mahler veröffentliche, so sehe ich in dieser Folge keinen Widerspruch, sondern die natürliche Weiterführung einer Linie, die vom Heros der Sinfonie zum Menschlichsten seiner Nachfolger führt. Hier ist kein Entweder-Oder erforderlich, nur ein ruhiges Sowohl-Als-auch.

Im übrigen ist es nicht meine Absicht, hier gegen Mahler-Feinde zu polemisieren. Ich will nur das Werk Mahlers zeigen, wie ich es sehe, und den Lesern dadurch Lust machen, es ebenfalls kennen zu lernen. Gelingt mir das, so ist mein Zweck erreicht. Haben sie Mahler erst wirklich in sich aufgenommen, ihn erlebt mit der Intensität, die ein solches Schaffen vom Nacherlebenden fordert, dann wollen wir weiter reden und rechten.

H o f h e i m i. T., im Oktober 1920.   PAUL BEKKER.

DER SINFONISCHE STIL

Wenn Richard Wagner die Geschichte der Sinfonie als mit Beethovens Neunter abgeschlossen ansah und Versuche, Beethoven auf die eine oder andere Art fortzusetzen, geringschätzig abwies, so hatte er mit dem Tiefblick des schöpferischen Genies die nicht zu überbietende Vollendung der Sinfonie Beethovens richtig erkannt. Er hätte ebenso die Entwicklung der Oper mit Mozart für abgeschlossen und weitere Werke dieser Art als überflüssig erklären können. Hier wie dort war ein Gattungstyp zur Erfüllung gelangt, hier wie dort waren damit keineswegs alle Möglichkeiten der Gattung erschöpft. Wie das Musikdrama Wagners im Anschluß an Weber, Marschner, Meyerbeer als neuer Operntyp neben die Oper Mozarts tritt, sie nicht vollendend, nicht überflügelnd, sondern, aus wesentlich anderen Gestaltungsquellen genährt, sie ergänzend, so tritt im Laufe des 19. Jahrhunderts ein neuer Sinfonietyp neben die Sinfonie Beethovens, ganz anders geartet als sie, ihr nur durch die Grundbegriffe der Gattung verwandt und eben dadurch ihr gleichberechtigt und ebenbürtig. Diesen neuen Sinfonietyp prägt und schafft Gustav Mahler.

Drei Musikergruppen stehen zwischen Beethoven und Mahler. Zunächst die mitteldeutsch romantische mit Mendelssohn, Schumann, Brahms und den sie umgebenden Akademikern. Es sind bürgerliche Musiker. Der Begriff des sinfonischen Kunstwerkes als mächtig ausstrebender Monumentalform wird durch sie verkleinert, verniedlicht, einer zum Teil echt und innerlich empfundenen, aber unsinfonischen Intimität zugeführt. Der Horizont verengt, die Empfindung spezialisiert sich aus dem Menschheitsgefühl der heroischen Beethovenzeit auf literarische und geschmackliche Interessen gebildeter Kreise. Eine zweite Gruppe bilden die Programmsinfoniker mit der enthusiasmierenden Führererscheinung Liszts. Sie nimmt lebhaftere und weitergespannte Beziehungen auf zur Umwelt, erfaßt den Monumentalgedanken Beethovens im extensiven Sinne, versucht ihn auf intellektuelle Gebiete zu übertragen. Das poetische Programm ist der Mittler. Es stellt Bindungen von gelegentlich überraschender Tragkraft her, untergräbt jedoch zugleich die wesenhafte Voraussetzung des sinfonischen Werkes: die Losgelöstheit von Begriffsfesseln. Die sinfonische Programmusik schmiedet sich diese Fesseln aufs neue. Sie erliegt ihnen im allmählichen Verfall zur Illustrationsmusik.

Während beide Gruppen, um den Erfolg kämpfend, das Feld beherrschen, wächst in der Stille der Erfolglosigkeit eine dritte heran: die der österreichischen Sinfoniker. Franz Schubert ist ihr Herold, Anton Bruckner ihre stärkste Elementarkraft, Gustav Mahler ihr Vollender. Gleich den Programmsinfonikern erfassen auch diese drei den sinfonischen Monumentalgedanken Beethovens, aber nicht wie jene im extensiven, sondern im intensiven Sinne. Das Programm und die dadurch bedingte Begriffsfesselung bleibt ihnen fremd, fremd bleibt ihnen auch die geschmacklich poetisierende Einstellung der bürgerlichen Romantiker auf bestimmte Bildungsschichten. Ihre Kunst ist wieder voraussetzungslose Gefühlsgestaltung. Beethovens Menschheitsidee wandelt sich in die romantische Naturidee, an Stelle der spekulativ gerichteten Ethik des größten weltbürgerlichen Sinfonikers tritt die pantheistische Religiosität der deutschen

Naturanbetung. Es erwächst ein neuer sinfonischer Stil aus dem Willen einer neuen sinfonischen Idee.

Beethovens Sinfonie beruht äußerlich auf dem durch Haydn zur Norm erhobenen viersätzigen Schema. Sie bildet die überlieferten vier Sätze zu selbständigen Typen von schärfster Individualprägung aus. Diese Satztypen Beethovens bergen in sich eine Anzahl neuer Probleme, die Beethoven selbst bereits als solche erkannt hat. Zunächst die Folge der Innensätze: die Stellung des Scherzo. Ursprünglich konnte sie nicht zweifelhaft sein. Sie war bedingt durch den Gesamttyp, der vom geistig bewegten Hauptsatz über die Gefühlssteigerung des langsamen zur Entspannung in heitere Bewegtheit führte und den Menuett erst nachträglich als Überleitung zwischen langsamen Satz und Finale einschob. Für Beethovens Sinfonietyp mit der gewichtigeren Bedeutung seines Finale paßte die Art des Ablaufes nicht mehr. Scherzo und Trio erhielten erhöhte Selbständigkeit, in der neunten Sinfonie wurde das Scherzo aus der Nachbarschaft des Finale entfernt und der ersten Hälfte des Werkes zugewiesen. In diesem Experimentieren mit der Stellung der Innensätze und der dadurch bedingten Frage nach ihrer Gestaltung überhaupt — denn aus der Veränderung ihrer Stellung mußte sich notwendig eine Veränderung ihres Charakters ergeben — lag das erste Problem der Gesamtform. Ein zweites war der langsame Satz. Von der fünften Sinfonie an vermeidet Beethoven den Adagiotyp. Erst die Neunte nimmt ihn noch einmal mit voller Inbrunst auf. Hier war die hingebungsvolle Gefühlsentladung durch die Übergewalt tiefdringender Erregungen in den vorangehenden Sätzen bedingt, das Scherzo in seiner dämonischen Steigerung bildete die Brücke zur Traumwelt des Adagio. Aus dieser Umstellung schöpfte Beethoven wieder Kraft zu dem tiefen Atemzuge des Adagio. Was aber sollte aus dem langsamen Satze werden, wo solche Spannung fehlte? Hatte er als reiner Gesang noch Berechtigung im sinfonischen Ganzen? Die Achte gibt Antwort: obwohl ihrer Tendenz nach durchaus archaisierend, daher den älteren Mustern äußerlich nahestehend, vermeidet sie sowohl langsamen Satz wie Scherzo. Beide gehören für Beethoven nicht mehr zum Wesen der Sinfonie. Sie waren nur aus der jeweiligen besonderen Einstellung zu rechtfertigen und fielen fort, sobald die inneren Voraussetzungen für sie fehlten.

Ein drittes Problem lag in dem Aufbau des ersten Satzes. Nicht in Einzelheiten seiner formalen Gliederung, sondern in seiner architektonischen Gestaltung: in der Introduktionsfrage. In den beiden ersten Sinfonien übernimmt Beethoven die Einleitung dem Muster Haydns entsprechend. Aber von der Eroika ab beginnt ernsthafte Auseinandersetzung mit dem Introduktionsproblem. Die Einleitung schrumpft auf zwei wuchtige Tutti-Akkorde zusammen, in der fünften und sechsten Sinfonie fällt sie ganz, und das Thema stürmt oder schmeichelt sich unmittelbar dem Hörer entgegen. In der Vierten und Siebenten versucht Beethoven anschließend an die Vorahnung der Zweiten eine neue Lösung: die Einleitung als allmähliche Vorbereitung wird aufgegeben und ein eigener Satz von selbständiger Breite spannt sich aus. Doch auch hier keine Lösung. Diese an sich imposante Einleitung bleibt dem Werke mehr ideell als organisch verbunden. Das Wesen der alten Introduktion erscheint gesteigert und verändert, nicht neu gestaltet. Anders in der Neunten. Zum ersten Male verschmelzen

Einleitung und Hauptsatz zum Ganzen. Sie greifen ineinander und ihre Bindung ist so tief, daß die Einleitung innerhalb des Satzes ihre sammelnde und spannende Kraft bewahrt. Hier war der Weg zur Lösung gewiesen und — hier schloß Beethoven ab.

Stellung und Charakter der Mittelsätze, organische Einschmelzung der Einleitung waren die Gestaltungsprobleme des Beethovenschen Sinfonietyps, deren Lösung er selbst anbahnte. Das Hauptproblem aber ließ auch er noch beiseite: die Formung des Finale. Was Beethoven hier bot, das Apotheosen-Finale in der Eroika, in der Fünften, Sechsten, Siebenten, Neunten war für seinen Typus das richtige, war auch mehr und weitaus Gewaltigeres, als vor ihm geleistet worden war. Aber es war weder Erfüllung, noch Weg dazu. Das Ringen um die Gestaltung des Finale der Neunten beweist, daß Beethoven auch an dieses Problem herangelangt war, ihm beizukommen suchte. Aber hier war die Grenze seines Vermögens. Er vermochte sie nicht zu überschreiten, weil mit der Frage der Finalgestaltung die Frage der sinfonischen Gestaltung überhaupt aufgeworfen wurde. Das Finalproblem konnte nur erfaßt und gelöst werden aus der Neuerfassung der sinfonischen Stilidee. In dieser Aufgabe der Umgestaltung des einstigen fröhlichen Beschlußsatzes zum Haupt- und Kernstück des sinfonischen Ganzen lag alles beschlossen, was die Sinfonik an Problemen überhaupt bot. Es galt den Punkt zu finden, von dem aus auch die übrigen Fragen: die der Mittelsätze, der Einleitung einer neuen Lösung zugeführt werden, die sinfonische Vielheit zur innerlich hemmungslos fließenden Einheit zusammengefaßt werden konnte. Es galt, dem alten Abrollen vom Höhepunkt des Eröffnungssatzes aus einen Aufschwung zum Höhepunkt des Finale als neuen Typ entgegenzusetzen. Dies war das Problem der neuen Sinfonik, wie Beethoven es hinterließ.

Man kann die sinfonische Veranlagung der Nachfolger Beethovens abmessen an der Art, wie sie die von ihm aufgeworfenen Fragen als Fragen überhaupt erkannten. Unter den bürgerlichen Romantikern waren mehrere, die mit feinem Spürsinn das nicht mehr Entwicklungsfähige des alten sinfonischen Organismus empfanden. Was etwa Schumann über das Adagio sagt, zeigt, daß er sich der inneren Schwierigkeiten dieses Satztyps wohl bewußt war. Die Einfügung des Allegretto in die Sinfonie durch Brahms beweist, daß er das Unnachahmbare des Beethovenschen Scherzotyps klar erkannte und diesem gefährlichen Muster behutsam aus dem Wege ging. Die Art, wie Schumann und Brahms die sinfonische Einleitung behandelten, in ihr wie Schumann in der B- und C-dur, Brahms in der c-moll-Sinfonie den poetischen Grundplan des Werkes zu geben, thematisch poetische Bezugnahmen zwischen den einzelnen Sätzen anzudeuten versuchten, zeigt, daß sie die Notwendigkeit neuer Bindungen erkannten. Aber ihr sinfonisches Gestaltungsvermögen reichte nicht aus. Es blieb bei thematischer Verknüpfung und poetischer Bezugnahme, bei den Mitteln also, die Beethoven selbst bereits im Finale der Neunten verwendet hatte. Die Kernfrage: die Finalegestaltung, wurde von dieser ganzen Musikergruppe scheu übergangen. Entweder man fiel völlig in das alte Schema des Vor-Beethovenschen Ausklangfinale zurück, wie Beethoven selbst es in der vierten und dann rückschauend in der achten Sinfonie verwendet hatte. So Mendelssohn und

Schumann in allen Sinfonien, Brahms in der zweiten. Oder man begnügte sich mit dem Beethovenschen Apotheosen-Finale: Brahms in der ersten. Wo die Apotheose als Spannungslösung durch den Verlauf des Werkes nicht ermöglicht war, gab man dem Finale erhöhte Gewichtsbetonung, so daß es innerlich gleichwertig dem Eröffnungssatz gegenüberstand, wie in Brahms dritter und vierter Sinfonie. Eine Lösung des sinfonischen Problems war damit nicht gewonnen, nicht einmal angebahnt. Der Typus Beethovens blieb das Muster, das man individuell variierte, auch im einzelnen kunst- und gedankenvoll ausführte, ohne die stilistischen Grundlagen der Gesamtform anzutasten.

Anders verfuhr Liszt. Deutlicher vielleicht noch als die bürgerlichen Romantiker erkannte er die Notwendigkeit einer Neubildung des sinfonischen Organismus, erkannte er auch die Einzelprobleme: das der Mittelsätze, der Einleitung, des Finale. Er löste sie auf die scheinbar einfachste Art: zog die vier Sätze der Sinfonie zusammen, schmolz Eröffnungssatz und Finale in eines, schob Adagio und Scherzo nach Bedarf episodisch ein. Diese Durchhauung des Knotens hatte durch ihre Einfachheit etwas Zwingendes, und man kann Liszts Tat ihrer anregenden Bedeutung gemäß hoch einschätzen. War sie aber im Hinblick auf die gegebene Aufgabe wirklich eine Lösung? War sie nicht vielmehr nur eine kühne und geistvolle Umgehung des sinfonischen Problems? Liszt gewann die Einheitlichkeit des sinfonischen Organismus. Er gewann sie unter Preisgabe jener Mannigfaltigkeit, aus der das Problem in tieferem Sinne erwachsen war. Mit der Opferung dieser Mannigfaltigkeit wurde das ursprünglich Wesenhafte der Sinfonie überhaupt, ihr mehrgliedriger, quaderartig getürmter Aufbau zugunsten einer Scheinmonumentalität hingegeben. Die Entwicklung des Lisztschen Typs bis auf die neueste Zeit bestätigt diese Auffassung. Liszt selbst sah sich genötigt bei seinen beiden größtgedachten Werken: der Faust- und der Dantesinfonie, die Teile wieder zu trennen und somit sich der konventionellen Gestaltungsart zu nähern. Auch seine Nachfolger vermochten das Prinzip der Verschmelzung nur äußerlich aufrecht zu erhalten. In den letzten großen Werken von Richard Strauß, vom Zarathustra über das Heldenleben bis zur Domestika und zur Alpensinfonie quellen die Teile immer weiter auseinander, stellt sich das Bedürfnis nach mehrsätziger Gliederung immer klarer heraus. Die deutschen Romantiker hatten bei aller Unfähigkeit, das Problem an der Wurzel zu greifen, das Wesen der Sinfonik eigentlich doch reiner erfaßt oder es haftete ihnen tiefer im Blut als Liszt. Das Aufgeben der Mehrsätzigkeit war nur ein zeitweiliger Gewinn. Ebensowenig wie das Festhalten an der Mehrsätzigkeit ohne innergesetzliche Umbildung war es eine Weiterführung der von Beethoven angeregten und hinterlassenen Aufgaben. Es war Nachfahrenarbeit ohne eigentümliche, aus tiefster Erfassung des Sachwesens geborene Gestaltungsgabe.

Von Schubert, dem ältesten der Österreichergruppe, liegen zwei Werke vor, die sein Bekenntnis zur Sinfonie bringen: die große Sinfonie in C-dur und die unvollendete in h-moll. Die C-dur zurückweisend auf die alte Musiziersinfonie, durchaus unbeethovenschen Gepräges, ohne tiefe thematische Bezugnahme vor sich hinsingend, alle Stimmungen des Herzens in unerschöpflichem Reichtum ausbreitend, tiefernst und doch wieder freudig hervordrängend im ersten Satz, wehmutsvoll, vom Leuchten Jean Paulschen Geistes durchblitzt im Andante, von rüstiger Heiterkeit erfüllt, aber nicht ganz vollgewichtig im Scherzo, in keckem Jauchzen und Brausen einherstürmend im Finale. Hier ist trotz des mächtigen Umfanges nichts von sinfonischer Problematik zu spüren. Die Genialität dieses Werkes liegt, wenn man von der materiellen Würdigung absieht, in der Freiheit und Kühnheit, mit der es achtlos an Beethoven vorbeistürmt und gerade darin seine besondere Kraft und Lebensfülle erweist. Ähnlich mag ursprünglich die früher geschaffene h-moll-Sinfonie geplant gewesen sein. Sie aber ist nicht fertig geworden, und das ist das Bemerkenswerte. Ein Stimmungskreis wird beschritten, der dem sinfonischen Ausdrucksgebiet bisher fern lag — jene mystische, dunkle Verträumtheit, die aus dem dumpfen Thema der Bässe in lastenden Wiederholungen und Steigerungen sich aufballt bis zur schneidenden Klage der Todesahnung, dann im Andante in ferne Fantasien überirdischer Gesichte sich mehr und mehr verliert — um schließlich den Weg zurück nicht wieder zu finden. Warum brach Schubert hier ab? Wir wissen keine Antwort, wir wissen nur, daß er es tat, und wir können, wir müssen es begreifen. Diese Sinfonie war hier zu Ende, ihre Weiterführung hätte eines Atems, einer Fantasie, einer Kraft bedurft, deren Schubert nicht mächtig war. Das entspannende Scherzo hat er begonnen und unfertig liegen lassen. Das Finale dieser Sinfonie aber vermochte auch er nicht auszudenken. Hier hätte es gegolten, den großen sinfonischen Wurf zu wagen, die Vordersätze in das Finale hineinzuleiten und sie hier zur klärenden Vollendung kommen zu lassen. Indem Schubert darauf verzichtete, stellte er zum erstenmal das Finaleproblem erkennbar auf, die Möglichkeit der Lösung von sich aus ebenso verneinend, wie er auf das Scherzo verzichtete.

Dieses Finaleproblem und die mit ihm zusammenhängenden Fragen sind weiterhin für die österreichischen Sinfoniker entscheidend. Als erste und allein, unbeeinflußt von den sinfonischen Versuchen der deutschen Romantiker wie Liszts, griffen sie dieses Problem auf, machten es zum Mittelpunkt ihres Schaffens. Hier zieht die Hauptlinie der Entwicklung weiter, der sich alle anderen sinfonischen Gestaltungen nebenordnen. Überlegen waren die Österreicher den anderen zunächst durch die naive Musizierfreudigkeit, die reine Voraussetzungslosigkeit ihres Kunsttriebes. Sie knüpften nicht an Beethoven an, versuchten nicht, diese oder jene seiner Anregungen weiterzuführen. Sie ließen die Beethovensche Sinfonik mit all ihren geistigen Unterströmungen beiseite, schöpften aus der nämlichen Quelle wie Beethoven, führten ihr von sich aus neu einen starken Strom volkstümlichen Empfindens hinzu, der sie nun zu ganz anderen Ufern führen mußte, als der Kompaß der spekulativen Ethik Beethovens. An die Stelle des Menschen, dessen Sittenbewußtsein und Persönlichkeit den Mittelpunkt Beethovenschen Geistes- und Gefühlslebens gebildet hatte, trat die Natur mit ihren Wundern und Geheimnissen, mit ihren unerschöpfbaren, ewigen Reizen, mit ihrer tiefen, an die Urquellen religiösen Gefühls rührenden Mystik. Diese Gewinnung eines neuen sinfonischen Gestaltungsstoffes war nötig, um einen neuen Gestaltungsstil finden zu lassen. Keiner der übrigen Sinfoniker hatte diesen neuen Stoff zu finden vermocht. Die deutschen Romantiker ebenso wie Liszt hatten Beethovens Menschheitsidee nur auf Einzelgebiete übertragen und in ihnen, jeder auf seine Art, weiter ausgebaut, die Größe des Vorbildes dabei preisgebend, ohne seine Selbständigkeit erreichen zu können. Die Österreicher erst unternahmen die Fahrt zu neuen Ufern. Nicht aus Eigenbrötelei, nicht aus vorsätzlicher Originalitätssucht. Einfach aus dem Naturinstinkt der großen, selbstschöpferischen Begabung heraus, die am Unnachahmlichen still vorübergeht und Kraft in sich trägt, um neues Unnachahmliches daneben zu stellen. So hatte Schubert nach dem Torso seiner h-moll die große C-dur-Sinfonie geschaffen, ein unbewußtes, aber gewaltiges Bekenntnis der Abwendung von Beethoven. So schuf Bruckner seine neun Sinfonien, gläubig zu Beethoven betend, seine Spuren aber meidend und ihm nur gelegentlich ein stilles Opfer bringend. Und so schrieb schließlich Mahler, Schubert und Bruckner zusammenfassend, die deutschen Romantiker und die Lisztschule dazu innerlichst durchdringend, sein sinfonisches Gesamtwerk, diese gewaltige Synthese alles dessen, was die Sinfonik seit Beethoven erlebt und erfahren hatte.

Wie aber ergab sich aus dem neuen Stoff das neue Gestaltungsgesetz? Die alte Sinfonik war erwachsen aus der Idee des Spieles, ihre Steigerung beruht in der allmählichen Lösung, der Überwindung der Schwere, der Erhebung zu immer leichteren Formen des Seins und des Fühlens, vom festen Schritt des ersten Satzes bis zum Schweben des Schlusses. Der Haydn-Beethovensche Sinfonietyp behielt diese Grundidee bei, er vertiefte sie nur, gab ihr stärkere geistige und seelische Werte. Aber der Charakter der Lösung des anfänglich Gebundenen, der Entfesselung und Verflüchtigung des ursprünglich Starren und Festen, die Idee des Ausgehens von einem Gegebenen, seine Hinaufführung in Regionen freien Fantasiespieles, rhythmisch bewegter Freude, blieb maßgebend bis zu Beethovens Neunter. Die Erkenntnis, die Tatsache: das Thema stand am Anfange dieser auf das Geistige gerichteten Sinfonik. Was sich in ihr vollzog, war kein eigentliches Werden und Wachsen, so genial die Darstellungsmittel dieses Werdens und Wachsens verwendet wurden. Es war ein Sichklarwerden über das Vorhandene, ein Ausschöpfen der in lapidarste Kürze gedrängten Fülle. Der erste Satz der Eroika, der Pastorale, der Neunten sind im Grunde nur Kommentare dessen, was in ihren ersten Takten geschieht. Die gewaltigsten Steigerungen, die Beethoven geschaffen hat: die Linien vom Anfang der fünften und der siebenten Sinfonie bis zu ihren Abschlüssen entrollen sich mit der niederzwingenden Logik, die die Offenbarung eines in seiner Folgerichtigkeit unabweisbaren Geschehens mit sich bringt. Es trägt in sich die Unerschütterlichkeit der mathematischen Formel und steht vom ersten Augenblick an bis in seine letzten Folgerungen hinein als elementare Tatsache da. Gerade in der unanfechtbaren logischen Gewalt dieser Kunst ruhte die Kraft, ruht heute noch die einzigartige Wirkung der Beethovenschen Sinfonik. Aus ihr ergab sich das grundlegende organische Gesetz, dem Beethoven auch in der Neunten sich nicht zu entziehen vermochte, dieses Gesetz, das zur Konzentration der geistigen Grundideen in den Vordersatz, in den Anfang, in das Thema zwang und den ganzen Organismus als in sich Fertiges aus diesem Anfang hervorspringen ließ.

Die Sinfonik der Österreicher kennt nicht die Logik dieses Muß, kennt nicht diese unabänderliche Gesetzlichkeit eines in seinem Ablauf von vornherein bestimmten Geschehens. Sie ist eine Sinfonik des Werdens und Keimens, eine unlogische Sinfonik, die Kräfte sammelt und bindet, wo sie sie antrifft. Eine Sinfonik, die sich erst allmählich in all ihren verschiedenen Zuflüssen findet und nun, mehr und mehr zum Strom schwellend, dem fernen, anfangs noch unerkannten Ziele zusteuert. Sie hängt in dieser neuen Gesetzlichkeit zusammen mit dem Naturleben, dem sie entwächst, aus dem sie ihre Kräfte zieht, wie dieses scheinbar dem Zufall untertan, scheinbar willkürlich gestaltend. Und doch eben nur scheinbar, denn aus diesem Zufall und dieser Willkür spricht eine Gesetzlichkeit ganz anderer Art als man sie bisher kannte und für allein möglich hielt: die Gesetzlichkeit des Werdens. Sie schöpft ihre Kräfte nicht aus dem Gegebenen, sondern aus der Ahnung des Zieles. Die Art, wie der Künstler, ohne die Zwanglosigkeit und Echtheit des sinfonischen Werdens zu stören, auf das Ziel hinlenkt, ihm immer näher kommt, es stets enger umkreist, bis er es erfaßt und in die Mitte nimmt, bestimmt den Grad seiner sinfonischen Kunst.

Eines ergab sich hierbei als natürliche Folge: daß nämlich der Schwerpunkt des sinfonischen Geschehens aus dem jetzt mehr und mehr vorbereitenden Vordersatz in die folgenden, zum Adagio oder Finale hinüberglitt. Es ergab sich daraus auch zwanglos die organische Einordnung der Einleitung in das sinfonische Geschehen. Sie war der erste Aufruf zur Sammlung, dem sich der Hauptteil des Eröffnungssatzes in gleichmäßig steigender Linie anschloß. Auch die Frage der Mittelsätze gewann jetzt neuen Sinn. Das Adagio erhielt durch den Vorbereitungscharakter des ersten Satzes erhöhte Daseinsberechtigung, es wurde vielfach zum Hauptsatz des ganzen Werkes, in dem sich alle allmählich angezogenen Kräfte sammelten und stauten, um nun über die Vermittlungsstellung des Scherzo in das Finale einzubrechen. Dem Scherzo wurden durch die nicht poetisierende, sondern natürliche Einbeziehung des Volkstümlichen neue Kräfte zugeführt. Sie gestatteten eine Anlehnung an das Schema und die beflügelte Rhythmik des Beethovenschen Scherzotyps, ohne daß dadurch die Urwüchsigkeit des neuen Tanzsatzes behindert wurde. So ergab sich aus der neuen Einstellung ohne jegliche Absicht oder spekulative Erwägung eine Lösung, zum mindesten Lösungsmöglichkeit der sinfonischen Probleme, die diese im innersten Wesen erfaßte und die Neugeburt des sinfonischen Organismus aus dem Geiste einer neuen Kunst- und Weltanschauung herbeiführte.

Es war Anton Bruckners geschichtliche Sendung, diesen Wandel im Anschluß an die beiden großen Vorarbeiten Franz Schuberts anzubahnen und durch eine gewaltige Tat in die Wirklichkeit umzusetzen. Bruckner war der erste, der die von Beethoven hinterlassenen sinfonischen Probleme zu lösen unternahm und der sie auch der Lösung zuführte, soweit diese dem einzelnen gelingen konnte. Er schuf die neue sinfonische Einleitung, in der sich, wie in der vierten Sinfonie, die Geburt des Themas vollzieht. Er entzog dem ersten Satz das geistige Übergewicht, indem er ihm wohl die thematische Fülle und Kraft beließ, ihm aber in seinem Verlauf mehr vorbereitenden, als entscheidenden Charakter gab. Er nahm dem Thema als solchem die Beethovensche Bedeutung des konzentrierten Mottos und gab ihm durch üppigere melodische Ausbreitung den Charakter der

ihr Wesen erst allmählich enthüllenden Anfangslinie. Diese neue Art organischer
Anlage bedingte eine neue Art auch der thematischen Gestaltung. Die thematische Arbeit Beethovenscher Prägung, diese unheimlich großartige Spiegelung
schärfster Gedankenzusammendrängung und unbeirrbaren Zielbewußtseins fand
keine innere Begründung mehr in dem neuen sinfonischen Stil, der das unab-
lässige Wollen aus einem Mittelpunkt geistigen Schaffens heraus nicht kannte,
sondern im Gegenteil zunächst in der Mannigfaltigkeit seiner Erscheinungen
die Kräfte sammeln mußte. So fiel die straffe, thematisch organische Technik
Beethovens, vielmehr sie wurde zum nebengeordneten Hilfsmittel. An ihre Stelle
trat eine wesentlich gelockerte Gedankenführung. Sie ließ der melodischen und
harmonischen Fantasie breiten Spielraum. Die Hilfsmittel rhythmisch architektonischer Gliederung: die Atempausen der Fermaten und Generalpausen wurden
nicht nur als ausnahmsweis verwendete Kunstmittel in Augenblicken höchst-
gesteigerten Affektes benutzt, wie etwa bei Beethoven in der c-moll-Sinfonie.
Sie verwandelten sich zwanglos zu Ausblicken auf Neues, zu Ruhemomenten für
die Heranholung frischer Gedanken. So erhält die Fügung des ganzen ersten
Satzes erheblich weichere, weniger zweckbestimmte Züge. Die Thematik verliert den scharfen Kommandoton Beethovens. Sie wird modellierbar, formt
sich aus der melodischen Linie erst allmählich zur festen plastischen Form. Selbst
da, wo sie, wie in der d-moll-Sinfonie Nr. 3 gleich am Anfang, reminiszenzenhaft
auf Beethoven weisend, in scharf geprägter Fassung auftritt, erhält sie durch den
Verlauf des Satzes und Werkes mehr den Charakter eines zum Fantasieren
anregenden, als aus sich heraus zeugenden thematischen Kernes.

Wird dem ersten Sinfoniesatz die überragende Stellung innerhalb des Werkes
entzogen, so gewinnen dafür die Mittelsätze an Bedeutung. Ihre Stellung zwar verändert Bruckner im allgemeinen nicht, nur in der Achten und Neunten tritt das
Scherzo vor das Adagio. Dafür erhalten beide Satztypen einen inhaltlichen Impuls, der Bruckners Adagio und Scherzi eigentlich zu den ersten macht, die seit
Beethoven wieder geschrieben wurden. In diesen Scherzi wird in Wahrheit jene
urwüchsige Kraft und Frische wieder lebendig, die auch Beethovens Scherzi
erfüllt. Sie wird lebendig nicht aus dem Geiste Beethovens, der hier zu höchstem
Taumel getriebener Schwung des Impulses war. Sie wird lebendig aus einer durchaus im Irdischen verwurzelten, bodenständigen Naturkraft. In Rhythmen von
derbster Ausgelassenheit und elementarer Lust schafft sie sich Ausdruck, greift
dabei auf Tanztypen zurück, deren originelles Gepräge einen neuen Blutstrom
urwüchsiger Volksmusik in das sinfonische Kunstgebilde überführt.

Gewaltiger fast noch als an den Scherzi offenbart sich die belebende und
innerlich neuschaffende Kraft an den Adagiosätzen Bruckners. Sie wachsen
bei ihm zu Mittelpunkten des sinfonischen Geschehens, in steigender Linie vom
Adagio der Frühwerke über die mächtig ausladenden Stücke der fünften,
sechsten und siebenten Sinfonie bis hinauf zu den in erdenferne Höhen
führenden Adagio der Achten und Neunten. Daß Bruckner diese Adagiokraft,
diese Fähigkeit breitesten, tiefsten Sichaussingens der Seele, diese künstlerische Fassung eines hemmungslos quellenden, alle Dämme überflutenden
Gefühlsstromes bis zum äußersten zu steigern vermochte, bis dahin, wo die Emp-
fängnisfähigkeit des Hörers fast versagt und nur noch die selbstvergessene,

jeder Forderung, jedem bewußten Wollen entsagende Hingabe bleibt — das war die höchste Gabe und Leistung seines Genies. An dieser Leistung erschöpfte er sich. Es war die Tragik im Schaffen Bruckners — wenn man gegenüber solchem Schaffen von Tragik sprechen kann — daß er das Gestaltungsproblem der neuen Sinfonik wohl aufnahm, wohl auch fühlend erkannte, daß er aber doch die Lösung nicht ganz durchzuführen vermochte. Er scheiterte am Reichtum seiner Adagiosätze. Bruckner hat versucht, das Problem des Finale zu lösen. Er hat versucht, die sinfonische Linie langsam steigend zum Finale hinzuführen, dieses nicht nur zum äußeren Höhepunkt, sondern zur eigentlichen Lebensquelle des sinfonischen Ganzen, zur Enthüllung des sinfonischen Geheimnisses zu machen. Die Großartigkeit und Kühnheit der Anlage seiner Finale läßt keinen Zweifel über das, was ihm vorschwebte. Gelungen ist ihm die Ausführung niemals, auch nicht da, wo er zu pompösen äußeren Steigerungen, wie zur Hinzufügung eines Bläserchores, oder zu architektonischen Hilfsmitteln, wie zur Verwendung der Fugenform, griff. Was dem ersten Satz zum Vorteil gereichte: jenes Fehlen des Zielbewußtseins, des logischen Müssens sowohl in der Anlage des Ganzen wie in der Gestaltung der einzelnen Themen, das eben wurde dem Finale zum Verhängnis. Hier wäre es nötig gewesen, eine Synthese der beiden Gestaltungsarten zu geben und so, wenn nicht einen Fortschritt über Beethoven hinaus, doch eine Weiterwirkung seiner Kunst im relativ entwicklungsmäßigen Sinne zu gewinnen. Hier jedoch versagte Bruckner. Er kam nicht hinaus über jenes Werden und Sammeln des Eröffnungssatzes, er gelangte auch trotz thematischer Bezugnahmen und Anspielungen nicht zu einer wahrhaften Konzentration der bis dahin wachgerufenen Schaffenskräfte. Er blieb Rhapsode. Gerade nach dem gewaltigen Aufschwung seiner Adagiosätze, nach dem mächtigen Kraftbeweis seiner Scherzi erscheinen die Finalsätze um so weniger innerlich fest gegründet, um so unzulänglicher als Abschlüsse eines derart weitausgreifenden Werdens. Bruckners letzte Sinfonie ist ohne Finale geblieben — ein Symbol dessen, was dieser außerordentlichen Naturkraft an abschließender Fähigkeit des letzten, endgültigen Zusammenfassens fehlte.

Bruckner hatte den Schwerpunkt des sinfonischen Geschehens aus dem Eröffnungssatze entfernt, hatte ihn weiter in die Mitte des Werkes hineingeschoben. Er wollte ihn in den Schlußsatz verlegen, aber er musizierte und fantasierte sich am Adagio fest, und das Finale blieb in der Ferne liegen. Mahler trat an die Sinfonie mit der gleichen Naivetät des musikalischen Naturmenschen heran wie Bruckner. Aber er hatte zwei Vorteile vor diesem voraus: er verband mit der Naivität des österreichischen Musikanten den scharfblickenden, überlegen ordnenden Intellekt des Juden, und — ihm lag das Werk Bruckners bereits vor, als er anfing. Wie tief dieses Werk zu ihm gesprochen haben muß, geht nicht nur aus der Tatsache seiner Schülerschaft bei Bruckner hervor. Auch seine Sinfonien beweisen es in der Anlage vieler Sätze, in der Gestaltung mancher Einzelthemen, in der Verwendung namentlich des Blechchores in choralartigen Hymnen. Die tiefste Einwirkung Bruckners auf Mahler ist aber wohl in der Tatsache zu sehen, daß Bruckners Arbeit Mahler den Hinweis gab auf jene Gestaltung der Sinfonie, die allein eine Neuentwicklung der sinfonischen Form ermöglichte: auf die Finalsinfonie. Mahler erfaßt diesen Typus im ersten Werk, das er schreibt.

Die Lösung gelingt nicht sofort, oder doch nicht so, daß man von einem schlacken-losen Wurf sprechen kann. Über das feste, bewußte Ergreifen aber, über die An-deutung einer großgedachten Lösung und damit des endlichen Durchbruchs einer neuen Auffassung vom Wesen des sinfonischen Kunstwerks — über alles dies ist schon vom ersten Auftreten Mahlers an nicht mehr zu streiten. Die Tat als solche ist geschehen, das Rätsel als lösbar erwiesen. Nun kommen die ver-schiedensten Möglichkeiten, die sich der Genius erfindet, immer neu, jede kühn in sich, wieder andere Ideen der Gestaltung erschließend, und jede eine neue Gesetzlichkeit des Organismus offenbarend.

Alle Sinfonien Mahlers sind Finalsinfonien. Das Finale, mag es kurz, mag es lang sein, mag es, wie in der Ersten ein weitgesponnenes Allegro, oder in der Zweiten ein von Ferne an Berlioz gemahnendes wild bewegtes Fantasiebild sein, oder wie in der Dritten, ein ruhevolles Adagio, oder wie in der Vierten ein mystisch gefärbtes Idyll — alle diese Finale bis hinauf zur Neunten bergen in sich den Schlüssel des Werkes, sind das Zentrum, zu dem die Fäden sämtlicher vorangehender Sätze hinleiten und von dem aus sie sich entwirren. Man kann diese Gestaltungsart zunächst äußerlich bewerten: als das Mittel zu einer gran-diosen Auftürmung und Steigerung des sinfonischen Baues, ein Mittel, wie es die ältere Sinfonik nicht gekannt hatte. Und aus baulichem Instinkt ist dieses Mittel auch zunächst erfaßt, es ist architektonisch erfühlt. Seine bewußte An-wendung bezeugt ein Erwachen architektonischen Musiktriebes, wie man ihn bisher in solcher Kundgebung nicht kannte, und wie er jetzt als neues Element in die musikalische Gestaltung überhaupt hineinkam. Man kann diese Gestal-tungsart weiterhin auf ihre innerlichen Folgen hin bewerten: als Mittel, Bin-dungen zwischen den einzelnen Sätzen zu schaffen, die nicht mehr der poetisie-renden, kunstvoll thematischen Verflechtung bedürfen, sondern sich jetzt aus organischem Zwang zum Finale hin fortspinnen und hier erst die Gesetzmäßigkeit ihrer Folge, die Festigkeit ihrer Verwurzelung erkennen lassen.

Aber über diesen äußerlichen und innerlichen Vorzügen des architektonischen Aufbaues und der organischen Vereinheitlichung steht als wichtigste Folge der Neugestaltung aus dem Finale, daß es jetzt erst möglich war, an den sinfonischen Gesamtbau frei von konventionellen Bindungen oder literarischen Bezugnahmen heranzutreten, rein aus Notwendigkeiten des musikalischen Gestaltungstriebes. Das sinfonische Schema forderte Viergliedrigkeit des Baues, aus Voraussetzungen heraus, die bis zu Beethoven innere Gültigkeit gehabt hatten, dann aber, unter dem Nachlassen des monumentalen Gestaltungszwanges, eigentlich gegenstands-los und zur trockenen, konventionellen Formel geworden waren. In dem Augen-blick, wo das Finale zum Hauptsatz des Werkes wurde, ergab sich rückwirkend sofort eine neue, freie und hemmungslose Stellungnahme gegenüber der Gliede-rungsfrage. Aus dem Gehalt des Endsatzes, aus dem sinfonischen Kerngedanken, der im Finale zur abschließenden Aussprache gelangen sollte, ergab sich die An-lage des Ganzen, die Zahl der Sätze, ihre Charaktere, ihre Anordnung unter-einander. Alles dies waren nicht mehr beliebige Einzelfaktoren, die man an die Hauptsumme des Eröffnungssatzes nach Gutdünken zur Ergänzung anhängte. Es waren Teile eines Gesamtbetrages, der im Finale genau festgelegt war und für deren Richtigkeit im einzelnen das Finale die untrügliche Probe bildete.

So ergab sich für die neue Sinfonik zunächst Unabhängigkeit von den bisherigen Typen des vier- oder drei- oder einsätzigen Baues, Freiheit gegenüber jedem irgendwie als schematisch empfundenen Muster. Je nachdem das Finalziel gestellt war, gestaltete sich die Art der Anordnung im einzelnen. Mahler hat die dadurch gegebenen Möglichkeiten in so hohem Maße ausgenutzt, daß jedes seiner Werke in Anlage, Gliederung und Bau eine Individualität für sich bedeutet. Innerhalb dieser verschiedenartigen Individualgliederungen zeigen sich dann wieder gewisse Übereinstimmungen der Art, die verschiedenartige Lösungen auf grundsätzlich gemeinsamer Basis darstellen. Die erste, nächstliegende Art ist die des geradlinig vorwärtsschreitenden Aufstieges zum Finalziel. Mahler verwendet sie in der ersten, sechsten und achten Sinfonie. Die Erste ist viersätzig gebaut, steht demnach dem alten Sinfonietyp äußerlich am nächsten. Was sie trotz der Einheitlichkeit ihrer thematischen Anlage noch diesem älteren Typ verwandt erscheinen läßt, ist Unvollkommenheit des ersten kühnen Wurfes, der dem Finale wohl äußerlich, aber noch nicht innerlich die umspannende Kraft zu geben vermochte, die ihm eigentlich zukommen sollte.

Was Mahler in der ersten Sinfonie unternommen, aber nicht völlig durchgeführt hat, ist in zwei späteren Werken, der sechsten und achten Sinfonie zur Tat geworden. Hier ist die Steigerung mit rücksichtsloser Folgerichtigkeit steil empor, unmittelbar auf das Ziel hingeführt. So ergab sich rückwirkend eine neue Gliederungsart: der nicht mehr vier- sondern zweiteilige Aufbau, die Sonderung in den vorbereitenden und den erfüllenden Abschnitt. Als solcher tritt in beiden Werken das Finale selbstherrlich, in überragender Bedeutung hervor, in der Sechsten die drei Vordersätze durch innere und äußere Wucht in die Nebenstellung von Präludien herabdrückend, in der Achten die beiden Mittelsätze in sich aufsaugend und dem Eröffnungssatz die Stellung einer mächtig ausgreifenden, selbständigen, dabei doch vorbereitend empfundenen Einleitung zuweisend. Diese zweiteilige Gliederung, der gegenüber die Satzeinteilung zur sekundären Frage wird, ist die schroffste Folgerung aus dem neuen Gestaltungsprinzip und eine der bedeutungvollsten architektonischen Neuerungen Mahlers. Der Gesamtorganismus wird von innen heraus umgewandelt. Unter dem Zwange der Notwendigkeit, die hintreibt zum Finale, schrumpft der Vorderbau zusammen. Die ganze Kraft des schöpferischen Willens leitet in hemmungsloser Wucht hinauf in das Finale.

Mahler hat nur in diesen drei Werken: der Ersten als Versuch, der Sechsten und Achten als Erfüllung, die unerbittlich geradlinige Gestaltungsart gewählt. In einer Gruppe zwischenliegender Sinfonien taucht ein neuer Typus auf: der den Finalkern gleichsam kreismäßig umschreibenden Satzordnung. Die zweite, dritte, fünfte und siebente Sinfonie gehören dieser Gruppe an. Das Finale ist wieder Zentrum, aber die vorangehenden Sätze führen nicht in unmittelbarem Anstieg hinauf, sie lagern sich um es herum, es dabei immer enger umschreibend. Die Vordersätze als die weitest gezogenen Kreise gewinnen von neuem größeren Umfang und inhaltliche Kraft, die Mittelsätze verengen und ihre Zahl steigert sich. Suitenartige Elemente dringen ein in das sinfonische Werk, nicht aus äußerer Spekulation oder Musizierübermut angefügt, sondern durch die Stufenfolge der inneren Entwicklung bedingt. So vermehrt sich, ähnlich wie in den großen

Quartetten Beethovens, die Satzzahl der Sinfonie. Neben Scherzo und langsamen Satz treten neue, liedartige Gebilde von fantastischem Formenreichtum. Die zweite Sinfonie zählt fünf, die dritte sechs, fünfte und siebente wieder je fünf Sätze. Die Abteilungsanordnung wird auch hier wieder aufgegriffen und gibt dem sinfonischen Ganzen überlegen zusammenfassende Gliederung. Die architektonische Kraft Mahlers zeigt sich hier am sichersten und greift am weitesten aus. Die Finalsätze dieser Werke unterscheiden sich dabei insofern von denen der ersten Gruppe, als sie nicht die äußerlich gewichtigsten, dabei in sich verschiedenartig gebaut sind. Der Schlußteil der zweiten Sinfonie ist ein feierlich gestimmter, von großem Instrumentalaufschwung eingeleiteter Chorsatz, das Finale der dritten ist ein Adagio, die Endstücke der fünften und siebenten Sinfonie sind Rondos. Mit Ausnahme der zweiten erhält bei all diesen Sinfonien das Finale seine zentrale Stellung innerhalb des Werkes nicht — wie bei der ersten, sechsten und achten Sinfonie — durch eigenes Schwergewicht, sondern lediglich durch das Verhältnis zu den übrigen Sätzen. Sie sind ihm an rein gegenständlicher Bedeutung teilweise überlegen, wie etwa innerhalb der zweiten und dritten Sinfonie der erste, innerhalb der fünften Sinfonie der zweite Satz am machtvollsten ausholt. Ihre innere Rechtfertigung und Begründung, ihre seelische Verfestigung aber gewinnen sie erst durch das abschließende Finale.

Neben diesen beiden Gattungen, der geradlinig zum Finalgipfel ansteigenden und der kreisförmig um das Finalzentrum gelagerten Satzordnung, findet sich noch eine dritte Art. Sie hält gleichsam die Mitte zwischen den beiden anderen, streng gegensätzlich empfundenen. Mahler hat sie nur zweimal verwendet, beide Male in Werken, die Abschlußcharakter tragen: in der vierten und in der neunten Sinfonie. Die Finale dieser beiden Werke sind nicht Gipfel, wie die der ersten, sechsten und achten Sinfonie, sie sind eher Lösungen im Sinne der zweiten, dritten, fünften und siebenten. Und doch kann man bei ihnen nicht von kreisförmiger oder suitenartiger Lagerung der Vordersätze sprechen. Hier zeigt sich ein fantastischer Luftbau, jegliche Systematik der Satzfolge fehlt. Willkürliche Laune des mit fast Schubertscher Unbekümmertheit lediglich dem Impuls folgenden Gestalters scheint zu herrschen. Es sind die beiden reifsten, abgeklärtesten Werke Mahlers, beide viersätzig gehalten, doch durchaus abweichend von dem bisherigen Typus der viersätzigen Sinfonie. Am ehesten ähnelt noch die Vierte früheren Mustern, wenigstens in den Vordersätzen. Ihr Finale ist ein langsamer Liedsatz, durch keinerlei äußere Gewichtigkeit auffallend, eine ganz schlichte, schmucklose Lösung des in sich unproblematischen Werkes. Keine Steigerung also, eher eine lichte Verklärung des mit leicht programmatischem Anklang durchgeführten Urgedankens. Noch fremdartiger steht die neunte Sinfonie innerhalb des Mahlerschen Gesamtwerkes. Auch sie viersätzig, diese Viersätzigkeit aber erscheint fast als Spott auf das, was man bisher darunter verstand. Das Prinzip der Satzfolge wird von innen nach außen gekehrt: zwei langsame Sätze, der erste ein Andante, der letzte ein Adagio umrahmen zwei lebhafte, ein Scherzo und ein burleskes Rondo. Auch hier ist das Schlußadagio verklärende Lösung, ohne den vorangehenden Sätzen an äußerer Gewichtigkeit gleichzukommen, auch hier kann weder von einer ansteigenden Linie, noch von einer Umkreisung des Finale gesprochen werden. Es scheint, daß Mahler hier, ähnlich wie Beethoven in seiner Neunten, nach einem neuen Typ des sinfonischen Baues gestrebt hat, daß er versuchte, eine Art organischen Werdens der Sinfonie zu finden, die mehr nach der Mitte hin gravitierte und das Adagio-Finale nicht mehr als Ziel, sondern als epilogartigen Ausklang ansah.

Das war eine Möglichkeit. Die Frage, ob und wie sie hätte zur Tat werden können, ist heute nicht mehr zu stellen. Entscheidend ist nur die grundsätzliche Erkenntnis von der elementaren Wichtigkeit des organischen Gestaltungsprinzipes für den Sinfoniker. Im Rhythmus des Gesamtablaufes liegt die erste, größte, entscheidende Wirkung des sinfonischen Werkes. Der einzelne Ton, die Phrase, die Melodie an sich sind Gestaltungselemente untergeordneter Art. Bedeutung erhalten sie erst durch die Umgebung, in die sie gestellt sind, durch die Folge, innerhalb deren sie abrollen. Der Sinfoniker ist Bauherr, und nicht die Art und Wahl der Bausteine ist für ihn entscheidend, sondern die Auffindung des Baugedankens. Aus diesem Gedanken, der Aufbau, Gliederung, Zahl und Charakter der Sätze bestimmt, ergab sich nun auch die besondere Art der einzelnen Stileigenschaften, ergab sich die gedankliche und technische Struktur der Ausführung. Die ideelle Konzeption, die Vision des Ganzen war das Primäre, an ihr offenbarte sich die zeugende sinfonische Kraft. Das Empfangende, Gebärende war die besondere Musikernatur Mahlers, waren die Gefühlsquellen seines Wesens, die, aus sich allein heraus nicht formungsfähig, der Befruchtung durch das sinfonische Gestaltungsprinzip entgegenstrebten.

Mahlers sinfonisches Werk gliedert sich in vier Gruppen. Die erste reicht bis zur vierten Sinfonie, die zweite von der fünften bis zur siebenten. Gesondert steht die Achte, und die Neunte wiederum schließt sich dem „Lied von der Erde" unmittelbar an. Jede der Gruppen entspringt dem Gefühlsquell eines bestimmten, stimmungsmäßig und gedanklich in sich geschlossenen Liederkreises. Der ersten Gruppe der Sinfonien bis zur vierten ist als Grundlage gemeinsam das volksliedartige Element. Es stützt sich in der ersten Sinfonie auf die „Lieder eines fahrenden Gesellen", in der zweiten, dritten und vierten auf Lieder aus „Des Knaben Wunderhorn". Der zweiten Sinfoniegruppe von der fünften bis zur siebenten geben die Gesänge zu Dichtungen Rückerts den Stimmungsrahmen. Die achte Sinfonie, zusammengesetzt aus dem altkirchlichen Hymnus „Veni creator spiritus" und den Schlußszenen von Goethes „Faust", erhält durch diese Texte ihr Gepräge. Die Neunte spiegelt die mit dem „Lied von der Erde" betretene Gefühlswelt der von Hans Bethge nachgedichteten altchinesischen Lyrik.

Merkwürdig: die Sinfonik Mahlers, in ihrer organischen Erscheinung bestimmt durch den ins Weite und Gewaltige bauenden Monumentaltrieb, findet ihre gefühlsmäßigen Quellen in den kleinsten musikalischen Formerscheinungen, im Lied. Lied und Monumentaltrieb streben in Mahler zueinander. Das Lied wird aus der Enge subjektiven Gefühlsausdruckes hinaufgehoben in die weithin leuchtende, klingende Sphäre des sinfonischen Stiles. Dieser wiederum bereichert seine nach außen drängende Kraft an der Intimität persönlichsten Empfindens.

Dies erscheint paradox, und doch liegt in solcher Vereinigung der Gegensätze eine Erklärung für das seltsame, Innen- und Außenwelt umspannende, Persönlichstes und Fernstes in sein Ausdrucksbereich einbeziehende Wesen Gustav Mahlers. Eine Erklärung für seine äußerlich oft so widerspruchsvolle Kunst, die scheinbar heterogenste Stilelemente wahllos durcheinander würfelt. Eine Erklärung für die Gegensätze in der Beurteilung und Bewertung seines Schaffens. Eine Erklärung schließlich für die langsam aber unaufhaltsam vordringende Wirkung seiner Werke, die, Volks- und Kunstmusik zusammenfassend, wieder aus einem tiefen Quell schöpft, der weitausgreifenden Form die Intensität glühender Innerlichkeit, dem subjektiven Gefühlserlebnis die gewaltige Resonanz des ins Große zielenden Gestaltungsschwunges gibt.

Die Lieder bilden nicht nur den gefühlsmäßigen Kern der meisten sinfonischen Werke. Sie geben auch die stilistischen Grundlagen. An der Wahl der Liederart, an dem Charakter der Dichtung, der Mahler sich zuwendet, läßt sich bereits die Vorstellungswelt erkennen, die ihn in jeder Lebenszeit besonders anzieht, und aus der heraus er seine Schaffensgesetze findet. Aus einem aufwühlenden Jugenderlebnis erwuchsen ihm die „Lieder eines fahrenden Gesellen". Die Texte dichtete er sich selbst unter freier Benutzung eines einzelnen Wunderhornliedes. Es ist bezeichnend, mit welcher Anpassungsfähigkeit Mahler hier Stil und Charakter der Wunderhornpoesie getroffen, wie er sich selbst etwas geschaffen hat, das dem Zwange zu innig schlichter Volkstümlichkeit entsprach. In dem Augenblick aber, wo Mahler den ganzen Wunderhornband in die Hände bekommt, ist es, als ob für ihn selbst die Schleier fallen und er plötzlich den Schlüssel zum eigenen Wesen gefunden hat. Eine große Gruppe von Gesängen entsteht, für eine Singstimme mit Orchesterbegleitung geschaffen. Ein beträchtlicher Teil dieser Gesänge geht über in die Sinfonien, einige mit Texten in der ursprünglichen Fassung, andere in reine Instrumentalsprache übertragen, bis mit dem leise verklingenden Schlußgesang der vierten Sinfonie von den „himmlischen Freuden" dieses Ausdrucksgebiet für Mahler erschöpft ist. Das Wunderhornbuch fällt zu, diese Welt ist durchschritten. Der Künstler hat ihre tiefen, innigen Schmerzenslaute, ihre naive Gläubigkeit, ihren derben, sarkastischen Humor, all ihre kostbaren, reinen und starken Empfindungen miterlebt bis zu dem seligen Kindertraum jenes ergreifenden Schlußliedes von den Entzückungen des Märchenparadieses. Er hat dies alles künstlerisch bezwungen und ergreift nun einen neuen Wanderstab zur Reise in ein anderes Land.

Fünfzehn Jahre, von der Komposition der „Lieder eines fahrenden Gesellen" im Jahre 1884 bis zur Vollendung der vierten Sinfonie im Jahre 1900, bis zum Abschluß von Mahlers vierzigstem Lebensjahr also, währte diese Zeit der volkstümlichen Liedsinfonik. Sie hat Mahlers Erscheinung für die Mit- und die unmittelbare Nachwelt bestimmende Prägung gegeben, denn abgesehen von der achten Sinfonie und dem „Lied von der Erde" gründet sich die Kenntnis Mahlers heute noch fast ausschließlich auf die vier ersten Sinfonien und die zu ihnen gehörenden Lieder. Wie ist dieser tiefgehende Zusammenhang zwischen Lied und Sinfonie als notwendig aus der Natur Mahlers und als gerechtfertigt aus dem Wesen seiner Sinfonik zu begreifen, welches sind die inneren Quellen dieses Willens zur Volkstümlichkeit?

Es war kein Wille im Sinne bewußten Vorsatzes. Es war ein Elementares, das aus Mahler sprach und drängte, ihn auf Bahnen führte, die keiner vor ihm betreten hatte, und die er selbst nur in nachtwandlerischem Zwange beschritt. Mahler war eine naive, gläubige, einfache Natur, mit Seherblick begabt für alles, was aus Unbefangenheit und stiller Ursprünglichkeit erwuchs. Ihn erfüllte brennende Sehnsucht, die über das reine Menschentum des Naturwesens gelagerten Schichten entstellenden Bildungsintellektes zu durchbrechen. Aus der Mischung beider Elemente in seinem Wesen erwuchs für ihn die Tragik des Seins und Gestaltens. Aus dem Zwiespalt der eigenen Natur gelangte er zur Aufstellung der beiden gegensätzlichen Prinzipe seines Schaffens: dem Lied als Symbol innersten Fühlens und Erlebens, als Ausdruck der Sehnsucht nach den Quellen persönlichen Seins und Sicheinswissens mit den Urquellen der Natur — und dem sinfonischen Stil als dem am Gewaltigsten ins Allgemeinbewußtsein greifenden Mittel der Auseinandersetzung mit Welt und Gesetz und Geschehen. Diese Gegensätze von subjektivem Gefühl und Weltgeschehen, von Sehnsucht und Gesetz, von Lied und Sinfonie erkannte Mahler als Polaritäten seines Schaffens. Die Einheit zu finden zwischen dieser Sehnsucht und diesem Weltgesetz war das letzte Ziel seiner Sinfonik, dem er in allen Werken auf immer neuen Wegen zustrebte.

Läßt man Mahlers Sinfoniesätze im Gegensatz zu den vor und neben ihm üblichen naiv vergleichend auf sich wirken, so drängt sich die Erkenntnis eines schroffen Widerspruches auf. Man fühlt, daß in diesen Klängen und Satzgebilden ein anderes Lebensprinzip waltet und wirkt, als man es bis dahin gewohnt war. Selbst bei Bruckner, dem Mahler am nächsten steht, wird der Gegensatz zum bisherigen Begriff des Sinfonischen nicht so deutlich fühlbar wie bei Mahler. Es ist ein Unterschied wie zwischen Atelier- und Freilichtmalerei. Alte, für unverrückbar gehaltene Grundanschauungen werden mißachtet, andere, für unanwendbar gehaltene Ausdrucksarten kommen zur Geltung, machen sich in einer Selbstverständlichkeit breit, die zunächst Staunen und lächelnde Verwunderung hervorruft. Der Begriff des Kunstmäßigen, streng in sich Abgeschlossenen, hoheitvoll dem Gewöhnlichen Abgewendeten zerfällt, wird nirgends als ein Besonderes, Wichtiges hervorgehoben. Die Arbeit, die technische Kühnheit im melodisch Thematischen, im harmonisch Modulatorischen, im Instrumentalen verliert ihre eigene Bedeutung. Wo sie bemerkbar wird, erscheint sie fast mehr als zufällige Folge einer Unbeholfenheit, denn als klug ersonnene Feinheit. Das Ganze macht den Eindruck schlecht verhehlter Primitivität aus Unvermögen, und der anspruchsvolle, auf allerlei Schwierigkeiten gewohnter Art wartende Hörer ist enttäuscht über die scheinbar geringen Forderungen an sein Kunstverständnis.

Der erste Satz etwa behält zwar in vielen Fällen das übliche Sonatenschema bei. Doch von dem drängenden, straffenden Geist des Sonatenwillens bleibt fast nichts übrig. Die Anlage scheint nur dahin zu streben, den Sonatencharakter nach Möglichkeit zu verwischen. Entweder die Verhältnisse des Umrisses und der Teile werden bis zur Bedeutungslosigkeit einzelner Gruppen — wie im Eröffnungssatz der ersten Sinfonie — zusammengepreßt. Oder es schieben sich, wie in den Vordersätzen der zweiten und dritten Sinfonie, Partien von so mächtigem Umfange ein, daß der auf den gewohnten Aufbau eingestellte Hörer den

Umblick verliert, sich ins Uferlose getrieben fühlt. Der glatte Fluß und die Stetigkeit dessen, was man Entwicklung zu nennen pflegt, wird häufig unterbrochen und umgeleitet. Überall scheinen sich Hemmungen zu zeigen. Ähnlich fremdartig berühren die Mittelsätze. Der übliche Dreiviertel-Scherzotyp wird von Mahler fast durchweg vermieden, kommt nur in zwei Sinfonien, der fünften und der siebenten, zur Verwendung. In den übrigen Werken bevorzugt Mahler einen neuen, durch Schuberts und Bruckners Trios angeregten Typ, der bald dem Menuett, bald dem langsamen Ländler, bald dem bewegteren Walzer zuneigt, in allen Fällen aber ein Stück naturalistisch erfaßten Lebens in die Sinfonie hineinträgt und so die kunstvolle Strenge des Sinfoniebegriffs gleichsam mutwillig profaniert. Zudem begnügt sich Mahler häufig nicht mit einem scherzoartigen Satz. In der zweiten, dritten und siebenten Sinfonie werden noch andere tanz- oder liedartige Intermezzi eingeschoben, die in der zweiten und siebenten den fehlenden langsamen Satz ersetzen müssen. Die langsamen Sätze selbst werden am knappsten und seltsamsten behandelt. In den neun Sinfonien Mahlers finden sich nicht mehr als zwei großgedachte Sätze von reinem Adagiotyp. In beiden Fällen stehen sie am Schluß der Werke: in der dritten und in der neunten Sinfonie. Mahler kennt von Bruckner her die gefährliche Kraft des Adagio. Er weiß, daß das weit ausholende Adagio die Säfte des Werkes leicht aufsaugt. Er zieht die nächstliegende Folgerung aus diesem Wissen: stellt das Adagio, wo er es verwendet, an den Schluß des Werkes, als das große Sammelbecken aller geistigen Zuflüsse, als Stätte ihrer intensivsten Verinnerlichung. Wo er es ausnahmsweise einmal vor dem Finale verwendet: in der fünften Sinfonie, hütet er sich, ihm allzuviel Gewichtsbetonung zu geben. Es bleibt Adagietto dem Namen wie dem Gehalt nach und erscheint nur als langsames Vorspiel zum Schlußsatz. In allen übrigen Werken, wo Mahler langsame Mittelsätze verwendet, begnügt er sich mit dem ruhigeren und minder intensiven Andantetyp — so in der Zweiten, wo dieses Andante als Menuett, in der Vierten, wo es als allmählich sich belebende Variationenreihe erscheint, in der Sechsten, wo es liedartigen Charakter trägt.

Wird schon durch diese Satzfolge und Charakteristik die übliche Erscheinung der Sinfonie verändert, so bedeutet die Art, wie Mahler die Singstimme in den sinfonischen Organismus mit einbezieht, die auffallendste grundsätzliche Abweichung vom Gewohnten. Von Berlioz ausgehende Anregungen mögen lebhaft nachgewirkt haben, doch können sie als nur äußerlicher Art angesehen werden. Bei Berlioz geht die Einbeziehung der Singstimme — im „Faust", in „Romeo und Julia" — stets auf die Vorstellung sinfonisch opernhafter Zwitterwirkung zurück. Bei Mahler bleibt sie streng im Rahmen des Sinfonischen. Eine gewisse Übereinstimmung mit den älteren Mustern Beethovens und Liszts hinsichtlich der Chorverwendung läßt sich bestenfalls bei dem Auferstehungschor in Mahlers Zweiter feststellen. Aber diese scheinbaren Ähnlichkeiten schwinden beim Hinblick auf die Art, wie Mahler die Einzelstimme in das sinfonische Werk einbezieht. Bald gibt er ihr innerhalb der Sinfonie — in der zweiten und dritten — die Bedeutung der klärenden, langsam aus der Rätselwelt des Instrumentalen zum Bewußtsein erwachenden seelischen Innenstimme. Bald, wie in der Vierten, teilt er ihr das erlösende, letzte Dinge in lieblichem Gleichnis aussprechende

Schlußwort zu. Im „Lied von der Erde" erhebt er sie zur alleinigen Künderin seiner Ideen. In seinem äußerlich gewaltigsten Werk stellt er sie in all ihren Ausdrucksmöglichkeiten: Doppel- und Knabenchor mit vielfachen Solostimmen in den Mittelpunkt des sinfonischen Geschehens. Aus dieser Art spricht mehr als eine Nachahmung oder äußerliche Übersteigerung Beethovens, Berlioz', Liszts. Die Verwendung der Singstimme ist ein Teil der Besonderheiten von Mahlers Tonsprache. Wie die Behandlung des Orchesters, die Art der Thematik und Melodik, der harmonischen und rhythmischen Struktur, der Dynamik und Satzart, des Vortrags, fließt auch sie aus der einen Quelle einer neuen Musikauffassung, eines neuen musikalischen Welt- und Lebensbildes. In dessen Erfassung und Verkündigung liegt das eigentlich Schöpferische der Erscheinung Mahlers beschlossen. Wie seine sinfonische Gesamtidee in grundsätzlichem Gegensatz steht zur sinfonischen Idee Beethovens, so erwächst auch Mahlers Tonsprache mit all ihren Auszweigungen aus einem ähnlichen Gegensatz zur Tonsprache Beethovens und derer, die ihm folgten.

Beethovens Sprache ist eine Sprache der Abstraktion. Sie erblüht aus dem Kult einer zur letzten Höhe gesteigerten Vokalkunst. Sie nimmt die Entwicklungsidee auf, die von dieser Vokalkunst hinweg zur Herrschaft des rein instrumentalen Gedankens führt, und sie gewinnt und festigt diese Herrschaft, indem sie den instrumentalen Gedanken als feinste Vergeistigung des musikalischen Ausdrucksvermögens faßt. Beethovens Kunst ist Verdichtung nach jeder Beziehung. Jeder Ausdruck wird auf äußerste Zuspitzung und Verfeinerung, auf unbedingte Herauspressung des seelisch Essentiellen hingetrieben. Die gesamte Entwicklung von Beethovens Tonsprache, die Art seines Formenbaues, seiner Thematik, seiner Klangbehandlung läßt sich auf dieses Streben nach äußerster Abstraktion und Vergeistigung des Tonsinnlichen zurückführen, entsprechend der Persönlichkeit Beethovens mit ihrem Drang zur Erfassung des letzten geistigen Bewegungsimpulses, ihrem Trieb zur Entsinnlichung des sinnlichen Wesens der Dinge, ihrem Willen zur Kritik und zur Erkenntnis.

Mahler stand am Ausgang einer Zeit reinen Instrumentalempfindens. Das Gesangmäßige war seit Beethoven so stark in Verfall geraten, daß die Vokalmusik selbst ihre Stilgesetze dem instrumentalen Ausdruck entlehnte. Der Drang zur Abstraktion war bis zur Erschöpfung, bis zur Erstarrung in Konventionen getrieben. Es blieb nur der entgegengesetzte Weg zur Versinnlichung, zur Erweichung und Lösung der Tonsprache aus den Fesseln des instrumentalen Vergeistigungswillens, zur Wiederausbreitung des gewaltsam Verdichteten, zur nicht mehr kritischen, sondern naiv offenbarungsgläubigen Anschauung.

Aus diesem Veranschaulichungs- und Versinnlichungsdrang des Künstlermenschen Mahler ergab sich die innere Notwendigkeit seiner Verwendung der menschlichen Stimme innerhalb der Sinfonie. Die Stimme kam nicht nur durch die von ihr gesprochenen Textworte seinem Versinnlichungsstreben entgegen. Dies wäre das wenigste und ein rein äußerlicher Gewinn. Sie brachte vor allem einen lebendigen, unmittelbar warmen Gefühlsstrom in das instrumentale Meer hinein, und das war es wohl, wonach Mahler verlangte. Ihre Verwendung erfolgte aus Gefühlsbedürfnissen der Klanggestaltung, nicht aus irgendwelchen gedanklichen Erläuterungs- oder Steigerungsabsichten. Sie wuchs aus dem Orchester, aus der Klangidee, aus der Vorstellung eines neuen Wesens der Klangerscheinung überhaupt hervor.

Die Klangwelt Beethovens, wie sie sich beim Sinfoniker im Orchester darstellt, hatte sich entwickelt aus einer allmählichen Summierung von Einzelerscheinungen. In langsamem Sichfinden und Sichergänzen waren die Instrumente zueinander getreten, jedes in diesem Nebeneinander einiges von seiner Individualität opfernd, ohne doch sie aufzugeben. Das Orchester Beethovens war eine republikanische Einheit, jedes Instrument dem gleichen Ziele dienend, jedes aber dabei ein Wesen für sich mit eigener Gesetzmäßigkeit. So blieb auch die menschliche Stimme, wo sie sich dem Orchester gesellte, Repräsentantin des menschlichen Organismus, Individualität, Genossin, freiwillig, nicht aus Naturnotwendigkeit dem großen Ganzen sich anschließend.

Die Orchester der Romantiker und Programmsinfoniker zeigen Beethoven gegenüber das gleiche Verhältnis, wie es sich in der Art ihrer sinfonischen Konzeption und Ausgestaltung spiegelt. Sie bleiben entweder am Schema Beethovens haften und bilden es zum Teil, wie namentlich Brahms in seinen Mittelsätzen, nach der kammermusikhaften Seite weiter. Oder sie verstärken, wie Liszt und seine Nachfolger, aus einer starken koloristischen Fantasie heraus die Leuchtkraft und Intensität der Farben, ohne damit den Grundcharakter des Orchesters als Klangbild zu verändern.

Das Orchester Mahlers nimmt nicht Teil an dieser Farbenschwelgerei der neudeutschen Schule. Entscheidend ist bei Mahlers Instrumentation der Kontur. Alles Farbige wird mit fast verächtlicher Härte und Rücksichtslosigkeit behandelt. Bei Mahler verschwindet aber auch das individuelle Wesen des Einzelinstrumentes. Das Orchester als naturhaft geschlossene, in sich verwachsene Gesamterscheinung ist das Gegebene. Gelegentlich löst sich das einzelne Instrument als besondere Willensregung für Augenblicke heraus, ohne jemals über die episodische Bedeutung des kurzen instrumentalen Affektes hinaus Selbständigkeit zu erlangen. Dieses Orchester ist keine Republik, keine Summe, keine organisierte Vielheit, die überlegener Wille zur Einheit formt. Es ist diese Einheit von Natur her, es ist eine Klangerscheinung aus sich heraus. Es ist tönender Kosmos, in dem sich unzählige Lebensregungen entfalten, drängen, übergreifen, und doch jede immer nur aus der Gesamterscheinung Leben und Kraft zieht. Dieses kosmische Klangbild entspringt der neuen Auffassung des Musikgeschehens überhaupt als etwas Naturhaftem, Elementarem, als reiner Gefühlskundgebung. Es entspricht dem neuen Gestaltungsstoff, dem neuen Organismus, dem neuen Bauplan des sinfonischen Typs, wie andererseits das Beethovenorchester in seiner idealisierten Individualistik, seinem auf schärfstes Herausheben des Gedankens gerichteten Wesen dem Grundzug der Beethovenschen Sinfonik zum Abstrakten, kritisch Erkenntnismäßigen entsprach.

Aus der kosmischen Klangvorstellung dieser Orchesteridee ergab es sich, daß sie alles zum Klang wecken, alles in ihre Verlebendigung einbeziehen mußte, was tönendes Leben in sich barg. So floß die Singstimme als Klangphänomen, gelöst von allem menschlich Persönlichen, in diese tönende Welt über. So wachsen bei Mahler die einzelnen Klanggruppen zu mächtigen Dimensionen sowohl der Zahl als auch der Klangmasse. Die Holzgruppe wird vervielfacht, D- und Es-

Klarinette treten häufig hinzu, vierstimmige Besetzung des Holzchores ist üblich. Im Blech und in den Hörnern finden sich ähnliche Erweiterungen. Mehrfach wird, ähnlich wie bei Bruckner, das schwere Blech in besonderen Gruppen verwendet. Dabei erhalten alle Instrumente, auch die sonst schwerfälligen, ungewohnte Beweglichkeit. Solche, die im Sinfonieorchester bisher nie vorkamen, werden zu wichtigen Einzelwirkungen herangezogen: das Flügelhorn in der Posthorn-Episode des Scherzos der dritten Sinfonie, das Tenorhorn für den Vortrag des Themas im ersten Satz der siebenten Sinfonie. Besonders mannigfaltig ist die Gruppe der Schlaginstrumente behandelt. Sie wird von Mahler unter Einfügung verschiedenartiger Neuerungen: Schellengeläute in der vierten, Hammer in der sechsten Sinfonie zu einem richtigen kleinen Orchester ausgebaut. Von anderen eigenen Neuerungen sind am auffälligsten die Herdenglocken in der sechsten Sinfonie, die Umstimmung der Solovioline einen Ton höher zur Charakteristik des flachen Fidelklanges von „Freund Hein" in der vierten Sinfonie. Vom Blech und von den Holzbläsern wird häufig zur Erzielung besonderer Klangwirkungen das Hochhalten der Stürzen verlangt. Daß Mahler an die Technik der Streicher außerordentliche Anforderungen stellt, bedarf kaum der Erwähnung. Doch sind diese Anforderungen, im Gegensatz etwa zur Orchestertechnik eines Richard Strauß, weniger außergewöhnlich in bezug auf Geläufigkeit der linken Hand, wie Mahlers Orchestersprache überhaupt alles Blendende, durch instrumentalen Glanz Bestechende fern liegt. Es ist mehr die Schwierigkeit der Ausdruckserfassung, der Verbindung weit entfernter Lagen, der plötzlichen Übergänge, die eigentümliche Art seiner Glissandi, das Unerwartete, bei scheinbarer Primitivität doch im Stil schwer zu Erfassende, was dem Streicher an Mahlers Sinfonien fremd und ungefüge erscheint. Hinzu treten noch Bogenwirkungen, Phrasierungsvorschriften, häufig sehr unbequem auszuführen und doch sachlich von großer Wichtigkeit, eigentümliche Forderungen an die gesangliche Kraft des Vortrages, rhythmisch eigensinnig geformte, dem Gewohnheitsmäßigen widerstrebende Bildungen. In alledem herrscht fantasievolle Mannigfaltigkeit. Die Fülle ist keineswegs typisch für Mahler, er stellt ihr häufig innerhalb eines Werkes schmucklose Einfachheit gegenüber. So in der fünften Sinfonie dem besonders schwer mit Blech beladenen Vorder- und Finalsatz das nur für Streicher und Harfe geschriebene Adagietto, in der siebenten den massiven Außensätzen die idyllische zweite Nachtmusik, in der neunten den grotesken Mittelsätzen das in überirdischer Verklärtheit im Streichorchester aussingende Finaladagio. Auch ein ganzes Werk zeigt gelegentlich solche Zurückhaltung: die vierte Sinfonie ist ohne Posaunen geschrieben.

Mit dieser Behandlung des Orchesters hängt Mahlers Vortragsart, Dynamik und Phrasierung eng zusammen. Er geht darin noch erheblich über Beethovens Genauigkeit der Bezeichnung hinaus. Nicht nur durch die strengen Vorschriften, die er dem einzelnen Spieler in bezug auf die Technik der Ausführung macht, nicht nur durch die von ihm in Gestalt von Kommata genau eingetragenen Atemzeichen der Phrasierung. Vor allem durch die Art seiner Vortragscharakteristiken, die fast stets etwas programmatisch Poetisierendes haben. Zahl und Art dieser Bezeichnungen sind von erstaunlicher Mannigfaltigkeit und bildhafter Schärfe.

Schon Satzüberschriften wie „Etwas täppisch und sehr derb" im zweiten Satz, „Sehr trotzig" im dritten Satz der Neunten geben prägnante Hinweise. Sie werden ergänzt durch Einzelbezeichnungen wie „Mit höchster Wut", „Wie gepeitscht", „Heftig ausbrechend", „Wie ein Kondukt", „Schwebend", „Ersterbend". In Verbindung mit dem Notenbild wecken sie Fantasievorstellungen von fast greifbarer Plastizität des Gewollten und zwingen ganz in die Willensrichtung des Komponisten. Ähnlich eindringlich ist Mahlers Dynamik. Wie die ganze Art seiner Klanggestaltung spiegelt auch sie die heiße, bohrende, zuckende Intensität seines Fühlens. Ihre schroffe Gegensätzlichkeit, das oft scheinbar Unvermittelte ist nicht eigentlich Ausdruck äußeren Kontrastes oder Stimmungswechsels. Es ist Blutwelle, Temperamentsschwung, ist geheimstes sinnliches Leben, ebenso wie seine Steigerungen oder langwährenden, gleichmäßigen dynamischen Spannungen nicht als organische Höhepunkte der inneren Bewegung gedacht sind. Sie bedeuten oft das Gegenteil von dem, was ihnen das gewohnheitsmäßige Empfinden unterlegt. Gerade das verklingende Pianissimo stellt für Mahler oft äußerste Schärfung des Ausdruckes dar, das Fortissimo kann bei ihm eher äußeren Tumult der Gefühle, als Zusammenfassung und Steigerung bedeuten.

Erkennt man das Streben nach Intensität als eigentlich bestimmendes Moment in Mahlers Klanggestaltung, so erscheint auch seine Harmonik, Rhythmik und Satzart minder befremdend. Die ausgesponnenen Marschbewegungen etwa, die bei Mahler vielfach ganze Sätze beherrschen, haben ihm oft den Vorwurf der rhythmischen Einförmigkeit zugezogen. Solche Vorliebe für Beibehaltung bestimmter, sehr einfach gefaßter rhythmischer Grundformeln wird erklärlich, sobald sich der Hörer Naivetät und Willigkeit des Mitfühlens zur Genüge erschwingt, um sich der rastlosen Gleichförmigkeit, der fanatischen Stetigkeit dieser Bewegung hinzugeben. Auch Mahlers Harmonik ist im einzelnen oft verblüffend naiv. Gar nicht nach Originalität suchend, bedient sie sich unbekümmert der einfachsten Wendungen. Dann wieder scheint sie unentwirrbar in ihrer krausen Verflechtung verschiedenartigster Klangelemente. Diese Gegensätzlichkeit verliert das Rätselhafte, wenn man auch hier nicht den musikalischen Selbstzweck, die Lust am Besonderen und Kühnen der Kombination als Ansporn nimmt. Es ist ruhige Freude am unbehinderten Sichaussingen der Stimmen, die bald auf lange Strecken hindurch in der gleichen harmonischen Fläche laufen, bald sich regellos durchkreuzen und ein harmonisches Zurechtfinden kaum möglich machen. Mahlers musikalische Vorstellungsart ist weit weniger harmonisch bedingt, als die der meisten Zeitgenossen und Vorgänger. Die melodisch lineare Empfindung herrscht vor. Wenn sich auch seine Polyphonie wie im Fugenfinale der fünften Sinfonie stets innerhalb der Grenzen der harmonischen Grundvorstellungen bewegt, diese nur durchschneidend, erweiternd, zerklüftend, so ergibt sich doch die Harmonie meist als Folge, nicht als Ursache des Zusammenklanges der Stimmen. Diese werden, je weiter Mahlers Entwicklung fortschreitet, immer selbständiger, freier, immer weniger beschwert von Zusammenklangsrücksichten geführt. Es ist Mahler nicht beschieden gewesen, den hier zunächst mehr triebhaft, dann allmählich bewußter beschrittenen Weg ganz zu Ende zu gehen, sich von den Fesseln der harmonischen Denk- und Empfin-

dungsart völlig zu lösen, sich nur dem melodischen Impuls der Einzelstimme zu
überlassen und den Zusammenklang lediglich als Folge der Stimmenkreuzung
zu erkennen. Mahler als Harmoniker steht an der Grenze zweier Welten, wie er
als Gesamterscheinung überhaupt nicht so sehr Neuerer, sondern Vollender,
Zusammenfasser des Bisherigen aus der Kraft einer persönlichen Kunst- und
Weltanschauung ist.

Ein für das Urwesen dieser Anschauung tief bezeichnendes Wort hat er einst
gesprochen, als man ihn über die Verwendung der Herdenglocken in der sechsten
Sinfonie befragte. Die meisten Hörer, so äußerte er, verstünden diese Neuerung
falsch. Es handele sich hier nicht um Erzielung irgendeines verblüffenden Klang-
effektes, es handele sich darum, für das Gefühl der Erdenferne, der höchsten
Einsamkeit ein Klangsymbol zu finden. Als solches Symbol erschienen ihm die
Herdenglocken — das letzte Geräusch, das der zur Höhe steigende Wanderer
von der Erde her vernimmt. Diese Äußerung ist aufschlußgebend für Mahlers
Art der Klangempfindung überhaupt. In ihrer Symbolik liegt das grundsätzlich
Bezeichnende für seine Musik. Sie war für ihn triebhaftes Gefühlsleben, das nicht
oberhalb, sondern außerhalb des Gedanklichen spielte, nicht darstellbar auf
verstandesmäßige Art, rein aus dem naturhaften Impuls quellende Sprache des
Unterbewußtseins. Diese Sprache sinnlichen Lebens schuf sich in der Tonsprache
der Musik Klangsymbole, an deren sinfonischem Schicksal sich ein rein gefühlsmäßiges Erleben kundtat. Wie sich Mahlers schöpferische Kraft offenbarte an
der Kraft dieser Symbolgestaltung, so ist alles, was er geschrieben und wie er es
geschrieben hat, nur zu begreifen aus der symbolischen Bedeutung seiner Tonsprache. Sie erklärt auch die Tonartenwahl Mahlers, sowohl bei einzelnen Sätzen wie
bei Werken im ganzen, erklärt etwa die Wendung der zweiten Sinfonie vom
c-moll des Anfanges zum feierlichen Es-dur des Schlusses, die der vierten Sinfonie
vom lieblichen G-dur zum mystisch verklärten E-dur, die der fünften vom düsteren cis-moll des Trauermarsches zum rüstig heiteren D-dur des Finalrondos, die
der siebenten vom harmonisch unklar bewegten e-moll zum festlichen C-dur,
die der neunten vom ruhig singenden D-dur zum erhabenen Des-dur. Diese Symbolik ist es, die zusammenfassend das gesamte Klangwesen Mahlers, seine Ar
der Instrumentalbehandlung, seine Rhythmik, Harmonik, Dynamik, Phrasierung,
seinen Vortrag — kurz alles sinnlich Vernehmbare bestimmt. Immer ist maßgebend das Streben nach klanglicher Versinnbildlichung eines Gefühlsgeschehens.
Hieraus ergibt sich auch im einzelnen die Heranziehung der Menschenstimme.
Je umfangreicher, gewaltiger das ihm vorschwebende Bild war, um so zahlreicher
und mannigfaltiger mußten die dafür in Anspruch genommenen Kräfte sein.
„Denken Sie, daß das ganze Weltall zu klingen und zu tönen beginnt", schrieb
er über die achte Sinfonie. Für dieses Erklingen des gesamten Weltalls mußte
die menschliche Stimme mit allen ihren Ausdrucksmöglichkeiten herangezogen
werden, nicht, weil dem Musiker das bloße Orchester nicht ausgereicht hätte,
sondern weil das orchestrale Klangbild als solches für die Gefühlsvorstellung
des tönenden Weltalls unzulänglich gewesen wäre.

Der Drang zur Symbolik erwächst aus der Weltanschauung Mahlers. Er
führt Mahler seine sinfonischen Stoffe zu, er läßt ihn aus der besonderen Art
dieser Stoffe das Gesetz des Organismus finden, er bestimmt die Einzelordnung,

Folge und Bau dieses Organismus, er gestaltet die Klangwelt mit all ihren verschiedenen Erscheinungsformen. So bildet sich die Sinfonie heran von der Konzeption der sinfonischen Grundidee bis zur Einzelausführung in klanglicher Verwirklichung. Und als letzte Folge dieser für den Sinfoniker bestimmenden Entwicklung vom Allgemeinen zum Besonderen, vom Ganzen zum einzelnen bildet sich schließlich das sinfonische Thema, diese scheinbare Grundlage und in Wahrheit doch erst letzte Realisierung, äußerste Verwirklichungsspitze des sinfonischen Gedankens.

Die Auffassung des Themas nicht als Grundstein, sondern nur als des eigentlichen Bewegungsmittels des sinfonischen Organismus mußte sich bei einem Sinfoniker von der Art Mahlers um so stärker herausbilden, je bedeutungsloser für ihn der Begriff der thematischen Arbeit im hergebrachten Sinne, je klarer ihm die Aufgabe der thematischen Expansion wurde. Einst war es der thematische Kern, der gewissermaßen den ganzen Satz in sich barg und seinen Lauf lief wie ein Geschoß. Jetzt ist es das thematische Melisma, das, seiner selbst kaum bewußt, erst in langsamem Andringen und rastlosen Anläufen sich vorwärts tastet, nur durch Reibung mit anderen Elementen allmählich Gestalt gewinnt, ohne jegliche Zielstrebigkeit, ohne Fortsetzungswillen, lediglich Erscheinung an sich, Naturgebilde, Ereignis, Bild, das sich zu anderen Bildern reiht. Die Mahlersche Thematik von der zweiten Sinfonie an läßt sich kaum noch auf die übliche Art der thematischen Erfassung hin anschauen. Wohl finden sich motivische Kerne, aus denen scheinbar das ganze Gebilde erwächst und von denen es seine motorische Kraft erhält. Aber die gewohnte thematische Gliederung und periodische Umgrenzung fällt fort. Die Themen, oder was man so nennen will, weiten sich zu fast satzartigen Erscheinungen. Diese Gebilde verflechten sich wieder mit anderen, neuauftauchenden, ähnlich organisierten, so daß der analysierende Verstand, der nach Einteilung, Ordnung, Gruppierung fragt, ratlos steht. Nur immerwährendes Wachsen und Sichverschlingen, dauerndes Keimen und Blühen, unaufhörliches thematisches Werden ist festzustellen, demgegenüber alle Einteilungsbemühungen machtlos und eigentlich hinfällig sind. Schon die Vordersätze der zweiten und dritten Sinfonie zeigen dieses dauernd Lebendige der thematischen Kraft, die sich hier eben nur als wirkende und zeugende Kraft, nicht aber als Einzelerscheinung dokumentiert. Zur Entfaltung aber gelangt Mahlers Art der Themenbildung erst in den großen Instrumentalsinfonien von der Fünften ab, um dann in der Achten und über sie hinaus in der Neunten alle Erinnerungen an die einstige Themeneinteilung und Verarbeitung schwinden zu lassen. Absolute Freiheit rein fantasiemäßigen Musikgestaltens herrscht. Ein mächtiger, scheinbar hemmungslos fließender Strom ergießt sich aus unerschöpflichen Quellen. Er kennt keine anderen Gesetze als die des natürlichen Schöpfer- und Schaffenstriebes, der innersten, erst am selbstbestimmten Ziel sich vollendenden Bewegung.

Daß Mahlers Thematik diese, alle gewohnten Gesetze von innen her sprengende Kraft erweisen konnte, dankt sie ihrem Ursprung aus der Liedmelodik. Diese ist ihrer Natur nach nicht an die Entfaltungsregeln der sinfonischen Thematik gebunden. Sie trägt in sich die Schwungkraft und Ausbreitungsfähigkeit, die jeder echten lyrischen Eingebung eigen sind. Sie bedarf nur des starken

Gefühlsantriebes, um aus sich heraus fortzuwuchern und zum großen Strome zu wachsen. In der Liedform wäre dies nicht möglich gewesen, auch die Übertragung des Liedes aus dem intimen Zwiegesang mit Klavier in die Orchestersprache hätte nicht genügt, um das Bett zu schaffen, dessen dieser gewaltige lyrische Gestaltungsdrang bedurfte. Hier ergab sich die innere Notwendigkeit einer Vereinigung scheinbar schroffster Gegensätze: der Liedmelodik und der sinfonischen Gestaltung. Jedes von beiden brachte das mit, dessen das andere bedurfte: das Lied die innerlich quellende melodische Kraft, der sinfonische Organismus die spannungsfähige Form. Hier konnte sich das Lied über alle Schranken des subjektiven Lebens hinwegsetzen, konnte des Wortes entbehren, ohne völlig darauf verzichten zu müssen, konnte die ihm innewohnenden Expansivkräfte unbehindert sich auswirken lassen.

So ist auch Mahlers Thematik die letzte notwendige Folge der Art seines sinfonischen Stiles. Die Abwendung von dem Abstraktionsdrang Beethovens, die Hinneigung zum Naturhaften, zur Erfassung auch des Menschen als Naturwesen hatte den neuen sinfonischen Stoff gebracht. Aus seiner schöpferischen Durchdringung erwuchs der neue sinfonische Organismus, der Typus der Finalsinfonie. Aus ihrer Konzeptionsidee ergab sich die Einzelgestaltung: Form, Folge, Charakter der Sätze. Dieser Konzeptionsidee entgegen wuchs die neue Klangwelt mit all ihren Erscheinungen stilistischer Art: ihrer kosmischen Klanggestaltung durch Vereinigung alles Tönenden vom stumpfen Schlaginstrument bis zur Menschenstimme, ihrer Rhythmik, Harmonik, Dynamik, ihrer Vortragskunst und schließlich ihrer Thematik — der letzten Folge und doch wieder ersten Voraussetzung des neuen sinfonischen Stiles. Der Kreis schließt sich. Lied und Sinfonie fließen zusammen in ein einziges Neues. Dieses Neue, innerlich gegründet auf glühende Intensität des Fühlens, äußerlich gefestigt durch gewaltig zusammenfassendes Gestaltungsvermögen, erhält seine ethische Begründung durch die Kraft, mit der hier die symbolische Bedeutung des musikalischen Kunstwerkes geoffenbart wird.

In dieser Kraft des Symbolbildens aber ruht der Maßstab des Bleibenden, Gültigen, Wahren der Kunst. Der hinreißende ethische Schwung von Beethovens Kunst hatte die Geister verwirrt und überwältigt. Unfähig, diesem Schwunge gleichzukommen, aus sich heraus der Erfassung neuer Symbole nicht mächtig, hatten die nachfolgenden Generationen das äußerlich Klangliche zur Bedeutung des Selbstzweckes der musikalischen Kunst anwachsen lassen. Die wirkungsvolle Behandlung der Klangmaterie war das Ziel geworden. Die Erkenntnis, daß der Klang und seine Gestaltung nicht Subjekt, nur Objekt, und daß alles wahrhaft musikalische Geschehen ein Geschehen jenseits des Klanglichen ist, nur gegründet auf seine Vermittlung, daß einzig im Wiederfinden der tiefen gefühlsmäßigen Quellen ein neuer Lebensstrom für musikalisches Schaffen entdeckt werden konnte — diese Erkenntnis war nicht vorhanden. Als in Bruckner und Mahler Schöpfernaturen auftauchten, die wieder an diese Gefühlsquellen zurückgingen, weigerte ihnen der Bildungsdünkel der Zeitgenossen die Anerkennung. Man nannte sie plump, oder einfältig, oder banal, weil man ihren Mut nicht begreifen, weil man für ihre tiefe Gläubigkeit an das Urmenschliche kein

Verständnis finden, weil man die grandiose Naivetät solcher Erscheinungen nicht erfassen konnte.

Aber die Skepsis eines übersättigten Zeitalters ist im Schwinden begriffen. Neue Menschen, neue Massen drängen empor, und das Verlangen nach Glauben, nach Licht, nach Offenbarung ist mächtig in ihnen. Die trotzige, leidenschaftliche, innerlich glühende, sehnsuchtsvolle Kunst Mahlers findet in ihnen wachsenden Widerhall, und im Schatten dieser weltumspannenden Kunst gewinnt auch die weichere, anschmiegsamere, äußerlich mehr entgegenkommende Musik Bruckners immer mehr Boden. In beiden ruht die Zukunftsbotschaft der sinfonischen Kunst, denn wo ein Innerlichstes sich zur großen Kunst gestaltet, da gewinnt es Macht über alle Menschen.

DAS VORSPIEL:
ERSTE SINFONIE

Mahler hat nicht als Sinfoniker begonnen. Kammermusik, Lieder, Opern sind seine ersten Schaffensversuche. Das meiste davon hat er selbst später vernichtet. Besteht Veranlassung, dieses strenge Urteil zu bedauern? Das innerlich Unfertige bietet an sich lediglich historisches Interesse. Für die Persönlichkeit kommt es nur als Vorbereitung in Betracht. Aus der Verschiedenheit der Gattungen, denen Mahler sich anfänglich zuwandte, spricht das Suchen und Tasten des Unreifen, die Unsicherheit hinsichtlich der eigenen Bestimmung, der Nachahmungstrieb des Werdenden. Aber dieses Schwanken dauert nur kurze Zeit. In dem Maße wie das Schulmäßige, Lernbare abfällt, werden Kammermusik und Oper beiseite gelassen. Lieder drängen in größerer Zahl hervor, ein Chorwerk mit Orchester „Das klagende Lied" lenkt in die entscheidende Richtung, und mit der ersten Sinfonie ist der Weg gefunden. Diese Sinfonie, 1885 entworfen, 1888 abgeschlossen, ist wohl ein Erstlings- aber kein Anfangswerk. Es zeigt die Persönlichkeit des 28jährigen in klarer Ausprägung aller wesenseigenen Züge. Vermittelnde Einschätzung ist diesem Werk gegenüber unmöglich. Es bleibt nur die Wahl zwischen Zustimmung oder Ablehnung.

Die Merkmale der Besonderheit bestehen nicht in äußerlichen Anzeichen revolutionärer Gesinnung. Die Orchesterbesetzung ist wie für große sinfonische Werke neuerer Zeit üblich, drei- und vierfach geteilte Holzbläser, vier Trompeten, Posaunen, Tuba und vollständiges Schlagzeug. Sieben Hörner werden gefordert, wozu Mahler am Schluß noch Verstärkung wünscht, damit der „hymnenartige, alles übertönende Choral die nötige Klangfülle erreicht". Hier sollen zudem die Hornisten aufstehen „um die möglichst größte Schallkraft zu erzielen". Diese, sowie die an anderer Stelle erscheinende Bestimmung „Holzinstrumente: Schalltrichter in die Höhe" sind auffallende Anweisungen, doch nur ausführungstechnischer Art. Sie deuten zwar auf die monumentalisierende Richtung des Mahlerschen Klangempfindens, können aber im Rahmen des Ganzen nicht als entscheidende Kennzeichen besonderer Eigenart gewertet werden. Auch die konstruktive Anlage unterscheidet sich äußerlich wenig vom Gewohnten. Die Sinfonie ist viersätzig, die Reihenfolge entspricht dem bekannten Schema: ein lebhafter Anfangssatz „Sehr gemächlich", durch eine langsame Einleitung eröffnet, ein „kräftig bewegt" im Dreivierteltakt mit Trio, ein „Feierlich und gemessen" und das Finale. Der Umfang der vorderen, einfach gebauten Sätze hat nichts Auffallendes, ist sogar manchen anspruchsvollen Sinfonien anderer Herkunft gegenüber knapp bemessen. Einzig das reichgegliederte Finale erscheint äußerlich gewichtiger. Es füllt fast die Hälfte der Partitur, und wenn auch diesem räumlichen Umfang infolge des meist schnellen Zeitmaßes die Dauer nicht ganz entspricht, so ist der Satz immerhin auch für den Hörer der anspruchsvollste.

Dieses Finale ist auffallend. Das Neuartige aber liegt nicht nur in den Maßen der Struktur. Es liegt in der Abwendung von einer poetisch begrifflich bedingten Illusionsmusik, in der Rückkehr zur ursprünglichen Symbolik der Tonsprache, in der Aufstellung und vorbehaltlosen Durchführung keimkräftiger

Klangsymbole, aus denen sich eine neue Gefühlswelt der Klangvorstellungen bildet.

In der Einleitung erscheint ein Motiv, das weiterhin der Klarinette zugeteilt ist und hier die Anweisung trägt „der Ruf eines Kuckucks nachzuahmen":

Der Kuckucksruf bewegt sich im allgemeinen im Intervall der großen Terz, auch die bekannteste Verwendung innerhalb der sinfonischen Literatur: in Beethovens Pastorale, zeigt ihn in dieser Aufzeichnung. Mahler wählt die Quart und entfernt sich dadurch von der Wirklichkeit. Er imitiert also nicht den Kuckucksruf — er symbolisiert ihn, indem er nur den charakteristischen Rhythmus beibehält, die melodische Tonfolge aber ändert. Diese Änderung beruht nicht auf Willkür. Das Quartenmotiv, das hier den Kuckucksruf symbolisiert, erscheint bereits im Beginn der Einleitung in anderer rhythmischer Ordnung, als Folge von abwärts sinkenden Halben. Es trägt die Bezeichnung „Wie ein Naturlaut". Die melodische Folge der abwärts gerichteten reinen Quarte gilt also Mahler als Symbol eines Naturlautes, als Klangwerden der Naturstimme schlechthin. Der Kuckucksruf ist ihm nur rhythmisch individualisierte Äußerung der nämlichen Naturstimme, die auf Kosten der Wirklichkeitstreue melodisch unverändert bleibt. Wichtig ist nicht, daß der Kuckuck, sondern daß die Natur ruft in wechselnden rhythmischen Gestaltungen.

Liegt etwa in dem Hinweis „wie ein Naturlaut" beim ersten Auftauchen des Quartenmotives eine programmatische Andeutung? Wer unbefangen hört, wird die Frage verneinen. Das Naturhafte in der Klangwirkung der reinen Quarte, das Ungemischte, harmonisch Unbestimmte wird durch den gleichmäßig schwebenden Rhythmus, das Geheimnisvolle der orchestralen Einkleidung und der zarten Dynamik so zwingend verdeutlicht, daß jene Bemerkung Mahlers für den Hörer überflüssig ist und nur für den Ausführenden als Vortragshinweis in Betracht kommt. Das Quartenmotiv gibt sich ohne begriffliche Bewußtheit als Symbol des unberührt Naturhaften, als musikalische Sprachäußerung des in Wirklichkeit Sprachlosen. Es wirkt so, weil die Eindruckskraft des Quartenintervalls hier in ihrer elementaren Bedeutung erfaßt ist. Das reine Intervall wird zum Symbol der reinen Natur. Man kann es das „Naturmotiv" an sich nennen. Als klangliches Phänomen verkörpert es die zum musikalischen Laut werdende Natur.

Das Quartenmotiv beherrscht nicht nur den Anfang des ersten Satzes. Es erzeugt aus sich heraus eine ganze Gruppe verwandter Themen und Motive des ersten, zweiten und dritten Satzes, die um den Naturlaut in immer neuen Formungen anschießen. Zunächst das Einleitungsthema in seiner vollen Gestalt: der Quartenschritt, dreimal ansetzend, von der Quinte A bis zum Grundton D des d-moll-Akkordes niedersinkend, Naturmotiv zum Naturthema im zartverschwebenden Mollcharakter erweitert: Die zweite Erscheinung ist der Kuckucksruf der Klarinette. Aus ihm entwickelt sich die dritte, das „sehr gemächlich" schreitende Hauptthema des ersten Satzes: Hier gibt das Quartenmotiv nur den Anfang, der sich dann in diatonische

Durschritte fortsetzt. Im Gegensatz dazu erscheint
es im Verlauf des Satzes in rein akkordischer Weiter-
führung thematisch ausgesponnen und abgerundet:
Und in kräftig dröhnendem  In derber Rhyth-
Pochen der Pauken be- misierung eröffnet es
schließt es den ersten Satz: den zweiten Satz:
kehrt auch in dem  Ganz auf die
darüber gelagerten ursprüng-
Tanzthema wieder: liche, primi-
tive Fassung zurückgeführt, leitet es den trauermarschartigen dritten Satz
durch leise, in der Art eines basso Variiert erscheint es
ostinato weiterklingende Paukenschläge  dann als Gegenmelo-
ein und schließt ihn ebenso ab: die des Kanonthemas:
 In der ursprünglichen Fassung als Naturthema erklingt
es von neuem mehrfach im Verlauf des Finale, und hier
erfährt es auch die krönende Umwandlung nach Dur
zum hym- Dies sind keine episodischen Einzelheiten
nenartigen oder zufälligen Beziehungen. Hier zeigen
Choral: sich Anfang, Hauptpunkte und Abschluß
eines großen organischen Werdens. Alles, was sich in dieser Sinfonie begibt, ist
die Umwandlung des Naturthemas vom mysteriösen Moll seines ersten Er-
scheinens zum triumphalen Dur der Schlußapotheose. Der Weg dahin führt
über den muskelkräftigen Ländler und über den Trauermarschrhythmus des
dritten Satzes. Immer gibt das Naturmotiv Anfang, Ziel und die wichtigsten
Richtungspunkte.

Dies ist eine neue Art klangsymbolischer Gestaltung, gleich weit entfernt
vom Zufall wie von programmatischer Absicht. Die Gleichstellung etwa mit
einer „Idée fixe" wäre Verkennung des Eigentümlichen dieser Gestaltungsart.
Die Wirkung ruht nicht auf vorgefaßter Verabredung mit dem Hörer, sie ruht
auf der Eindruckskraft des klanglichen Phänomens. Die Frage nach dem Grade
der Bewußtheit in der Anwendung dieser Mittel ist belanglos. Entscheidend
ist lediglich, daß die Sinfonie durchzogen und in den wichtigsten Teilen beherrscht
wird von einer Motivgruppe, deren sämtliche Bildungen im Intervall der absteigenden Quarte ihren Ursprung haben. Der Art ihrer Zusammensetzung
nach kann man sie akkordische Motive nennen.

Im Gegensatz zu ihnen stehen die chromatischen Motive. Es sind zwei,
die für den Verlauf der Sinfonie Bedeutung haben: als erstes das langsam aus der
Tiefe empordrän- Es führt zunächst die rhyth-
gende Baßmotiv 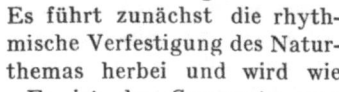 mische Verfestigung des Natur-
der Einleitung: themas herbei und wird wie
dieses für den weiteren Verlauf des Es ist der Gegensatz zum
ersten Satzes und des Finale be- ersten: hart, gestoßen, wo
deutsam. Das zweite chromatische dieses weich gebunden, von
Motiv erscheint erst im Finale: oben abstürzend, wo dieses
von unten aufsteigend, in stürmischer Triolenbewegung und dreifachem Forte

von Bläsern geschmettert, wo dieses durch die schleichende Viertelbewegung der weichen Streichbässe sein koloristisches Gepräge erhält. Das chromatische Prinzip ist in diesen beiden Motiven durch zwei einander ergänzende Gegensätze vertreten und wird so gleichsam ausgeschöpft.

Beide Gruppen: die akkordischen wie die chromatischen Motive sind polare Kontraste. Das Naturmotiv erscheint rein als harmonischer Raum. Von keiner individualisierenden Linie durchschnitten, periodisch unbegrenzt, erhält es in seinen thematischen Erweiterungen wohl rhythmische und akkordische Festigung, aber keine melodische Ausprägung. Es ermangelt des linearen Impulses. Dieser wiederum ist bei den chromatischen Motiven so stark, daß er anderen Energien keine Entfaltungsmöglichkeit läßt und auf seine ursprünglich nur rhythmisch organisierte Äußerung beschränkt bleibt. Beide Motivgruppen, die akkordische wie die chromatische, sind gleichsam elementarischen Charakters, jene rein räumlich harmonisch, diese rein linear bewegend, beide aber ohne Fähigkeit, aus eigener Kraft die Abrundung zu melodisch individualisierter harmonischer Fülle zu erreichen.

Diese Vereinigung bringt erst eine dritte Gruppe: die der diatonischen Themen. Ihnen fehlt das Charakteristikum der beiden anderen: die Unveränderlichkeit des elementarischen Grundzuges, die Eindeutigkeit des symbolischen Wertes. Sie sind sowohl akkordisch als auch chromatisch zusammengesetzt. Ihre Wesenheit beruht gerade darin, daß sie sich solchen wechselnden Zusammensetzungen zugänglich erweisen. Die Art, in der dies geschieht, bestimmt den Verlauf der sinfonischen Handlung. Bezeichneten die akkordischen Motive Anfang und Schlußpunkt des ganzen Werkes, erschienen die chromatischen als das beunruhigende, vorwärtsdrängende Element, so sind es die diatonischen Motive, an denen sich die gegensätzlichen Kräfte auswirken. In ihren Erscheinungen und Veränderungen vollzieht sich also das Geschehen des Werkes. Sie sind das Material: die Spieler, wo jene beiden anderen die weckenden und treibenden Kräfte bedeuten.

Aus solcher Symbolik der sinfonischen Handlung bei Mahler ergeben sich die Grundlinien seiner thematischen Gestaltung im einzelnen wie des sinfonischen Aufbaues im ganzen. Sie ist kein Spiel mit willkürlich verteilten Rollen. Die Bedeutung der verschiedenen Motivsymbole ergibt sich lediglich aus dem Charakter ihrer klanglichen Erscheinung. Daß Mahler die symbolische Kraft solcher Urmotive wieder erkannte, daß er sie in nackter Ursprünglichkeit hervorzog und zur Grundlage seines Schaffens machte, ist das bedeutungsvolle Neue seiner Kunst. Er beweist dadurch einen Sinn für die klanglichen Urphänomene der Musik, der seiner Zeit abhanden gekommen war, und der doch einzig die Grundlage für eine wahrhaft monumental empfundene Sinfonik geben konnte. Indem Mahler wieder hinabsteigt in die Urwelt der musikalischen Klangphänomene, diese in ihrer ungemischten, naturgewaltigen Bedeutung heraufbeschwörend, gelangt auch er zu Ergebnissen poetischen Charakters. Sie aber sind lediglich Folge, nicht Voraussetzung des musikalischen Geschehens. Die poetische Idee als treibende oder leitende Kraft ist bei Mahler nicht vorhanden. Wohl aber ergibt der Verlauf des Werkes ein poetisches Ganzes. Es wäre daher verfehlt, die erste Sinfonie in Anlehnung an die Erscheinungen der Naturmotive als Natur- oder Waldsinfonie oder ähnlich zu bezeichnen. Ebenso ist es überflüssig, aus der Wandlung der Motive, ihrer Gegensätzlichkeit und gegenseitigen Beeinflussung ein bestimmtes Programm zu entwickeln, obschon die Einbeziehung einzelner Melodien aus den „Liedern eines fahrenden Gesellen" solche Art der Interpretation nahelegt. Es ist das Tonleben an sich, das hier in seinen Wurzeln bloßgelegt wird, und dessen ursprüngliche harmonische und rhythmische Kräfte mit allen Ausdrucksmöglichkeiten wieder zum Klingen gebracht werden. Mahler selbst hat einzelnen Sätzen der ersten und späterer Sinfonien nachträglich poetisierende Überschriften gegeben. Man kann sie gelten lassen, sofern sie im bezeichneten Sinne als poetische Ergebnisse musikalischen Geschehens aufgefaßt werden. Aber nur die Erkenntnis dieses Geschehens selbst, der Klangsymbole, auf denen es beruht, der Tonerscheinungen, die sich in ihm entwickeln und aus deren Weiterwirken der musikalische Organismus erwächst, führt zur Erkenntnis auch der poetischen Vorstellungswelt, der das Ganze angehört.

So betrachtet, zeigt sich die Einleitung des ersten Satzes als ein in außergewöhnlichem Umfange von 62 Takten angelegter Orgelpunkt A. Im Viervierteltakt „langsam, schleppend" tönt dieses A zuerst im zartesten, neunfach geteilten Streichorchester. In eigentümlich unwirklichen Klängen: über dem tiefen A eines Teiles der Kontrabässe, nach Mahlers Anweisung „sehr deutlich, wenngleich pianissimo" zu spielen, lagern sich die übrigen Kontrabässe, Violoncelli, Bratschen und Violinen in sphärischen Flageolettönen. Erst im dritten Takt löst sich eine melodische Regung aus der geisterhaft flimmernden Tonvision: das Quartenmotiv erscheint in der kleinen Flöte, Oboe und den Klarinetten, vom A abwärts nach E sinkend und dann wieder verschwindend. Zum zweitenmal ertönt es zwei Takte später, diesmal eine Oktav tiefer in der dunklen Färbung der Flöte, des Englisch Horn und der Baßklarinette. Wieder taucht es zurück in das Unisono A und erst beim dritten Erscheinen gewinnt es thematischen Kontur durch dreimalige Wiederholung auf den Stufen des ab-

wärts sinkenden d-moll-Akkordes: Es leitet aber nicht in die erwartete tiefere Oktave A ein, sondern bleibt auf B liegen. Ein neues Gegenmotiv erklingt, in fanfarenartig lebhaften Achteltriolen akkordisch aus der Tiefe in Klarinetten ansteigend: Die Klarinetten geben hier die Vordeutung der „in sehr weiter Entfernung" aufgestellten Trompeten, die mit einer neuen Fanfare antworten:

Unter der belebenden Einwirkung der Fanfaren regt sich auch in dem bisher in gleichmäßigen Halben wie unkörperlich schwebenden Quartenmotiv eigener rhythmi-

scher Pulsschlag, es zuckt auf: Der Kuckucksruf ertönt, wiederholt sich drängend, in ihn hinein klingt „sehr weich gesungen" die Hornmelodie: Ihr antwortet mit plötzlicher Beschleunigung eine dritte

Fanfare „in weiter Entfernung":

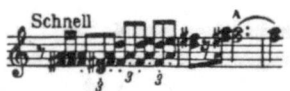

Keck stößt sie bis zum hohen A empor, in scharfem, fast schmerzlich schneidendem Kontrast zu dem einer ganz anderen, unirdischen Sphäre angehörenden A des Orgelpunktes. Dieses zuckt in mehreren heftigen Pizzikatoschlägen auf, Flöten und Oboen gleiten in die dissonierenden verminderten Septimenakkorde auf Fis und Cis ab, bis die Hornmelodie „weich und ausdrucksvoll" wieder einlenkt:

Zum viertenmal ertönen Trompetenfanfaren zugleich mit dem Kuckucksruf:

Jetzt endlich scheint der Bann der geheimnisvollen Ruhe gebrochen. Die höheren Oktaven des Orgelpunktes sind während der vorangehenden Fanfaren bereits allmählich verschwunden. Nur noch die Bässe bleiben liegen, ihnen gesellt sich jetzt die Pauke in leise pulsierendem Wirbel. In den tiefen Streichern aber regt sich vorwärts- und empordrängend das chromatische Baßmotiv:

Unablässig in die Höhe treibend scheint es sich gegen das Quartenmotiv zu richten, das sich ihm wie abwehrend in beschleunigter Bewegung entgegen senkt, wie um es herunterzudrücken. Und nachdem das Baßmotiv durch zwei Oktaven aufgestiegen ist, sinkt es leise und schnell wieder zurück ins Dunkel. Das Quartenmotiv hat sich behauptet, aber es ist ein anderes geworden. Der chromatische Bewegungsantrieb hat sich ihm mitgeteilt. Es ist aus der dämmernden Ruhe des Anfanges herausgerissen zu fest pochendem Viertelrhythmus, es ist aus der erwartungsvollen Dominantstimmung A—E in die tonartlich festgeschlossene Tonika D—A gelangt, es hat sein reines harmonisches Urwesen mit diatonischer Stufenbewegung gemischt: es ist ein melodisch und periodisch gerundetes Thema geworden, das aus seinem Quarten-Ei heraus „immer sehr gemächlich" emporschreitet, zart und singend, aber doch bestimmt und mit klar ausgeprägtem Individual-Charakter:

Das Geschehen dieser Einleitung läßt sich zusammenfassen als das Gestaltwerden des Naturmotives. Das ist der Weg von ihrem Anfang bis zum Ausklang. Dort das aus sphärischem Klangschimmer zart aufglühende Urmotiv — hier seine fertige, mit Handlungsenergie erfüllte lebendige Gestalt. Dazwischen die Weckrufe der Fanfaren, aus der Ferne das sich erformende Leben unablässig wachrufend, die weichen Hornmelodien, gleichsam fantasierende Vorahnungen und lockende Verheißungen künftigen melodischen Seins, und als letztes die von unten her dem Naturmotiv sich entgegendrängende Baßwelle. Es vollzieht sich die Geburt des Themas durch das Herabsteigen einer ungreifbaren Vision in die Welt der Erscheinungen. Die Verwandtschaft der Faktur mit der Einleitung zu Beethovens Vierter fällt auf, ohne daß dadurch Mahlers Selbständigkeit vermindert wird. Das Geschehen in beiden Einleitungen ist grundverschieden. Bei Beethoven die allmähliche Aufhellung und Entladung einer von schweren, düsteren Spannungen durchzogenen Atmosphäre, bei Mahler die allmähliche Zusammenballung einer reinen, kristallhellen Lichterscheinung zu mehr und mehr greifbarer Körperlichkeit.

Das erste Thema löst die in der Einleitung zusammengezogene und gestaute melodische Energie. Sie ergießt sich nun, in leißem Fluß anhebend und immer breiter anwachsend, über den ganzen Vordersatz. In unablässiger Folge entfalten sich neue Gestaltungen, eine entwächst der anderen, ohne dabei die Stetigkeit der Linie zu unterbrechen, im Gegenteil sie zu einer von rein melodischem Bewegungsimpuls getragenen Steigerung von höchster organischer Kraft emporführend. Das zuerst sehr zart intonierte, vom Fagott kanonisch nachgeahmte Baßthema endigt in einen sinnenden Halt, in den der Kukkucksruf hineinklingt. Die Trompete übernimmt es, immer noch pianissimo, gibt es dann an die Violinen weiter. Flöte und anschließend Violinen spinnen die Viertelbewegung in feinem Achtelgeflecht weiter:

Neue Melodiebildungen kommen hinzu, das schlendernde Violinthema:

Dann das vogelrufartig, wie ein Tirili klingende Bläsermotiv:

Die Bewegung wird lebhafter, in das bisher bevorzugte Legato mischen sich hüpfende Stakkatomotive:

Immer stärker schwillt das Crescendo, das Zeitmaß beschleunigt

und tänzelnde Spikkati:

Beim A-dur-Forte ertönt zugleich mit dem von Hörnern intonierten Hauptthema der Vogelruf in neuer Formung: sich, bis beim dreifachen Forte der Höhepunkt erreicht ist. Schnell blaßt das aufleuchtende A-dur ab, verliert sich in das Unisono A der Violinen und Bratschen. Der zur Oktave erweiterte Kuckucksruf tönt leise hinein, und nochmals zieht das Bild des zu heiterer Kraft sich ausbreitenden Melodienflusses vorüber.

Mit diesem zweimaligen Aufrollen hat sich die bewegende melodische Kraft zunächst erschöpft. Wie in der Einleitung spannt sich in Flageoletttönen das hohe A. Das lebhafte Zeitmaß erstarrt, verlangsamt sich um das doppelte zum Einleitungstempo, das Tirilimotiv und der Kuckucksruf erklingen vereinzelt in Holzbläsersoli. Aber nur eine seufzerartige Violoncellstimme antwortet:

Die Dur-Stimmung sinkt nach Moll, der Orgelpunkt fällt von A nach F. Gerufen durch die rezitativisch klagende Violoncellstimme erscheinen wieder die beiden Elementarmotive: die Quarte und das chromatische, übereinander gelagert. Eine Hornmelodie, diesmal in Moll, klingt gedämpft hinein, ähnlich wie in der Einleitung:

Während die Flöten die letzte schwermütige Phrase der Hornmelodie wiederholen, ertönt in der Harfe ein neues Thema:

Es ist gewissermaßen der Gegenspieler des Hauptthemas in D-dur. Wie dieses die Verlebendigung des Naturmotives, so kann das Schrittmotiv der Harfe der Abkömmling des chromatischen Motives genannt werden. Das Dur-Thema, das aus sich heraus nicht die Kraft zum Weiterschreiten findet, sinkt in das Dunkel der Elementarmotive zurück, versucht diese durch die klagenden Violoncellrufe zu beleben. Aber das Dunkel lichtet sich nicht wie vorher, das chromatische Motiv erweist sich zunächst mächtiger als das Naturmotiv und gestaltet jetzt ein neues Gegenthema. Die klagende Stimme tönt weiter, der Kuckucksruf antwortet wie verheißend, das düstere d-moll wandelt sich in langgehaltenen Harmonien zum spannenden Nebenseptimenakkord auf B, dieser wechselt leise in den übermäßigen Terzquartakkord auf Es, und aus dem harmonischen Dunkel leuchtet plötzlich lichtes D-dur wieder auf. Es ist eine Stimmung, die auch klanglich durch die hier zum erstenmal ertönenden Posaunen ins Mystische hinüberweist, eine wie durch überirdische Macht gelingende Überwindung der eben zu neuer Entfaltung ansetzenden dunklen Kräfte. Diese mystische Stimmung verbleibt auch den ersten zwölf Takten des neugewonnenen D-dur: Violintremoli in den höchsten Lagen, darunter die neue Erscheinung des Naturmotives als periodisch gerundeter Hornmelodie: Es ist nur eine Vision, die nicht aus dem dreifachen Piano der Fernerscheinung heraustritt. Aber die erste Krise ist überwunden, der Durchbruch der melodischen Kraft gelungen. Unter dem frohlockenden Tirilimotiv der Flöte klingt jetzt die ehemals klagende Violoncellstimme in ruhig beglücktem Gesang: Die Melodien des Vordersatzes finden sich wieder, modulatorisch reicher bewegt, mit neuen Gegenstimmen geschmückt. Das vom Violoncell zuerst intonierte Gesangthema mischt sich in breiter Entfaltung mit den früheren Themen. Die harmonische Bewegung, die im Vordersatz nur die nächsten Nachbartonarten von D- und A-dur umfaßt hatte, breitet sich in üppiger Klangfreudigkeit nach Des, As, C, F aus, das Tonleben blüht thematisch und harmonisch immer reicher auf, dabei stets die Dur-Stimmung bewahrend. Verloren ist allerdings das naive Dahinströmen der melodischen Energie. Die dynamische Linie strebt jetzt nicht in gerader Richtung nach oben. Sie spielt in wechselnden Farben und hält sich dabei innerhalb zarter Kontraste. Posaunen scheiden ganz aus, die Trompete erscheint nur anfangs solistisch verwendet und schweigt dann ebenfalls, die Hörner werden zu zweit oder zu viert vorzugsweise für zarte harmonische Füllwirkungen benutzt. Die thematische Führung bleibt den Streichern und Holzbläsern überlassen, sie und die Pedalbässe der Harfe bestimmen das durchsichtige, aber durch das Fehlen aller kraftgebenden Instrumente etwas blasse, wie von einem inneren Druck überschattete Kolorit dieses Abschnittes. Die Gegensätze sind noch nicht ausgetragen, das Störende ist nur unter der befreienden Nachwirkung der D-dur-Vision beiseite geschoben. Plötzlich erfolgt im Pianissimo der Violinen die Wendung des Gesangthemas nach f-moll:

Von den Bässen wiederholt ruft sie sofort das drohende Schrittmotiv auf den Plan:

Diesmal behauptet es sich als Gegenstimme des Gesangthemas. Es verbreitet seine Anfangsnoten und gewinnt so steigende Kraft:

Heftig einschneidende Zuspitzungen und gleichsam klagend an- und abschwellende Steigerungen erreichen ihren Höhepunkt in dem langhallenden Ges der Violinen, dessen dissonierende Wirkung von den stöhnenden Hörnern noch verstärkt wird:

Auch das jetzt im Des-dur-Fortissimo gedämpfter Trompeten einsetzende Fanfarenmotiv der Einleitung bringt keine Hilfe. Das verdüsternde Thema schreitet in zunehmender Kraft weiter, mit dem Zutritt der Posaunen, langgehaltener Hörner- und Trompetenharmonien dunkeln die Farben immer mehr. Da kehrt ▭ das Thema sich in Gegenbewegung: ▭ In machtvoll anschwellender ostinater Wiederholung drängt es zur Entscheidung. Hörner und Trompeten finden den Weg in das langgehaltene A. Dieses festhaltend führen sie auf dem Höhepunkt der Steigerung die befreiende Wendung in den Dominantseptimenakkord auf A herbei. In voller Kraft ertönen die Trompetenfanfaren in D-dur, von Hörnern und Holzbläsern in A fortgesetzt. Mit sieghaftem Dominantaufschwung leiten sie zur Wiederaufnahme des vorher nur visionär erschauten, jetzt in voller Klangkraft der Hörner und Posaunen erklingenden D-dur-Naturthemas. Aus der Vision ist klangfrohe Wirklichkeit geworden. Wie vorher schließt sich das Gesangthema an. Diesmal aber erklingt es in hell leuchtender Trompetenfarbe. Von Holzbläsern ergänzt und ohne in spielendes Schweifen zu verfallen, führt es jetzt mit kurzem, impetuosem Aufschwung zum Hauptthema zurück, das nun im Fortissimo der Trompeten, von den Bässen kanonisch wiederholt, triumphierend einherschreitet. Jetzt ist die melodische Kraft von allen lähmenden Gegenwirkungen befreit. In ungehemmtem Jubel des vollen Orchesters drängt sie vorwärts, bis sie, auf dem Gipfel ihrer Kraft, ihre diatonische Bewegungslust erschöpft hat. In das Quellmotiv ihres Seins: den Quartenruf zurückkehrend, beschließt sie mit seiner übermütig jubelnden Anrufung von den Violinen bis herab zu den Pauken stürmisch ihren Lauf.

Ohne die langsame Einleitung betrachtet, stellt sich der Verlauf dieses Satzes seiner inneren Gliederung nach dar als ein Ringen um die freie Entfaltung der im Hauptthema eingeschlossenen melodischen Kräfte. Diese gelangen im Vordersatz zu mehr spielerischer als innerlich ausschöpfender Betätigung und sinken dann, als noch zu flach verwurzelt, in die starre Ruhe der Einleitung zurück. Die von hier aus erfolgende Wachrufung tieferer Kräfte und die in mystischer Verheißung aufdämmernde Vision des Naturthemas in der Reinheit seines akkordischen Glanzes wecken neue melodische Triebe, die aber zunächst unter dem Druck der Gegenerscheinungen nur beengt zur Entfaltung gelangen. Die Auseinandersetzung muß erst erfolgen. Sie geschieht in der großen f-moll-Krise des Satzes, die zur Geburtsstätte des Finale wird. Jetzt mündet sie in den von Fanfaren angekündigten Durchbruch des in voller Glorie aufstrahlenden akkordischen Naturthemas. Damit ist dem Hauptthema freie Bahn geschaffen. Was in ihm an singenden, spielenden, drängenden Kräften ruht, entfaltet sich zu ungehemmtem Glanz und führt schließlich wieder zurück zu dem Quartenmotiv, aus dem dieses Thema entsprungen war, und in das es wie unter sein geistiges Bannzeichen zurückkehrt. Damit ist die erste Metamorphose des Quartenmotives abgeschlossen. Das Erlebnis dieses Themas war der Hauptinhalt des Satzes. Aber durch die Ausbreitung dieses Erlebnisses sind Erscheinungen hervorgerufen worden, die hier wohl beschwichtigt, doch nicht geklärt werden konnten. Das Gegenthema, vorläufig erst ungenügend, nur in einem geringen Teil seiner Energie erkannt und entfaltet, harrt noch der Entwicklung. Mit ihm bleiben die Elementarmotive des Werkes der Ausschöpfung vorbehalten.

Man kann den Satz naturgemäß auch auf seine kompositionstechnische Anlage hin ansehen, obwohl diese Betrachtungsart gerade hier wenig ergiebig ist, Nebensächliches hervorhebt und Wichtiges unterordnet. So würde in dem sehr einfach angelegten Vordersatz dem Tirilithema die Bedeutung des zweiten Themas zuzusprechen sein, während es in Wirklichkeit nur zum Gefolge des Hauptthemas gehört. Nach der Wiederholung des Vordersatzes begönne dann die Durchführung mit der Aufstellung einer neuen Themengruppe: des rezitativartig anhebenden Gesangthemas im Violoncell, des aus dem chromatischen Motiv entwickelten Gegenthemas und des aus dem Naturmotiv hervorgegangenen Hörnerthemas in D-dur. Diese Durchführung umfaßt die gesamte Entwicklung bis zur Fortissimo-Intonation des Hörnerthemas. Ihr folgt die Wiederkehr des Hauptsatzes mit der Aufnahme des ersten Themas durch Trompete und Bässe und des zweiten Themas in D-dur. Die kurze, aus dem Quartenmotiv entwickelte Koda fügt sich unmittelbar an. Die thematische Zergliederung ist demnach anwendbar und zeigt, daß das Werk auch einer schulmäßigen Betrachtung gewachsen ist. Sie verwischt aber gleichzeitig die Hauptlinien der inneren Entwicklung und beweist dadurch die Fruchtlosigkeit einer solchen, das Handwerkmäßige der Kompositionsarbeit in den Vordergrund rückenden Anschauungsart. Nutzbringend ist sie nur insofern, als sie erkennen läßt, mit welcher Kraft der inneren Belebung Mahler den konstruktiven Grundriß durchdrang, wie er ihn mit schöpferischem Impuls zu füllen und das Schematische daran völlig vergessen zu machen wußte, ohne sich das Wertvolle des alten Sonatensatzes: die gliedernde Kraft der Anlage, entgehen zu lassen.

Der erste Satz hat die erste Metamorphose des Grundmotives gebracht: seine Erscheinung als kraftvoll schreitendes, gesanglich gerundetes und zur Anbahnung einer breitausgeführten sinfonischen Handlung geeignetes Thema. Der zweite Satz, im Vortrag unmittelbar folgend, bringt die zweite Metamorphose. Sie erscheint ohne Vorbereitung, bedarf diesmal auch keiner solchen. Sie ist nicht wie das Thema des ersten Satzes Ausfluß langsam gesammelter melodischer Energie. Sie ist reine rhythmische Kraft, die sich in stampfenden, ostinat weiterklingenden Zwei-taktperioden der Bässe und Violoncelli entlädt: Auch die zunächst einsetzenden Oberstimmen, Violinen und Bratschen, verstärken mit ihrem derb schwungvollen Auftaktjuchzer:

die rhythmische Wucht des Anfangsmotives, dem sie dabei eine einfache harmonische Ergänzung geben. Erst der Eintritt des Holzchores bringt eine melodische Überdachung der beiden rhythmischen Grundformeln: Auch für dieses Thema ist das Quartenmotiv im Beginn, beim melodischen Anstieg im dritten Takt und in den drei folgenden Abschlußtakten bestimmend. Die Quarte bleibt also, wie im ersten Satz, der Kern, um den der Wuchs des Themas ansetzt. Beachtet man, daß die Linie vom zweiten zum vierten Takt notengetreu dem Hauptthema des ersten Satzes entspricht, so ergibt sich das Tanzthema des zweiten Satzes als Umgestaltung des ersten D-dur-Themas, bei der das Schwergewicht von der Entfaltung der Melodik auf die Hervorhebung der Rhythmik verschoben ist. Dem entspricht die Anlage des ganzen Satzes und die Weiterführung der thematischen Gedanken. Sie ist nicht auf Ausbreitung melodischer Triebe, sondern vorwiegend auf immer schärfere Einhämmerung der rhythmischen Grundidee gerichtet. Daraus ergibt sich für die Faktur der Fortfall ausgeführter thematisch motivischer Arbeit, die Hervorhebung aller charakteristischen Rhythmen und ihre Weiterführung in modulatorisch wechselnder Bewegung, Die orchestrale Anlage zeigt Vermeidung solistischer, Zusammenfassung der einzelnen Gruppen zu chorischen Wirkungen. Die Harmonik fällt auf durch Beibehaltung einer Harmonie-Einheit auf möglichst weitgefaßten Perioden, plötzliche ruckartige Übergänge zu neuen Tonarten unter Umgehung chromatischer Schiebungen, Bevorzugung deutlich schattierender Terz- und Quintmodulationen. Alle diese technisch stilistischen Merkmale ergeben sich aus der Unterordnung des Ganzen unter die leitende rhythmische Kraft. Sie in ihrer Bedeutung als pulsierend gliedernde Naturgewalt herrscht hier und bestimmt den Ablauf des Satzes.

Gleich die ersten Anführungen des Themas kennzeichnen diese Art der Gestaltung aus rhythmischem Impuls. In den Bässen das rastlos stampfende Grundmotiv, in den Streichern das sich hebende Schwungmotiv, im Holzchor die Tanzmelodie. Erst im neunten Takt folgt eine plötzliche Drehung von A- nach E-dur. Dieses wird beibehalten während des kurzen Nachspiels, in dem die zusammengeballte Energie des Hauptrhythmus sich in spielend hin und her geworfenen Achtelstakkati leicht entspannt und neu sammelt. Dann folgt mit ebenso ruckweiser Rückwendung nach A-dur die Wiederholung mit vertauschten Rollen. Die Holzbläser übernehmen das Schwungmotiv, die Streicher die Tanzmelodie, nur das gewichtige Stampfmotiv bleibt den Bässen. Die Wendung nach E-dur erfolgt diesmal schon im fünften Takt und führt zu breit kadenzierendem Ausklang in der Dominant-Tonart. Wiederholung des ganzen Sätzchens, dann Übernahme des Stampfmotives durch Fagotte und Hörner, denen die ersten Violinen durch spitze Pizzikatoschläge Ergänzung geben. Die oberen Holzbläser führen die Melodie, in den zweiten Violinen und Bratschen ein polterndes akkordisches Begleitmotiv: Das ganze harmonisch auf E, es schiebt sich jäh herab nach D und von dort nach Cis, hier von einer „wild" einsetzenden, dann gefällig schmiegsamen Violinmelodie ergänzt:

Die Achtelbewegung rollt weiter, gleichsam einen Ausweg aus dem befremdlichen, fast unheimlichen Cis-dur suchend. Aber die Bässe halten dieses Cis mit unnachgiebiger Härte fest. Posaunen stimmen mit dem stampfenden Grundmotiv auf Cis ein, Hörner intonieren die Tanzmelodie in Cis. Die Bewegung steigert sich über scharf dissonierende Zusammenstöße der Oberstimmen mit den Bässen hinweg zur Behauptung des Cis-dur im vollen Orchester und läßt dann erst mit plötzlich abnehmender Kraft nach. Die oberen Stimmen verschwinden, nur die Bässe murmeln noch in geschäftig umschreibender Achtelbewegung ihr Cis weiter:

Erst als sie sich allein und unwidersprochen sehen, sinken sie in chromatischem Abstieg über C—H—B wieder zu A herab. Leise einstimmend finden sich Violinen, Holzbläser und Hörner mit den Anfangsthemen wieder hinzu. In kraftvollem Glanz erscheint in Trompeten und Hörnern die Tanzmelodie samt dem Stampfmotiv der Bässe, von trillernden Violinen begleitet. Die steigernde Wendung zur Dominante aber fällt diesmal fort, über eine kurze Abschwenkung nach D-dur wird wieder die Haupttonart erreicht. Nach kurzem, vorbereitenden Orgelpunkt E folgt der letzte Aufschwung zum Tanz in den Hörnern. Dann schließt der Hauptsatz mit jubelndem A-dur-Triller aller Holzbläser und Triolengeschmetter der Trompeten.

Das Ganze dieses Satzes ist ein rhythmisches Erlebnis von außerordentlicher Steigerungswucht und bezwingender Intensität. Soweit melodische Bildungen, namentlich die Tanzweise und die später erscheinende Cis-dur-Melodie dabei eine Rolle spielen, bleiben sie doch von untergeordneter Bedeutung. Die Entwicklung des Melodischen dient hier ausschließlich der Belebung und strafferen Spannung des Rhythmischen. Dem gleichen Zweck sind die dynamischen und harmonischen Wirkungen unterstellt. Auch sie, namentlich die mit fast verbissener Hartnäckigkeit festgehaltene, durch ihre Wildheit und lange Dauer bis an die Grenze unheimlicher Dämonie führende Cis-dur-Steigerung, empfangen ihre besondere Bedeutung erst durch die in ihnen tätigen und zur Entfaltung gelangenden rhythmischen Kräfte. Deren Darlegung und Zusammenfassung von den Äußerungen primitiver Wucht im Anfang über die Ballungen der Cis-dur-Steigerung hinweg bis zu den in höchster Erregung vibrierenden Schlußtakten kennzeichnet den Satz als Weiterführung der im ersten Satz aufgetauchten motivischen Erscheinungen in die Gebiete rhythmisch elementaren Lebens.

Der formalen Gestaltung nach dem Scherzo entsprechend, weicht dieser Satz seinem Charakter nach von dem durch Beethoven aufgestellten Scherzotyp erheblich ab. Das Beschwingte, Hastende, Wirblige, gleichsam melodisch Entkörperte der Rhythmik, der Drang zur Auflösung fester melodischer Konturen in eine Sprache federnder rhythmischer Akzente fehlt. Das Zeitmaß hat etwas durchaus Behäbiges, die Melodik, obschon dem Dienst des rhythmischen Lebens unterstellt, zeigt derb kräftigen Zuschnitt. Sie beruht nicht wie bei Beethoven auf der Fortspinnung eines kurzen, meist nur eintaktigen Motives, sondern umfaßt eine regelrechte, liedmäßig gerundete Periode. Es fehlen die jäh zuckenden

Akzente. An ihre Stelle treten weit gespannte dynamische und harmonische Flächenwirkungen. Nicht das Lösende, Unkörperhafte, sondern das Massive, Erdgebundene der rhythmischen Kraft wird mit allen Mitteln hervorgehoben, auch in der Art der Instrumentalbehandlung. An Stelle der springenden Spikkatowirkungen der Streicher treten hartgestoßene, festanliegende Stakkati oder schwerfällig sich drehende Legatophrasen. Das für den ganzen Satz bestimmende Stampfmotiv ist durchweg den Bässen, Hörnern oder Posaunen zugewiesen, aus der chorischen Verwendung der Holz- und Streichergruppe spricht gleichfalls der Drang zur Erzielung schwerlastender, kompakter Klangwirkungen. Es erscheint also hier ein dem Charakter nach neuer Mittelsatztyp. Er stellt gewissermaßen einen Schritt von Beethoven zurück zum Menuett der Sinfonie vor Beethoven dar. Mit diesem alten Menuett teilt er die rhythmische Gemessenheit des Grundzeitmaßes, die festgeschlossene Periodik des Themas, den kräftig und einprägsam gegliederten Aufbau, die unmittelbare Anlehnung an einen liedmäßigen Tanztyp. Vom Scherzo Beethovens übernimmt er dazu die reiche innere Durchbildung, die Vielgestaltigkeit der Bilder, die im Gegensatz zum ersten Sonatensatz nicht durch thematische Handlung, sondern durch Steigerung des rhythmischen Impulses bewegte sinfonische Organik. So gelangt Mahler wie Beethoven über die unkomplizierte Tanzform älteren Stiles hinaus, aber nicht durch Einsetzung einer neuen, sondern innere Durchbildung einer alten, mehr der Suite als der Sinfonie nahestehenden Tanzform.

In dieser Neuschöpfung des zweiten, die Stelle des Scherzo einnehmenden Satzes liegt eine bedeutende stilbildnerische Leistung Mahlers. Sie geht hier nicht auf Anregungen Bruckners zurück, sondern ist durchaus persönlicher Herkunft. Brucknersche Abstammung dagegen zeigt das Trio-Idyll, das nach kurzer, durch lang- gezogene Hornrufe gebildeter Überleitung mit dem zart wie- genden Ländlerthema einsetzt:

Ein Intermezzo, vorwiegend in durchsichtigen, weichen Streicher- und Holzbläserklängen gehalten. Im Gegensatz zum Hauptteil vorwiegend der tändelnd spielenden Entwicklung melodischer Eingebungen vorbehalten, von denen die erste Brucknersche, die schwärmerische zweite Schubertsche Züge trägt:

Eine Unterbrechung bringt auch hier das plötzlich in beiden Hörnern mit überraschender Fisdur - Wendung einsetzende, von Trompeten und Flöten melodisch umspielte Quartenmotiv:

Aber diese Episode verliert sich wieder nach wenigen Takten. Die duftige Triostimmung behauptet sich. Ein anmutiges Bläsermotiv:

aus dem ersten Thema abgeleitet und von neuen melodischen Begleitstimmen umspielt, reiht sich als letzte der Triomelodien an. In wechselnden Modulationen führt es von C über Es nach C zurück und zur Auflösung des idyllischen Tonbildchens im Pianissimo zur Tiefe sinkender Streicherfiguren.

4

Wieder ist es das Horn, das nach kurzer Pause leise rufend anhebt und das erneute Erklingen des Hauptsatzes vorbereitet. Er erscheint jetzt in verkürzter Fassung. Die Cis-dur-Wendung mit der ganzen Durchführung fällt fort. Die A-dur-Stimmung, nur durch kurze Abweichungen in die Ober- und Unterdominante unterbrochen, beherrscht das Ganze und wird ähnlich wie vor dem Eintritt des Trio in ungetrübter Kraft und Klangfreude zur Endsteigerung geführt.

Die bisher durchlaufene Entwicklung stellt sich dar als in gerader Linie aufwärts führende Entfaltung aller im grundlegenden Quartenmotiv ruhenden melodischen und rhythmischen Kräfte handelnden Charakters. Diese Handlung brachte im ersten Satz die Erweckung und thematische Ausbreitung der D-dur-Melodie. Unter der steigernden Einwirkung gegensätzlicher Kräfte behauptete und festigte sie sich, bis sie nach ungehemmtem Ausströmen ihren Lauf durch Rückkehr in das Quartenmotiv sieghaft beschloß. Der zweite Satz, mit der Steigerung zur Oberdominant-Tonart A-dur einsetzend, führt die innere Entwicklungslinie da weiter, wo der erste abbrach. Melodische Einkleidungen und lineare Entwicklungen kommen nicht mehr in Betracht. Das Grundmotiv bleibt in seiner motivischen Erscheinung unverändert. Es ruft durch die ihm innewohnende rhythmische Kraft eine Folge neuer Erscheinungen aus einer anderen, fantastischen Sphäre hervor. Es wirkt also hier unmittelbar, es bewährt seine zeugende Kraft, indem es durch seine rhythmischen Ausschwingungen neue Gestaltungen schafft. Der zweite Satz ist somit direkte Folge und Fortsetzung des ersten, das dort entstandene und gefestigte Thema wird zur höchsten Steigerung emporgetrieben. Damit ist sein Lauf abgeschlossen, die erste Abteilung des Werkes — Mahler wendet diese späterhin von ihm gebrauchte Bezeichnung für die satzmäßige Gliederung noch nicht an, sie erscheint aber schon hier gerechtfertigt — beendet.

Freilich ist damit das Naturmotiv noch nicht in seiner vollen Tragweite erschöpft. Die in der Einleitung angerührten Probleme sind keineswegs gelöst, die Sinfonie als Ganzes steht noch in der Exposition. Es fehlt die entscheidende Aufrollung der Gegenmotive, ihre entgültige Auseinandersetzung mit dem Grundthema. Sie zu bringen, ist Aufgabe der beiden letzten Sätze, die nach Vorschrift der Partitur unmittelbar aufeinander folgen und daher als zweite Abteilung der Sinfonie zusammenzufassen sind. Ihre Gegensätzlichkeit zur ersten Abteilung ergibt sich schon aus den Tonarten. Hier helle Durfarben: das lebenswarme D-dur, das leuchtende A-Dur, dort dunkle Molltöne: das dumpfe, schattenschwere d-moll, das düster erregende f-moll. Diese Tonartenfolge deutet bereits darauf, daß zwischen den beiden Endsätzen ein ähnliches Steigerungsverhältnis besteht wie zwischen den beiden vorderen, wenn auch die Stellung der Schlußsätze zueinander im einzelnen anders ist. Der erste von ihnen ist der kürzere und hat ungeachtet seiner Selbständigkeit vorbereitenden Charakter. Er steht an der Stelle des sonst üblichen Adagio. Das Tempo ist gleich diesem „feierlich und gemessen", die Anlage aber weist so stark vom Hergebrachten abweichende Züge auf, daß man hier ebenso wie beim zweiten Satz von einem neuen, individuell geprägten Typ sprechen muß. Rhythmische und harmonische Grundlage gibt wieder das Quartenmotiv. Es erscheint jedoch in gänzlich veränderter Gestalt, in gleichmäßig pochenden Viertelschlägen der gedämpften Pauke pianissimo, im weiteren Verlauf 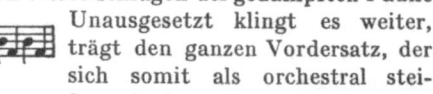 Unausgesetzt klingt es weiter, von Pizzikati der Kontrabässe trägt den ganzen Vordersatz, der und Violoncelli übernommen: sich somit als orchestral steigernde, dynamisch aber ohne jegliches Crescendo verlaufende Ausbreitung des d-moll-Dreiklanges entwickelt. Dumpfe Monotonie beherrscht die 38 Takte dieses Vordersatzes. Ihre niederdrückende Wirkung, bedingt durch die lastende Einförmigkeit der in unwandelbarem Gleichschritt pendelnden Bässe, wird noch verstärkt durch die Führung der Oberstimmen. Aus der Tiefe ansteigend breiten sie eine achttaktige d-moll-Melodie in gleich-

mäßiger Wiederholung kanonisch aus:
Diese Melodie, ein altes Volkslied, das in verschiedenen Gegenden zu verschiedenen Texten gesungen wird, ist in sich wieder zweitaktig gegliedert. Jeder Takt wird wiederholt, und so der Charakter müder, schleppender Traurigkeit und Einförmigkeit noch stärker hervorgehoben. Als drittes thematisches Gebilde erscheint eine Gegenmelodie der Oboen, rhythmisch dem fünften Takt des Kanons nachgebildet, melodisch eine neue Umschreibung des Quartenmotives:

Sie verbleibt fast ausschließlich den Oboen und ist mit ihren, durch den spitzen Klang des Instrumentes besonders scharf hervortretenden, zaghaft stockenden Stakkatowirkungen und schluchzenden Vorschlägen innerhalb des schleichenden Legato aller übrigen Stimmen gleichsam die einzige lebende Erscheinung in dieser empfindungsmäßig unbewegten Schattenwelt. Leise Tamtamschläge, dazu der langgehaltene Orgelpunkt D in der Tuba verstärken die Unheimlichkeit des Klangbildes. Mit der Übernahme der Kanonmelodie durch Hörner und Harfe sind alle Stimmen in das dunkle Gewebe verflochten, und dieses löst sich wieder, auf dem glockenartig hallenden D der Hörner und Harfe ausklingend. Die dumpfe Gepreßtheit der Stimmung entladet sich in eine terzenweis geführte, unruhig schwankende und chromatisch durchsetzte Oboenmelodie böhmischer Färbung:

Ihr seufzender Ausklang: und die sie ergänzende Trompetenmelodie: bringen bereits eine Andeutung jener ins Klägliche gewendeten Ausdrucksteigerung, wie sie die folgende Weiterbildung aufweist. Holzbläser, unter ihnen die schrillklingende Es-Klarinette, und Trompeten intonieren, einander unterbrechend und steigernd die melodische Phrase:

Durch das gleichsam Überschnappende des höchsten Tones erhält sie eine unfreiwillig komische Färbung. Die melodische Führung verbleibt zunächst den Bläsern, das Streichorchester begleitet guitarreartig in schaukelnden Pizzikato-Akkorden, gestützt von Becken

und großer Trommel. „Mit Parodie" schreibt Mahler vor — die tiefernste Stimmung des Vordersatzes schlägt in groteske Klagestimmung um, wie wenn die Schilderung eines beklemmenden, innerlich erschütternden Geschehnisses im Bänkelsängerton vorgetragen wird. Das Groteske des Ausdruckes steigert sich noch bei der Übernahme der Melodie durch die Violinen und erreicht den Höhepunkt bei der schwungvoll ansetzenden, in kläglich mauzender Dissonanz erstickenden Schlußphrase:
Von da ab verlieren sich die Stimmen in chromatischen Seufzern, das Paukenmotiv meldet sich. Während noch die letzten Klänge des Zwischensatzes in den Oberstimmen leise verhallen, nimmt der Fagott, von der Bratsche mit dem ergänzenden Oboemotiv begleitet, das Kanonthema wieder auf — einmal nur, eine Erinnerung an die düstere, drückende Grundstimmung. Dann verliert sich auch diese Erscheinung in dem Quartenmotiv der Pauke, bis zuletzt dieses, unhörbar werdend, entschwindet und nur das langgehaltene tiefe D der Hörner geheimnisvoll nachklingt.

Dieses D belebt sich leise wieder. Das erste Hörnerpaar nimmt es gedämpft auf, Flöten und Klarinetten treten in weichen, pedalisierenden Viertelsynkopen hinzu, die Harfe ergänzt es harmonisch, zur Unterdominante G-dur hinleitend. Auch die Violoncelli nehmen die neue Harmonie in sanft schaukelnden Achtelpizzikati auf. Es ist wie ein Versinken in eine lösende und doch von tiefer Wehmut erfüllte Traumstimmung, die plötzlich eine neue Melodie von zartem Liebreiz in den   „Sehr ein-
gedämpften   fach und
Violinen auf-   schlicht
blühen läßt: wie eine

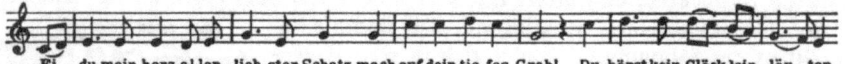

Volksweise" schreibt Mahler. Er selbst hat diese Melodie schon früher verwendet. Die ersten Takte finden sich — mit geringen Änderungen — bereits in einem der Wunderhornlieder aus der Jugendzeit: in dem schwermütigen „Und nun Ade mein herzallerliebster Schatz" bei der gespenstigen Dur-Wendung zu den Worten, die der Jüngling der toten Braut ins Grab hineinruft:

Ei   du mein herz-al-ler   lieb-ster Schatz,mach auf dein tie-fes Grab!   Du hörst kein Glöck-lein läu - ten

Von der dritten Zeile ab folgt dann eine andere Weiterführung der Melodie. Völlig ausgereift findet sie sich in dem letzten der „Lieder eines fahrenden Gesellen", das wie jenes Wunderhornlied in entsagungsvollem Moll anhebt: „Die zwei blauen Augen von meinem Schatz, die haben mich in die weite Welt geschickt" und am Schluß gleichfalls in traumhafte Dur-Erlösung übergeht:

> Auf der Straße steht ein Lindenbaum,
> Da hab ich zum erstenmal im Traum geruht
> Unter dem Lindenbaum —
> Der hat seine Blüten über mich geschneit,
> Da wußt ich nicht wie das Leben tut,
> War alles wieder gut.
> Ach alles! Lieb und Leid
> Und Welt und Traum.

Es handelt sich hier um eine Melodie, um deren Gestaltung Mahler lange gerungen hat, und die ihm in diesen Jahren als Symbol der Schmerzbefreiung durch den Traum erschien. In der ersten Fassung vermag er nur die Umrisse der Anfangsperiode festzustellen. Später gelingt es ihm, die Linie zu voller Intensität zu entwickeln und auch eine organische Verbindung mit dem einleitenden Mollteil zu finden. Aber erst die Sinfonie brachte die Einstellung der Melodie, die ihrem vollen Stimmungswert entsprach. Die Melodie selbst ist zwar der Liedfassung gegenüber unverändert geblieben, sowohl in ihrem schwärmerisch ansteigenden Vorderteil, als auch in der chromatisch durchsetzten Fortsetzung und dem weich einlullenden Nachspiel. Durch die Umrahmung aber, die das Ganze hier innerhalb des Sinfoniesatzes gefunden hat, ist seine gefühlsmäßige Bedeutung zu voller Veranschaulichung gelangt. Das Versinken in die schmerzlich beglückende Traumstimmung kommt erst durch den Gegensatz zur niederdrückenden Beklemmung des d-moll-Satzes richtig zur Geltung. Man kann also sagen, daß Mahler hier nicht etwa die Stimmung eines Liedes in die Sinfonie übernommen, sondern umgekehrt: daß er mehrfach den Versuch gemacht hat, eine ihm vorschwebende Tonvision zuerst in Liedform zu fassen, bis ihm die sinfonische Gestaltung zur endgültigen Fassung verhalf. Nicht die Worte sind demnach der Quell dieser zart und innerlich empfundenen Melodie. Die Ahnung der Melodie, der Drang, sie Gestalt werden zu lassen, hat Mahler zunächst zum Hilfsmittel der Worte, fremder und dann eigener greifen lassen, bis die Erscheinung aus der Tiefe dunkler Empfindungen ans Licht gezwungen war und sich nun innerhalb der Sinfonie in ihrer ureigenen Bedeutung zeigen konnte. Es ist ein für Mahlers Liedschaffen typischer Vorgang, der angesichts zahlreicher Verwendungen seiner Lieder in den Sinfonien — wie schon beim Thema des ersten Satzes — besondere Beachtung fordert. Es wäre eine Verkennung von Mahlers Schaffensart, wollte man in solchen Fällen von Übertragungen sprechen. Nicht Übertragungen liegen hier vor, sondern es erstehen die nach langer, suchender Vorbereitung gefundenen endgültigen und eigentlichen Gestaltungen. Und nicht die Worte führen zur Erkenntnis der poetischen Bedeutung solcher Melodien. Diese Worte waren nur stammelnde Helfer zur Beschwörung einer musikalischen Erscheinung, deren Ursprung jenseits aller Worte und Begriffe liegt, und die in ihrer vollendeten Gestalt weit mehr die Worte erläutert als diese sie. Eine poetische Deutung solcher Sätze oder Satzteile mit Hilfe der Liedertexte kommt daher nicht in Betracht. Sie würde die im Sinfonischen zur Vollendung gelangten Erscheinungen auf eine untergeordnete Entwicklungsstufe zurückschrauben. Sie ist zudem überflüssig, denn diese Tonsprache redet so deutlich, daß ihre poetische Umschreibung nur die Zartheit ihres Ausdrucks entstellen könnte.

Das Lied verklingt in g-moll — die Kanonmelodie setzt von neuem ein, aber in der Tonart verändert, von d-moll nach es-moll hinauf geschoben, in dieser chromatischen Verkleidung noch um einen Grad geheimnisvoller, fantastisch unwirklicher erscheinend. Die Melodieführung bleibt jetzt den Bläsern vorbehalten, nur einmal nehmen die Violinen das schluchzende Gegenthema kurz auf. In den Trompeten erklingt eine neue Gegenmelodie:

Die Stimmung dieses Abschnittes ist durch das Vorherrschen der Bläser, denen nur Streichbässe nebst Harfe mit dem glockenartig hallenden Quartmotiv gegenüberstehen, der parodistisch kläglichen des ersten Zwischensatzes verwandt, zu der sie auch hinleitet. Das Bänkelsängerische dieser karikiert heroischen Motive, die jetzt wieder von C- und Es-Klarinette aufgenommen werden, erhält diesmal durch die nachschlagenden Begleitrhythmen der Posaunen und Tuba noch besonders groteskes Gepräge:

Mit fast unmerklich zarter Rükkung leiten die Violinen aus dem fantastischen es-moll in die Grundtonart d-moll zurück. Das Tempo beschleunigt sich, die verschiedenen thematischen Erscheinungen drängen sich zusammen: in Harfe und Fagott die Kanonmelodie, in der Trompete die neue Gegenstimme aus dem es-moll-Teil, jetzt deutlich „hervortretend", dazu in Flöten, Oboen und Klarinetten die böhmische Weise, zu fest geschlossener Fassung erweitert:

Es ist eine gewaltsame Anschwellung in Zeitmaß und Dynamik, bei der die oberen Streicherstimmen wieder den zartsingenden, balladenartigen Ausklang geben. Die klagenden Stimmen verhallen allmählich in chromatisch sich verlierenden Melismen. Bruchstücke der Kanonmelodie klingen aus der Harfe, das schluchzende Oboenthema tönt noch einmal im Fagott, als Letztes hallt das Quartenmotiv der Pauke aus weiter Ferne herüber — dann verschwindet das Bild im Dunkel wie eine spukhafte, nächtliche Trauerprozession.

Ein Stück derart dämonischen Charakters war in der deutschen Sinfonie nicht geschrieben worden seit dem Scherzo von Beethovens Fünfter. Man könnte allenfalls auf die visionären und traumhaften Sinfonieteile bei Berlioz hinweisen. Ihnen aber fehlt gerade das bei Mahler Entscheidende: das tief innerlich Erlebnismäßige. Bei Berlioz steht in solchen Episoden — der „Gang zum Richtplatz" ist das bezeichnendste Beispiel — die Schilderung des spukhaft Grausigen im Vordergrund, während sie sich bei Mahler erst als Begleiteindruck eines erschütternden Gefühlgeschehens einstellt. Daß dieses Geschehen nicht in aufgeregt leidenschaftlicher Sprache, sondern in scheinbar empfindungslos unbewegter Darstellung gegeben wird, erhöht noch das Beklemmende des Eindrucks. Ein neuer, Mahler eigentümlicher Zug ist der parodistische Einschlag, der freilich nichts von Humor in belustigendem Sinne aufweist, sondern nur dazu dient, das Unheimliche der Gefühlsspannung durch gegensätzliche Wirkungen zu erhöhen. Es ist finstere, verzweiflungsvolle Ironie, die diesen dämonischen Humor erzeugt. Zwar erhält sie in der befreienden G-dur-Vision der Volksweise ein beschwichtigendes Gegengewicht, wird aber durch diese besänftigende Einwirkung nur vorübergehend zur Ruhe gebracht und bricht, sobald der Traum schwindet, um so schmerzhafter und innerlich erregter hervor.

Die Bedeutung des Quartenmotives hat in diesem Satz eine eigentümliche Wandlung erfahren. Es beherrscht ihn äußerlich und stimmungsmäßig in einem die vorangehenden Sätze noch übertreffenden Maße. Mit Ausnahme der parodistischen Intermezzi und der G-dur-Vision durchzieht es mit seinem gleichmäßig tappenden Rhythmus, der bald wie feierliche Schritte eines Trauermarsches, bald wie dumpfes Glockengeläut klingt, den Satz vom ersten bis zum letzten Takt, fast in der Art eines basso ostinato. Aber es hat dabei die handelnde und zeugende Energie der beiden Vordersätze verloren. Es ist gleichsam entseelt, ein schattenhaftes Fantasma geworden, geisterhaftes Widerspiel seiner früheren lebendigen Kraft, jeder Initiative beraubt, zur lähmenden Monotonie verurteilt. Ein neues Element ist in die von heiterer Kraft bewegte Welt der Sinfonie getreten. Ein Unterirdisches, das sich in der Cis-dur-Episode des zweiten und mehr noch in der f-moll-Krise des ersten Satzes mit kurzen, schnell beschwichtigten Andeutungen geregt hatte, sich jetzt aber im Verlauf der inneren Entwicklungskurve des dritten Satzes zu furchtbarem Druck gesteigert hat und nun plötzlich mit gellendem Schrei ausbricht: Mit ihm beginnt der letzte Satz.

Dieses Finale ist der Hauptsatz des Werkes. In ihm laufen die Fäden zusammen, die von den drei vorangehenden Sätzen angesponnen wurden. Hier werden sie verknüpft und aus anfänglicher Verwirrung zum strahlenden Gewebe verflochten. Die beiden Vordersätze waren im wesentlichen der Erweckung und Ausbreitung einer einseitig gerichteten, man kann sagen einer diesseitigen, naiv egoistischen, gleichsam empirischen melodischen Kraft gewidmet. Der dritte Satz brachte zum erstenmal die Vorstellung einer dunklen, ihrem Wesen nach unerkennbaren Macht, unter deren lähmendem Bann er stand, ohne sich von ihrem Druck lösen oder sie überhaupt fassen zu können. Der letzte Satz führt nun zur Entfaltung dieser bisher nur in Andeutungen oder indirekten Wirkungen drohenden Macht, zur bis in die Tiefen dringenden Auseinandersetzung mit den emporstrebenden Grundenergien des Werkes.

Um die Entwicklungslinie dieses Satzes zu erkennen, ist es nötig, seine architektonische Gliederung vor Augen zu haben. Es zeigen sich drei Hauptabschnitte. In sich wiederum mannigfaltig abgestuft, ähneln sie der Anlage des Sonatensatzes, allerdings mit erheblichen Abweichungen von dem gewohnten Schema. Der erste Abschnitt umfaßt die Gruppe des ersten Themas, das sofort selbständige Ausbreitung erfährt mit Einleitung, Aufstellung, Durchführung und Koda. Beherrschende Tonart ist hier f-moll. Sie wechselt am Ausgang des rund 170 Takte umfassenden Abschnittes mit plötzlicher Rückung nach dem Dominantseptimen-Akkord auf As, der das kommende Des-dur des zweiten Abschnittes vorbereitet. Dieser umfaßt in 250 Takten ein zweites Thema nebst Durchführung und gipfelt in einer Vorausnahme der späteren Koda. Seine harmonische Linie führt vom Des-dur des zweiten Themas zum D-dur des Schlusses — aus der Welt des ersten Finalthemas zurück zur Haupttonart des Werkes. Dem Sonatenschema entsprechend müßte jetzt die Wiederaufnahme des ersten Themas folgen. Sie fällt fort. Statt ihrer schließt sich als dritter Hauptabschnitt sogleich die Koda an. Eine Koda, die allerdings in so riesenhaftem Ausmaß angelegt ist — sie umfaßt nicht weniger als

300 Takte — daß sie für sich als ein Finale gelten könnte. Den beiden vorangehenden Hauptabschnitten gegenüber bedeutet sie eine ähnliche Zusammenfassung, wie das gesamte Finale gegenüber den drei ersten Sätzen. Sie beginnt in d-moll mit der Wiederkehr der Einleitung des ersten Satzes, wendet sich dann über eine kurze Erinnerung an das zweite Thema in F-dur dem nochmals zur Durchführung gelangenden f-moll-Thema zu und mündet in eine, Final- und Einleitungsthema zu hymnischer Steigerung führende Apotheose.

Man muß sich dieser strukturellen Gliederung bewußt sein, um die aufbauende Kraft zu erkennen, die diesen Satz gestaltet hat, und auf die in erster Linie der überwältigende Eindruck des Ganzen zurückzuführen ist. Die musikalische Architektonik erscheint hier als selbständiges Wirkungselement. Gleichviel ob der Hörer sie gewahr wird oder nicht, sie beeinflußt ihn tiefer als das unmittelbar wahrnehmbare thematische Geschehen. Kraft und vorausschauende Bewußtheit der Linienführung überragen bei weitem das musikalische Erscheinungsleben, an dem sie sich kundgeben. Sie sind in Sätzen dieser Art das eigentlich schöpferische Element. An ihrer Entfaltung zeigt sich die große Wandlung und Steigerung, die der Begriff des Sinfonischen bei Mahler überhaupt erfährt. Es sind nicht mehr einzelne Themen, mit denen er operiert, es sind große Satzgefüge, Komplexe vom Umfang und Ansehen ganzer Sätze, die hier als handelnde Kräfte auftreten und das Geschehen des sinfonischen Lebens dartun. Ihre gestaltende Macht erstreckt sich nun weiter flutend auf das einzelne der sinnfällig wahrnehmbaren thematischen Erscheinungen und wirkt sich an ihnen aus.

Der Bau der drei Hauptabschnitte im einzelnen entspricht der großen Linienführung des Ganzen. Der erste Abschnitt gliedert sich wieder in drei Teile: Einleitung, Durchführung und Koda. „Stürmisch bewegt," „Energisch", „Mit großer Wildheit" lauten die drei bezeichnenden Vortragsüberschriften. Sie charakterisieren das Stimmungsmäßige dieses Abschnittes, der ausschließlich der Entfaltung des ersten Finalthemas gehört. Ein über 54 Takte sich spannender Orgelpunkt C gibt die Dominant-Unterlage für die Exposition. Sie setzt ein mit grellem, langhallendem Fortissimo-Aufschrei der Bläser. Wilde Läufe der Violinen und Bratschen jagen zu dem im dreifachen Forte tremolierenden Unisono C der Streicher empor, aus Trompeten und Posaunen klingt der Anfang des wuchtig schreitenden Hauptthemas: Es ist nicht neu — die f-moll-Episode des ersten Satzes hat es bereits in vorahnender Andeutung gebracht. Jetzt aber erscheint es in ungehemmter, dämonischer Gewalt. Das chromatische Triolenmotiv antwortet, der thematischen Bewegung entgegengerichtet, hart abwärts stoßend — zuerst im Unisono der Holzbläser, dann der Streicher, zuletzt der Hörner, Trompeten und Fagotte: Aufwühlend stürmen die Streicher an, von gehämmerten f-moll-Schlägen des Blechchores und dann von dem Triolenruf des vollen Blasorchesters unterbrochen: der gleichfalls aus dem ersten Satz bekannte zweite Teil des f-moll-Themas erklingt im Unisono des schweren Bleches:

Wieder folgt das Triolenmotiv und leitet jetzt in ein schweratmendes, chromatisches Wogen der Oberstimmen über. Das Triolenmotiv klingt weiter, mit dem Endton Des sich hart an dem durchklingenden Orgelpunkt C reibend. Es erscheint mit vermehrter rhythmischer Kraft in der Vergrößerung, immer gewalttätiger zur Tiefe drängend, bis beim schroff einschneidenden Ges-dur der Holzbläser und Hörner die Trompeten und  Über Fis chroma-Posaunen auf F wieder mit tisch nach dem Andem gebieterisch nach oben wei- fangston G ansteisenden Hauptthema einsetzen: gend setzt es sich jetzt befehlend durch und schließt die Dominant-Steigerung mit kurzer f-moll-Wendung ab. Aus dem „Stürmisch bewegt" der Einleitung hebt sich als beherrschende Kraft das „Energisch" des Hauptthemas heraus. Hörnern, Oboen und Klarinetten zugeteilt, erscheint es in Zusammenfassung seiner beiden motivischen Teile und weitet sie in ungehemmtem Vorwärtsdringen zur breitschreitenden thematischem Periode:

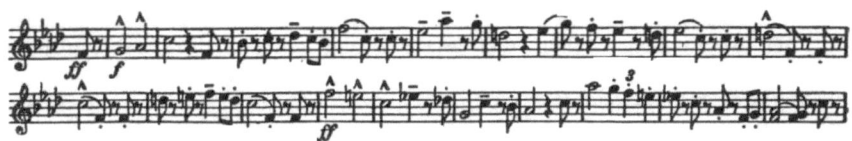

Von den motivischen Bestandteilen dieses über 20 Takte ausgesponnenen Themas ist neu scheinbar die As-dur-Wendung vom fünften bis achten Takt. In Wirklichkeit wurzelt auch sie im ersten Satz: sie ist frei fortgeführte Umformung des dortigen Gegenthemas. Die dritte Gruppe vom neunten bis zum zwölften Takt ist gleich dem Anfang dem ersten Satz entnommen, eine auch in dieser Fassung schon dort aufgetauchte Umbildung des Gesangthemas. Die im dreizehnten Takt einsetzende vierte Gruppe ergibt sich als abwärts gerichtete Gegenbewegung des Anfangs, die dann durch die fünfte Gruppe abschließende Steigerung erfährt. Das ganze Thema stellt sich demnach dar als Zusammenfassung der bereits im ersten Satz episodisch erschienenen motivischen Mollgebilde zu unabweisbar drängender thematischer Energie. In heftigem Ansturm setzt sich diese Bewegung fort. Der f-moll-Charakter wird mit geringen Abweichungen durchweg gewahrt und so die gleichmäßige, unbeugsame Wucht gesteigert. Als kontra- 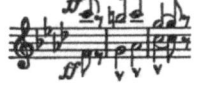 Es entwickelt punktische Gegenstimme zum Anfangsmotiv sich zu eigenerscheint in Flöten, Oboen und Klarinetten ner themati-ein neues, abwärts gerichtetes Motiv: scherBildung:

Bis hierher war die motivische Führung ausschließlich den Bläsern überlassen, während die Streicher den leitenden Bläserstimmen folgten oder sie in heftig eilenden Achtelläufen umschrieben. Die thematischen Hauptakzente blieben den Blechbläsern: Trompeten, Posaunen und den in breitem Unisono geführten Hörnern. Die Holzbläser gaben die thematischen

Gegenstimmen, ein langströmendes Fortissimo bildete die dynamische Grundfarbe. Jetzt, nach dem ersten kraftvollen f-moll-Schluß übernehmen Streicher
die Führung. Das Kolorit verliert vorübergehend das Metallische. Das
Gesangthema des ersten Satzes mit seinen scharf einschneidenden Akzenten
wühlt sich weiter, neuen Ansturm vorbereitend. Er kündigt sich mit dem
Einsatz des Anfangsmotives 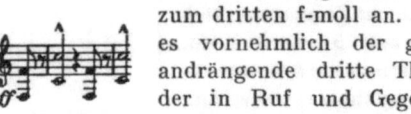 zum dritten f-moll an. Jetzt ist
in Trompeten und Posaunen es vornehmlich der gewaltsam
an und setzt nach fanfaren- andrängende dritte Themataakt,
artig verkürzten Hornrufen: der in Ruf und Gegenruf der
Posaunen und des übrigen, leidenschaftlich bewegten Orchesters als unablässig
treibende Kraft wirkt, bis sich mit der Abschlußgruppe des Themas das
gesamte Orchester mit wuchtigen Akkorden, getragen nur von der weiter
wühlenden Achtelbewegung der Bässe, zur Beendigung der Durchführung
wendet. „Mit großer Wildheit" tobt sich die f-moll-Bewegung über der in den
Bässen endgültig festliegenden Tonika aus und gelangt in allmählichem Nieder-
sinken der Stimmen zur Beruhigung. Die chromatische Triole tönt verhallend
in das ersterbende f-moll hinein. Eine Modulation von Schubertscher Einfachheit: der unmittelbar neben das letzte f-moll gesetzte Dominantseptimen-
akkord auf As als überleitende Harmonie, eine „äußerst zart aber ausdrucksvoll"
andrängende chromatische Violinlinie vermitteln den Übergang zu dem zweiten
Abschnitt.

    Betrachtet man den Verlauf des ersten Abschnittes, so kann man hier im
tieferen Sinne weder von einer thematischen Entwicklung noch Durchführung
sprechen, nur von einer Aufrollung, einer Entfesselung der im Thema eingeschlossenen Kräfte. Das Organische des Themas bleibt unverändert. Es wird wohl
in seine motivischen Bestandteile zerlegt und dann wieder zusammengefaßt,
aber im ganzen wie im einzelnen bleibt es wie es war. Es erlebt nichts — es wirkt
gleichsam wie eine Naturkraft, die sich heftig ausbrechend entladet, ohne dabei
an sich etwas Umgestaltendes zu erfahren. Als Durchführung im Sinne einer
innerlich verändernden Durchformung im Thema ruhender Entwicklungskräfte
kann dieser Abschnitt nicht gelten. Er ist nur ein ungestümes Dahinbrausen,
eine Entfesselung thematischer Kräfte — ohne Widerstand, an dem sich diese
Kräfte erproben können. Ein unersättliches Wühlen in f-moll-Klängen, ein
Schreiten und Stürmen in harten, gebieterischen Rhythmen und einschneidenden
melodischen Gängen, ein gewaltiger Ausbruch der im Verlauf der vorangehenden
Sätze angestauten Elementarkräfte. Aber noch ohne Bahn und Ziel, ohne innerliche Belebung, in sich zusammensinkend, nachdem er sich entladen hat. Eine
Überleitung durch motivische Bildungen wäre hier nicht möglich, denn das
Motivische dieses Abschnittes ist noch nicht zeugungsfähig und kann noch nicht
Entwicklungsträger sein. Erst der Gegensatz vermag ihm innere Belebung zu
geben. Dieser Gegensatz tritt nun fast unvermittelt, nur durch äußerst einfache
harmonische und chromatische Wendungen herbeigeführt, gleichfalls als fertige‘
in sich geschlossene Erscheinung neben die vorangehende. Wie diese kennt
auch er noch nichts außer sich selbst. Wie diese ist er eine in sich ruhende Erscheinung, unberührt von jeglicher Wechselwirkung — nur ganz anderer Natur:
zart und ruhig, wo jene rauh und stürmisch, in breitem Legato fließend, wo

jene in kurzen, gehämmerten Schritten stampft. Eine Gesangmelodie, in großem,
immer wieder neu ansetzendem Bogen gespannt, ganz in eigener Schönheit
ruhend, reich bewegt im Ausdruck und doch, gleich dem Sturmthema, aus sich
heraus keiner Ergänzung bedürfend. Welt für sich, unersättlich, unerschöpflich
im Hervorzaubern immer neuen, tief gesättigten Wohlklanges, wie das Sturmthema in f-moll-Leidenschaften. Und gleich diesem schließlich doch wieder
in sich erlöschend und versinkend:

Hier bietet sich das merkwürdige Beispiel einer — die kadenzierenden Aus-
klänge nicht mitgerechnet — 46 Takte umspannenden, ununterbrochen strömenden Melodie, bei der man wohl im einzelnen motivische Gliederung und
neue Ansätze nachweisen kann, die aber einen durchaus einheitlichen Zug
trägt. Ihre innere Bewegungsspannung erlischt nicht einmal mit der ersten
Berührung des Schlußtones Des, sondern trägt in nur allmählich nachlassender
Kraft auch noch die beiden kadenzierenden Nachsätze des Violoncells und
Hornes. Als Keim für motivische Weiterführung kommt diese Melodie nicht
in Betracht. Was an lebendigem, weiter wirkendem Vermögen in ihr ist,
verzehrt sich in der außerordentlichen Intensität ihres einmaligen Erklingens,
in der gleichsam jedes Teilchen melodisch ausgeglüht wird. Die bis aufs
äußerste getriebene Konzentration des melodiebildenden Vermögens schließt
bereits alle Entwicklungsmöglichkeiten in sich, hebt die Erscheinung zu einer
Vollkommenheit und Rundung ihres Wesens, wie sie auch durch das Ergebnis einer allmählich fortschreitenden Durchführung nicht überboten werden
könnte.

Als Einzelerscheinung ist die Gesangmelodie daher mit ihrem einmaligen
Vorüberschweben ebenso fertig und in sich abgeschlossen, wie der vorangehende
f-moll-Satz. Beides Welten, in sich ruhend, äußerste Gegensätze darstellend.
Die eine nur Leidenschaft ohne Begehren, nur Bewegung ohne Ziel, die andere
nur Schönheit ohne Leidenschaft, nur Abgeklärtheit ohne weiterwirkende
Bewegung. Die eine ohne Licht, die andere ohne Finsternis. So stehen
beide ungelöst nebeneinander, und auf dem leise weitertönenden Des sinkt wieder
die Urdämmerung der ersten Einleitung herein. Das chromatisch ansteigende

Motiv erwacht, rhythmisch vergrößert, in den Violoncelli. Aus den Klarinetten tönt in tiefer, geheimnisvoll dunkler Lage das langgezogene Naturmotiv. Die Stimmung erhält durch mit äußerster Zartheit aufgetragene düstere Farben — Paukenwirbel, geteilte Kontrabässe mit dem Kontra-Des, Violoncelli mit doppelt verlangsamtem chromatischen Motiv, gedämpfte Bratschen und erste Violinen mit tiefem, gehaltenem Des, mystische tiefe Lage der Klarinette, dazu allmählich einsetzende raschelnde Streichertremoli am Steg — etwas gespenstisch Grausiges. In diese düster fantastische Zwischenwelt hinein tönt plötzlich leise das Rufmotiv der Hörner, beantwortet von der niederdrängenden chromatischen Trompentriole: 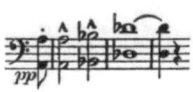 Es ertönt zum zweitenmal, während sich im übrigen Orchester ein unaufhaltsames Crescendo entwickelt, bis es beim drittenmal, mit voller Kraft in Trompete und Posaune ausbrechend, den Nebel zerreißt und „Wieder wie zu Anfang, stürmisch bewegt" in die leidenschaftliche Erregung des Satzbeginnes zurückfällt. Aber es ist nicht mehr die in sich selbst beschlossene f-moll-Leidenschaft des Vordersatzes. Die Tonart hat sich nach g-moll gehoben. Von den Motiven des Vordersatzes erscheint nur das erste, gebieterisch rufende. Die abwärts drängende Triole verliert ihre starre motivische Prägung und 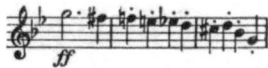 wandelt sich in das heftig schreitende Viertelmotiv: Und jetzt bleiben die Leidenschaftsmotive nicht für sich allein. Sie reißen das  Gesangthema hinein in den Mollstrudel: Die Gegenstimme ist da. Sie steigert die Kräfte der Leidenschaft zu noch heftigerem Ausbruch, aber sie klingt weiter. Während sie der Vordergruppe der Mollmotive noch keine Umprägung zu geben vermag, erklingt plötzlich das letzte, aus der Gegenbewegung des Anfangs gewonnene Mollmotiv in hellem C-dur aus dem Holzchor, umspielt von leisen Streichertrillern: Es ist nur ein kurzes, helles Aufleuchten im Fortissimo, das schnell wieder in zartes Pianissimo zurücksinkt. Leise Fanfaren tönen nach. Das Anfangsmotiv selbst wandelt sich nach Dur und klingt nun in verheißungsvollem Aufstieg weiter: Aber die Wendung ist noch zu wenig gefestigt und innerlich zu unsicher. Mit verdoppelter Gewalt — „Holzinstrumente: Schalltrichter hoch" — brechen die Leidenschaftsmotive wieder hervor, mit ungestümer Kraft gleichsam die zarten Durklänge niederstampfend:  Noch einmal entladet sich über dem Orgelpunkte G die Molldämonie mit voller Wucht einer unerbittlichen Rhythmik und dissonierenden Chromatik, bis der aus dem Unisono G hervorleuchtende Fanfarenrhythmus in eine machtvolle C-dur-Intonation des Anfangsmotives durch Trompeten und Posaunen mündet: Aufdrängende Hörnerfanfaren, stürzende Läufe der Holzbläser und Streicher halten diesen ersten, vollen Triumphklang fest. Bei der thematischen Fortführung setzt er sich mit überraschender Wendung — „Luftpause" — über B- nach D-dur fort:

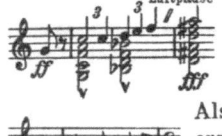

Damit ist der Sieg entschieden, die Haupttonart erreicht. In breitem Fluß strömt nun festlicher Klang. Auch das drohend aufgerichtete, der Umwandlung unzugängliche Mollmotiv wird dem neuen Harmonienkreis als steigernde Kraft eingeordnet: Als Krönung aber und endgültige Bestätigung des Gewonnenen erscheint jetzt das Naturmotiv in leuchtendem D-dur, mit hymnenartigem Schwung das

Ganze choralmäßig führend, beherrschend: bis mit langsam nachlassender Kraft der Glanz leise erblaßt und die harmonische Fülle sich in den langhallenden, leeren Quintenklang D—A—D löst.

Hier könnte die Sinfonie schließen, und ein anderer als Mahler hätte wahrscheinlich hier geschlossen. Die äußere Handlung ist zu Ende. Die Finalthemen, ursprünglich einander fremd gegenüberstehend, sind durch die wiederkehrende Einleitung in Beziehung zueinander gebracht worden. Die Mollmotive haben unter der Einwirkung des Gesangthemas den Ausweg aus der ziellosen f-moll-Leidenschaft zur tatkräftigen Durumwandlung gefunden. Der Rückfall in die Mollstimmung ist durch den entscheidenden Sprung in die D-dur-Sphäre unmöglich gemacht, und über den nun durch keine Hindernisse mehr beengten, freifließenden D-dur-Klangstrom spannt sich das nach Dur verklärte Naturthema als leuchtender Bogen. Was blieb noch zu sagen?

Mahler setzt hier nicht ab. Er hält nur inne, um jetzt mit weitest ausholender Kraft seinem Sinfoniebau die Kuppel zu schaffen. Er begnügt sich nicht mit der thematischen Zuendeführung, wie bei seiner Sinfonie das thematische Geschehen überhaupt nicht Zweck, nur Mittel zum Zweck architektonischer Gestaltung ist. Der bauende Trieb ist dem Sinfoniker Mahler stets der wichtigste. Er verlangte hier, wo bisher die thematische Handlung im Vordergrunde gestanden hatte, eine in großen Maßen angelegte Überwölbung des Ganzen, die, alle bisherigen Erscheinungen von dem neugewonnenen hohen Blickpunkt aus erfassend und zusammenziehend, nun erst dem Finale und im weiteren Sinne der Sinfonie die die ihr gebührende bauliche Gestaltung gab und so die bewegenden Grundkräfte zu voller Auswirkung brachte.

Die in gewaltigem Ausmaß angelegte Koda hat also ın erster Linie architektonische Bedeutung. Was in ihr thematisch geschieht, ist weniger dem unmittelbaren Sinn dieses Geschehens nach wichtig. Es dient vielmehr der letzten, großen Entfesselung aller dem Werke eigenen, in ihm eingeschlossenen Schwungkräfte. Der Auseinandersetzung im einzelnen, wie der bisherige Verlauf sie gebracht hatte, überhoben, dienen sie lediglich den großen leitenden Ideen des Ganzen und vereinen sie zum letzten, alles Vorangehende überflügelnden Aufschwung. Aus dieser synthetischen Bestimmung der Koda ergab sich ihre Gestaltung als Rückblick. Sie beginnt mit der grundlegenden, die Keime des Ganzen in sich tragenden Einleitung und führt über alle für die weitere Entwicklung entscheidenden Wendungen hinweg jetzt zum höchsten Ausblick.

So sinkt der auf dem vorbereitenden terzlosen Zweiklang D—A langsam erblassende Schluß des zweiten Hauptabschnittes wieder in das Dämmern der Einleitung zurück. Sie erscheint jetzt nicht in düster unwirklichem Des, wie innerhalb des zweiten Abschnittes, wo sie nur als Erinnerungsbild wirkte. Sie erklingt wie im Beginn des Werkes in natürlichem d-moll, durchzogen von den Weckfanfaren der Hörner und Klarinetten, denen sich das von gedämpften Trompeten eingeworfene, aus der Welt des Finale herüber hallende abstürzende Triolenmotiv einfügt. Kuckucksruf, das Tirilimotiv und andere Vogelstimmen symbolisieren das allen Stürmen ferne, ungetrübte Naturleben. Da erklingt im Violoncell, von Violinen  Von F führt fortgesetzt, die sehnsucht- es zur Ka-volle Menschenstimme, das denz in Des, Gesangthema des Finale: wendet sich dann, wie unbefriedigt, über dem ruhenden Orgelpunkt C rezitativisch nach Ges weiter. Jetzt regt sich das aufsteigende chromatische Baßmotiv, überspannt vom Naturthema. Der Kuckucksruf ertönt wieder, in ihn hinein klingt aus dem Fagott das Hauptthema des ersten Satzes, vom Tirili der Flöte ergänzt:

 Doch diese Erscheinungen einer versunkenen, von harmlos freudiger Empfindung erfüllten Welt versinken schnell. Das Gesangthema des Finale, aus Überwindung der Leidenschaftsstürme erwachsen, vollgestaltete, höchst erblühte Schönheit, Friede und Trost in sich tragend, eine Idealerscheinung gefestigter reifer Kraft mit dem wehmütigen Beiklang des durchlebten, unvergessenen Schmerzes behält jetzt die Führung. Aus träumerischen Sinnen hebt es sich zu neuer, schwärmerischer Steigerung, um dann unbefriedigt, wie mit seufzender Frage auf dem ungelösten D der Flöten über dem Orgelpunkt C leise zu verklingen. Die Harmonie hat sich unmerklich nach Moll gewandelt. In die zweite lyrische Ausklangstimmung hinein tönt plötzlich das in den Brat- Es verlangsamt sich, leiser werdend. schen heftig aufzuckende Über dem weiterrollenden Orgelpunkt Anfangsmotiv des Finale in C der Pauke entwickelt sich nun ein rhythmischer Verkürzung: gespenstisches Bild. Das Finalmotiv, in fugiertem Pianissimo der Streicher mit rhythmischer Schärfe und wachsender Kraft aufsteigend, ringt sich wieder in die Höhe. Ein geisterhaftes Spiel schreckhafter Erinnerungen an vergangene Kämpfe wächst zu unheimlicher Deutlichkeit, beschwört die f-moll-Krise des ersten Satzes mit ihren vergeblichen Des-dur-Fanfaren gedämpfter Trompeten, ihrer lastenden Dämonie machtheischender Kräfte und — ihrem erlösenden Durchbruch der schmetternden A-dur-Bläser, ihren strahlenden Siegesfanfaren. Jetzt münden diese nicht wie ehemals in das als Verheißung erscheinende Naturthema. Jetzt ist es das Drohmotiv selbst, das, in neugewonnener Wirklichkeit sich zu leuchtenden Durklängen aufreckt, den unanfecht- Und während baren Triumph der lichten Kräfte Streicher, Holz-in feierlichen Harmonien verkün-  bläser, Trom-det und sich zum fanfarendurch- peten und Po-klungenen Hymnus erweitert: saunen diesen Hymnus mit höchstem Schwunge weiter führen, intoniert der verstärkte Hörner-

chor das Naturthema. Zum Choral des Lebens anwachsend, überbraust das schöpferische Symbol des Werkes das volle Orchester und führt, vom empor- strebenden Gegenthema in vereinender Umschlingung durchklungen, zum feier- lich jubelnden Schluß:

Ein Erstlingswerk. Man steht staunend dieser Tatsache gegenüber, unfähig, sie anders zu begreifen, denn als Kundgebung eines schöpferischen Genies. Nur für ein Gebiet des Schaffens begabt, der Mannigfaltigkeit etwa eines Beethoven daher nicht gewachsen, macht Mahler sich dieses Gebiet mit einem Schlage so zu eigen wie keiner vor ihm. Wohl sieht man die Wege, die er gegangen ist, um sich seinem Ziele zu nähern. Man spürt das Tasten, wenn man erfährt, daß ein ursprünglich vorhandener fünfter Satz, Andante, zwischen Eröffnungssatz und Scherzo eingefügt, nachträglich vernichtet wurde. Man sieht, daß namentlich in der Art der weitausgreifenden strukturellen Gestaltung Verbindungen bestehen zu Vorgängern, besonders zu Bruckner. Aber wenn man auch alle von andern empfangenen Anregungen in voller Bedeutung würdigt, so kommen sie doch kaum in Betracht gegenüber der schöpferischen Leistung, die diese Partitur bedeutet. Und wenn sich hinsichtlich der Gestaltung noch Anlehnungen nachweisen lassen, wie jeder Meister sie benutzt — hinsichtlich der melodischen Prägung steht Mahler ohne jedes Vorbild da. Seine Themen sind unmittelbar aus dem Urquell melodischen Schaffens geschöpft, mit einer Kühnheit und Unbefangenheit des Gefühls, wie sie nur dem ganz Großen eigen sein konnte. Dieser durchaus ursprünglichen, das Liedhafte der thematischen Formung betonenden melodischen Schaffensart entspricht die Anlage der einzelnen Teile. Die Charaktertypen aller vier Sätze dieser Sinfonie konnten nur von einem Künstler entworfen werden, der eine unentdeckte Welt in sich trug. Die jugendliche Frische, heitere Gemächlichkeit und naive Sinnenfreudigkeit des ersten, die von dämonischer Wildheit durch- zitterte, kraftvolle Derbheit des zweiten Satzes, die unheimliche, schattenhafte Melancholie des dritten mit der Traumerscheinung des G-dur-Teiles, und schließ- lich die von ruhelos aufpeitschender Leidenschaft zu hymnischer Verklärung führende Monumental-Architektur des Finale — das sind Erscheinungen in der sinfonischen Literatur, mit denen eine neue Geschichte dieser Kunstgattung beginnt. Die Versuchung liegt nahe, dem Werk, das eine dichterische Entwick- lung in so unverkennbarer Deutlichkeit spiegelt, eine ins einzelne gehende pro- grammatische Auslegung zu geben. Man könnte um so eher dazu neigen, als Mahler nicht nur im Mittelteil des dritten, sondern ebenso im ersten Satz eine Melodie aus seinen „Liedern eines fahrenden Gesellen" verwendet. Es ist das zweite des Zyklus' „Ging heut morgen übers Feld" und enthält nahezu das gesamte thematische Material des ersten Satzes mit Ausnahme der Einleitung. Auch die trauermarschartige Quartenbewegung der Bässe im dritten Satz findet sich ganz ähnlich im letzten Stück des Liederkreises zu den Worten:

Ich bin ausgegangen in stiller Nacht,
Wohl über die dunkle Heide,
Hat mir niemand Ade gesagt,
Mein Gesell war Lieb und Leide.

Da auch die Kanonmelodie des dritten Satzes auf ein Volkslied zurückgeht, ist programmatischen Deutungsbestrebungen ein reiches Betätigungsfeld eröffnet. Fraglich ist allerdings, ob ein Verständnis des Werkes dadurch gefördert wird. Wer den Wegen des Musikers Mahler aufmerksam nachgeht, wer Aufbau, thematische Gestaltung und innere Entwicklungslinie des Werkes scharf beobachtet, erkennt, daß eine besondere Ausdeutung bestenfalls Vergröberung und begriffliche Vergewaltigung der zarten künstlerischen Struktur des Werkes ergeben kann. Das bestätigt Mahlers eigenes „Programm", das als nachträglich entworfen hier nicht in Betracht gezogen wurde. Mahler selbst soll nach einer Mitteilung Schiedermairs geäußert haben, „die erste Sinfonie hat überhaupt noch niemand erfaßt, als diejenigen, die mit mir gelebt". Diesen wird vielleicht auch der frühere Untertitel des Werkes „Titan" verständlich sein. Für uns Spätere hätte Enträtselung solcher Beischriften bestenfalls Kuriositätsreiz. Als wahrhaft erläuternd kommt nicht die Kenntnis der damaligen Erlebnisse Mahlers in Betracht, sondern das, was die Partitur sagt. Sie kennzeichnet Mahlers erste Sinfonie als künstlerische Gestaltung tiefen Naturgefühls. In dieses Naturgefühl mischt sich die Erinnerung an ein Erlebnis, das vorher in den „Liedern eines fahrenden Gesellen" besonderen Niederschlag gefunden hat. Ein Jugenderlebnis von „Lieb und Leide". Für den Liederzyklus war es das allein tragende und bewegende Element gewesen. Im weiteren Rahmen der Sinfonie wirkt es nur als treibende Kraft, an der sich das Naturgefühl aufrichtet, stählt, bis es zum festen, unverlierbaren, allen Stürmen trotzenden und sie besiegenden Besitztum wird. Aus der Enge persönlicher Tragik des Liederkreises führt die Sinfonie zur beglückenden Befreiung durch schöpferisches Naturerleben.

ERSTER KREIS:
DIE WUNDERHORN-SINFONIEN

ZWEITE SINFONIE

Mit dem herkömmlichen viersätzigen Sonatenbau der Sinfonie hatte Mahler begonnen. Doch schon dieser Anfang zeigte die innere Gewichtsverschiebung. Der erste Satz schrumpfte nach Bedeutung wie Umfang zum Vorspiel zusammen, der „vorspielende" Sinn erhielt durch die im Verhältnis zum lebhaften Hauptteil übergewaltige Einleitung entscheidende Betonung. Der zweite Satz, dem ersten gedanklich und stimmungsmäßig angeschlossen, blieb steigernde Ergänzung, der dritte wurde Intermezzo mit Hochspannung bisher nur verhalten angedeuteter tragischer Unterstimmung. Das Finale brachte Verkettung und Schließung des motivischen Ringes, Zusammenfassung und Entladung aller Entwicklungskräfte der vorangehenden Teile. Der sinfonische Organismus stand äußerlich in prächtiger Einheitlichkeit fertig. Die Arbeit aber, das Ringen sprach aus dem mächtigen Finale. Seine architektonische Gliederung, mehr getürmt als gewachsen, vermag der Wucht des Stoffes kaum zu entsprechen und scheint von der inneren Sprengkraft der Idee Risse aufzuweisen. Das Finaleproblem ist bezwungen, aber nicht gelöst.

Nun öffnet sich die Formklammer. Der viergliedrige Ring fällt auseinander. Der Sonatenbau, bei der ersten Sinfonie gerade noch mit äußerster Anstrengung zusammengehalten, birst bei der zweiten in Stücke, die Expansivkraft der Musikidee weitet die Risse zu richtigen Grenzen und Abschnitten. Einzelglieder wachsen zu selbständigen Sätzen an, das Finale spaltet sich. Dies ist die Entwicklung von der ersten bis zur zweiten und dritten Sinfonie.

Der Wurf gelingt mit Sicherheit erst bei der dritten Sinfonie. Hier ist der Finalsatz wirklich organisch in sich geschlossen, ohne Einmischung fremder Satzbestände, kraftspendender Endpunkt der fünfsätzigen zweiten Abteilung des Werkes. Der zweiten Sinfonie fehlt noch diese sichere Vereinigung von unablässiger innerlicher Straffung mit äußerlich organischer Abtrennung. Der drängende Zug ist wohl da, aber die formale Linie bröckelt. Das Finale beginnt beim dritten Satz, dem Scherzo, führt von ihm zum „Urlicht"-Gesang als viertem Satz und schließt daran den fünften. Und selbst in diesen ist immer noch eine Überfülle von Stoff hineingepackt. So zwingend auch hier wieder die motivische Einheit wirkt, so bleibt doch das Gestückelte im Finale von der Wiederkehr des Scherzo zum „Rufer in der Wüste", dem „großen Appell" und dem Auferstehungschor fühlbar. Der Typus der sinfonischen Suite, bei der Dritten in reiner Vollendung getroffen und bis zur Siebenten hinauf wirksam, ist in der Zweiten in den Grundzügen festgestellt, aber noch mit Elementen poetischer Fantastik untermischt.

Man nennt das Werk „Auferstehungs-Sinfonie" nach dem Schlußchor, dem Klopstocks Auferstehungschoral zugrunde liegt. Auf welche Art Mahler zur Verwendung dieses Textes kam, hat er in einem schon mehrfach veröffentlichten, der Wichtigkeit wegen auch hier mitzuteilenden Brief an Artur Seidl erzählt:

„Wenn ich ein großes musikalisches Gemälde konzipiere, so komme ich immer an den Punkt, wo ich mir das ‚Wort' als Träger meiner musikalischen Idee heranziehen muß. So ähnlich muß es Beethoven bei seiner ‚IX.' ergangen sein; nur daß ihm die Zeit damals noch nicht die geeigneten Materialien dazu liefern konnte — denn im Grunde ist das Schillersche Gedicht nicht imstande das Unerhörte, was ihm im Sinne lag, zu formulieren . . . Mir ging es mit dem letzten Satz meiner II. Sinfonie einfach so, daß ich wirklich die ganze Weltliteratur bis zur Bibel durchsuchte, um das erlösende Wort zu finden . . . Tief bezeichnend für das Wesen des künstlerischen Schaffens ist die Art, wie ich die Eingebung hierzu empfangen. Ich trug mich damals lange Zeit schon mit dem Gedanken, zum letzten Satz den Chor herbeizuziehen, und nur die Sorge, man möchte dies als äußerliche Nachahmung Beethovens empfinden, ließ mich immer und immer wieder zögern. Zu dieser Zeit starb Bülow, und ich wohnte seiner Totenfeier hier in Hamburg bei. Die Stimmung, in der ich dasaß und des Heimgegangenen gedachte, war so recht im Geiste des Werkes, das ich damals mit mir herumtrug. Da intonierte der Chor von der Orgel den Klopstockschen Choral ‚Aufersteh'n'! Wie ein Blitz traf mich dies, und alles stand ganz klar und deutlich vor meiner Seele! Auf diesen Blitz wartet der Schaffende — das ist die ‚heilige Empfängnis'! Was ich damals erlebte, hatte ich nun in Tönen zu schaffen. Und doch, hätte ich dieses Werk nicht schon in mir getragen, — wie hätte ich das erleben können ? Saßen doch Tausende mit mir in jenem Moment in der Kirche! Und so geht es mir immer: nur, wenn ich erlebe, ‚tondichte' ich — nur, wenn ich tondichte, erlebe ich! . . .“

Diese Schilderung des Schaffensvorganges ist wichtig nicht nur als Auskunft über die endgültige Gestaltung des Finale. Aufschlußreicher fast noch ist der Einblick in Mahlers Schaffensart. Ausgangspunkt für Mahler ist die Konzeption des Ganzen, nicht die Einzeleingebung. Diese kommt erst bei Ausführung der verschiedenen Teile. An erster Stelle steht die visionäre Erfassung des Totalbildes. Nun bohrt der Schaffenstrieb von Satz zu Satz weiter. Er kennt die Zielrichtung, er baut alles auf aus gefühlsmäßigem Bewußtsein der Schlußidee, ohne diese fest fassen zu können, sie in ihrer gleichsam körperhaften Erscheinung vor Augen zu haben. Die Spannung wächst von Satz zu Satz, die Kräfte ballen sich stärker und stärker — es ist merkwürdig, wie Mahler dies, ohne es zu wollen, in seinem Brief schildert. Plötzlich, im letzten Augenblick, wo das zu Schaffende im Willen des Künstlers innerlich schon fast fertig ist, nur noch der Sichtbarmachung harrt, springt durch äußeren Anstoß der Funke auf, das Ziel liegt klar.

Dieses Ziel war hier der Auferstehungsgedanke. Er hatte in Mahler geschlummert, war während des Schaffens an den Vordersätzen gewachsen, bis ihn Klopstocks Worte ans Licht riefen. Der Auferstehungsgedanke als Gegensatz zu dem Gedanken des Todes, des Erlöschens und Vergehens. Er beherrscht den ersten Satz. In diesen Kontrasten liegt die Grundidee des Werkes beschlossen. Die Vorstellung von Tod und Auferstehung, von Sterben und Wiedererwachen war in Mahlers Seele lebendig geworden. Vielleicht durch ein Erlebnis. Wir kennen es nicht, es kann uns auch fremd bleiben, denn es hat nichts mehr zu tun mit dem daraus entstandenen Kunstwerk. Man spricht bei dieser Sinfonie häufig von Nachwirkungen Berlioz'. Gewiß mag die barocke Anlage namentlich der beiden Ecksätze, die mächtige Expansivkraft der formalen Gestaltung, die Auftreibung einzelner Stimmungen und Wirkungen bis an die äußersten Grenzen, das Wilde, Ungezähmte, fast absichtlich dem Extrem Zugewandte der Fantasie Erinnerungen an Berlioz wecken. Doch sind sie mehr äußerer als innerer Art. Wo bei Berlioz das Bizarre als gewollte künstlerische Wirkung steht, ist es bei Mahler Mittel einer zu äußerster Ausdrucksschärfe gesteigerten Intensität. Das Klangliche hat keinen Selbstwert, es tritt gegenüber der ideellen Bestimmung an Eigenbedeutung zurück. Der Hauptunterschied Berlioz gegenüber aber ruht in der Art der musikalischen Konzeption. Bei Berlioz' „Phantastique", die als Vorbild am ehesten in Betracht kommt, ist Kenntnis des persönlichen Charakters des Komponisten und des Verlaufes der poetischen Handlung unerläßliche Voraussetzung für Erfassung des musikalischen Geschehens. Dieses entwickelt sich bis in alle Einzelheiten aus der rein literarisch erfaßten Idee. Mahler streift seinem Erlebnis alles Persönliche, Autobiographische ab. Er entliterarisiert es, läßt nichts von ihm bestehen als die beiden Grundworte, zwischen denen die musikalische Idee frei schwebt: Vergehen — Auferstehen.

In der Erfassung dieser Idee lag der nächste, für Mahlers Künstlerschaft notwendige Schritt über die erste Sinfonie hinaus. Klang aus dieser noch das Liebeserlebnis des einzelnen, abgelöst zwar vom Subjektiven, doch an die besondere Persönlichkeit gebunden, so vollzieht sich jetzt die Wandlung zum allgemein Menschlichen. Der Schmerz des Vergehenwollens, der im Trauermarsch und Finale der ersten Sinfonie zur Krisis des Werkes geführt hat, gewinnt nun eigene Gestaltung, ballt sich zur Frage nach Wert und Bestand dieses Lebens überhaupt, nach der Kraft, die ihm innewohnt über das Vegetabilische des äußeren Seins hinaus, nach der Spur, die es zurückläßt, nach dem Ziel, das ihm beschieden ist. So löst Mahler aus dem Persönlichen das Allgemeine heraus. Der Mensch als Naturwesen, unterworfen den Gesetzen des Entstehens und Vergehens, und der Mensch als Geistwesen, unvergänglich, unzerstörbar, wiederkehrend durch die Kraft des Glaubens und der Liebe — dies sind die beiden Erscheinungen der Mahlerschen Ideenwelt in dieser Sinfonie. In ihrer Aufstellung und Vergleichung liegt der Fortschritt gegenüber der ersten Sinfonie. Hier hatte nur das Naturwesen gesprochen, und der Mensch sein Leben im Rahmen des Naturhaften als Teil davon miterlebt. Jetzt hebt er sich über diese Begrenzung hinaus. Glaube und Liebe schaffen ihm die Flügel, die ihn über Schmerz und Tod erheben, ihn emportragen zum Licht, zu Gott. Das Vergehenmüssen verliert seine Schrecken. Es ist nur Vorbereitung, Übergang zum Neuerstehen. Sterben ist nicht Vernichtetwerden, es ist Gewinn des Lebens, des Lebens in Gott.

Nicht nur äußerlich: am gewichtigeren Umfange, kraftvolleren Wurfe, sichereren Zuschnitt des Ganzen, auch der gedanklichen Gestaltung nach erweist die zweite Sinfonie die Herkunft aus einer anderen, höheren Sphäre als die erste. Diese trug bei genialer Prägung der Einzelheiten, Kühnheit und Selbständigkeit des Ganzen unverkennbare Spuren jugendhafter Gärungskämpfe. Die Zweite zeigt nicht nur in jeder Beziehung das größere Ausmaß, sie läßt auch den gereinigten und gereiften Schöpfergeist erkennen. Er greift hinaus über unmittelbares Erleben, über Schmerz und Tragik direkten Geschehens, ist nicht so sehr erschüttert über Vernichtung seines Glaubens an Güte und Schönheit der Welt. Das Hemmende, Zerstörende gilt von vornherein als gegeben, als unumgänglich. Nun sucht und findet er Kraft, die erdhaften Dinge zu überwinden. Nicht auf spekulative Art, nicht durch religiöse Tröstungen. Eine höhere Auffassung der Naturkraft bricht durch. Sie sieht im Vergehen nicht Untergang, sondern Neugestaltung, Wiedergeburt, Reinigung und Verklärung.

Mahler hat diese Ideen unzweideutig ausgesprochen in den Worten, die er dem Choral Klopstocks anfügte. In ihrer ergreifenden Einfachheit geben sie seiner tiefen Gläubigkeit ebenso innerlichen Ausdruck wie vordem die „Lieder eines fahrenden Gesellen" dem naiven Gestammel des Liebesschmerzes. Aber während in der ersten Sinfonie die Texte nicht vernehmbar wurden, nur in Themen und Melodien einzelner Sätze musikalisch nachklangen, geht Mahler in der zweiten einen Schritt weiter. „Wenn ich ein großes musikalisches Gemälde konzipiere, so komme ich immer an den Punkt, wo ich mir das Wort als Träger meiner musikalischen Idee heranziehen muß." In der ersten Sinfonie war Mahler nicht bis an diesen Punkt gekommen. In der Zweiten hat er ihn erreicht. Nicht nur im Schlußsatz mit seiner gewaltigen chorischen Endsteigerung, die man trotz Mahlers Abwehr als Nachwirkung des Beethovenschen Musters auffassen muß. Schon vorher, im vierten Satz, im Altsolo „Urlicht". Über Schwierigkeiten bei der Auffindung dieses Textes erwähnt Mahler nichts in jenem Briefe. Solche Schwierigkeiten waren also vermutlich nicht vorhanden. Das „Urlicht" gehörte von vornherein in den Gesamtplan des Werkes, es war mit konzipiert. Das ist auch insofern wahrscheinlich, als Mahler im Jahre 1888, dem Abschlußjahr der ersten Sinfonie, die Gedichtsammlung „Des Knaben Wunderhorn" kennen lernte. Einzelne Gedichte daraus, wie das Anfangsstück der „Gesellen"-Lieder, mögen ihm vorher bekannt gewesen sein. Die Sammlung als Ganzes ist anscheinend erst 1888 in seine Hand gekommen. Damit empfing er Anregungen, die bis hinauf zum Jahre 1900, dem Zeitpunkt der Vollendung der vierten Sinfonie, bestimmend auf ihn einwirkten.

Es waren sicher nicht nur äußere Reize zufälliger Art, die ihn zu diesen Texten zogen. Ihr Inhalt und Stil gaben den dichterischen Rahmen für das Weltbild, das ihm vorschwebte, und das seine Musik zum Erklingen bringen wollte. Die geradlinige, eckige Art, poetische Bilder zu zeichnen, entsprach dem Wesen von Mahlers Melodik mit ihrem herben, scharf geschnittenen, stets die einfachste Linie haltenden Kontur. Die Natursymbolik der Gedichte, die Wahl des nächstliegenden, unmittelbar verständlichen Sinnbildes, der Ausdruck tiefbewegter Gefühlserkenntnisse durch die Bildersprache einfacher, zarter Gleichnisse aus den kleinen Freuden und Schmerzen des Natur- und Menschenlebens förderte und stützte Mahlers Art musikalischer Gestaltung, seine Prägung des Ausdruckes nicht auf subjektive Originalität, sondern auf die innere symbolische Kraft der Tonbewegung hin. Der romantische Sehnsuchtston dieser Gedichte spielte in allen Schattierungen vom sentimental überhauchten Liebeslied bis zur verträumten Glaubensmystik und schloß dabei die Töne schalkhaften und grimmigen Humors, wie derber Kraft und unheimlicher Dämonie in sich. Dieser Ton klang in Mahlers Wesen zu tiefst an. In den musikalischen Erscheinungen, die er weckte, schlummerte gestaltendes Leben von solchem Reichtum, daß es in der zusammengefaßten Form des Liedes nur skizzenhaft angedeutet werden konnte und den Tondichter fast mit Gewalt zur sinfonischen Ausbreitung treiben mußte.

In der zweiten Sinfonie sind zwei Wunderhorngesänge lebendig geworden: die „Fischpredigt des Antonius von Padua" und das „Urlicht". Dieses als Altsolo, eingeschaltet zwischen Scherzo und Finale. Die Fischpredigt dagegen nur instrumental dargestellt, ähnlich den „Liedern eines fahrenden Gesellen" in der ersten Sinfonie. Aus den beiden rein instrumental empfundenen Vordersätzen tastet sich Mahler über die andeutende, aber noch nicht zum begrifflichen Ausdruck gelangende Tonsprache des Fischpredigt-Scherzo durch zum zaghaften, vereinzelt suchenden „Urlicht"-Solo, an das sich dann, nach nochmaliger Abwandlung der grundlegenden Instrumental-Ideen der zu hymnischer Pracht aufsteigende Auferstehungschor anfügt: letzte, endgültig klärende Lösung.

Diese Sinfonie hat Mahler nach den Angaben Guido Adlers sieben Jahre beschäftigt. Vollendet wurde sie im Juni 1894, sechs Jahre nach Abschluß der ersten Sinfonie. Die Anfänge wurden demnach noch während der Beendigung der ersten Sinfonie geschaffen. War die schöpferische Spannung bei diesem Werk besonders stark, griff es stärker und tiefer wohl noch in die Seele des Menschen, der sich hier „in heißem Liebesstreben" die Flügel errang, die ihn emportrugen „zum Licht, zu dem kein Aug' gedrungen" — so erging diese Botschaft nicht vergebens an die Menschen. Die zweite Sinfonie ist seit ihrem Bekanntwerden das erfolgreichste und häufigst aufgeführte Werk Mahlers. Sie hat diese Vorzugsstellung dem Publikum gegenüber bis zum Erscheinen der achten Sinfonie behauptet. Selbst dieses gewaltig in die Breite wirkende Werk hat der Geltung der c-moll-Sinfonie keinen Abbruch getan, zumal hier die Aufführungsbedingungen leichter zu erfüllen sind. Beide Werke verlangen zwar außer voll besetztem Orchester großen Chor und Soli, doch ist der Chor in der Zweiten erheblich leichter ausführbar als in der Achten, gelangt auch nur im Schlußsatz zur Verwendung. Zudem werden gegenüber dem großen Aufgebot an Solostimmen in dem Spätwerk für die Zweite nur zwei Frauenstimmen gefordert. Rein äußerlich berühren sich beide Werke kaum. Die Stoffkreise und der gedankliche Verlauf sind grundverschieden, auch die formale Gestaltung bietet keine Vergleichspunkte. Die c-moll-Sinfonie trägt trotz der Beimischung vokaler Elemente den Stempel eines dem Gefolge von Beethovens Neunter angehörenden Instrumentalwerkes, während die Achte diesem Muster fernsteht und einen neuen Typus instrumental vokalen Gepräges aufstellt.

In beiden Fällen beruht der äußere Erfolg zunächst auf dem stofflichen Reiz eines mit allen Mitteln künstlerischer Steigerung dargestellten, menschlich tiefgreifenden Problems. Gewiß fehlt es gegenüber der Zweiten nicht an Stimmen, die über die Wirkung des Ausdrucksproblems hinaus auch das spezifisch Künstlerische der schöpferischen Leistung erkennen. Solche Stimmen sind namentlich laut geworden nach den ersten Teilaufführungen der Sinfonie, bei der nur die drei Vordersätze zur Wiedergabe gelangten. Es existiert ein für Mahlers damalige Stellung zur Öffentlichkeit charakteristisches Schreiben an den Berliner Kritiker Eichberg. Mahler dankt ihm für die aufmerksame Besprechung der Teilaufführung in herzlichen, menschlich bescheidenen, doch vom Bewußtsein des seiner Sendung gewissen Künstlers getragenen Worten. Im ganzen ist es aber die durch die Problemstellung bedingte Ausdrucksgewalt dieser Sinfonie gewesen, die ihr beim großen Publikum den Weg geebnet und ihr eine willfährigere Aufnahme gesichert hat, als der ersten und den folgenden bis zur siebenten. Der Ideenkreis, der durch die Vorstellung des Todes und der Auferstehung geweckt wird, übt stets zwingende Gewalt auf die Sinne der Hörer. Gegenüber dieser rein stimmungsmäßigen Ausdruckswirkung ist es wichtig, die bewegenden musikalisch schöpferischen Kräfte erkennbar zu machen, aus deren Bauen und Ineinandergreifen sich das Illusionsgebilde der poetisch sinfonischen Handlung ergibt — eine Fata morgana, die wohl die Sinne zunächst am stärksten fesselt, aber doch nicht das künstlerische Ereignis selbst ist, sondern nur dessen fantastisches Spiegelbild. Die Erkenntnis dieser Verwechslung von Wirkung und Ursache mag Mahlers verschiedenartige Stellung zu programmatischen Deutungsversuchen beeinflußt und ihn veranlaßt haben, anfangs gegebene poetische Überschriften späterhin zu streichen. So trug der erste Satz der c-moll-Sinfonie einer Überlieferung zufolge die Bezeichnung „Totenfeier". Die Überschrift ist später fortgeblieben, kaum zum Schaden des Satzes, der dadurch vor allzu willkürlicher Interpretation bewahrt blieb. Zeigt es sich doch, daß sogar seine musikalisch formale Gestalt zu den verschiedenartigsten Auslegungen Anlaß gegeben hat. Unter den zahlreichen Analysen sind kaum zwei, die sich nicht in der Kennzeichnung der satztechnischen Gliederung mehrfach widersprechen. Sogar über das Grundelement, das Hauptthema, bestehen Meinungsverschiedenheiten, so daß man angesichts solcher Widersprüche fast auf Unklarheit der Gestaltung schließen könnte. Und doch zeigt sich diese bei genauer Betrachtung als durchaus wohlgeordnet und leicht überblickbar, sobald man die das Ganze beherrschende musikalische Grundidee ihrem Wesen nach erkennt.

Der Satz ruht auf dem ersten Thema. Es erscheint gleich im Beginn in den Bässen unter orgelpunktartig festgehaltenem Tremolo G der ersten Violinen und Bratschen. Ein sechzehntaktiges Gebilde mit anlaufartig erweitertem Anfang, „Allegro maestoso. Mit durchaus ernstem und feierlichem Ausdruck":

Kein sinfonisches Thema im landläufigen Sinne, mit liedartig melodisierter Prägung und geschlossener Periodik. Ein Thema, das vielmehr, ähnlich wie das von Beethovens Fünfter, an Stelle der gerundeten thematischen Individualität eine starke motorische Kraft setzt und durch Monotonie des instrumentalen und harmonischen Kolorits die Spannung dieser Kraft noch steigert. In seine Bestandteile zerlegt, teilt sich das Thema in drei Abschnitte. Man kann sie bezeichnen als Vortakt, Kern und Ausklang. Der Vortakt umfaßt die aufwärts rollende Bewegung der ersten vier Takte. Sie ist trotz ihrer späteren Wiederkehr nicht eigentlich thematischen Charakters, sie enthält keinen Entwicklungsstoff. Ihre Zugehörigkeit zum Thema ergibt sich aus ihrer Bedeutung als Anlauf. „In den ersten Takten des Themas sind die Baßfiguren schnell in heftigem Ansturm .... auszuführen. Der Halt im vierten Takt ist kurz — gleichsam ein Ausholen zu neuer Kraft" lautet eine „Anmerkung für den Dirigenten". Die

musikalische Funktion der Baßbewegung ist das in mehreren Ansätzen zu be-
wirkende ruckweise Em- 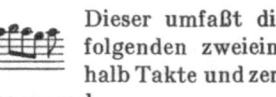 Dieser umfaßt die
porschnellen zum ersten folgenden zweiein-
Ton des Themakernes: halb Takte und zerfällt wiederum in drei Motive: Dann das marsch-
zunächst den Absturz zur Unter-  artige Fanfaren-
oktave über die Dominante: motiv:
Zuletzt das um die Tonika in In diesen drei Motiven liegt der
wuchtig gestoßenen Rhyth- Gehalt des ersten Themas be-
men kreisende Triolenmotiv: schlossen, sie stellen zugleich die
aktive Kraft des ganzen ersten Satzes dar. Ihrem musikalischen Wesen nach gibt
sie sich als Spannungsenergie zwischen Oktav und Quint des Grunddreiklangs zu
erkennen, eine Spannungsenergie, die sich, angekündigt durch das Tremolo der
Violinen und Bratschen, im Skalenanlauf der Vortakte zusammenballt und in den
zackigen Rhythmen des zehneinhalbtaktigen Ausklanges allmählich wieder entladet. Der Ausklang bringt keine neuen motivischen Bildungen. Er führt die Motive
des Themakernes in langsam sinkender Bewegung weiter, den Abstieg mehrfach
unterbrechend durch die zunächst noch nach oben zielenden, dann in die Nieder-
bewegung mitgerissenen Sechzehntel der Vortakte. Das so kompliziert scheinende
Thema beruht demnach lediglich auf einer elementar andrängenden Kräfte-
zusammenziehung von Quinte und Oktav und ihrer langsamen Wiederlösung.
Die Intervalle erscheinen hier nicht im Hinblick auf ihre akkordische Bedeutung
verwendet, sie sind lineare Richtpunkte. Das Thema als Ganzes stellt sich dar
als vehement aufschießender, in den Kerntakten das Höchstmaß wuchtender
Kraft erreichender, dann allmählich sich wieder entspannender linearer Bewegungsimpuls. Selbständige harmonische Bedeutung liegt ihm zunächst fern.
Das schwirrende Tremolo G der Violinen und Bratschen oberhalb der Baßlinie
dient lediglich dauernder Festhaltung der Quinte über der in den Bässen nach-
drücklich hervortretenden Oktave C. Sie ist Symbol des Unabgeschlossenen
der thematischen Erscheinung, die sich ihre harmonische Welt erst im Verlaufe
der sinfonischen Handlung schaffen soll.

Diese harmonische Ausdeutung beginnt mit der unmittelbar anschließenden
Wiederholung des Gesamtthemas. Die instrumentale Einkleidung ist annähernd
ebenso wie beim ersten Erklingen. Nur treten die zweiten Violinen an Stelle
der ersten mit dem Tremolo G, und zwei Hörner fügen das ergänzende C hinzu,
so den Quintenklang als Urstoff des Themas festhaltend. Ganz verändert ist
dagegen die Dynamik. Die kraftvolle Akzentuierung, der wuchtige Vortrag
fällt fort. An ihre Stelle tritt ein nur von kurzen, schwachen Schwellungen
unterbrochenes dreifaches Piano — eine fast bis zur Unhörbarkeit sinkende
Abdämpfung, gleichsam nur das Echo der ersten gebieterischen Anrede. Ihr
gesellen sich jetzt neue Stimmen, den Kern des Themas scharf hervorhebend,
Vortakte und Abklang fortlassend. Oboen und Englisch Horn, in zwei Takten
mit breiten rhythmischen Schritten zur Oktave C aufsteigend, intonieren
den Themakern in einer
vom Eruptiven der
ersten freien Fassung:

Hörner, dann erste Trompete nehmen den hallenden Abschlußruf auf, der sich allmählich in melodische Bewegung löst:

Marschartig sich entfaltend führt er in abwärts stürzenden, punktierten Rhythmen zur breitanschwellenden Kadenz. Sie klingt aus in den von herrischen Triolenschlägen der Posaunen und vier Hörnern getragenen Fanfarenruf der Trompeten und zweier Hörner:

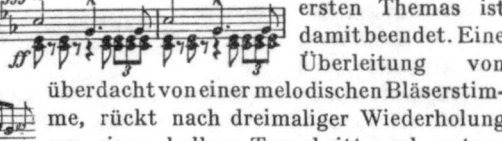

Die Aufstellung des ersten Themas ist damit beendet. Eine Überleitung von

Schubertscher Kürze und Einfachheit schließt sich an. Das Baßmotiv:

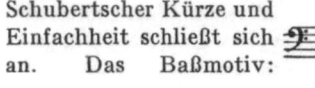

überdacht von einer melodischen Bläserstimme, rückt nach dreimaliger Wiederholung um einen halben Tonschritt nach unten:

Mit plötzlicher Wendung nach E-dur erscheint das zweite Thema, in langge

zogenen, weichen Strichen der Violinen nach oben steigend, harmonisch von Füllakkorden der Hörner getragen, ruhend auf dem ostinat weiterklingenden Baßmotiv:

Den visionären Eindruck dieses Themas bestimmt dynamisch der Umschlag in zartes Pianissimo, harmonisch der Quartsextakkord-Charakter. Er wird durch das gehaltene, überdachende H der Flöten noch hervorgehoben. Die Quinte als Baß- und Haltton klingt vor, auch bei der Wendung nach H-dur im fünften Takt wechseln die Bässe zunächst nach Fis und erfassen das H erst als Vorbereitung zur Überleitung. Sie vollzieht sich hier ebenso wie vorher der Übergang zum zweiten Thema durch chromatische Rückung der Bässe, diesmal vom H nach B, als Baß des Quartsextakkordes von es-moll. Mit dem Eintritt des es-moll schlägt die traumhaft elegische Stimmung wieder in leidenschaftliche Erregung um. Die Dynamik schwillt vom Pianissimo plötzlich zum erregten Fortissimo. Ein kurzer, scharf gerissener es-moll-Akkord schließt das Idyll, das gehaltene G der Posaunen und Hörner, das Tremolo der Streicher bereitet die Rückkehr des ersten Themas vor. Es ist indessen nur eine Scheinrückkehr, die sich hier vollzieht. Ähnlich wie am Anfang beginnt sie mit den

ruckweise aufstürmenden, jetzt gleich auf der Terz einsetzenden Baßanläufen, führt dann zur Aufnahme der rhythmisch verkürzten Gegenstimme der Holzbläser:

Wieder bereitet die von C nach B und A sinkende Baßlinie eine neue harmonische Wendung vor, diesmal nach As-dur, mit dessen Eintritt ein drittes Thema erscheint. Aufwärts schreitende, feierlich rhythmisierte Harmonien der Posaunen und Trompeten, auf das Finale der ersten Sinfonie weisend, geben den Anfang, lebhaft andringende Holzbläsermotive folgen:

Die Aufwärtsbewegung setzt sich in fanfarenartiger Weiterführung des Holzbläsermotives fort, während gleichzeitig die Bässe leise schwellend vom As chromatisch nach G-Fis sinken, die harmonische Grundlage dieser zuversichtlichen As-dur-Episode gleichsam unterwühlend. So lenken sie in die c-moll-Sphäre zurück. Sie wird erreicht mit der ruckartigen Wendung des vollen Orchesters nach dem Orgelpunkt G und entfaltet sich jetzt mit breit ausladender Kraft. Die Motive des ersten Themas drängen wieder beherrschend vor, teilweise in Neubildungen, die auf Umformungen des Vorangehenden beruhen. So ist das wuchtig abwärtsschreitende Viertelmotiv mit der Abschlußtriole auf dem letzten Taktteil eine Zusammenziehung der Triolengänge des ersten Themas, während die antreibende Gegenstimme der Trompeten auf der thematischen Gegenmelodie der Holzbläser beruht und diese im fünften Takt direkt aufnimmt:

Zu ihnen tritt abschließend das Oktavenmotiv des Themakernes, mit scharfen Reibungen in der ersten Takthälfte zwischen dem Es-dur der Bläser und dem g-moll der Streicher. Das Ganze, überspannt, durchzogen und getragen von dem in Bässen, Posaunen, Pauken und Holzbläsern festgehaltenen Orgelpunkt G wendet sich im zehnten Takt von c- nach g-moll, bildet hier eine mit höchster dynamischer Kraft ausladende Kadenz und verhallt dann allmählich „beruhigend" auf G.

Das Schrittmotiv der Bässe schiebt sich chromatisch zusammen:

Das Gegenmotiv der Hörner erfährt weiterhin bei der Übernahme durch die Oboen eine ähnliche Verwandlung durch Umkehrung:

Immer mehr „zurückhaltend" klingt der Teil mit dem sich verlangsamenden und vergrößernden Schrittmotiv in den Harfenbässen leise aus:

Bis hierher lassen sich drei deutlich gesonderte Gruppen unterscheiden. Zusammengefaßt entsprechen sie dem Vorder- oder Hauptsatz der Sonatenform. Die erste Gruppe gehört der Aufstellung des ersten Themas. Sie ist durch die c-moll-Kadenz äußerlich klar abgeschlossen und durch eine nur fünftaktige Überleitung von der zweiten Gruppe der Seitenthemen getrennt. Diese gliedert sich in zwei Abschnitte: das visionäre E-dur-Thema der Streicher und das heroische As-dur-Thema des schweren Bleches und der Holzbläser. Zwischen beiden vermittelt die kurze Scheinrückkehr des ersten Themas. Als dritte, abschließende Gruppe erscheint der langgesponnene Orgelpunkt G mit Motiven des ersten Themas, die hier in neuer Ausprägung auftauchen. Harmonisch stellt sich das Ganze dar als Folge Moll—Dur—Moll, wobei der Dur-Teil zwischen E- und As-dur, den Dur-Tonarten der großen Ober- und der großen Unterterz von C wechselt. Wichtig für den ferneren Verlauf des Satzes ist, daß die aktive thematische Kraft ausschließlich bei den Motiven des ersten Themas ruht. Durch sie vollzieht sich auch die erste Gipfelung bei der g-moll-Wendung des Orgelpunktabschnittes. Er ist gleichsam die Koda dieses Teiles. Man könnte die hier auftauchenden thematischen Umformungen dementsprechend als Kodamotive bezeichnen, zumal ihre Verwendung im weiteren Verlauf des Satzes ähnlicher Art ist.

Im Gegensatz zu den Motiven der ersten entbehren die der zweiten Gruppe der handelnden Kraft. Sie sind gleichsam Bilder, Erscheinungen. In ihrer Unwirklichkeit, ihrem visionären Charakter ruht ihre Bedeutung gegenüber der realistischen Energie der ersten Themagruppe. Eine Entwicklung im handlungsmäßigen Sinne würde ihrem Wesen widersprechen. Ihre Weiterführung kann daher lediglich empfindungsmäßiger, stimmungverbreitender Art sein, und auch dafür sind Elemente des ersten Themas als Bewegungskräfte erforderlich. Diese Stimmungverbreiterung aber ist nötig, um den gegensätzlichen Wert der zweiten Themagruppe zur Geltung zu bringen. So schließt sich dem Vordersatz, der Aufstellung und allgemeine Charakteristik der thematischen Elemente brachte, ein in ähnlichen Verhältnissen angelegter Seitensatz an, dessen Kern die zweite Themagruppe bildet. Er beginnt im Anschluß an den Orgelpunkt G „sehr mäßig und zurückhaltend" mit dem vorher in E-dur erklungenen Streicherthema. Jetzt erscheint es, orchestral ähnlich eingekleidet, nach C-dur übertragen. Der Quartenruf des ersten Themas, zunächst in F:  dann verlangsamt in E erklingend:  vermittelt die Umleitung nach E-dur. Im Rahmen des lyrisch elegischen Grundcharakters dieser Gruppe tritt nun eine Reihe neuer Bilder hervor. Als erstes das pastoral wiegende Gesangmotiv des Englisch Hornes:  Es führt zur zarten Umformung eines der Kodamotive: Diesen beiden gleichsam vorbereitenden Motiven schließt sich, im Echoton der Klarinetten erklingend, ein wehmütig süßer Erinnerungsgesang an:

Harfe und Hörner treten mit leiser Gegenbewegung hinzu, der gehaltene Quintenklang E—H der Streicher gibt einen zartschimmernden Rahmen. Das Nachspiel schlägt mit dem jetzt von den Streichern übernommenen Pastoralmotiv nach e-moll um, und in den Bässen meldet sich das Vortaktmotiv des ersten Themas, jetzt in gebändigter Gestaltung:

Ihm gesellt sich eine klagende Gegenstimme des Englisch Hornes und der Baßklarinette:

Allmählich spannt sich unter der mehr und mehr andrängenden Wirkung des ersten Themas eine Steigerung. Das Kodamotiv erklingt:

Es gewinnt in der Umkehrung besondere Energie und Kraft:

Eines der Kernmotive des ersten Themas tritt hinzu:

In den Bässen schwillt die Bewegung. Da erscheint als einstweilige Krönung und Verheißung das heroische Seitenthema, jetzt aus As-dur in warmes D-dur übertragen: Aber es hat nicht die Kraft, sich zu behaupten. Seine Weiterführung entfesselt die plötzlich über dem orgelpunktartig festliegenden Cis im Tempo primo ausbrechenden Kodamotive:

Das andringende Motiv wächst zu stärkster Heftigkeit. Die erste Steigerungswelle über Cis hebt sich zu dem grell leidenschaftlichen Aufschrei:

Eine ähnliche Steigerung des Kodamotives, noch schärfer dissonierend zugespitzt, drängt aus Hörnern und Posaunen empor:

Sie mündet in einen gewaltsamen g-moll-Ausbruch mit verzerrter Anrufung des Oktavenmotives in den Streichern:

und seiner Gegenbewegung in Trompeten und Holzbläsern: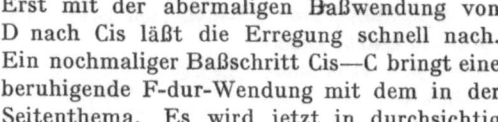

Erst mit der abermaligen Baßwendung von D nach Cis läßt die Erregung schnell nach. Ein nochmaliger Baßschritt Cis—C bringt eine beruhigende F-dur-Wendung mit dem in der Flöte licht aufsteigenden ersten Seitenthema. Es wird jetzt in durchsichtig zarten Klängen weiter gesponnen und nach H-dur geleitet. Ein neues Verheißungsmotiv formt sich aus der Koda: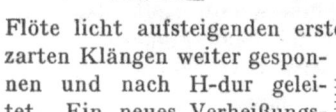

Ohne sich dynamisch zu steigern, die visionäre Klangfarbe festhaltend, drängt es im Zeitmaß marschartig vorwärts — eine Lichterscheinung, die sich zur Höhe hebt und dort leise zu entschweben scheint, während in den letzten Takten dumpf mahnende Schläge der großen Trommel die nahende Wiederkehr des ersten Themas ankünden.

Verschiedentlich ist diese Seitensatzgruppe bereits als Durchführungsteil oder doch als erster Durchführungsabschnitt bezeichnet worden. Äußerlich gesehen, läßt sich über die Berechtigung solcher Bezeichnung kaum streiten. Dem technischen Geschehen nach könnte darauf hingewiesen werden, daß hier tatsächlich die Themen der zweiten Gruppe mit Motiven der ersten zusammengebracht und zu neuen musikalischen Gestaltungen geführt werden. Sieht man aber auf den Sinn des Geschehens, so zeigt sich dieser ganze Abschnitt als Ausbreitung der zweiten Themagruppe durch Gegensatzwirkungen motivischer Teile des ersten Themas. Der rein fantasiemäßige Zug der Seitenthemen, ihre lyrische Bedeutung gelangt zur vollen Aussprache und findet in dem traumhaft verklingenden, marschartigen Abschluß seine letzte Bestätigung. Die E-dur-Themen im Anfang dieses Teiles, der wehmütige e-moll-Gesang des Englisch Hornes, das strahlende D-dur des zweiten Seitenthemas bilden den inneren Anstieg. Die folgende leidenschaftliche Steigerung durch Motive des ersten Themas spiegelt den Kontrast dieser Vergangenheitsbilder zur Gegenwart, der Epilog in seinen zarten Instrumentalfarben mit dem in unerkennbarer Ferne sich verlierenden H-dur-Marsch schließt dieses Bild der Träume. In seine letzten, auf dem Paukenwirbel H verhallenden Klänge hinein fährt plötzlich mit brutaler Gewalt „schnell" der Anfang des ersten Themas, jetzt, wie zum stärkeren Gegengewicht gegen die Zartheit des vorangehenden Teilabschlusses statt in c- in es-moll, im Unisono der Streicher, gestützt durch lang hallendes Fortissimo-Es der Bläser, zu dem im dritten Takt die Unterquarte B tritt. Im sechsten Takt schlägt das dreifache Forte plötzlich in äußerstes Pianissimo um. Die drohende Erscheinung ist wieder verschwunden, in raschelnden Tremoli am Steg sinken die Streicher chromatisch zur Tiefe. Nur in der Pauke hallt das Oktavmotiv noch zweimal kurz nach. Dann verliert sich jeder Klang in einem „bis zur Unhörbarkeit abnehmenden" unheimlichen es-moll-Dämmer. Und nun steigt „sehr langsam beginnend" das erste Thema, neu umgebildet, der Stoßkraft beraubt, in kurz abbrechendem, beklemmt atmendem Pianissimo aus den Streichbässen empor:

Im dreifachen Piano gesellen sich Bratschen und Violinen mit gespenstischem Spikkato hinzu. Langgezogene, stöhnende Klagerufe des Englisch Hornes erklingen:

„Sehr getragen" wird die elegische Melodie aus dem ersten e-moll-Durchführungsteil jetzt piano von Trompete und Posaune in Es

intoniert, während in Flöte, Oboe und Klarinette das Triolenthema leise aufzuckt. Ein Bild von verhaltener Dämonie, trotz, vielmehr gerade infolge des spärlichen Aufgebotes äußerer Mittel — von jeder Streichergruppe ist nur die Hälfte tätig — fast lähmend in der Intensität der Spannungskraft und der kühnen Art der Themenschichtung:

In diese Düsterkeit hinein klingt „sehr bestimmt" eine Choralweise der sechs Hörner, mittelstark einsetzend, allmählich mit aufstrebender Steigerung mächtig anschwellend. Es ist das alte Dies-irae-Motiv in neuer Umformung:

Das Tempo strafft sich. Die schleppende Baßbewegung verhärtet sich zum mächtig ausholenden Strich. Trompeten, Hörner und Holz schmettern herausfordernd das Triolenmotiv, Posaunen und Trompeten antworten mit dem triumphalen dritten Thema. Jetzt, zum ersten und einzigen Male während dieses Satzes folgt eine zukunftweisende Ergänzung. Das Auferstehungsmotiv des Finale, mit machtvollem Oktav-Aufschwung einsetzend und stufenweis unablässig aufdrängend erscheint als Vorverkündigung einstigen Triumphes:

Es ist nur ein Augenblick des Ausblickes auf das ferne Ziel. Die kurze Verheißung ruft jetzt die Gegensätze in gesteigerter Wucht hervor. Unvollendet bricht die Auferstehungsbotschaft ab, Hörner und Trompeten blasen fortissimo das Dies irae. Nach einer wie in krampfhafter Spannung einschneidenden „Zäsur" bricht plötzlich über dem Orgelpunkt B molto piu mosso der letzte, äußerste Orchestersturm aus: Hörner, gedämpfte Trompeten und Posaunen, späterhin die anderen Bläser in grellen, hilferufartig durchgehaltenen verminderten Septimenakkorden auf A, Streicher in zuckenden Tremoli, Trompeten mit aufgerichteten Schalltrichtern schmetternd, Pauken in wuchtigen Triolen hämmernd. Es ist ein Untergangsbild von vernichtender Gewalt, und doch erst Zusammenballung der dämonischen Kräfte, die nun in langhallendem es-moll zum Ausbruch kommen: Das Hauptthema von vier Trompeten in Oktav-Verdoppelung intoniert,

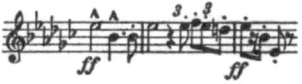

Streicher die Töne des es-moll-Akkordes wie in übersteigerter Erregung mit dem Bogen schlagend, Hörner und Harfe vom Grundton zur Dominante in mächtigen, glockenartigen Viertelrhythmen wechselnd, hohes Tamtam und große Trommel wirbelnd, tiefes Tamtam dumpf schlagend. Das Thema kommt zur äußersten Steigerung und Entladung. Es setzt sich fort in den Marschrhythmus:

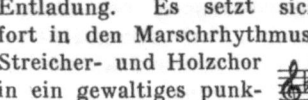

Es hebt sich immer drängender, allmählich den vollen In riesenhaftem, chromatischem Absturz fällt es zum Orgelpunkt G nieder. Mit schnell anschwellender Streicher- und Holzchor in ein gewaltiges punktiertes Unisono ziehend: Hier regt sich wieder das ruckartig aufdrängende Orgelpunktmotiv der früheren Abschnitte: rhythmischer und harmonischer Kräftesammlung führt es zurück zum Tempo primo, zur Wiederkehr des Anfanges.

Es ist eine Architektur von ungewohnt riesenhaften Maßen und doch sehr einfach in ihrer Gliederung. Der Vordergruppe mit Aufstellung der drei Hauptthemen nebst abschließendem Orgelpunkt fügt sich eine Seitengruppe an. Für ihre Gestaltung und ihren Verlauf bleibt das lyrische zweite Thema bestimmend. Erst dann kommt die motorische Kraft des Hauptthemas zum Austrag. Die Durchführung, in der Seitengruppe weichen e-moll und E-dur-Stimmungen zugewendet und in verklärtem H-dur ausklingend, greift nach es-moll über. Der Grabchoral tritt als neues, poetisch musikalisches Steigerungs-

moment hinzu, die verdüsternden Elemente werden mit stärkster Kraft zusammengezogen. Der Klimax des Satzes wird erreicht im es-moll-Ausbruch des
vollen Orchesters. Der chromatische Absturz und die ihm folgende schnelle
Wiederauffraffung durch den Orgelpunkt G schließt die innere Entwicklung ab.

Was dieser Durchführung folgt, ist dem inneren Geschehen nach nur noch
Rückblick und Epilog. Die Wiederholung des Hauptteiles ist zu äußerster Kürze
zusammengedrängt, erstes und zweites Thema mit Abschluß umfassen nicht
mehr als insgesamt 60 Takte. Die Wucht der Intonation des ersten Themas ist
naturgemäß nicht mehr zu erreichen. Sie wird ersetzt durch die Eindringlichkeit,
mit der jetzt der volle Streicherchor unisono das Thema übernimmt. Dem zweiten
Thema bleibt diesmal die Stimmungseinheit unumstritten gewahrt. Sein sphärischer E-dur-Charakter erhält durch eine neue elegische Abschlußmelodie noch
feinere Ausprä-  Wie eine fern verhallende Wiegen-
gung und wird melodie tönen sie im Horn aus, die
zartverklingend Durterz leise wieder mit der Mollterz
ausgesponnen: vertauschend. Als letzter Klang aus
dieser visionären Sphäre tönt das Es der „bis zum gänzlichen Aufhören" tremolierenden Violinen. Dann beginnt, Tempo sostenuto, zu dreifachem Piano gedämpft, aber „schwer" die über dem mehr als 50 Takte umspannenden Orgelpunkt C aufgebaute Koda.

Wieder führen vier Motive: das
chromatisch sinkende Schrittmotiv der   Das chromatisch an-
Bässe, an die erste Sinfonie erinnernd: steigende Hörnermotiv:

Das Quartenmotiv der   Und das steigende
Pauken als Grund   Gesangmotiv der
motiv des Ganzen: Bläser:

Zuerst in Posaune und Trompete erscheinend, wird es mit allmählich belebter Begleitbewegung der übrigen
Motive von den Oberstimmen der Bläser übernommen. Noch einmal führt es
zu stark anschwellender Kraftspannung, sinkt dann schnell zurück und löst
sich in mehr und mehr verklingende Melismen. Die Stimmung schwankt kurze
Zeit zwischen verklärtem C-dur und düsterem c-moll. Zart, wie in friedvoller
Dunkelheit sanft wiegend, tönt in den Bläsern pianissimo der C-dur-Akkord,
während die Pauken die majestätische Tonika-Dominant-Triole schlagen
und zwei Violinpulte den feinen Lichtschimmer des fast unhörbar gehaltenen
G über das erlöschende Bild werfen. Da schneiden plötzlich mit ausbrechender
Heftigkeit Trompeten und Oboen von der Durterz E in die Mollterz Es ein. Das
verklärende Bild ist verschwunden. Stürmisch fegen die Unisinotriolen des
vollen Orchesters chromatisch abwärts und verhallen auf zwei dumpfen Schlägen C.

Eine „Pause von mindestens fünf Minuten" schreibt Mahler nach diesem Satz
vor. Sie ist für den Hörer erforderlich, um den Nachklang des aufwühlenden,
bei aller Leidenschaftlichkeit der Sprache innerlich und formal stark konzentrierten Stückes ausschwingen zu lassen. Es ist hier — auch dieser Unterschied

Berlioz gegenüber muß beachtet werden — trotz der Spannung des Ausdruckes, trotz der Intensität in der Erfassung und Ausweitung der Gefühlsstimmungen doch nichts von Gewaltsamkeit und Lust am beabsichtigten Extrem zu spüren. Der Stimmungskreis des Ganzen ist der eines außerordentlichen Geschehens, nicht pathetisch erhoben, nur durch Ernst und Feierlichkeit des Ausdruckes, Besonderheit der tragischen Konzeption alles Gewöhnliche unter sich lassend. Innerhalb dieses Kreises aber sind Gewaltsamkeiten jeder Art vermieden. Die Steigerungen ergeben sich aus der natürlichen Entwicklung der thematischen Kraft. Der Aufbau ist zwar nicht streng schematisch, aber doch in der Art der Gliederung sonatenmäßig entworfen. Ein Unterschied immerhin wird fühlbar gegenüber älteren sinfonischen Werken: dieser Satz ist bei aller Größe und Kraft des Wurfes, bei aller Kühnheit des Freskostiles in der Darstellung gleichsam mehr Feststellung von etwas Gegebenem als Anfang einer neuen sinfonischen Entwicklungsreihe. In sich geschlossen, trägt er keinen Keim der Fortsetzung in sich. Die eine, flüchtige Erwähnung des Auferstehungsmotives ist nur vereinzelte Vorwegnahme und ohne Nachwirkung. Er ist nicht erster Satz im alten Sinne, aus dem heraus das Folgende sich entrollt. Er ist ein grandioses Vorspiel, ein Unterbau und bedarf der Ergänzung durch ein Neues, Andersartiges. Daher auch Mahlers Forderung der Pause: sowohl um den ersten Satz innerlich abklingen zu lassen, als auch um die Umstellung des Hörers für den zweiten zu ermöglichen. Solche Umstellung ist erforderlich gegenüber dem Andante moderato, das Mahler dem Eröffnungssatz folgen läßt. Es ist schwierig, die Gegensätzlichkeit dieser beiden Stücke recht zu kennzeichnen. Dort das schicksalschwere c-moll — hier das idyllische As-dur. Dort ein Vierviertel-Allegro maestoso „mit durchaus ernstem und feierlichem Ausdruck". Hier ein Andante moderato in tanzhaftem Dreiachtel „sehr gemächlich, nie eilen". Dort die massive Wucht des vollen Orchesters, hier die Lieblichkeit der grazioso einsetzenden Streichergruppe, dazu im weiteren Verlauf ein Horn, dann die Holzbläser, Pauke und vier Hörner, erst späterhin noch Posaunen und Trompeten. Dies sind nur die äußerlichen Unterschiede. Im ersten Satz ersetzt Mahler durch mehr episch schildernden als dramatisch erlebenden Vortrag den herkömmlichen, beherrschenden Eröffnungssatz durch den vorbereitenden Typus, ohne dadurch der Wucht und Größe des Stückes Eintrag zu tun. Im Andante fügt er, ähnlich wie in den beiden Mittelsätzen der Ersten, wieder eine neue Art Kontrast in die Sinfonie ein: das Idyll.

Das Idyll im Gegensatz zum episch schildernden Stil war in dieser Art bisher innerhalb der Sinfonie nicht bekannt. Das Idyll nicht nur im stofflichen Sinne erfaßt, wie etwa Beethovens „Szene am Bach", sondern im ästhetisch formalen und ausdrucksmäßigen. Einzig das B-dur-Allegretto aus Beethovens Achter könnte als früheres Beispiel genannt werden. Was Mahlers Andante-Idyll besonderen Reiz verleiht, ist die Beimischung österreichischer, spezifisch Wienerischer Lokaltöne. Sie geben der altväterlichen Tanzweise des Menuettes einen Zug rührender Heimischkeit und Vergangenheitzaubers. Dies war wohl der tiefere Grund solcher Zusammenstellung: die Todesvision, die Erschütterung durch Erkenntnis der Vernichtung des Lebens erweckt die nie erlöschende Freude am Sein, am Genuß der Liebe, des Frohsinns, der lieblichen Natur. Und wie dieses Leben, diese Freude, dieser durch keinerlei Tragik zerstörbare

Zauber sich hinein gesungen hat in die Seele des Musikers, irgendwann in einer fernen Vergangenheit, irgendwo an einem stillen, umfriedeten Spielplatz heiterer Geister, so singt und tanzt es nun aus ihm heraus, unbesiegbar in seiner ganz in sich beschlossenen Anmut. Ein Lied des Lebens gegenüber dem Lied des Todes, ein Lied des Glückes gegenüber dem Lied des Schmerzes, ein Lied unwirklicher Vergangenheit gegenüber dem Lied gegenwärtiger Wirklichkeit. So hebt es an mit graziös neckischem Auftakt, in zierlich schreitendem Menuettpas der fünffach geteilten Streichergruppe. Die tiefe Grundierung der Kontrabässe setzt erst im fünften Takt mit gravitätischen Pizzikato-Achteln ein:

Aus der hüpfenden Weise wickelt sich behutsam eine fein gebogene, sich aufwärtsschlängelnde Gesanglinie heraus, vom Violoncell den Bratschen, und von diesen den Violinen weiter gereicht:

Mit leise wiegendem Abschluß klingt das Lied aus:

Dreimal erscheint es. Zuerst im Anfang, die Grundstimmung dieses Traumsatzes innerlich bestimmend, einfach ausgeführt, schmucklos und ohne Getändel schließend. Die beiden anderen Male zeigen reichere Ausführung, zur Betonung des Kontrastes gegenüber den Zwischensätzen. Von diesen ist der erste kurz gehalten. Über dem leise pochenden Horn erscheint „nicht eilen, sehr gemächlich" ein tänzelndes Triolenmotiv in imitatorischer Weiterführung:

Ein sehnsuchtsvoller Melodienruf klingt hinein in das heimliche Hüpfen und

Schwirren der Stimmen:

Zunächst von den Streicherstimmen zurückgedrängt, gewinnt er später in den Holzbläsern festere melodische Gestalt und singt sich aus:

Dann verklingt er wieder leise, sinkt unter in der Streicherbewegung, die, nun selbst erlöschend, in leisen Einzelschlägen den gemächlichen Menuett wiederkehren läßt. Diesmal beginnt das gedämpfte Streichorchester mit rhythmisch und harmonisch präludierender Einleitung. Dann erklingt eine naiv auf- und aussingende Nebenmelodie der Violoncelli:

Auch der Abgesang ist diesmal melodisch reicher ausgeführt. Die Stimmen schlingen sich — bei Teilung aller Streicher in zwei Gruppen — reigenartig ineinander, die Zurufe der Schlußphrase verhallen „ersterbend". Heftig zufahrend setzt hier zum zweitenmal die Triolenbewegung des Zwischensatzes ein, wieder den Streichern, dazu Fagotten zugeteilt. Die Gesangstimme, wie eine sehnsüchtig Formung suchende Melodie fortissimo in Hörnern und Holzbläsern aufsteigend, wird vorübergehend von den ersten Violinen übernommen, von Dur nach Moll, von Moll nach Dur gewendet. Bald drängt, bald zögert sie, wechselt durch verschiedenste Tonarten, erlangt nie festen Abschluß — ein armer, suchender Geist, treibend und getrieben, unfähig, jene friedfertige Heiterkeit, jene in sich geschlossene Ruhe zu finden, die dem Hauptteil dieses Satzes sein Gepräge gibt. In heftigen Abschlußschlägen „vorwärts" drängend, strebt der zweite Zwischensatz dem Ende zu. Melodisch, harmonisch und rhythmisch ungelöst kehrt er in das Grundmotiv zurück, es fragend, zweifelnd wiederholend, zuerst heftig, dann allmählich nachlassend, verlangsamend und nochmals jenem Vergangenheitsliede entgegenlauschend. Zum dritten, letzten Male klingt es nun in reizvoller Pizzikato-Einkleidung an. Leise sammelt es die Stimmen zur Harmonie, die Holzbläser wiederholen neckisch jeden zweiten Takt, unterbrechen mutwillig die Symmetrie des Tanzbildes. Dann löst sich das Pizzikato. Die Holzbläser übernehmen den Tanz. Nun strömt die Gegenmelodie in breiter Fülle aus den in Oktaven geführten Violinen, immer höher steigend, immer freier, beglückender sich aufschwingend, unerschöpflich in Freude am hingebenden Sichaussingen. Dann ein schnelles Abwärtsgleiten — der Glückstraum ist vorbei.

Mahler ist bei der zweiten Sinfonie noch nicht zu der Gliederung in Abteilungen gelangt, wie bei den späteren Werken von der dritten an. Er hat wohl den ersten Satz von den folgenden scharf abgetrennt, so daß hier ein merkbarer Einschnitt geschaffen wird. Er hat auch den dritten, vierten und fünften Satz durch die Vorschrift unmittelbarer Aufeinanderfolge als formal zusammengehörend oder doch einander nah verbunden bezeichnet. Nur der zweite Satz steht gleichsam etwas verloren in der Mitte, vom ersten deutlich geschieden, dem dritten und den darauf folgenden gleichfalls nicht fest verbunden, und doch in seiner zarten Traumhaftigkeit nicht gewichtig genug, um, wie das Scherzo der fünften Sinfonie, als Abteilung für sich gelten zu können. Dem nächstfolgenden Satz steht das Andante insofern nahe, als es gleich ihm tanzartigen Charakter trägt und so das suitenhafte Wesen dieser erweiterten sinfonischen Form bestätigt. Dem ersten Satz verwandt ist es dagegen durch seinen rückschauenden Grundzug. Beide Vordersätze sind Vergangenheitsbilder, verschieden nur im Ton und in der Stimmungseinstellung. Mit dem nun folgenden ändert sich das Bild. An Stelle des Gewordenen tritt das Werdende. Eine Handlung beginnt auf der Grundlage der beiden Vordersätze, spannt und steigert sich, zieht neue Aktionskräfte an sich und führt in ständigem Fortschreiten auf die Finalkrisis zu.

Dieser Veränderung des Zeitcharakters der Darstellung entspricht es, daß die poetische Symbolik der nun folgenden drei Sätze deutlicher gekennzeichnet ist, als die der beiden vorderen. Das gilt nicht nur vom Finale, das sowohl im Text des Auferstehungschores als auch in den Überschriften einzelner Teile, „Der Rufer in der Wüste", „Der große Appell", poetische Hinweise enthält. Es gilt auch für den vierten Satz, das „Urlicht". Seine von einer Altstimme gesungenen Worte aus „Des Knaben Wunderhorn" geben die Vorbereitung auf das Finale und vermitteln zwischen diesem und dem dritten Satz. Es gilt aber auch für den dritten Satz selbst, obschon er weder durch Überschrift noch durch Text erläutert wird. Er ist die in freier Scherzo-Rondo-Form sinfonisch ausgebaute Übertragung eines Wunderhornliedes. Durch die reine Instrumentalsprache der wörtlichen Deutung entkleidet, bleibt Sinn und Charakter des Stückes dennoch deutlich gekennzeichnet. Es ist die „Fischpredigt des Antonius", eine Tierparabel voll bissigem Sarkasmus, humoristisch eingefaßtem Pessimismus, tiefer Welt- und Menschenverachtung. „Unvergleichlich, dem Sinne und der Behandlung nach", so charakterisiert Goethe das Gedicht. Antonius, der bei den Menschen die Kirche leer findet, sucht die Fische auf, um ihnen zu predigen. Alle kommen geschwommen, alle bezeugen Bewunderung des großen Redners — „kein Predig' niemalen den Fischen so g'fallen". Doch dieses „G'fallen" bleibt der einzige Erfolg. Kaum ist die Rede vorbei, so tun alle das nämliche was sie vorher taten:

> „Die Hechte bleiben Diebe,
> Die Aale viel lieben,
> Die Krebs gehn zurücke,
> Die Stockfisch bleiben dicke,
> Die Karpfen viel fressen,
> Die Predig vergessen,
> Die Predig hat g'fallen
> Sie bleiben wie alle!"

Ein Bild des ewigen Einerlei des Lebens, der Zwecklosigkeit alles Strebens, der Vergeblichkeit und Leere des Daseins. Ein bitterer Hohn auf das Prophetentum der Einsamen, die hinuntersteigen zu den Menschen, um ihnen den Weg nach oben zu zeigen. Eine ergötzliche Schilderung der großen Welt im Kleinen, ihrer Unfähigkeit zur Erkenntnis.

Mahler gibt dem Satz in Rhythmus und Melodik den Charakter des Perpetuo mobile, in der Farbe grotesk humoristische Töne. Ein Solo von zwei Pauken, Dominante und Tonika rhythmisch verschiebend, beginnt. Nachschlagende Achtel der Fagotte, der großen Trommel und Besenrute, weiterhin schnarrende, gurgelnde Begleitfiguren der Klarinetten und des Englisch Hornes geben ein Klangbild von ur-wüchsigem Zuschnitt:

„Sehr gemächlich" spannen die Violinen das in Sechzehntelbewegung mit behäbiger Selbstgefälligkeit fließende Thema:

Der sequenzartige Bau ist hier Mittel besonderer Ausdrucks-Charakteristik. Er gibt dem Thema die humoristische Doppelwirkung von lebhafter Beweglichkeit

und altväterischer, etwas schwerfälliger Behäbigkeit. Bei dem zum Anfang zurück-
gleitenden Nachsatz der Flöten eigensinnige Ganztonfortschreitungen der Bässe:

Aus diesem Grundgedanken spinnt
sich nun in unablässiger Bewegung
der thematische Faden weiter. Das
Hauptmotiv wird festgehalten, in
immer neuen Wendungen teils me-
lodisch, teils harmonisch variiert. Zunächst führen die Streicher, während die
Bläser — einstweilen nur Klarinetten und Flöten — auf Zwischen- und Rück-
leitungsperioden beschränkt bleiben. Allmählich bilden sich Dialogwirkungen. So
zwischen Klarinet-
ten und
Violinen:

Die melodische Anmut dieser C-dur-
Wendung wird im Nachsatz durch die
kreischende Es-Klarinette sofort wieder ins grotesk Dissonante verzogen:

Allmählich schält sich aus
dem fließenden Sechzehntel-
legato ein fester thematischer Achtelkern heraus:

Er gibt der umspielenden Figuration rhythmisches Rückgrat und erhält durch dreifache Oktav-
verdoppelung: Fagott, Klarinette und kleine Flöte
besondere Betonung. Wie ein volks-
tümlicher Chorrefrain ertönt die
Fortführung dieses Achtelrhythmus aus der Holzbläsergruppe:

Der erste Abschnitt, dem diese thematischen Erscheinungen angehören,
wird charakterisiert durch das Vorherrschen der Mollstimmung, in die nur einzelne
Durlichter hinein gesetzt sind. Nach plötzlicher chromatischer Überleitung fügt
sich nun zwischensatzartig eine kleine F-dur-Episode ein. Die rhythmische Bewegung bleibt, wird aber durch sanft schaukelnde Begleitung und gerundete Legato-
perioden der thematischen Linie von dem fantastischen Charakter der Moll-
thematik befreit und gesellt ihr weiterhin eine gesangvolle Gegenstimme in Oboe
und Fagott:

Dem liedartigen Mittelteil schließt sich wieder der c-moll-Hauptsatz an,
orchestral variiert durch Veränderung der Legatobewegung in Stakkati. Die
ursprünglich vom Piano zum kräftigen Forte sich aufhellende Dynamik wird
jetzt vom Pianissimo bis zum drei- und vierfachen Piano, teilweise unter Ausschaltung halber Streichergruppen, abgeblendet. Der akustische Vorgang erhält
etwas Mysteriöses, Gespenstisches, das durch die Stakkati der Streicher, die

solistische Führung der Holzbläser noch verstärkt wird. In diese fast unbemerkt verhuschende Streicherbewegung poltern plötzlich mit derben Schlägen C—G die Pauken hinein. Grell einschnei-  „Sehr wuchtig" stol-
dend erklingt dazu in gestopften pern durch dieses Trompeten und Hörnern der anschwel- Dissonanzentor lende Nebenseptimenakkord auf B: Bässe und Violon-
celli mit dem Unisonothema des C-dur-Trios, unbegleitet, überdeckt nur vom hohen C der großen und kleinen Flöte:

Rhythmisch melodische Struktur und sequenzartige Fortführung dieses Themas weisen deutlich auf das Grundthema des Hauptsatzes. Auch die refrain-artige Ergänzung, unvermittelt in D-dur ausbrechend und in ihrer fanfaren-artigen Gestaltung fast festlich leuchtend, bleibt im Kreise des Grund-themas, stei-   Nach kurzer Un-
gert dieses zu   terbrechung durch
aufflammen-   eine zurückhal-
der Kraft: tende Flüsterepi-
sode der Flöte und Solovioline folgt ein zweiter Aufschwung, um noch einen Schritt aufwärts nach E-dur gesteigert. Hier scheint die Kraft nachzulassen. Der Mutwille schlägt in gesanglich gefühlvolle Schwärmerei um. „Sehr ausdrucksvoll gesungen" ertönt in getragenem Ton der Trompete der etwas sentimental melodische Abgesang:

Beide Harfen umspielen die Melodie mit gebrochenen Harmonien, die gedämpften zweiten Violinen geben eine zarte Zwischenfarbe. Ein wehmutsvoll schimmernder Glanz ist über diese klanglich zauberhafte Episode gegossen — wie Abendleuchten über eine schnell in Dunkel versinkende Landschaft. Zweimal, einem langhallen-den Abschiedsgruß gleich, kehrt die Melodie wieder, von Flöte, Oboe und Kla-rinette der Trompete abgenommen und dann an diese zurückgegeben. In träu-merisch ausklingenden Arabesken zerfließt das E-dur, grob fahren die Bässe mit ihrem wuchtigen C-dur-Thema wieder auf. Es lockt die Themen des Haupt-satzes hervor. In gesteigerter Aufregung, zu kurzatmigen Phrasen auf einzelne Instrumente verteilt, finden sie sich wieder zum Reigen des Rondo-Anfanges zusammen. Die verworrene Stimmung klärt sich allmählich, an die Mollthemen fügt sich von neuem die friedvolle, wiegende F-dur-Gruppe. Sie führt zu dem jetzt in helles C-dur übertragenen Fanfarenaufschwung des Trios. Aber dieser Aufschwung gelangt trotz starker Kraftspannung des vollen Orchesters und reinem C-dur-Glanz nicht zu ungetrübter Auswirkung. Die Streichbässe finden nicht den Schritt zur Tonika. Sie beharren auf der Dominante, suchen und bohren von dort aus chromatisch weiter, und je zäher das übrige Orchester an seinem C-dur festzuhalten scheint, um so hartnäckiger unterwühlen die Bässe das Fundament. Ein dissonierender Ausbruch von dämonischer Wut bringt die einander widerstreitenden Elemente zur höchsten gegensätzlichen Spannung und Entladung auf langsam zu C herabsinkender Skala. Noch einmal ertönt der zarte Trio-Abgesang, jetzt aus E- nach C-dur, aus der kraftvollen Trompete in den elegischen Violinton übertragen. Dann entschwindet die Erscheinung in einem Harfenglissando. Elemente der Themen spuken auf, suchend, hastend. Ganz in fahle Klänge gehüllt huscht das Tempo primo des Anfanges hervor, nach kurzem Aufflammen im Dunkel des tiefen C untertauchend.

Die Entwicklung dieses Satzes läßt sich innerhalb der wahrhaft genial entworfenen formalen Rundung klar verfolgen. Der anfangs mehr gutartig polternde, groteske c-moll-Humor, der sich in den festen Achtelrhythmen zur refrainartigen Liedmelodik verdichtet und in der F-dur-Episode zarte gesangvolle Züge annimmt, erhält bei Wiederkehr des Hauptsatzes die erste Steigerung ins unheimlich Fantastische. Das Trio, von C- nach D-dur, von hier nach E-dur steigend, sucht das Bild des sich ruhelos ineinander schlingenden Gewühles durch Freudenfanfaren zu verdrängen. Aber diese Freude hält nicht vor. Sie erschöpft sich, wehmütig gefühlvoll klingt ihr Abschiedsgruß hinein in das neu empordrängende c-moll-Treiben. Jetzt erscheint dieses zu noch gesteigerter Hast und Geschäftigkeit gespornt. Die beruhigenden Episoden sind aufs kürzeste zusammengedrängt, die wiederkehrenden Freudenfanfaren in C-dur vermögen ihre ermutigende Wirkung nicht mehr zu üben. Ein unterirdisches Wühlen führt zum Ausbruch maßlosen Ekels, der Erkenntnis der Unmöglichkeit, in den Erscheinungen dieser Welt ein Ziel finden zu können. Sie sind zu Gespenstern geworden, fallen zurück in das Dunkel, aus dem sie im Anfang, gerufen durch die Zauberformel des Paukenschlages, hervorgekrochen waren. Nun aber, wo diese Welt und das was sie an lebendigen Kräften bot, versagt hat — was bleibt jetzt?

„Folgt ohne jede Unterbrechung der vierte Satz", heißt es in der Partitur am Schluß des Scherzo. Dieser Vierte gibt Antwort. „Urlicht" ist er überschrieben und bringt ein Lied aus „Des Knaben Wunderhorn" für eine Solo-Altstimme. Ein einfacher Zehnzeiler, aus dem ein Glaube von seltsamer Innigkeit und Zartheit des Fühlens emporquillt, kaum ausgesprochen zwischen den Zeilen, und doch mit ergreifender Kraft an das Herz rührend. Es beginnt die Klage:

O Röschen rot!
Der Mensch liegt in größter Not!
Der Mensch liegt in größter Pein!

Unmittelbar anschließend in naiver Inbrunst der Wunsch „Je lieber möcht ich im Himmel sein". Damit ist das Ziel gegeben, zugleich die Antwort auf die stumme Schlußfrage des Fischpredigt-Scherzo. Hier führt der Weg weiter. Nicht in den endlosen c-moll-Wirrungen des dritten Satzes. Hinaus über sie, in eine reine, feierliche Sphäre. In sie schwingt sich die allein beginnende Singstimme mit dem plötzlichen Schritt vom Abschluß C des Scherzo zum Des des Liedanfanges. „Sehr feierlich, aber schlicht, choralmäßig" schreibt Mahler vor. Dies ist der Grundton des Liedes, wenigstens seiner ersten vier Zeilen. Gedämpfte, fast bis zur Unhörbarkeit abgedunkelte Streicher begleiten in choralartigen Halben die erste Zeile. Für die Bläsergruppe, der das Zwischenspiel zufällt, ist eine Anfangszusammenstellung von vier Hörnern, drei Trompeten,

Fagott und Kontrafagott gewählt. Ein schwerer, feierlicher Ton, der auch im Pianissimo noch dunkle, ernste Pracht ausstrahlt. „Diese Instrumente sollen zu dieser Nummer nebeneinander, am besten im Hintergrunde des Orchesters aufgestellt sein," schreibt Mahler vor. Sie bilden gleichsam die Orgel. Im erhabenen Desdur drängen die mysteriösen Klänge langsam, wie sehnsuchtsvoll eine Oktave nach oben, sinken dann, in zögernd sich ineinander schiebenden Rhythmen wieder stufenweis auf das Anfangs-Des zurück, feierlich kadenzierend. Das überweltliche Des-dur tauscht sich plötzlich in klagendes cis-moll, die ernsten Bläser schweigen, nur Streicher begleiten:

Die Quinte Gis wandelt sich in die suchende Septime As, die Dominantseptimen-Akkorde schieben sich sehnend weiter, von B nach Es und dann wie überquellend zurück nach As. „Je lieber möcht ich im Himmel sein." Die Stimme wiederholt zutraulich diese Worte, in melodischer Steigerung wieder zum Des sich hebend. Den begleitenden Streichern gesellt sich die ausdrucksvolle Oboe, die Abschlußphrase der Singstimme fast überschwänglich mit einer sehnsuchtsvollen melodischen Schleife bis hinauf zum Ges emportragend:

In der Grundtonart Des-dur klingt dieser erste Liedteil „ersterbend" aus.

Ein neuer Orchesterklang leitet die nächste Zeile ein: Oboe, zwei Hörner und Harfe schlagen wie feine Glocken die b-moll-Harmonie an, aus der Klarinette ertönt ein naiv tändelndes, dudelsackartiges Begleitmotiv, das sich von Takt zu Takt wiederholt:

Die Singstimme erzählt im schlichten Ton: „Da kam ich auf einen breiten Weg." Nun regt sich melodisches Leben. Eine Solovioline singt: „Da kam ein Engelein und wollt mich abweisen" klingt es aus der Menschenstimme.

Die Harmonie und mit ihr das Violinthema wandelt sich aus b-moll in liebliches A-dur, Harfen umspielen die Melodie in gebrochenen A-dur-Akkorden, die Streicher — ohne Bässe — in bis zur Unhörbarkeit abgedämpften Achteltriolen. Das Traurige der Abweisung kommt nur in der seltsamen Betonung der zweiten Silbe „Ab—weisen" zum Ausdruck. Im übrigen trägt diese Zeile, ein Klangbild von zartester Lieblichkeit, den Charakter kindlichen, der Wortbedeutung fast unbewußten Märchenerzähltones. Erst von der nächsten Zeile an regt sich bewußtes Ausdrucksleben. Der naiv objektive Erzählton wird verlassen. „Leidenschaftlich aber zart" erklingt der Vortrag. Die Melodik verliert das archaistische Gepräge, die Harmonik erhält durch den lang ausgesponnenen Dominantseptimen-Akkord auf Cis eine starke Spannung. Die zarte Bewegung der Begleitinstrumente steigert sich zu erregt zitterndem Tremolo der zweiten Violinen und Bratschen. Mit Innigkeit erklingt es zweimal aus der von Oboen- terzen gestütz- ten Singstimme:

Plötzlich ergießt sich die unter dem Schleier der feierlichen Ruhe. der naiven Unbefan- genheit verborgene schmerzliche Sehnsucht in den fast leidenschaftlich drängenden Ausbruch:

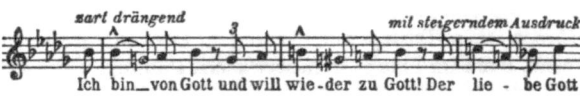

Das Bewußtsein der Gotteskindschaft bricht elementar durch. Der Stil wechselt im Augenblick. An Stelle der diatonischen Melodik tritt bewußt gesteigerte Chromatik. Die vorher langgesponnenen Phrasen verkürzen sich auf halbe Takte voll rhythmischen Drängens, die Harmonien schreiten chromatisch von Terzquart- zu Terzquartakkord. Eine Steigerung von ergreifender Intensität breitet sich in diesen vier Takten aus, bis beim Molto ritenuto die Zuversicht gewonnen, die Einlenkung in die Grundtonart Des-dur wiedergefunden ist. Von weichen Streicher-, Harfen- und Holzbläserharmonien getragen — die orgel- hafte Blechgruppe kommt während der zweiten Hälfte des Liedes nicht mehr zur Verwendung — singt die Stimme in breitem, melodischem Bogen aus:

Süß klingende Violinterzen überdachen sie und sinken dann „gänzlich ersterbend" in das mystische Dunkel des Anfanges zurück.

Dieser Satz ist der seelische Angelpunkt des Ganzen. Hier entscheidet sich der weitere Fortgang, der nach dem dritten Satz in Frage gestellt war. Die Menschenstimme wird nicht nur zur Künderin der Worte, die auf den Weg zu Gott deuten als auf den Einzigen, der aus Not und Pein den Menschen wieder zum Schöpfertum führt — denn Gott ist als Gott-Schöpfer zu verstehen. Die Stimme erscheint auch in musikalisch klanglicher Beziehung als not- wendige Steigerung gegenüber der instrumentalen Klangwelt, als Pförtnerin jenes überirdischen Ideenreiches, das sich der Not des ersten und dritten Satzes tröstend öffnet und durch eine bisher unbekannte Darstellungsart symbolisiert werden mußte. Der Orchesterausdruck als solcher tritt zurück, ordnet sich der Stimme und dem Wort unter. Man könnte sagen, vom Schluß des dritten Satzes ab pausiert das eigentliche Orchester. Die Stimmen, die das „Urlicht" begleitend stützen und umspielen, gehören in Wahrheit nicht dem Sinfonie- Orchester der drei vorangehenden Sätze an. Sie sind eine Gruppe für sich, nur dem Dienste des Sängers beigeordnet. Das Sinfonie-Orchester lauscht schweigend der Botschaft des Gesanges. Erst nachdem er verklungen ist, bricht der letzte große Sturm aus. Es folgt die Auseinandersetzung, die die Verkündigung der unverlierbaren Gotteskindschaft gegenüber den drei Vordersätzen hervorrufen muß: das Finale.

Ähnlich wie das Finale der ersten Sinfonie stellt sich das der zweiten schon äußerlich als Kernsatz des Werkes dar. Der Umfang ist der Taktzahl nach annähernd doppelt so groß wie der des Eröffnungssatzes. Auch die klangliche Gestaltung zielt auf das Außergewöhnliche. Sämtliche Holzbläser sind vierfach besetzt, Klarinetten durch Hinzunahme zweier greller Es-Klarinetten fünffach. Zu sechs Hörnern und sechs Trompeten des Hauptorchesters treten noch vier Hörner, vier Trompeten, Triangel, Becken, große Trommel und Pauke in der Ferne, dazu im Hauptorchester sechs Pauken, von zwei Spielern bedient, Glockenspiel, große und kleine Trommel, Tamtam in hoher und tiefer Stimmung, sowie drei Glocken. In einem Briefe aus Berlin vom Dezember 1895 an Anna Mildenburg hat Mahler sehr anschaulich und mit einer gewissen behaglichen Heiterkeit geschildert, wie er bemüht war, die für die Glockentöne erforderlichen Instrumente ausfindig zu machen. Der Brief ist bezeichnend für die Sorgfalt, die Mahler der richtigen Ausführung seiner Absichten gegenüber aufwendete. Er zeigt auch, daß Mahler besondere klangliche Wirkungen nicht etwa von der praktischen Erfahrung mit irgendeinem neuartigen Instrument her verwendete, sondern daß bei ihm zunächst die Klangvorstellung da war, und nachträglich erst die Frage nach ihrer Verwirklichung auftauchte. „Ich brauche zu meiner Sinfonie," schreibt er, „wie du weißt, am Ende des letzten Satzes Glockentöne, welche jedoch durch kein musikalisches Instrument ausgeführt werden können. Ich dachte daher von vornherein an einen Glockengießer, daß der allein mir helfen könnte. Einen solchen fand ich nun endlich; um seine Werkstatt zu erreichen, muß man per Bahn ungefähr eine halbe Stunde weit fahren. In der Gegend des Grunewald liegt sie. Ich machte mich nun in aller Frühe auf, und es war herrlich eingeschneit, der Frost belebte meinen etwas herabgestimmten Organismus, denn auch in dieser Nacht fand ich nur wenig Schlaf. Als ich in Zehlendorf, so heißt der Ort, ankam und durch Tannen und Fichten, ganz von Schnee bedeckt, meinen Weg suchte, alles ganz ländlich, eine hübsche Kirche im Wintersonnenschein fröhlich funkelnd, da wurde mir wieder weit ums Herz und ich sah, wie frei und froh der Mensch sofort wird, wenn er aus dem unnatürlichen und unruhevollen Getriebe der großen Stadt wieder zurückkehrt in das stille Haus der Natur. . . . Nach längerem Suchen fand ich die Gießerei; mich empfing ein schlichter alter Herr mit schönem weißen Haar und Bart, so ruhevollen freundlichen Augen, daß ich mich gleich in die Zeiten der alten Meisterzunft versetzt fühlte. Alles war mir so lieb und schön. Ich sprach mit ihm, er war mir Ungeduldigem freilich etwas weitschweifig und langsam. Er zeigte mir herrliche Glocken, unter andern eine große, mächtige, die er auf Bestellung des deutschen Kaisers für den neuen Dom gegossen. Der Klang war geheimnisvoll mächtig. So etwas Ähnliches hatte ich mir für mein Werk gedacht. Aber die Zeiten sind noch fern, wo das Kostbarste und Bedeutendste gerade gut genug sein wird, um einem großen Kunstwerk zu dienen. Indessen suchte ich mir einige etwas bescheidenere, aber immerhin meinen Zwecken genügende Glocken aus und verabschiedete mich nach einem Aufenthalt von etwa zwei Stunden von dem lieben Alten. Der Weg zurück war wieder herrlich. Jetzt aber in die Generalintendanz: Da ging nun das Antichambrieren los. Diese Gesichter! Diese knöchernen Menschen! Jeder Zoll auf ihrem Gesicht trug die Spuren des sich selbst peinigenden Egoismus, der alle

Menschen so unselig macht! Immer ich und ich — und nie du, du, mein Bruder!"

Ähnlich wie beim ersten Satz liegt auch beim Finale das Gewicht der Wirkung auf der Kraft des architektonischen Ausdruckes, der Fähigkeit formplastischen Gestaltens. Während aber beim ersten Satz das Fehlen eines zur Auseinandersetzung zwingenden Kontrastes das Aufrollen des Satzorganismus in geschlossener Folge ermöglicht hatte, galt es im Finale Gegensätze von starker Verschiedenheit der formalen und ideellen Herkunft zu vereinen. Beim ersten Satz konnte sich Mahler an die Grundlage des Sonatentyps halten, der mit den entsprechenden Erweiterungen die wünschenswerte innere Einheitlichkeit gewährleistete. Für das Finale kam die gleiche Form nicht in Betracht, wenigstens nicht in der Geschlossenheit des Eröffnungssatzes. Hier mußte eine fantasiemäßige Entfesselung der einzelnen Formelemente vorgenommen werden. Es mußten die verschiedenartigen inneren Gegensätze in Beziehung zueinander gebracht, Übergänge zwischen ihnen geschaffen, Entwicklungen angebahnt, Steigerungen ausgebaut werden. Die poetisch gedankliche Aufgabe war durch den bisherigen Ideengang festgelegt. Es galt, aus dem Gegensatz zwischen der vernichtenden Instrumentalerkenntnis des dritten und der Vokalverheißung des vierten Satzes das ideelle Ergebnis zu ziehen: zur Gewißheit der Erfüllung zu gelangen. Dementsprechend schafft sich Mahler hier einen besonderen formalen Aufbau. Sofern man gewisse schematische Züge festhalten will, läßt er sich ebenfalls auf den Sonatengrundriß zurückführen. Der Anlage wie der Entwicklung nach aber bedeutet er eine eigene dichterische Erweiterung des Sonatentyps. Diese Erweiterung ist hier noch nicht, wie später etwa bei dem Finale der Sechsten, mit Mitteln musikalisch organischer Formgestaltung gelungen. Mahler hat diesmal außer dem Chor und den beiden Solostimmen, die er für den krönenden Abschluß benutzt, noch poetisierende Hilfsmittel verwendet. Ohne unmittelbare programmatische Bindungen in sich zu tragen, reichen sie doch stark ins Programmatische hinein. Es sind die Überschriften: „Der Rufer in der Wüste" und „Der große Appell". Beide deuten auf eine Vision bildhaften Charakters. Die Idee dieses Bildes hat auch auf die musikalisch formale Satzgestaltung merkbaren Einfluß geübt. Es ist die Vision des Letzten Tages, der Vernichtung aller Kreatur, der Auferweckung des Geistes, wie späterhin der Chor sie in Worten zum Ausdruck bringt. Für die musikalische Darstellung dieser stark ins Begriffliche reichenden Idee wählt Mahler den dreistufigen Aufbau, den er in mächtiger Steigerung schichtet. Der erste Teil, seinem thematischen Bestand nach auf den Eröffnungssatz zurückweisend, ist im Charakter der wuchtig schreitenden Einleitung gehalten. Ihrer reichen Gliederung wie ihrer gedanklichen Spannung nach hat sie freilich nichts Vorbereitendes im herkömmlichen Sinne. Als monumentaler Unterbau der Satzpyramide bringt sie gleichsam den ersten äußeren Rundgang um die Kernidee. Hier wiederholt sich der Schmerzensschrei aus dem Schluß des Fischpredigt-Scherzo. Hier tönt die Stimme des „Rufers in der Wüste". Hier sammelt sich um die Choralmelodie des Dies irae aus dem ersten Satz die Gefolgschaft der Toten, die auf den Lohn des Lebens harren. Hier ertönt zum erstenmal das schmerzlich drängende Glaubensthema, das im letzten Teil zur Aussprache und Erfüllung gelangt.

Diesem vorbereitenden, die Fäden nach rück- und vorwärts aufnehmenden und verknüpfenden Teil folgt nun die instrumentale Auseinandersetzung der Grundideen: des bald triumphal marschartig umgedeuteten, bald zu Gerichtsklängen weit auseinander gezogenen Dies irae-Gesanges, des Verheißungsthemas aus dem ersten Satz, das dort schon den Auferstehungsgedanken andeutend vorweggenommen hatte, und des Glaubensthemas. Als Gärungselement unter die beiden anderen Themen gemischt, bestimmt es die Entwicklung, treibt die widerstrebenden Kräfte zur letzten Aufraffung und bringt dann in feierlicher Des-dur-Koda die instrumentale Vorverkündung der Erlösung. Alles organische Leben ist mit diesem Sichauskämpfen des Instrumentalen zum Ende, zum Ausblick auf ein verklärendes Jenseits geführt. Die menschliche Kraft ist in feierlich erhobener Vorahnung einstiger Befreiung und Wiederkehr des Geistes erloschen. Damit ist der Übergang gegeben zum dritten Teil.

Er beginnt mit dem „großen Appell", dem Zusammenruf aller aus den vier Gegenden der Welt durch die Gerichtstrompeten. Die Auferstehungsbotschaft, vom Chor zuerst in mystischer Scheu, dann mit allmählich gesteigerter, ekstatischer Freude verkündet, löst die Ungewißheit. Der Glaubenstrost, jenem drängenden dritten Thema der beiden vorangehenden Teile zugewiesen, gewinnt sieghaften, alle Zweifel überwindenden Aufschwung. In unersättlicher, in der Fülle der Klangherrlichkeit kaum noch zu erfassender Glorie strahlt das Hohe Lied der ewigen Wiederkehr sonnenhaft empor.

Dieses ist der äußere, poetisch und musikalisch formale Aufbau des Finale. Man kann die drei Abschnitte als Vordersatz, Durchführung und Koda bezeichnen. Doch wird dadurch wenig gewonnen. Wesentlich ist nur die Frage, ob und wie weit eine Wechselwirkung zwischen Schöpfer und Formidee stattgefunden hat. Solche Wechselwirkung nun kann hier wohl nur in bezug auf Einzelheiten, wie die Art der Durchführungsgestaltung mittels thematischem Dualismus angenommen werden. Das Ganze dagegen ist der inneren Anlage wie dem äußeren Aufbau nach zweifellos entscheidend beeinflußt von der poetischen Grundidee. Sie gelangt hier über die allgemeine Art der Einkleidung in den Vordersätzen hinaus zu bewußt programmatischer Ausprägung. Man kann in diesem Durchbruch des Programmatischen, in seiner offenkundigen Verwendung als formales Bindemittel einen Mangel sehen. Vom Standpunkt Mahlerscher Sinfonik aus ist dieser Mangel nicht abzustreiten. Mahler hat andere, ähnliche Finalprobleme später in der fünften und sechsten Sinfonie ohne programmatische Hilfsmittel gelöst. Blickt man aber von der zweiten Sinfonie aus nicht vorwärts, sondern zurück, so zeigt das Finale der zweiten Sinfonie, gegen das der ersten gehalten, eine außerordentlich gesteigerte Kraft der Zusammenfassung, des organischen Zuendeführens, der nicht nur äußerlich Brucknerischen, sondern innerlich klärenden Lösung des sinfonischen Grundproblemes. Was an dieser Lösung im absoluten Sinne noch unvollkommen erscheint, fällt kaum ins Gewicht gegenüber der gewaltigen Gestaltungsleistung. Mit all seinen formalen Mängeln und Brüchen ist es das erste große sinfonische Finale, das seit Beethovens Neunter wieder geschrieben wurde, das erste, das die organische Bindung und endgültige Klärung aller im Entwicklungsprozeß des Werkes wachgerufenen Kräfte in sich vollzieht.

So hinreißend der Gesamtentwurf des Satzes ist — zur Erfassung der ihm innewohnenden Kraft führt erst die genaue Einzelbetrachtung. Gleich dem „Urlicht" folgt auch das Finale laut Partiturvorschrift „ohne jede Unterbrechung" auf den vorangehenden Satz. Der Anschluß ist wieder unmittelbar, mit aufstürmendem Skalenlauf. Fast an den Beginn des ersten Satzes erinnernd setzen die Streichbässe im dreifachen Forte ein. „Wild herausfahrend im Tempo des Scherzos", Hörner, Trompeten und Posaunen mit aufgehobenen Schalltrichtern, Pauken mit harten Holzschlägeln geschlagen, ertönt aus dem vollen Orchester jener wütende Aufschrei des Entsetzens und Ekels aus der Fischpredigt. Er ist jetzt noch gesteigert durch ein von sechs Trompeten und Posaunen intoniertes Akkordmotiv. Die Anfangstakte verkürzend setzt es sich in eine wild auffahrende Fanfare fort. Über ihrem verhallenden Schlußton B sinken die Oberstimmen wie fallende Nebel langsam stufenweis abwärts, in reines C-dur hinüberlenkend:

Es ist das Bild eines chaotischen Aufruhrs, ungläubiger Verzweiflung gegenüber dem fernen Trost des „Urlicht"-Gesanges. Aber es verliert sich nicht, wie im Scherzo, in friedlos hastende Unrast. Der ermattenden Abwärtsbewegung stellt sich nach plötzlicher Zäsur ein „sehr zurückhaltendes" feierliches C-dur entgegen: kraftvoll stampfende Streichbässe, geheimnisvolle C—G—C-Tremoli der Violinen und Bratschen — die Terz E fehlt noch in der Harmonie, wodurch das Gesamtbild einen mystischen Reiz erhält — dazu glockenartiges Anschlagen von Grundton und Dominante in Harfen und Hörnern. Es festigt sich allmählich in Flöten und Klarinette zu dem Verheißungsmotiv und weiterhin in den Hörnern zn der erhaben pathetischen C-dur-Verkündigung:

Eine Vorverkündigung, die traumbildartig auftaucht und ebenso wieder entschwindet. Die tiefen Streicher auf C—G—C klingen allein weiter, auch sie verstummen allmählich. Nur der dumpfe Ton der großen Trommel wirbelt leise weiter, ebenfalls ins Unhörbare sich verlierend. Alles Leben erlischt. Da tönt aus großer Entfernung — Mahler schreibt vor: „Hörner in möglichst großer Anzahl sehr stark geblasen und in weiter Entfernung aufgestellt" — die Stimme des „Rufers in der Wüste":

Die Oboe, von Hörnern harmonisch unterlegt, antwortet mit einem pastoralen Triolenmotiv, das Erinnerungen

weckt an den Grundgedanken des ersten Satzes:

Ruf und Gegenruf verhallen. Aus der Stille hebt sich „langsam" ein feierlich unheimlicher Zug: die Choralmelodie, der Totengesang des Dies irae aus dem ersten Satz erklingt in den melodieführenden Holzbläsern. Tappende Pizzikatobegleitung der Streicher gibt ihm gespensterhafte Untermalung:

Auch der sieghafte Nachsatz fehlt nicht, wie er vordem zuversichtlich erklungen war. Jetzt stellt sich deutlich erkennbar das Thema des

ersten Satzes in  Doch auch dieser
der Triolen- Zug gewinnt zu-
umspielung der nächst nicht mehr
Violinen ein: als erinnerung-

hafte Bedeutung. Der Choral verklingt, die Stimme des „Rufers" ertönt wieder,
verhallt. Ein neuer Gedanke bricht durch die Stille: ein sehnsuchtsvoll drängendes,
in Synkopen und harmonischen Vorhalten unbefriedigt suchendes Thema, über-
sponnen von flimmernden Tremoli der Violinen, harmonisch nur auf kurz gerissene
Pizzikati der Bässe gestützt. Gleichsam zagend abbrechend, wagt es erst beim
dritten Anruf eine Fortsetzung, wiederholt sich dann eindringlicher eine Stufe
höher. Immer spinnt es das fragende, drängende Anfangsmotiv weiter, zieht
mehr und mehr Stimmen an sich, Bewegung, Unruhe, Angst um sich verbreitend,
wühlt sich vom Piano zum heftig einschneidenden Fortissimo auf. „Etwas drängend", „sehr drängend", „ziemlich bewegt", „vorwärts" lauten die innerhalb
kurzer Abstände gegebenen Vorschriften Mahlers. Plötzlich bricht es mit lang-
gezogenem Ruf der Kontrabässe ab, nur der Paukenwirbel tönt leise nach. Auch
er verhallt. „Wieder sehr breit" setzt im b-moll-Pianissimo tiefster Blasregister:
Posaunen und Kontrafagott das Dies irae ein. Es wird von Trompeten in
schneller Steigerung übernommen und schlägt mit heftigem Aufschwung in
triumphales C-dur  Der Ausblick ist gewonnen.
um. Heroisch er- Noch nicht erreicht, aber
klingt es aus den doch in der Ferne erkenn-
Posaunen: bar das Ziel. Eine Vision
einstweilen nur, noch steht der letzte Kampf mit den hemmenden Gewalten
bevor, noch fehlt die Erfüllung bringende Kraft von oben. Der Glanz erlischt, maestoso, „sehr zurückhaltend", erscheint das düstere Fanfarenmotiv des Satzanfanges in schreck- Ein „sehr scharf rhyth-
hafter Unisono-Vergrößerung sämt-  misiertes" Allegro energico
licher Streich- und Bläserbässe: setzt ein. Aufzuckende Kraft-
motive der Oberstimmen:

feste Marschrhythmen des
Chorales:

entfesseln eine Steigerung von gewaltiger Erregung. Mit vehementer Kraft
ergießt sie sich aus der hier abschließenden Exposition in den zweiten Hauptteil des Finale.

Es wäre nicht schwierig, für diesen nun folgenden Teil eine ins einzelne
gehende programmatische Deutung zu finden. Es gibt eine angeblich von Mahler
selbst stammende, die Richard Specht nach mündlicher Überlieferung mitteilt.
Ihr zufolge vollzieht sich hier ein Aufmarsch aller Toten „in gewaltigem Zuge,
Bettler und Reiche, Volk und Könige, die ecclesia militans, die Päpste. Aber
bei allen die gleiche Angst und Schreien und Beben, denn vor Gott ist keiner
gerecht. Dazwischen immer wieder, wie aus einer anderen Welt, vom Jenseits
her der große Appell". Mag sein, daß Mahler solches gelegentlich gesagt hat.

Wenn man will, kann man es als zutreffend annehmen. Entscheidend ist nur die Frage, ob die Deutungen erforderlich sind. Es gibt Einzelheiten in diesem Satz, über die man ohne programmatische Brücken nicht hinwegkommt. Auf sie und auf die durch sie geschaffene ästhetische Zwitterhaftigkeit gewisser Teile der Sinfonie wurde hingewiesen. Diese Durchführung aber gehört nicht dazu. Die Ausdrucksmacht ihrer Sprache, namentlich die Kraft und Plastik der rhythmischen Bewegung ist so außerordentlich, daß poetische Nebenvorstellungen, selbst wenn sie sinngemäß sind, eigentlich nur hemmen. Die Musik spricht aus sich heraus weit einprägsamer, bildhafter zur Fantasie als der anschmiegsamste Kommentar. Es gibt eigentlich nur zwei schroffe Gegensätze. Sie werden nicht miteinander verbunden und aneinander gemessen, sondern unvermittelt nebeneinander gestellt. Als erstes das Motiv des Totenchorales, jetzt zum sieghaften Marschthema „Martellato" umgebildet: „Der Tod ist bezwungen durch den Sieg", mit diesem Bibelwort ließe sich die Symbolik solcher Umgestaltung kennzeichnen. Ihm schließt sich ergänzend und bestätigend das Auferstehungsthema der Trompeten an, wie eine fröhliche Feldfanfare erklingend: Dieser fast an Liszts „Mazeppa" gemahnende, heroisch freudige Siegeszug treibt in unablässig nachquellenden, jugendlich stampfenden Rhythmen „immer drängend" vorwärts in keck stürmendem F-dur. Die „mit einem Male etwas wuchtiger" einsetzende b-moll-Wendung, die den Choral wieder in seinem ursprünglichen Mollton hervorhebt, gibt dem Marsch dunklere Färbung und festeren Schritt, ohne das Zuversichtliche der Grundstimmung zu gefährden. Diese Zuversicht erreicht höchste Steigerung beim Wiedererklingen des dritten Themas aus dem ersten Satz mit seiner Zukunftsverheißung: Das Triumphthema, jetzt in voller Siegessicherheit und metallischer Pracht aufleuchtend, führt zur letzten Krisis — denn noch ist nichts geschehen, das über es hinauswiese und einen Weg zeigte von dem weltlich erfaßten Siegesgedanken zur Überwindung und Verklärung. So setzt nochmals, ähnlich wie im Beginn des Satzes und ähnlich wie am Ausgang der Exposition, jetzt aber mit aufs äußerste gesteigerter Gewalt im b-moll der Posaunen das drohende Schreckensthema ein: Und noch einmal, drängender, flehender und suchender noch als vorher folgt jetzt, der Soloposaune zugeteilt, das Glaubensthema mit seinen inbrünstigen Sehnsuchtsrufen: In diese Seufzer hinein tönen

„vom Wind vereinzelnd herübergetragene Klänge einer kaum vernehmbaren Musik": Festfanfaren des Fernorchesters, Trompeten, Triangel und Becken, nach einigen Takten abbrechend, dann wieder „stärker" und nochmals „viel stärker" einsetzend. Es ist, wie wenn diese fernen Festklänge und das aufstrebende Glaubensthema immer leidenschaftlicher miteinander ringen. Eines steigert sich am anderen zu äußerster Intensität bis zu einem mit hemmungsloser Entfesselung des vollen Orchesters ausbrechenden Piu mosso über dem Orgelpunkt Cis. Das Schlagwerk wirbelt, in sämtlichen Hörnern und Trompeten erklingt das Schreckensmotiv: Es steigert sich zur Fanfare wie im Beginn des Satzes, diesmal von b-moll nach h-moll übertragen, während in den Oberstimmen — alle Holzbläser mit vibrierender Flatterzunge, Streicher in heftigstem Tremolo — jene abwärtssinkende Ganztaktskala wiederkehrt, die im Scherzo wie im Finalebeginn das Fallen der Schleier symbolisiert hatte: Die Entwicklung ist zum Ausgangspunkt der Finale-Einleitung zurückgekehrt. Dem chaotischen Aufbegehren folgt wie dort die Verklärungsvision. Alles aber ist jetzt um eine halbe Tonstufe gehoben, der Aufschrei aus dem realistischen b-moll nach h-moll, die Vision aus C-dur in das feierlich erhabene Des-dur übertragen. Die irdischen Elemente des Kampfes verlieren, die himmlischen gewinnen an Wirklichkeit. Die seither durchlaufene Entwicklung hat eine innere Wendung bewirkt, einstige Wirklichkeit ist Traum, Traum ist Wahrheit geworden. Die Erneuerung des Geistes hat sich vorbereitet, er ist reif geworden für die letzte Offenbarung.

Der „große Appell" beginnt. Dumpf wirbelt die große Trommel. Ein langgedehnter Hornruf, entsprechend dem des „Rufers in der Wüste", aber gleichfalls um eine halbe Tonstufe erhöht, klingt, vom Echo unterbrochen, durch die Stille. Vier Trompeten, aus verschiedenen Richtungen tönend, antworten. Ihre schmetternden Triolen beschwören das Hauptthema des Eröffnungssatzes herauf: Keine Stimme weiter. Es ist still und einsam auf der Welt. Nur noch zwei zarte Vogelstimmen ertönen, „leicht und duftig gespielt" von großer und kleiner Flöte. Nach der eben durchlebten Nacht des Schreckens, des Kampfes und der visionären Hoffnungen verkünden sie den dämmernden Morgen des Zukunftstages. Hörner und Trompetenklänge verlieren sich wieder in der Ferne. Auch die Vogelstimmen verstummen. Es gibt einen Augenblick völligen Schweigens, gleichsam der Ratlosigkeit des Gefühls gegenüber dem Kommenden. Was die Instrumentalsprache an Ausdrucksmöglichkeiten zu bieten vermochte, das hat sie in dem bisherigen Verlauf des Satzes erschöpft. Ein Aufwärts scheint nicht denkbar.

Das Wunder geschieht. Geisterhaft, „Misterioso" ertönt in tiefer, dunkler Stimmlage ein gemischter Chor, unbegleitet. Soprane und Bässe taktweise in großartiger Naivität in Oktavgängen schreitend, langsam sich hebend, bis der innig zarte Solosopran sich wie ein sphärisches Licht über die dunkle Masse emporschwingt. Ein Klangbild von so erschütternder, bis ins tiefste der Seele dringender Gefühlsgewalt, wie es sich auch dem Genie nur in Augenblicken höchster Begnadung offenbart. Gewiß, man kann hier sogar Erklärungen physiologischer Art heranziehen, kann den akustischen Kontrast zwischen dem Massenaufgebot des vorangehenden Instrumentalsatzes und den einfachen, zu äußerster Zartheit abgetönten Harmonien des Choreinsatzes als Ursache der ergreifenden Wirkung ansehen. Das Überwältigende des Eindruckes wird dadurch weder vermindert, noch im mindesten gestört. Es bleibt Tatsache, und wenn der Künstler verstanden hat, die rein akustische Wirkung in dieser Art fruchtbar zu machen — um so besser für ihn und uns.

Zunächst erklingen nur zwei strophisch aufgebaute Verse zu dem nun zur Choralmelodie umgeformten Auferstehungsthema. Durch ein kurzes, feierliches Orchesterzwischenspiel getrennt, werden sie in Ges-dur ohne äußere Steigerung vom Chor angestimmt, zuerst unbegleitet, beim zweitenmal nur die Außenstimmen zart gestützt:

Unsterblich Leben
Wird der dich rief, dir geben.
Wieder aufzublühn wirst du gesät.
Der Herr der Ernte geht
Und sammelt Garben,
Uns ein, die starben!

Bis hierher bleibt das Gefühl in geschlossener, chorischer Anbetung, geheimnisvoll gebunden durch das gemeinsame Erlebnis der großen Offenbarung. Jetzt löst sich aus der Masse das einzelne, Individuelle. Das Tempo verliert die feierliche Starrheit, die musikalische Formung das altertümlich Schritthafte des Choraltones. Das Zweifel- und Sehnsuchtsthema des Finale erscheint von neuem, nun aber durch die ihm unterlegten Worte der einstigen Sorge und Angst innerlich enthoben. Diese Worte, wie alles nun Folgende von Mahler selbst gedichtet, sind gleichsam nicht Ausdeutung, sondern Ergänzung der Melodie. In ihren Tönen hat einst das Gefühl unbefriedigt gesucht und gedrängt, nun offenbart sich gerade an ihr die Gewißheit:

Dein ist, ja dein, was du gesehnt,
Dein, was du geliebt, was du gestritten.

Aus Moll sich zum Dur festigend klingt es mit inniger Sicherheit:

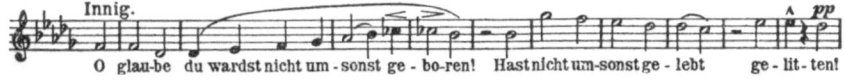

Noch einmal sinkt die Stimmung in geheimnisvolles Dunkel zurück:

Was entstanden ist, das muß vergehn,
Was vergangen, auferstehn!

„Misterioso" erklingt es wie aus seltsamer Tiefe:

> Hör auf zu beben!
> Bereite dich,
> Bereite dich, zu leben!

„Mit Aufschwung, aber nicht eilend" bricht nun die Kraft und der Wille des keimenden und riesenhaft wachsenden Lebens durch. Überwunden ist Kampf und Not:

> O Schmerz, du Alldurchdringer,
> Dir bin ich entrungen!
> O Tod, du Allbezwinger,
> Nun bist du bezwungen.

Die neuen Kräfte sammeln und steigern sich:

> Mit Flügeln, die ich mir errungen
> In heißem Liebesstreben
> Werd' ich entschweben
> Zum Licht, zu dem kein Aug' gedrungen!

Immer beschwingter, freier, lichterfüllter wird die Bewegung.

hämmert es in mächtigem Unisono der Gesangstimmen, schwingt sich dann mit sonnenhafter Glorie auf zur letzten, zusammenfassenden Jubelbotschaft der Osterverkündigung, die über Köpfe und Herzen der Menschen braust wie ein heiliger Geistersturm:

> Auferstehn, ja auferstehn wirst du,
> Mein Herz, in einem Nu!
> Was du geschlagen,
> Zu Gott wird es dich tragen.

Der Gesang klingt den Sphären entgegen. Höher und höher steigen die Wellen des Fühlens und des Klanges. Die Empfindung für dynamische und klangliche Einzelwerte verliert sich fast in diesem Strom höchstgespannter Erregung. Eine unbegreifliche Erschütterung umfängt alle Sinne, läßt das Brausen des vollen Orgelwerkes, das Läuten der Glocken, das Erdröhnen der Weltgerichtstrompeten mit der Auferstehungsmelodie, läßt dieses ganze, überwältigende Klangbild kaum noch als Klang bewußt werden, trägt es hinauf in eine Erlebniswelt, in der das Vergängliche des Klanges nur noch zum Gleichnis wird, an dem sich tiefe Symbolik menschlichen Gefühles offenbart.

Als Mahler die zweite Sinfonie schrieb, hatte er eben das dritte Lebensjahrzehnt vollendet. Er war Mann geworden, er fühlte sich als Schöpfernatur. Es drängte ihn, nicht nur zu produzieren, sondern das Produzierte auch zum Leben zu erwecken, wirken zu lassen, selbst zu wirken. Der ungeheure Komplex der Schaffenstriebe, die in seiner Natur noch eingeschlossen waren, wurde in seinem Bewußtsein lebendig. Die große Rätselfrage jedes Schöpferwillens nach dem letzten Zweck seines Tuns mußte sich gegenüber diesem elementar ausbrechenden Schaffenszwang, gegenüber den Widerständen, die er hervorrief, als natürliche Rückwirkung einstellen. Wohl mögen auch äußere Eindrücke und Erlebnisse die Wahl des dichterischen Themas beeinflußt haben. Das Entscheidende aber lag doch wohl darin, daß Mahler als Mensch und Künstler an den Punkt der Entwicklung gelangt war, wo es ihn zwang, sich Rechenschaft zu geben über Sinn und Zweck des Daseins, an der Frage nach dem Wert des Schaffens den Wert des Lebens selbst zu prüfen. Es war die Krise, die jeder tätig wirkende Mensch, insbesondere jeder schöpferische Künstler einmal durchmachen muß, an der sein Schöpfertum die innere Kraft zu erweisen hat.

Mahler hat die Krise aus sich heraus überwunden. Aus dem vernichtenden Anblick des Todes, aus der Erkenntnis der fernen Einmaligkeit irdischen Glücksgenusses, aus der bitteren Erfahrung der Lebenslüge und der Schwachheit der Menschennatur hat er sich durchgerungen zum Glauben an das Unvergängliche, Göttliche. Die Frage nach dem Wozu hat er bis in ihre Tiefe hinein ausgeforscht und sie dann doch, aller Verstandeserkenntnis zum Trotz, zukunftsfreudig beantwortet. War es nur der christliche Gedanke der Auferstehung, nur die mystische Glaubensverheißung, die ihn zu solcher Zuversicht befähigte? Die Verse, die Mahler Klopstocks Choralstrophen zugesetzt hat, geben Antwort. Sie lassen erkennen, daß die christliche Auferstehungsidee für Mahler nur Symbol war für eine andere, naturhafte Idee: für die Lehre von der Wiederkunft aller Dinge, von der Unverlierbarkeit jeder Kraft, von der sich steigernden Vervollkommnung des einzelnen Wesens, dessen „Stirb und Werde" einen ewigen Schöpfungsprozeß in sich schließt, wie er am großartigsten sich darstellt im Naturleben mit seinem unerschöpflichen Blühen, Vergehen und Neuerstehen. So wurde die Idee vom Tode und von der Auferstehung für Mahler wieder zur Quelle einer neuen Naturerkenntnis. Die Natur ist ihm jetzt nicht nur, wie in der ersten Sinfonie, Trostbringerin und Befreierin von Erlebnissen und Schmerzen persönlicher Art. Sie wird ihm zum Sinnbild des Göttlichen, Schöpferischen, ewig neu Gebärenden. In ihrem Leben und Sterben erkennt er das Gesetz des Lebens und Sterbens aller Dinge, und solange die Kraft selbst bleibt, muß auch das ewige Werden bleiben, kann das Schöpferische nie verloren gehen. Diese pantheistische Anschauung, zu der sich Mahler durch Überwindung des Todesgedankens hindurchringt, wirft einen neuen Keim in sein Schaffen: die Auffassung des Naturlebens in all seinen Entwicklungsstufen als eines hochsymbolischen Gleichnisses schöpferischen Seins. Aus diesem Keim erblüht das nächste große Werk Mahlers, seine dritte Sinfonie.

DRITTE SINFONIE

Unter Mahlers neun Sinfonien ist nur eine einzige, die ein vollständig durchgeführtes, von ihm selbst auch in späteren Jahren anerkanntes Programm aufweist: die Dritte. In den anderen finden sich einzelne Sätze mit mehr oder weniger programmatisch charakterisierenden Überschriften. So das Finale der zweiten Sinfonie mit den Teilbezeichnungen „Der Rufer in der Wüste", „Der große Appell". So das Scherzo der vierten Sinfonie, das ursprünglich betitelt war: „Freund Hein spielt auf". So tragen zwei Mittelsätze der siebenten Sinfonie die Bezeichnung „Nachtmusik", so sind die verschiedenen Instrumentalübertragungen der Lieder durch deren Text indirekt programmatisch gekennzeichnet. Aber dies sind Einzelfälle. Einmal nur, bei der ersten Sinfonie, hat sich Mahler der Verdeutlichung wegen zu nachträglicher Programmfestsetzung für das ganze Werk gelegentlich der Erstaufführung entschlossen. Er hat diesen Entschluß schwer bereut. Die Überschriften, aus Erläuterungsabsichten entstanden, erwiesen sich als wenig bildhaft und einprägsam erfunden. Sie stifteten nur Verwirrung und wurden vom Komponisten wieder vernichtet.

Diese Erfahrung mag Mahler veranlaßt haben, in späteren Fällen die Überschriften auch da zu unterdrücken, wo sie während des Schaffens entstanden waren. Zeitweise pflegte er nun grundsätzlich von jeder Art poetischer Bezeichnung abzusehen. So kommt es, daß die Studienpartituren seiner Werke keine von den erwähnten authentischen Satzüberschriften aufweisen. Nachträglich scheinen ihm Bedenken über diese allzu rücksichtslose Ausmerzung gekommen zu sein. So stellte er später die abgeleugneten Überschriften für einzelne Aufführungen wieder her, allerdings nur da, wo sie ursprünglich vorhanden gewesen waren. Der Erfolg hat erwiesen, daß diese Wiederherstellung zweckmäßig war und den Hörern, dem Komponisten und dem Werk gleichmäßig zugute kam.

Solche Schwankungen hinsichtlich der Bekanntgabe oder Unterdrückung poetischer Überschriften berechtigen zu keinem Rückschluß auf Mahlers grundsätzliche Stellung der Programmusik gegenüber. Die Frage, ob sie ästhetisch als vollwertig anzusehen sei oder nicht, war als Problem für ihn nicht vorhanden. Sein Künstlertum stand zu hoch, als daß er es irgend einer Parteidoktrin, gleichviel ob für oder ob gegen das Programm, hätte verschreiben mögen oder können. Er kannte sowohl den anregenden Wert des Programmes wie seine beengende Wirkung, die sich geltend machen mußte, sobald man es zur Grundlage eines künstlerischen Glaubensbekenntnisses zu erheben versuchte. So tat er, was alle Großen vor ihm: Bach, Händel, Haydn, Mozart, Beethoven getan hatten. Er bediente sich des Programmes, wo es ihm zweckdienlich schien, er ließ es unbenutzt, wo es überflüssig war. Diese Fälle waren bei ihm, ebenfalls wie bei allen großen Musikerscheinungen früherer Zeiten, in der Mehrzahl. Der Wunsch nach programmatischer Verdeutlichung machte sich nur in Ausnahmefällen geltend. Meist geschah dies nur bei einem Satz oder sogar, wie im Finale der zweiten Sinfonie, nur bei einzelnen Episoden innerhalb eines Satzes. Das waren dann Momente, in denen das gefühlsmäßig eingestellte Schaffen plötzlich in begriffsmäßige Vorstellungen umschlug — nur für eine bestimmte Zeit — um dann wieder ins Gefühlsmäßige zurückzulenken. Bei genauer Betrachtung solcher

Satzüberschriften zeigt sich, daß sie nicht programmatisch im gebräuchlichen Sinne des Wortes sind. Sie enthalten niemals eine poetische Aktionsidee, geben nur ein charakteristisches, bildliches Symbol eines inneren Gefühlsvorganges ohne äußerliche Handlung. Sie sind also nicht begriffsmäßig erdacht, sie sind gefühlsmäßig zu fassen, visionär erschaute Verdichtungen eines inneren Erlebnisses, das sich am Gleichnis des poetischen Bildes darstellt. Wo Mahler zu solchen bildhaften Visionen durchdrang, da zeichnete er sie auf, wo dies nicht der Fall war, da unterblieb die Festlegung.

Die dritte Sinfonie bietet das einzige Beispiel für die durchgeführte poetische Bezeichnung sämtlicher Sätze, für das Vorhandensein einer gemeinsamen, Aufbau und Charakter des ganzen Werkes bestimmenden Grundidee. Hier kann kein Zweifel herrschen, ob Mahler sich dieser Idee schon während des Schaffens oder erst später bewußt geworden ist. Unter den wenigen erhaltenen Skizzen finden sich zwei Programm-Entwürfe für die dritte Sinfonie. Ihre Abweichung von der späteren Fassung zeigt, daß sie vor Aufführung der Partitur aufgezeichnet wurden. Der erste Entwurf, auf ein Notenblatt geschrieben, lautet:

Das glückliche Leben, ein Sommernachtstraum (nicht nach Shakespeare, Anmerkungen eines Kritikers [im Text durchgestrichen] Rezensenten):

    I. Was mir der Wald erzählt,
    II. Was mir die Dämmerung erzählt,
    III. Was mir die Liebe erzählt,
    III. Was mir die Dämmerung erzählt,
    IV. Was mir die Blumen auf der Wiese erzählen,
    V. Was mir der Kuckuck erzählt,
    VI. Was mir das Kind erzählt.

Ähnlich, nur mit teilweise veränderter Satzfolge, in der Überschrift und Einleitungsbezeichnung der späteren Ausführung näherkommend, lautet die zweite Aufzeichnung:

    I. Der Sommer marschiert ein (Fanfare — lustiger Marsch, Einleitung nur Bläser und konzertierende Kontrabässe),
    II. Was mir der Wald erzählt (1. Satz),
    III. Was mir die Liebe erzählt (Adagio),
    IV. Was mir die Dämmerung erzählt (Scherzo, nur Streicher),
    V. Was mir die Blumen auf der Wiese erzählen,
    VI. Was mir der Kuckuck erzählt,
    VII. Was mir das Kind erzählt.

Außer diesen Aufzeichnungen, wie sie im Gesamtwerk Mahlers ähnlich nur noch bei der vierten Sinfonie vorhanden sind, liegt eine Anzahl eingehender brieflicher Äußerungen aus der Entstehungszeit der dritten vor. Mahler scheint auch späterhin schriftlich wie mündlich über kein Werk mit solcher Leichtigkeit und Ausführlichkeit gesprochen zu haben, wie über die Dritte. Es könnte Zufall sein, daß gerade über dieses Werk eine merkwürdig reichhaltige Auswahl aufschlußreicher Äußerungen Mahlers erhalten ist, während über manche andere kaum ein Wort berichtet wird. Auffallend bleibt doch die Bereitwilligkeit, mit der Mahler hier Auskunft erteilt hat. Diese Bereitwilligkeit setzt voraus,

daß er bei der Dritten sich selbst gegenüber zu besonderer begrifflicher Klarheit
der Anschauung gelangt war.

Am ergiebigsten im Hinblick auf Entstehung und dichterischen Grundplan
der Sinfonie sind einige Briefe an Anna Mildenburg aus den Sommermonaten 1896.
Sie stammen aus der Zeit der Fertigstellung der Sinfonie. Kurz nach Beendigung
der Zweiten angefangen, im Herbst 1895 skizziert, wurde sie im darauffolgenden
Sommer zum Abschluß gebracht. Der erste dieser Briefe, am 24. Juni aus Stein-
bach am Attersee, unmittelbar nach der Ankunft in der Sommerfrische, geschrieben,
führt gleich in die — zunächst peinlich behinderte — Schaffenstätigkeit oder
doch Schaffensabsicht hinein: „Denke Dir, ich habe die Entwürfe zu meinem
Werk (der dritten Sinfonie), die ich jetzt im Sommer ausarbeiten wollte, in
Hamburg vergessen und bin ganz in Verzweiflung darüber. Das ist ein so un-
glücklicher Zufall, daß er mich meine Ferien kosten kann. Kannst Du das verstehen, um was es sich dabei handelt? Es ist ungefähr so, als ob Du Deine Stimme
irgendwo liegen gelassen hättest und müßtest nun warten, bis sie Dir wieder
jemand zusendet."

Einige Tage vergehen, bis neue Mitteilungen folgen. Augenscheinlich werden
erst die Skizzen erwartet. Am 1. Juli folgt, bezugnehmend auf eine falsch ver-
standene frühere Äußerung, ein Hinweis auf das Finale: „Aber in der Sinfonie
handelt es sich doch um eine andere Liebe, als Du vermutest. Das Motto zu
diesem Satz (Nr. 7) lautet:

> Vater, sieh an die Wunden mein!
> Kein Wesen laß verloren sein!

Verstehst Du also, um was es sich da handelt? Es soll damit die Spitze und die höchste
Stufe bezeichnet werden, von der aus die Welt gesehen werden kann. Ungefähr
könnte ich den Satz auch nennen ‚Was mir Gott erzählt!', und zwar eben in
dem Sinne, als ja Gott nur als ‚Liebe' gefaßt werden kann. Und so bildet mein
Werk eine alle Stufen der Entwicklung in schrittweiser Steigerung umfassende
musikalische Dichtung. Es beginnt bei der leblosen Natur und steigert sich
bis zur Liebe Gottes! Die Menschen werden einige Zeit an den Nüssen zu knacken
haben, die ich ihnen vom Baume schüttle."

Hier ist das Finale wie in dem zweiten der vorher mitgeteilten Entwürfe
noch als Nr. 7 bezeichnet, während die Sinfonie in der jetzigen Fassung nur
sechs Sätze enthält. Der siebente Satz wurde späterhin fortgelassen. Er ist
aber nicht verloren gegangen, aus ihm erwuchs die vierte Sinfonie.

Anfang Juli ist Mahler zunächst mit voller Frische und Hingabe bei der
Ausarbeitung des ersten Satzes. Da heißt es am 6. Juli „Dafür sollt Ihr aber
etwas Schönes bekommen. Der Sommer marschiert ein, da klingt es und singt
es, wie Du Dir es nicht vorstellen kannst! Von allen Seiten sprießt es auf. Und
dazwischen wieder so unendlich geheimnisvoll und schmerzvoll, wie die leblose
Natur, die in dumpfer Regungslosigkeit kommendem Leben entgegen harrt.
Es läßt sich das nicht in Worten ausdrücken." Während die Arbeit sich nun
immer mehr von ihm ablöst und bildhaft vor ihn tritt, regt sich der Wunsch
nach besonderer Benennung. Das „Schicksal" gibt durch Vermittelung eines
undeutlichen Poststempels eine geheimnisvolle Andeutung: „Als Dein Brie-
ankam, hatte ich einen seltsamen Spaß. Ich sah, wie gewöhnlich, auf den Post-

stempel und bemerkte diesmal, daß, wie sonst Malborghet, nur P.A.N. (dahinter stand noch 30, was ich aber nicht sah). Nun suche ich schon seit Wochen nach einem Gesamttitel für mein Werk, und bin endlich auf ‚Pan' verfallen, welches wie Du ja wissen wirst, eine altgriechische Gottheit, die später zum Inbegriff des All geworden (Pan griechisch: Alles). Nun kannst Du Dir denken, welche Überraschung mir zunächst diese drei unverständlichen Buchstaben bereitet, die ich nachträglich endlich als Postamt Nr. 30 entzifferte. Ist das nicht eigen?"

Am 10. Juli muß schon ein beträchtlicher Teil der Partitur fertiggestellt sein. Mahler glaubt, die Arbeitsdauer im ganzen auf nur noch drei Wochen schätzen zu dürfen. „Gearbeitet hab ich auch schon fleißig! Herrgott, werde ich aufatmen, wenn ich dieses Werk auch wieder glücklich beendet haben werde. Wie der Bauer, wenn er sein Korn in die Scheune gebracht hat. Ungefähr drei Wochen brauche ich wohl noch! Aber dann heißt es Juchhe! Ausruhen! Wenn auch noch der liebe Sonnenschein seinen Segen dazu gibt — denn jetzt benimmt er sich scheußlich! Nicht eine halbe Stunde vergeht bei uns ohne tüchtigen Regenschauer! Es ist so verzweifelt, daß man wirklich berechtigt ist, in einemfort vom Wetter zu sprechen."

Nun ist der Schaffensstrom im stärksten Treiben. Darunter mag der Briefwechsel gelitten haben. Der tiefernste Ton des nächsten Briefschlusses zeigt, daß Mahler jetzt bis ins Innerste ergriffen ist von dem mysteriösen Schaffensdrang, dem er sich unterworfen fühlt. „Aber ich habe es Dir doch geschrieben, daß ich an einem großen Werke arbeite. Begreifst Du nicht, wie das den ganzen Menschen erfordert und wie man da oft so tief drin steckt, daß man für die Außenwelt wie abgestorben ist. Nun aber denke Dir ein so großes Werk, in welchem sich in der Tat die ganze Welt spiegelt — man ist sozusagen selbst nur ein Instrument, auf dem das Universum spielt. Ich habe es Dir doch schon oft erklärt — und Du mußt es akzeptieren, wenn Du wirklich Verständnis für mich hast. Sieh, das mußten alle lernen, die mit mir leben sollen. In solchen Momenten gehöre ich nicht mehr mir. Es sind furchtbare Geburtswehen, die der Schöpfer eines solchen Werkes erleidet, und bevor sich das alles in seinem Kopfe ordnet, aufbaut und aufbraust, muß viel Zerstreutheit, Insichversunkensein, für die Außenwelt Abgestorbensein vorhergehen ... Meine Sinfonie wird etwas sein, was die Welt noch nicht gehört hat! Die ganze Natur bekommt darin eine Stimme und erzählt so tief Geheimes, das man vielleicht im Traume ahnt! Ich sage Dir, mir ist manchmal selbst unheimlich zumute bei manchen Stellen, und es kommt mir vor, als ob ich das gar nicht gemacht hätte. Wenn ich doch nur alles so fertig bekomme, wie ich mir vornehme."

Am 21. Juli endlich ist der Abschluß in Aussicht. Die innere Erregung hat etwas nachgelassen, die Freude der Vollendung, zugleich aber die Wehmut des Abschiednehmens von einem Lebensinhalt drängt sich ins Bewußtsein: „Meine Arbeit zieht sich noch immer hin! Wie werde ich aufatmen, wenn ich Dir werde schreiben können: Ich bin fertig! Und doch ist es eigentümlich, von einer solchen Arbeit Abschied zu nehmen, die einem zwei Jahre hindurch der Inbegriff des Lebens war! Kannst Du das verstehen?"

Es gibt nicht viele Briefe dieser Art von Mahler, zum mindesten sind sie bisher nicht bekannt geworden. Das Wesentliche des Mahlerschen Schaffens

indessen kommt schon in diesen und den wenigen anderen vorliegenden Äußerungen so klar und spontan zum Ausdruck, daß die eine Briefgruppe genügt,
um den Künstler und Menschen so weit zu erfassen, wie er von dieser Seite her
überhaupt erfaßt werden kann. Man sieht, er fühlt sich — dies bestätigen seine
Äußerungen bis zur Achten hinauf — stets als der Getriebene, als Werkzeug.
Er steht im Zwange einer Sendung, einer höheren schaffenden Macht, die ihn
beglückt, und vor der ihm zeitweise doch wieder graut. Man sieht: programmatische Ideen im Sinne vorgefaßter literarischer Pläne liegen ihm fern. Während
des Schaffens aber gestaltet sich die musikalische zur bildhaften Vision, drängt
in einzelnen Momenten zum gesungenen, in anderen zum poetisch verdeutlichenden
Wort. Die Briefkommentare bestätigen den inneren Zusammenhang, das organische Emporwachsen der Teile, und geben im einzelnen wertvolle Erläuterungen und Ergänzungen.

Der Grundplan zur dritten Sinfonie setzt das Erlebnis der zweiten voraus,
die innere Erfahrung des Schöpfungswunders, des Glaubens an das Weiterleben
der Kraft. Dieses Schöpfungswunder, dort aus Zweifeln und Kämpfen erblühend,
stellt sich nun dem Künstler in den Einzelheiten seines Werdens dar. Der tragische Grundton der Zweiten erklingt einstweilen nicht wieder. Die Frage nach
dem Wozu und Wohin ist beantwortet. Nun ist es das Keimen und Blühen
der ewig waltenden Kraft selbst, ihr Erwachen und Wachsen durch alle Stadien
kosmischen Seins hindurch, das den Künstler erfüllt und ihm den Schaffens-
impuls gibt. Er selbst fühlt sich eines mit dieser Urkraft. Für ihn, der sich nur
als Gefäß höheren Willens erkennt, ist die ihn durchflutende Musik Sinnbild
und Spiegel des Lebens. Wie sie den Weg vom Tode zum Leben gegangen, wie
sie gleichsam selbst gestorben und auferstanden war, so mußte sie auch die große
Wandlung an und in sich erleben, die in der Schlußbotschaft der zweiten Sinfonie
verheißen wurde.

So formt sich in ihm das Bild einer neu entstehenden Welt, eines Schöpfungs-
aktes, hervorgerufen nicht durch den von außen stoßenden Gott, sondern durch
den nach Vollendung drängenden Naturtrieb, durch die ruhelose Sehnsucht
des inneren Gestaltungswillens. Aus dem Chaos entsteht diese Welt, aus der
unbelebten, starren Materie. In sie hinein tönt der Weckruf Pans, des Erden-
gottes, oder des Sommers, oder — wenn das Symbol in noch weiterem Sinne
erfaßt werden soll — des Künstlers. Er beseelt die fühllose Materie, weckt sie
zum Bewußtsein, macht sie fruchtbar. Dieser Schöpfungsakt gibt den Inhalt
der ersten Abteilung des Werkes, des ersten Satzes. Die Überschrift in Mahlers
letzter Fassung lautet: „Pan erwacht. — Bacchuszug. (Der Sommer marschiert
ein.)"

Erweckung und Befruchtung der Materie durch den Schöpfergeist, hier
gefaßt als Geist des Naturlebens, bildet den Inhalt des ersten Sinfonieteiles.
Der zweite spiegelt die Entwicklung durch alle Stadien bis zur Erkenntnis des
Liebeswunders als der eigentlich schöpferischen Kraft. Die Lebenskreise aller
erdgeschaffenen Wesen werden durchschritten. Blumen, Tiere, Mensch erzählen.
Nicht in bildhaften Illustrationen begrifflicher Dinge, sondern in musikalischen
Gestaltungen, an denen sich das innerlich Wesenhafte, die geistige und organische
Kraft spiegelt. Die Musik selbst scheint Blume, Tier, Mensch zu werden, die

Züge dessen anzunehmen, den der Musiker sprechen läßt. Es ist, als ob die Musik sich diese Stufenleiter des Ausdruckes schaffe, um immer intensiver, tiefer greifend, innerlich bewegender, also immer musikhafter sprechen zu können. Von der Sprache des Menschen, „Lust und Herzeleid" nach den Worten von Nietzsches „trunknem Lied" in sich tragend, steigt sie weiter zur Sprache der Engel. Hier erlischt Schmerz und Freude, reine, kristallische Heiterkeit breitet sich aus. Nur die mystischen Grundfarben deuten an, daß diese befreite Klarheit nicht mühelos erworben ist, auf dem Untergrund verhüllter Schmerzen ruht. Dem Chor der Engel folgt der Anstieg zur letzten Höhe: zur Offenbarung der Liebe, der göttlichen Schöpferkraft. Es ist ein im wahrsten Sinne musikalischer Entwicklungsgang. Das Streben, das Tiefste, Innigste auszusprechen, was Klang zu sagen vermag, macht den Durchgang durch alle anderen Ausdrucks- und Fühlenskreise erforderlich, beim Schaffenden selbst wie bei den Hörern. Nur von der vorherigen, fünfstufigen Steigerung aus konnte dieses Letzte erschaubar, sinnlich faßbar werden. Dieser Finalsatz ist das erste Adagio unter Mahlers bisherigen fünfzehn Sinfoniesätzen. Solcher Entwicklung, solcher Sammlung bedurfte es für ihn, um die Kraft der großen Adagio-Spannung zu gewinnen. Das Adagio ist nicht nur Finale der dritten Sinfonie. Es ist das Finale der drei bisherigen Sinfonien überhaupt, der erste, von einer reinen, gegenwärtigen Glücksempfindung getragene Satz Mahlers. Der erste, der innerlich Halt macht, einen Ruhepunkt findet. Nicht um nur Atem zu schöpfen und dann weiter zu stürmen. Er faßt zusammen, löst alle Dissonanzen in reine Dur-Erfüllung, hebt das Seinsgefühl auf einen Gipfel. Das ist die Liebe, wie Mahler sie faßt, Liebe als allbeseelende Naturmacht, als ethische Urtatsache des Lebens schlechthin.

Ein poetischer, ein philosophischer, ein musikalischer Ideengang treffen zusammen. Man kann nicht sagen, daß einer von ihnen Führer sei, die anderen nur Gefolge. Alle drei decken sich im Ablauf der Entwicklung wie im Ziel. Der Stoff strahlte nach drei Richtungen aus. Er brachte die Zusammenfassung der bisherigen Kämpfe des Menschen und des Künstlers, er trug in sich ein geschlossenes Bekenntnis. Über Vergangenheit und Gegenwart hinaus warf Mahler hier den Anker weit in die Zukunft. Die ideelle Richtung seines Schaffens und Glaubens war nun festgelegt. Kommende Werke konnten wohl neue Einzelprobleme hervorheben, konnten auch Zusammenfassungen von neuen Gesichtspunkten aus bringen. Von der hier gewonnenen Grundeinstellung, von dem Bekenntnis zur großen Liebesmacht, von der Sehnsucht zu ihr als dem Ziel des Lebenstraumes aber konnte Mahler nicht wieder abkommen. Jedes seiner künftigen Werke ist der Versuch zur Auffindung eines neuen Weges diesem Ziel entgegen, bis in der achten Sinfonie der Traum Wahrheit wird. Die Verschiedenheit der Werke von der Dritten bis zur Achten ist nicht Verschiedenheit des Zieles, sondern des Weges. Dieser Weg, vorgezeichnet durch die besondere Einstellung zum Ziel, bestimmt den Stil.

Grundlegend für den Stil der dritten Sinfonie war die Idee unmittelbaren Miterlebens organischen Naturgeschehens. Das Miterleben erwies sich als innerlich begründet im philosophischen, im poetischen und vor allem im musikalischen Sinne. Es bewirkte die allmähliche Reinigung und Erstarkung des

Klangausdruckes, es bestimmte im einzelnen die musikalisch formale Gestaltung. Ein so umspannender Vorwurf, wie die Darstellung des Naturlebens von seinen primitivsten Regungen durch alle Entwicklungskreise hindurch bis zur Erfassung innerlichster Gefühlsausstrahlungen erforderte einen ungewöhnlich reich gegliederten und bewegungsfähigen Ausdrucksapparat. Mahler nimmt an instrumentalen Darstellungsmitteln, was ihm erreichbar ist. Die Holzbläser werden durchweg vierfach besetzt, zwei große wechseln mit zwei kleinen Flöten, vierte Oboe mit Englisch Horn, dritte Klarinette mit Baßklarinette, zwei Es-Klarinetten erscheinen gesondert. Als Blechbläser werden gefordert acht Hörner, vier Trompeten, vier Posaunen und Baßtuba. Die Schlaginstrumente erscheinen wieder als Gruppe für sich: sechs Pauken, von zwei Spielern bedient, Glockenspiel, Tambourin, Tamtam, Triangel, freihängendes Becken, kleine Trommel, große Trommel mit daran befestigtem Becken, Rute, die auf das Holz der großen Trommel geschlagen wird. Zu diesen Bläser- und Schlagzeugkolonnen kommen die in höchstmöglicher Zahl besetzten Saiteninstrumente: Streichorchester mit zwei Harfen. Neben den Instrumental- werden im Verlauf des Werkes noch Vokalmittel verlangt: Altsolo, Frauen- und Knabenchor. Außerdem in der Ferne aufgestellt ein Posthorn, mehrere kleine Trommeln und vier abgestimmte Glocken.

Diese Schar bietet Mahler für die dritte Sinfonie auf. Die Kopfzahl beläuft sich bei sinngemäßer Erfüllung aller Wünsche auf etwa 120, ohne Einrechnung der Sänger. Man muß, um solches Aufgebot der Mittel nicht aus falschen, äußerlichen Motiven herzuleiten, hier, wie in der zweiten Sinfonie, den Charakter des Stoffes in Betracht ziehen. Er macht nicht nur die Benutzung aller nur erreichbaren klanglichen Mittel erforderlich, seine Expansionskraft wirkt auch auf die formale Gestaltung, treibt sie zu ähnlich großen Maßen und ähnlich üppiger Gliederung auseinander, wie der Klangapparat sie aufweist. Die erste und zweite Sinfonie hatten sich auf die Endsteigerung durch das Finale hin entwickelt. Erst mit den Finalsätzen hatte die sinfonische Handlung unmittelbar begonnen, der Schwerpunkt der inneren und äußeren Entwicklung wurde somit durch die strukturelle Anlage in den Endsatz verschoben. Bei der dritten Sinfonie bedingte der Stoff eine andere Anlage. Die Erzählung der „Liebe" war der ideelle Kern des Werkes, die Spitze der Pyramide. Die äußere Masse des Stoffes aber mußte sich naturgemäß mehr nach unten lagern, am stärksten dorthin, wo das niederste organische Leben zur Darstellung gelangt, wo die leblose Materie erst zur Entfaltung harmonisch bewegter Daseinsformen zu erwecken war. Hier häufte sich die äußere Quantität auch der musikalischen Darstellung, hier war dem Musiker die schwierigste Aufgabe gestellt: Belebung der toten Materie zu organischem Sein faßbar zu machen — nicht im programmatisch intellektuellen, sondern im musikalischen Sinne. Es galt, gleichsam aus dem Nichts, aus toter Ruhe ein musikalisches Gebilde melodisch, rhythmisch, harmonisch, klanglich wachsen zu lassen, das Wunder des Entstehens, des Werdens musikalisch erfühlbar zu machen, es zu erleben und es den Hörer miterleben zu lassen.

Dies ist die Aufgabe des ersten Satzes der dritten Sinfonie. Das poetische Gleichnis, an dem das Mysterium des Werdens sich veranschaulichte, war nur

vermittelndes Symbol. Für den Musiker galt es, das Urphänomen als solches
künstlerisch zu fassen und darzustellen, die Musik selbst gleichsam aus Todes-
schlummer zum Leben und Sprießen zu erwecken.

Aus solcher Einstellung wird der Entwurf des ersten Satzes geschaffen. Soll
man wieder fragen ob, oder gar nachweisen, daß das Sonatenschema mit gewissen
Freiheiten sich auch hier herauskonstruieren läßt? Es kommt nur auf eines
an: zu erkennen, wie Mahler das Werden zum musikalischen, klanglich formalen
Ereignis gestaltet hat. Man kann dabei gelegentlich vergleichende Rückblicke
auf die strukturelle und thematische Technik des alten Stiles werfen. Nicht
um sie bei Mahler wiederzufinden. Nur um zu sehen, wie Mahler vermocht hat,
ohne sie auszukommen oder sie, wo er sich ihr scheinbar nähert, zur sachlichen
Bedeutungslosigkeit herabzudrücken.

So findet man in diesem überlebensgroßen Sinfoniesatz — er zählt annähernd 900 Takte und dauert fast dreiviertel Stunden — eigentlich keine thematische oder motivische Arbeit. In den Eröffnungssätzen der beiden vorangehenden Sinfonien hatte Mahler sie noch eingehend und bewußt zur Geltung
gebracht. Namentlich das Hauptthema der c-moll-Sinfonie wird gründlich
durchgeführt und motivisch ausgesponnen. Bei der Dritten liegt der Bewegungsimpuls des Themas nicht mehr in diesem oder jenem motivischen Glied. Er
liegt in der melodischen Expansionskraft des Gedankens. Das Thema wird
nicht psychologisch oder physiognomisch verändert. Es wird ausgeweitet, in
immer neue wechselnde Einordnungen gestellt. Es ist nicht mehr Kern der
sinfonischen Begebenheit, nicht mehr ihre kürzeste Formulierung. Es ist nur
noch äußeres Mittel der Bewegung. Der sinfonische Vorgang läuft unterhalb
des thematischen Geschehens, wird durch es nicht dargestellt, nur kommentiert.
Damit verliert das Thema wesentliche Züge seines bisherigen Charakters: die
plastische Kürze und scharf gezeichnete Physiognomie, das mottoartige Gepräge,
die knappe periodische Geschlossenheit. Es erhält von vornherein eine mehr
liedartig ausgreifende, melodische Rundung. Sie drängt nicht zu bestimmtem
Abschluß, sucht vielmehr wechselnde Ergänzungen zu erschließen. Das Thema
bleibt auch nicht mehr Mittelpunkt der Durchführung und Ziel der Koda. Diese
musikalisch formalen Denk- und Organisationsbegriffe lösen sich fast unmerklich
auf. An Stelle des Formorganismus mit gedanklich konstruktiv erfaßten Grund-
rissen tritt freifließende, durch plötzlichen Willensimpuls schaffende und zwingende Gestaltungskraft. Das innere Miterleben dieses sich aus instinktivem
Drang mehr und mehr zur Festigkeit und Klarheit formenden Schöpferwillens
macht den tiefsten Reiz der Mahlerschen Sinfonik aus. Wurde die Gestaltung
des „Werdens" als besondere Grundidee der dritten Sinfonie und im einzelnen
ihres gigantischen ersten Satzes bezeichnet, so gilt dies doch von dem an sie
anschließenden Schaffen Mahlers überhaupt. Wenn es in der Dritten besonders
eindringlich zur Geltung kommt, so erklärt sich das daraus, daß Mahler hier
zum erstenmal zum Urwesen seiner eigenen Natur durchgedrungen war und
sich ihm nun mit der feurigen Inbrunst des gewonnenen Persönlichkeitsbewußt-
seins hingab.

Erkennt man, daß von jetzt ab vom Thema und seiner Durchführung im
landläufigen Sinne nicht mehr gesprochen werden kann, so begreift man die

Widersprüche in den meisten analytischen Erläuterungen, namentlich der dritten Sinfonie, in bezug auf die thematischen Charaktere. Die Meinungsverschiedenheiten beginnen bereits bei der Feststellung des Hauptthemas. Mahler bezeichnet das Ganze als „Einleitung und erster Satz". Er zieht aber zwischen beiden Teilen keine scharfe Grenzlinie, verwendet auch weiterhin den ursprünglichen Beginn — ähnlich wie bei der ersten Sinfonie — innerhalb des später folgenden Satzes. Eine genau erkennbare Übergangsstelle und damit der eigentliche Anfang des ersten Satzes ist nicht mehr ersichtlich, ebensowenig das Hauptthema, das der Regel nach den Satz eröffnen muß. Statt seiner stellt sich eine ganze Reihe thematischer Gebilde dar, deren freie Folge Mahler wohl als „Einleitung" empfunden hat, und deren allmähliche Ausbreitung ihm dann als Hauptsatz erscheinen mochte.

Um die innere Entwicklung des Ganzen zu überblicken, ist es am besten, die Fragen nach Themen und Satzgruppierungen zurückzustellen, und den Satz lediglich aus den für Mahler selbst maßgebenden Gesichtspunkten zu überschauen. Was Mahler vorschwebte, hat er in dem Briefe vom 6. Juli 1896 ausgesprochen: „Der Sommer marschiert ein, da klingt es und singt es . . . . von allen Seiten sprießt es auf. Und dazwischen wieder so unendlich geheimnisvoll und schmerzvoll, wie die leblose Natur, die in dumpfer Regungslosigkeit kommendem Leben entgegenharrt . . . Es läßt sich das nicht in Worten ausdrücken." Soweit es sich in Worten ausdrücken läßt, hat er es hier gesagt. Man braucht nur diese Sätze in sich aufzunehmen, um auch zur formalen Erkenntnis des Satzes zu gelangen.

Mahler kennzeichnet zunächst die beiden Kontraste, aus deren Verschlingung das innere Leben des Satzes erwächst: die „leblose Natur, die in dumpfer Regungslosigkeit kommendem Leben entgegenharrt", und die befruchtende Kraft des Einmarschierenden. Gleichviel ob Sommer, Pan, Bacchus oder sonst ein fruchtbringender Gott oder Mensch — er ist der Wecker. Der Wecker und die zu Erweckende, Zeugender und schmerzvoll freudig Gebärende, dies sind die Handlungskräfte. Eine ältere oder programmatische Sinfonik hätte sie in zwei gegensätzlichen Themen dargestellt. Für Mahler hätte solche musikalische Fassung Versimpelung seiner Idee bedeutet. Thematisch darstellbar war nur der Weckruf. Er ertönt ohne Vorbereitung, ohne Begleitung, von acht Hörnern unisono angestimmt, als erste in die unbelebte Welt hinaushallende Botschaft:

In unbekümmerter Mischung von Volkston und prächtig ausschreitendem Marsch „kräftig, entschieden" einsetzend, bleibt das Thema bis zum fünften Takt harmonisch unbeschwert, lediglich melodische Schwungkraft. Vom sechsten Takt ab tritt eine leichte Hemmung ein: die aufwärts gerichtete Achtelbewegung des letzten Taktviertels dringt nicht frei empor. Sie muß mehrfach wieder ansetzen. Lastende Baßgewichte hängen sich an die aufstrebende Kraft, von Takt zu Takt wiederkehrend, mit zäher Energie niederziehend, bis dies im neunten

Takt gelingt. Der andrängende Trieb wird in zwei Takten gewaltsam nach unten gerissen und endet auf langgehaltenem A. Die Prägung dieses Gedankens ist bezeichnend für Mahlers Art tonsymbolischer Gestaltung: eine von allen Bindungen freie Kraft setzt mit starkem Schwunge ein, hebt sich empor und wird dann von einer anderen, aus der Tiefe nach oben greifenden Kraft gepackt und abwärts gezogen. Sie versinkt in mystische Baßharmonien:

Wer ist diese zweite, niederzwingende Kraft? Mahler hat nicht nur in jenem Briefe an Anna Mildenburg Antwort gegeben. Sie findet sich in der Sinfonie selbst, im vierten Satz, wo zu der gleichen Musik der Mensch erzählt: „O Mensch gib acht, was spricht die tiefe Mitternacht? Ich schlief." Es ist, wie Mahler mit anderen Worten in dem Brief schreibt, die „leblose Natur, die in dumpfer Regungslosigkeit kommendem Leben entgegenharrt", zunächst aber sich ihm widersetzt, es unterbindet, aus dem Instinkt des unbewegt bleiben Wollenden gegen das fruchtbarmachende Leben.

Die erste Kraftregung ist wieder erstarrt, der Keim aber ist geworfen, in die Tiefe gedrungen. Er wirkt dort, langsam Bewegung schaffend, aufrüttelnd, die Elemente „schwer und dumpf", in trauermarschähnlichen Rhythmen und heftig einschneidenden Fanfarendissonanzen emporstoßend:

Die Tiefenbewegung wächst an, gewinnt Kraft der Ablehnung gegen das Weckmotiv. Sie verstärkt sich zu einem „wild" auffahrenden, gleichsam die Einwirkung von oben gewaltsam beiseite schiebenden Baßlauf:  Er wiederholt sich in pathetischer Steigerung, beim drittenmal im dreifachen Forte bis zur Oktave D anstürmend. Dann in gemessenen Absätzen dauernd wiederkehrend, bleibt er Symbol abwehrenden Trotzes gegen die von oben her androhende Entwicklung: Motiv des Widerspruches. Auch von hier ziehen sich gedankliche Fäden weit in die späteren Sätze hinein. Dieses Motiv des Widerspruches — mag die Bezeichnung zum Verständigungszweck beibehalten werden — kehrt nicht nur im Verlauf des ersten Satzes als Zeichen der inneren Krisis, des Rückfalles in die Starrheit des Anfanges zurück. Seine abwehrende, das Recht der Tiefe behauptende Kraft wirkt bis in das Final-Adagio hinein und wird dort erst zur Lösung gebracht.

Durch die Tiefenbewegungen in Schwingung erhalten, regt sich der empordrängende Weckruf von neuem. Nicht der zuversichtliche Anfang, sondern der Nachsatz, an dem zuerst der Widerstand einsetzte. In „bewegt" weiterdringender Melodik, unterwühlt vom Widerspruchsmotiv, sucht er freien Ausklang:

Die Stimmung, ursprünglich kraftvoll entschieden einsetzend, ist mehr und mehr in heftige Erregung umgeschlagen. Die Oberstimme hat sich gegen den Widerstand der Tiefe melodische Bewegungsfreiheit errungen. Ihre Melodik aber ist erfüllt von fast schmerzlich akzentuierter Leidenschaft. Sie entladet sich in einen neuen thematischen Gesang voll pathetischer Triolenmelodik:

Auch dieses Thema ist keine flüchtig auftauchende Improvisation. Der vierte Satz bringt es wieder zum Vorschein bei den Menschenworten „Tief ist ihr Weh". Hier findet diese Melodie zugleich Erfüllung in dem verklärenden Durschluß: „Doch alle Lust will Ewigkeit, will tiefe, tiefe Ewigkeit."

Für die Einleitung des ersten Satzes bedeutet das Triolenthema zunächst nur eine das lyrische Pathos der Grundstimmung steigernde Episode. Erneuter gewaltsamer Ausbruch des Weckrufes folgt:

Mit breiter Endfanfare klingt er nun langhallend, selbstbewußt aus:

Überblickt man den Verlauf der Einleitung bis zu diesem Punkt — der noch nicht ihren Abschluß bedeutet —, so lassen sich die Grundlinien des sinfonischen „Werdens" bereits deutlich unterscheiden und auch in der Art ihres Ineinanderwirkens erkennen. Es sind zwei gegensätzliche Kräfte: die des aktiven Vorwärtsdrängens und die des passiven Widerstandes. Beide sind verschiedenartig charakterisiert. Plastische Formung gewinnt nur der Weckruf mit festgeschlossener, liedmäßig linearer Melodik. Der Widerstandsgedanke gelangt nicht zu ähnlich scharfer Ausprägung, kann auch nicht dazu gelangen, denn er entbehrt der innerlich treibenden Aktivität. Wohl gestaltet sich jene vereinzelte „Widerspruchs"-Regung zum episodisch auftauchenden Charaktermotiv. Das Wesenhafte aber des Kontrastes beider Grundprinzipien beruht in dem Nichttätigseinwollen, in der Bewahrung der Leblosigkeit des zweiten Ideenkomplexes. Er stellt demnach keine thematische Erscheinung im Sinne des früheren zweiten Themas dar. Er ist negativ gefaßt, als Kraft der Schwere, des Beharrens, der Unveränderlichkeit. So sind die hier auftretenden, diesem Komplex angehörenden Gebilde nicht melodisch charakterisiert, sondern vorzugsweise rhythmisch und harmonisch. Man kann die angebahnte Entwicklung kennzeichnen als Streben, durch die Impulsivität des Weckrufes aus dem harmonisch rhythmischen Klangkomplex des Kontrastgefühles melodische Funken zu schlagen. Der Weckruf stößt gleichsam melodisch hinein in die Urmasse des Harmonischen, er zwingt die widerwillig Abwehrende, sich thematisch zu gestalten, melodische Erscheinung zu werden. Dieses ist der innerorganische Vorgang des ersten Satzes, so erfüllt er sein musikalisches und zugleich sein poetisches Programm.

Der übliche thematische Dualismus des Sinfoniesatzes konnte dieser durch den Stoff bedingten Eigenart der Formgestaltung wegen hier nicht in Anwendung kommen. Das Wesen des zweiten Themas bestand in diesem Falle darin, daß es — paradox gesprochen — nicht vorhanden war, wenigstens nicht als konkrete Erscheinung, daß es, auf musikalische Elementaräußerungen beschränkt, nur als ungeformter Widerspruch wirkte, an dem das erste, einzige Thema des Satzes sich zu immer reicher blühendem Leben entfalten konnte. So kann man weder Schiedermair unrecht geben, wenn er das erste Thema in drei Takten angibt, noch Nodnagel, der nicht weniger als 101 Takte für das Thema zählt. Beide haben recht, beide unrecht. Der Begriff des periodisch geschlossenen Themas wird hier hinfällig, der ganze Satz ist dauerndes thematisches Gebären.

So schließt sich in der Einleitung an den d-moll-Ausklang des Weckrufes sofort ein neues Klangbild an. Wieder kein Gegensatz, nur eine Ergänzung, diesmal nach der Lichtseite. Von gedämpften Violintremoli umspielt erklingen in feinen chromatischen Verschiebungen leichte Flötenharmonien, einen fernen Marsch ankündigend. Klarinetten im Echoton antworten, eine Schalmei-melodie der Oboe wiegt sich in zarten Biegungen:

Der Weckruf der Hörner hat gezündet, aus ferner Höhe klingt die signal-artige Antwort:

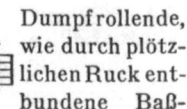

Dumpf rollende, wie durch plötz-lichen Ruck ent-bundene Baß-

läufe folgen, suchen gleich-sam die durch den Weck-ruf angebahnte rhythmi-sche Bewegung in Fluß zu bringen:

Paukenwirbel, Triangel, Becken und große Trommelschläge ertönen in leisen, aber klaren Rhythmen. Der Anstoß scheint weiterzuwirken, Kreise zu ziehen — da läuft die Bewegung noch einmal fest. „Langsam, schwer" erscheinen wieder die lastenden Harmonien, die grollenden Baßtriller der tiefen Instru-mente, diesmal durch den $3/2$-Takt noch pathetisch verbreitert, die angebahnte, leichtschreitende Bewegung mit schweren Gewichten belastend. Nun aber steigt die melodieweckende Kraft tiefer hinunter in die dunklen Klangregionen als vorher. Der Weckruf und seine Fortsetzung erklingt jetzt schwermütig, rezitati-visch verbreitert aus den Posaunen. Es ergibt sich ein zu leidenschaftlichem Accelerando, „wildem" Pathos gesteigerter Kampf zwischen den niederziehenden Mächten der leblosen Schwere und den empordrängenden des melodischen Lebens. Er endet mit dem Verschwinden jener. Sie lösen sich auf in schattenhaftem Nebel. Aus ihm heraus tritt neu das melodische Motiv, das vorher die Antwort aus der Höhe auf den Weckruf andeutete. Nun im Baßregister, aus der Region des bisherigen Widerstandes erklingend, scheint es das Erwachen des Lebens- und Formungstriebes auch auf der untersten Stufe zu verkünden:

Die Harmonie schiebt sich aus Des-dur herab in das frische C-dur. Die Syrinxrufe erschallen Fortissimo, die Sechzehntelanläufe der Streichbässe rollen aufs neue einher. „Wie aus weiter Ferne" klingen leichte Marschrhythmen im Streichorchester: Über hüpfende Begleitbewegungen der Bässe spannen sich volkstümlich heitere, melodische Bogen: Immer fester, klarer leuchtet das Bild auf, die Dunkelheiten sind weggeblasen. Der Weckruf singt als Marschmelodie in die Welt hinaus, „mit zartester Tongebung" ergänzt vom Antwortthema der Holzbläser:

Hier beginnt der erste Satz — und so gestaltet Mahler jetzt seine sinfonische Einleitung. Selbst von seiner eigenen ersten Sinfonie aus gerechnet war dies ein außerordentlicher Schritt. In der ununterbrochenen Stetigkeit und Folgekraft des Aufbaues außerhalb jedes konstruktiven Schemas bedeutet diese Einleitung eine Höhe des Gestaltenkönnens, die kaum noch eine Steigerung zuließ. Die Grundidee des „Werdens" hat ihre schöpferische Kraft erwiesen und bewährt sie im weiteren Ausbau des Satzes. „Der Sommer marschiert ein, da klingt es und singt es wie Du Dir es nicht vorstellen kannst! Von allen Seiten sprießt es auf." Violinen, anfangs auf die Hälfte der Spieler beschränkt, schreiten voran. Kecke Trompetenfanfaren und Trommelwirbel begleiten, gestützt auf infanteriemäßig ausschreitende Bässe und Bratschentriller:

Stärker ertönen die Fanfaren aus den Hörnern:

Auch die Syrinxklänge erscheinen nun wieder: Eine neue, übermütig einsetzende Marschgruppe tritt im Holzchor auf: Und nun „schwungvoll, immer dasselbe feurige Marschtempo ohne zu eilen" das Wecklied im kraftvollen Forte der Hörner, unter prächtig geschwungenen Melodieranken der Violinen wie triumphierend schreitend:

Dazu in den Bässen ein Gruß aus der ersten und zweiten Sinfonie, eine der typischen Urformeln Mahlers: Weiter wächst es an Klangpracht und Farbe, schwingt sich von F-dur in das warme D-dur hinein. Dominant- und Tonika-Akkord stoßen in Hörnern und Trompeten derb aneinander, Mahler verwahrt sich in einer Fußnote der Partitur gegen Annahme eines Druckfehlers beim dritten Taktviertel:

Die Weckrufmelodie verfestigt sich zum dreistimmig akkordischen Gesang: Schließlich vereinigt sich alles: das volle Streichorchester, Fagotte, Hörner, Tuba zu dem breitgestrichenen, sieghaft ausschreitenden Unisono:

Die Holzbläser jubilieren im langgehaltenen Triller A. In den Trompeten richtet sich eine stolze Gegenstimme empor: Darunter stampft lapidar die Unisonomelodie, ein Urbild bukolischer, unbekümmerter Kraft. Plötzlich auf dem Höhe- und scheinbaren Endpunkt D-dur ein jäher Umschlag nach B-dur: das Motiv des „Widerspruchs", aus der Einleitung von den Bässen her bekannt, braust in unvermittelt ausbrechender Kraft auf. Den Mittelstimmen zugeteilt, durch Terzverdoppelung noch eindringlicher gestaltet, durchbricht es die aufstrebende Linie und zwingt sie zum Niederbruch: „Mit höchster Kraft" intonieren 8 Hörner, von Violintremoli umzittert, die besonders akzentuierten Takte durch Holzbläserverdoppelung hervorgehoben, den leidenschaftlichen Schlußruf der Weckmelodie: „Tief ist ihr Weh" erklingt es antwortend aus den Trompeten. Die leichten, heiteren Farben sind verschwunden. An ihre Stelle treten heftig gestoßene Bläserakkorde, erregt schwirrende Tremoli der Holzbläser und Streicher, gebieterische Schläge der Pauken und Trommel. Aus diesem Rücksturz in die Klangvorwelt der Einleitung hebt sich eine rezitativartig sprechende Instrumentalstimme: die Posaune erklingt, „sentimental" nach Mahlers Bezeichnung, die „Klage des gefesselten Lebens aus dem Abgrund der noch leblos starren Natur":

Mit diesem Leidensausbruch der stummen Natur scheint sich der Druck wieder zu lösen, der das

Werden und Sprießen jäh unterbrochen hatte. Der Weckruf verliert sich leise
im elegischen Englisch Horn. „Wie aus weitester Ferne" steigen wieder die
Motive des Lebens, des Keimens herauf. Der frohe Gesang, der gleichsam als
Hymnus des Blühens die D-dur-Entwicklung im Unisono der Streicher und
Bläser abgeschlossen hatte, erklingt nun „weich und ausdrucksvoll" in Ges-dur
aus dem Horn, vom  Ein neuer Zug ordnet sich.
Solovioloncell und von Traten beim ersten Marsch
der Klarinette träu- die lyrischen, zum frohen
merisch abgeschlossen: Aussingen drängenden Kräfte
hervor, so übernehmen jetzt robustere Elemente die Führung. „Es ist keine
dionysische Stimmung, eher treiben sich Satyrn und derlei derbe Natur-
gesellen herum." Aus der Tiefe steigt das Marschmotiv leise auf:
 Schrille Oberstimmen klingen
dazwischen, der Weckruf der
Hörner wird ins Groteske ver-
zerrt, mißtönende Fanfaren, „roh" nachschlagende plumpe Begleitrhythmen
der Hörner und Posaunen geben dem Bild gewollt ordinäre Farbe. Es ist wie
ein Zug von Poltergeistern, wie eine ins Naturmythische gewandte Walpurgisnacht, voll Freude am derben Lärm, voll boshafter Entfaltung gemeiner Züge
des Fruchtbarkeitstriebes. In dieses wirre Treiben und Stampfen der Elemente
hinein tönt neu der ordnende Weckruf, zuerst unterbrochen von den im sinnlichen Triebleben befangenen Naturkräften. Mit steigender Gewalt aber dringt
der Ruf zum höheren Sein durch. Wie beim Beginn der Sinfonie hallt er weit
hinaus in die neu entstehende Schöpfung, die jetzt bereit ist, die Knospe zu
sprengen.

    Noch einmal, wie am Anfang, sinkt der Ruf in die Tiefe, noch einmal scheint
diese ihn in sich zu schlingen, ihn im Dunkel „schwerer" Harmonien behalten
zu wollen. Jetzt drängt er sofort wieder nach oben. Das Rezitativ der Posaune
tönt diesmal gleich als Antwort der Tiefe und verhallt in langausklingendem
D-dur. Wieder nahen die Marschmotive des ersten Teiles, singend, übermütig
neckend und damit zu immer freierer Entfaltung drängend. „Mit großem
Ausdruck", bald portamento hervortretend, bald marschhaft fest schreitend
die Führeridee, um die sich alles eint, zu der alles hinstrebt: der Weckruf.
In unerschütterlicher Sicherheit zieht er immer neue Kräfte an sich, alle
Fanfaren und Poltermotive leicht und ruhig beherrschend, schwellend wie ein
Strom, der, aus unzähligen Zuflüssen genährt, sich ins Meer ergießen will.
Noch einmal, im Augenblick freiesten Jubels, rauscht jenes aufbegehrende
Widerspruchsmotiv empor, wie es ähnlich schon den ersten Marsch zerrissen
hatte. Diesmal aber umsonst. Nur der eine Augenblick seines Erklingens
und jähen Sichaufrichtens bleibt ihm. Im nächsten schon schmettern ihn
Marschfanfaren nieder. Ges-dur wechselt mit scharfem Ruck über G- nach
F-dur zurück. Blechbläser „Schalltrichter in die Höhe", Streicher mit dem
Holz des Bogens schlagend, alles drängt „mit höchster Kraft" im taumelnden
Aufschwung zum „scharf abreißenden" Schluß.

Mahler hat bei Aufführungen dieser Sinfonie nicht nur die nach der ersten Abteilung vorgeschriebene größere Pause streng inne gehalten. Er hat hier sogar die übliche Konzertpause eingeschaltet und dadurch angedeutet, daß er dem Hörer über kurzes Ausruhen hinaus äußere Ablenkung zubilligte. Solche geistige Ausspannung ist gerechtfertigt durch den gewaltigen Umfang des Satzes. Sie unterbindet zudem nicht im mindesten die Wirkungsfähigkeit der zweiten Abteilung. Diese stellt eine vom ersten Satz unabhängige Welt dar. Im ersten Satz vollzieht sich das „Werden": die Wandlung des Leblosen zum Lebendigen. In der zweiten Abteilung herrscht die Vorstellung des Gewordenen. Die Erscheinungen dieses Teiles entstehen nicht, sie sind. Blumen, Tiere, Mensch, Engel, göttliche Liebe erzählen, stellen sich selbst dar in der Art ihres Seins. Das Erfühlen des Gemeinsamen, Lebendigen in allem, was sich den Sinnen bietet, das Begreifen der mannigfaltigen Buntheit der Erscheinungen als tiefer, einer einzigen Wurzel entstammender Einheit war es wohl, was den Musiker lockte, ihn trieb, dies alles im Klange lebendig werden zu lassen. Auch in der Musik lebte diese Urkraft, deren Herkunft und Art niemand kannte und die selbst von sich wohl „erzählen", aber nichts „erklären" konnte.

Gerade das Musikhafte des poetischen Vorwurfs dieser Sinfonie, insonderheit der zweiten Abteilung, ist recht hoch, das rein philosophisch Abstrakte dagegen nicht als entscheidend einzuschätzen. Aus der Musik, nicht aus der Philosophie heraus ist Mahler stets zum Schaffen gelangt. Man könnte dieser zweiten Abteilung gegenüber von jeder gedanklichen Erklärung absehen, sie lediglich musikalisch formal deuten. Was Mahler in den fünf Sätzen dieses Sinfonieteiles darstellt, ist — empirisch genommen — eine Steigerung der musikalischen Formgattungen vom primitiven Tanztyp über das reicher gegliederte, poetisch geschmückte Scherzo und verinnerlichte Lied zur gefühlsmäßigen Ausdrucksreife des Final-Adagio. So stellt sich die Satzfolge der zweiten Abteilung musikalisch dar als stufenweiser Aufstieg innerhalb der Formorganismen vom einfachen, auch stimmungsmäßig eng umgrenzten Idyll bis hinauf zum mystisch bewegten, gedanklich und strukturell die äußersten Möglichkeiten reiner Gefühlssprache erschöpfenden Adagio. Auch diesem Anstieg liegt keine vorgefaßte Absicht zugrunde. Der Musiker bedurfte solcher allmählicher Verdichtung des Sprach- und Darstellungsvermögens, um das sagen zu können, was ihm als Schlußwort der Sinfonie vorschwebte.

Das erste Glied der Kette, das „Tempo di Menuetto, sehr mäßig, ja nicht eilen", gehört zur Gruppe der rein idyllischen Tondichtungen oder Fantasien Mahlers, die das Andante der zweiten Sinfonie eröffnet und die zweite Nachtmusik der siebenten beschließt. Seit seiner Uraufführung — die beiden Mittelsätze der Dritten wurden zunächst ohne den ersten und die späteren Gesangsstücke bekannt — ist es eines der „beliebtesten" Stücke Mahlers. Er selbst schreibt 1896 an Richard Batka ironisch von dem „in Schwung gekommenen Blumenstück": „Dieses wird nun von den Dirigenten der meisten Konzertinstitute verlangt, was ich wohl den guten ‚Kritiken' zu verdanken habe, mit denen ich bisher nicht allzusehr verwöhnt war. Daß dieses kleine Stück (mehr ein Intermezzo des Ganzen) aus dem Zusammenhange des großen Werkes, meines bedeutendsten und umfangreichsten gerissen, Mißverständnisse erwecken muß, kann mich nicht daran verhindern, es einzeln frei zu geben. Es bleibt mir eben keine Wahl, wenn ich endlich einmal zu Worte kommen will, so darf ich nicht zimperlich sein und so wird nun wohl in dieser Saison dieses kleine bescheidene Stück noch oft am ‚Fußgestelle des Pompejus bluten‘ und mich dem Publikum als ‚sinnigen, duftigen‘ Sänger der Natur vorstellen. Daß diese Natur alles in sich birgt, was an Schauerlichem, Großem und auch Lieblichem ist (eben das wollte ich in dem ganzen Werk in einer Art evolutionistischer Entwicklung zum Aussprechen bringen), davon erfährt natürlich niemand etwas. Mich berührt es ja immer seltsam, daß die meisten, wenn sie von ‚Natur‘ sprechen, nur immer an Blumen, Vöglein, Waldesduft usw. denken. Den Gott Dionysos, den großen Pan kennt niemand. So: da haben sie schon eine Art Programm — d. h. eine Probe, wie ich Musik mache. Sie ist immer und überall nur Naturlaut! Dies scheint mir das zu sein, was Bülow zu mir einst mit dem sinnvollen Worte ‚sinfonisches Problem‘ bezeichnet hatte. Eine andere Art von Programmen erkenne ich, wenigstens für meine Werke, nicht an. Habe ich denselben ab und zu Titel vorgesetzt, so wollte ich für die Empfindung einige Wegweiser aufstecken, wo sich dieselbe in Vorstellung umsetzen soll. Ist das Wort hierzu nötig, so ist die menschliche artikulierte Stimme da, welche dann die kühnsten Absichten verwirklichen kann — eben durch die Verbindung mit dem aufhellenden Wort! Aber nun ist es die Welt, die Natur als Ganzes, welche sozusagen aus unergründlichem Schweigen zum Tönen und Klingen erweckt ist.“

Mahler hat der hier aus leicht erkennbarer Absicht betonten Harmlosigkeit des „Blumenstückes“ indessen bei anderer Gelegenheit einige Schatten beigemischt. „Wie das klingen wird“, erzählt er in einem von unbekannter Seite veröffentlichten Gespräch, „davon kann sich niemand eine Vorstellung machen, es ist das Unbekümmerteste, das ich je geschrieben habe, so unbekümmert, wie nur Blumen sein können. Das schwankt und wogt alles in der Höhe aufs leichteste und beweglichste, ohne Schwere nach unten in der Tiefe, so wie die Blumen im Winde auch biegsam und spielend sich wiegen. Ich habe heute zu meinem eigenen Erstaunen bemerkt, daß die Bässe nur Pizzikati, nicht einen festen Strich haben und das tiefe und starke Schlagwerk nicht zur Verwendung kommt. Dagegen haben die Geigen mit lieblicher Verwendung der Solovioline die bewegtesten, fliegendsten und anmutigsten Figuren. Freilich bleibt es nicht bei der harmlosen Blumenheiterkeit, sondern plötzlich wird alles furchtbar ernst und schwer: wie ein Sturmwind fährt es über die Wiese und schüttelt Blätter und Blüten, die auf ihren Stengeln ächzen und wimmern, als flehten sie um Erlösung in ein höheres Reich.“ Er gestand, berichtet der Erzähler weiter, daß ihn bei der Ausführung dieses Stückes die unheimlichsten Schauer überfielen, weit mehr, als bei dem Tragischsten, gegen das er sich mit Humor und Ernst wappnen und wehren könne, wogegen er hier, wo er die Welt nicht mehr vom Standpunkt des ringenden Menschen aus betrachtet (wie noch in der ersten und zweiten Sinfonie im Gegensatz zur dritten), sondern in ihr eigenstes Wesen selbst hinein versetzt ist, alle Welten- und Gottesschauer empfindet.

Diese Worte tragen dem Ausdruck und Inhalt nach authentisches Gepräge und enthalten alles, was über den zweiten Satz zu sagen ist. Wie die meisten derartigen Äußerungen Mahlers sind sie nicht im Buchstabensinne zu nehmen.

Vor allem ist programmatische Zwangsanwendung der gegebenen poetischen Stimmungsskizze auf die Musik zu vermeiden. Der Hinweis aber auf die „unheimlichen Schauer", die das scheinbar nur dem Lieblichen zugewendete Stück in Mahler selbst geweckt hat, hebt einen tief deutenden Zug hervor. Er zeigt, wie wenig Mahler sich nur an der heiteren Außenfläche der Dinge fühlte. Er spürte das Unergründliche des dunklen Naturtriebes auch im scheinbar tändelnden Erscheinungsspiel, hier vielleicht sogar stärker, packender als sonst, weil der Gegensatz zwischen Schein und Sein gerade dieser einfachen Welt dem sinnenden Betrachter besonders fühlbar werden mußte.

Die Anlage des Satzes entspricht in großen Zügen der des Andante aus der zweiten Sinfonie. Auch hier beginnt die grundlegende Menuettweise „grazioso" zunächst in instrumentaler Einfachheit: nur Oboenmelodie und einstimmige, schaukelnde Pizzikatobegleitung von Bratsche oder Violoncell:

Es ist das Bild der am Stengel anmutig sich wiegenden Blume. Der Zwischensatz führt es in etwas bewegteren Rhythmen aus:

Mit der Wiederkehr des ornamental geschmückten, klanglich durch Streicher und Holzbläser kräftiger grundierten Anfangsthemas wird die erste Gesanggruppe abgeschlossen: die Blumenwelt als in sich ruhendes, von außen nur leicht bewegtes, melodisches Erscheinungswunder. Nun dringt eine stärkere Welle durch diese stille Welt, ein aufwärts rollendes fis-moll-Thema der Flöten und Bratschen, von leicht flatternden Harmonien der Violinen und Flöten überdacht:

Die Bewegung steigert sich. Ein Element der Unruhe ist in den friedlichen Kreis gedrungen, ein neues, zart drängendes Thema gestaltet sich wie aus einer Umbildung des ersten fis-moll-Gedankens:

Das fis-moll-Thema rollt weiter nach e-moll hinüber, im $^9/_8$-Takt zu lebhafter Sechzehntelbewegung variiert, von springenden

und mit dem Holz geschlagenen Begleitfiguren der Streicher umschwirrt:

Die Streicher nehmen in hüpfenden Sechzehnteln die Bewegung auf, gestopfte Hörner begleiten. Verhaltene Unruhe breitet sich aus im Geflüster gedämpfter, jäh aufzuckender, dann wieder pianissimo weiterhuschender Instrumentalstimmen. Beruhigend, glättend, einigend kehrt die Durmelodie des Anfanges wieder. Diesmal entfaltet sie sich mit reicher Auszierung, singt sich breit aus und schließt wieder in zart er-

sterbendem A-dur. Aber die Unruhe des Zwischensatzes ist nur abgedrängt,
nicht beseitigt. Kaum ist das A-dur verklungen, so hebt das Flüstern der
Stimmen von neuem an, beginnt wieder mit jenem $^3/_8$ fis-moll, springt über
zum $^2/_4$ „allmählich etwas bewegter", gewinnt immer stärkeren Schwung,
trillert, wirbelt wie in koboldhaftem Übermut, bis „ganz plötzlich gemächlich"
mit verkürztem Anfang in E-dur der Menuett wieder einsetzt. Nun erst entfaltet
er sich in voller Anmut schmeichelnder Violinarabesken und zarter Zwiegesänge
der Bläser. Dann löst sich die Erscheinung, von aufschwebenden Violinläufen
emporgetragen, langsam wie in einen feinen Duft, der in Flageolettwölkchen
leise verfliegt.

Gleich dem zweiten ist auch der dritte Satz dieser Sinfonie dem entsprechenden
der vorangehenden verwandt. Beide haben Scherzo-Charakter und sind in
Rondoform gehalten, beiden liegt ein früher komponiertes Wunderhornlied
zugrunde. Beide sind dem Text der Lieder nach „Tierstücke". Auf das Fischpredigt-Scherzo paßt diese Bezeichnung freilich nur äußerlich, da für die Sinfonie
lediglich der symbolische Sinn des Textes in Betracht kommt. Das Rondo der
dritten Sinfonie ist von Mahler ausdrücklich als „Tierstück" bezeichnet, im
Gegensatz zu dem vorangehenden „Blumenstück". „Was mir die Tiere im
Walde erzählen" lautet die Überschrift. Eine Stufe höheren organischen Seins
ist erreicht. Lieblichkeit und Anmut der Erscheinung, die schöne Täuschung
des Sichtbaren waren die Hauptreize der Blumenwelt. Jetzt tritt die Mannigfaltigkeit und Beweglichkeit, das Gewirr der Triebe und Instinkte hervor, im
Gegensatz zur Schlichtheit der Naturstimmungen, auf derem Untergrund sie
spielen. Der Text des Liedes läßt den Reichtum der angeregten Ideen kaum
ahnen. Es ist ein einfacher Achtzeiler, mit der Überschrift: „Ablösung im
Sommer":

Kuckuck hat sich zu Tode gefallen
An einer hohlen Weiden.
Wer soll uns diesen Sommer lang
Die Zeit und Weil vertreiben?
Ei, das soll tun Frau Nachtigall,
Die sitzt auf grünem Zweige.
Sie singt und springt, ist allzeit froh
Wenn andere Vögel schweigen.

Ein Gedicht, bei dem das Gedankliche fast gar nichts bedeutet, und das
nur als Anlaß zum Musizieren gelten kann. Das Ganze ist in schlichter Kon-
trastierung aufgebaut: die vierzeilige erste Strophe eine humoristische Klage
mit parodistischem Mollakzent, die zweite eine naive Durwendung voll Übermut. So hat Mahler das Lied komponiert. Es findet sich im dritten Heft der
„Lieder aus der Jugendzeit" und stammt aus der Zeit vor 1892, gehört demnach
zu den frühesten Wunderhornkompositionen. Der Gegensatz humoristischer
Klage und harmlos beglückter Musizierfreude ist mit Sicherheit getroffen. Moll
und Dur stehen fein abgegrenzt und doch innerlich verbunden nebeneinander.
Die Singstimme zeigt bei einfachster Führung — nur Achtel- und abrundende

Sechzehntelschleifen sind verwendet — drastische Gegenständlichkeit der Charakteristik. Die Begleitung ist auch in der Klavierübertragung bei scheinbarer Monotonie und schmuckloser Unauffälligkeit reich an Bewegungsimpulsen. Ein stilsicheres Meisterstück im engsten Rahmen. Wesentlich für die Wirkung ist die scheinbar archaisierende Harmonik, bei dem dreimaligen „Weiden" in herb gestufter Folge ab-

wärts schreitend, mit übermäßigen Dreiklängen und chromatischen Fortschreitungen durchsetzt: Mahler macht hier von einer der auffallendsten Eigentümlichkeiten seines harmonischen Stiles ausgiebig Gebrauch: dem jähen Wechsel von Dur und Moll. Als Ausdruck plötzlichen Stimmungs- und Gefühlsumschwunges allgemein üblich, ist er in dem von Mahler angewendeten, oft völlig unvermuteten Umschlag eine besondere, innerlich bedingte Eigenheit — nicht nur nervöse Grimasse, wie es zuweilen scheint, sondern aus merkwürdigem Ineinanderwirken von Intellekt und Gefühl aufsprudelnde Temperamentswallung. Er findet sich in hochpathetischen Momenten, wie beim Schluß des ersten Satzes der zweiten und später namentlich im symbolischen Grundmotiv der sechsten Sinfonie. Er findet sich gleichfalls, mit humoristischer Bedeutung, als Mittel, den Hörer im ungewissen über den Charakter des Tongeschlechtes zu lassen, ihn durch Dur zu äffen, wo er Moll erwartet, ihm Moll zu geben, wo das Ohr auf Dur gerichtet ist, und so durch ständiges In-die-Irreführen die Fantasie des Hörers dauernd im Zickzack zu leiten. Der erste Mollteil der „Ablösung" wechselt fast von Harmonie zu Harmonie zwischen Moll und Dur, wobei an Stelle von Dur gelegentlich der übermäßige Dreiklang tritt. So beim Beginn der dritten Zeile mit der Vortragscharakteristik „possierlich":

possie lich
Wer soll uns denn den Sommer lang die Zeit und Weil vertreiben

Dieser harmonischen Unruhe gegenüber erhält der Durteil seine musikalische Farbe durch fast ununterbrochen klingenden Orgelpunkt des Grundtones. Nach dem harmonischen Vexierspiel des Mollteiles gibt er dem Ganzen den Ausdruck unerschütterlicher Ruhe und harmonischer Gewißheit. Zu diesen Eigenheiten harmonischer Art kommt die scharf bezeichnende Melodik und Rhythmik. Wie Tierstimmen klingt es aus dem Anfangsruf: dem schon erwähnten „Weiden", dem eigensinnig kecken Zwischenspiel: der hüpfenden Weise des Durteiles:

Ei! das soll tun Frau Nachtigall! die sitzt auf grünem Zweige

In all diesen unscheinbaren Motiven steckt fruchtbringender Reiz für den Musiker. Man begreift, daß es Mahler drängte, diese zunächst auf den winzigen Rahmen des Sololiedes zusammengedrängten Einzelheiten in die größere Form des sinfonischen Stückes umzusetzen. Das Ergebnis rechtfertigt diesen Wunsch. Wie fein auch das gesungene Lied sich darstellt, dem sinfonischen Orchestersatz gegenüber wirkt es nur als matter Entwurf. Schon die instrumentale Einkleidung ist eine geniale Eingebung humoristisch angeregter Klangfantasie. Während des Mollteiles bleiben die Streicher — ohne

Kontrabässe — ausschließlich bei hüpfender Pizzikatobegleitung. Die Klarinette intoniert zunächst das vogelrufartige Einleitungsmotiv: Dann beginnt die Flöte mit der tänzelnden Melodie:

Sie wird von einem neuen Rufmotiv der Oboe ergänzt: von der Es-Klarinette weitergeführt: und schließlich von der großen Flöte beendet:

Ein Chor verschiedenartiger Stimmen, die sich zunächst abwechselnd vernehmen lassen, dabei immer naiv humoristische Wirkungen hervorheben, wie sie auch der Zwischensatz der drei Trompeten mit Violoncellbegleitung betont:

Der Durteil gehört dafür anfangs den Streichern. Erste Violinen, auf die Begleitung der zweiten und der Harfe gestützt, umrieseln die Melodie in Sechzehntelbewegung: Die schwirrenden und zirpenden Streicherstimmen bleiben, auch wenn nun die Melodie im Wechselspiel vom Oboe und Klarinette in ihrer ursprünglichen Gestalt hervortritt: Das Horn mischt sich ein, das Durlied scheint sich wieder nach Moll zurückzuwenden, unentschieden schwankt die Stimmung: Ein refrainartiger fester Chorabschluß aller Holzbläser mit kräftigen Hornrufen: rundet das idyllische Bildchen fest ab. Eine neue, tappende Gruppe setzt ein:

In imitatorischen Einsätzen pflanzt sich das Thema fort, Streicher und Bläser umfassend und zu lebhaften Akzenten treibend. Fagotte leiten zur Wiederaufnahme des „wieder sehr gemächlich, wie zu Anfang" zurück. Wie vorher führen die Holzbläser, um die Melodie aber schlingt sich jetzt in vierfachem Piano eine huschende Gegenstimme der gedämpften Violinen. Sie gibt dem Ganzen ein neues, ins Unheimliche streifendes Kolorit. Melodie und Gegenstimme gewinnen an Lebhaftigkeit, steigern sich ins derb Groteske, fast Wilde. Erst die chromatisch abstürzende Skala, die zum Durteil überleitet,

bringt wieder einen Stimmungsausgleich. Dieser Durteil ist im Gegensatz zu
dem reich figurierten Mollteil diesmal melodisch und ornamental ganz schlicht
gehalten. Nur die zart gezogenen chromatischen Zwischenlinien der Trompeten,
Klarinetten und Hörner geben neue, spannend geheimnisvolle Töne. Es ist,
wie wenn sich die anfänglich so heitere, einfach bewegte Welt langsam um-
nebelt. Der mutwillige ⁶/₈ Nachsatz wird verkürzt, rauscht schnell vorbei, von seiner
Lustigkeit nicht mehr recht überzeugend. Ein gedämpftes Trompetensignal ertönt:

„Ein wenig, aber merklich, langsamer" spinnt sich
in den Flöten noch einmal, in dunkleres f-moll
übertragen, die Mollmelodie aus. Aber sie gelangt
nicht zu Ende. „Frech" ruft die Es-Klarinette:

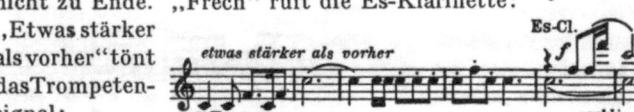

„Etwas stärker
als vorher" tönt
das Trompeten-
signal:

Noch einmal in Es-
Klarinette und
kleiner Flöte der
schrille, lustige
Vogelruf — dann versinkt plötzlich die Tierwelt. Ein neues Traumreich tut sich
auf, fern allem Leben, letzte Heimlichkeit der unberührten, zart atmenden
Natur. „Wie aus weiter Ferne" ertönt „sehr gemächlich" und „frei vorgetragen" die „Weise eines Posthornes", umsponnen von zart schwebenden
Harmonien der dreifach geteilten Violinen:

Es war eine ebenso absonderliche wie kühne Idee, diese Volksweise unvermittelt
und ohne kunstvolle Verarbeitung als Trio in ein sinfonisches Scherzo zu setzen.
Aber das Wagnis ist gelungen. Gerade diese Posthornepisode trägt einen
romantischen Zauber in sich, dessen echte Naivität widerstandslos gefangen
nimmt. Erinnerungen, Fanta-
sien werden geweckt, die die
Posthornweise schwärmerisch im
Volkston weiterspinnen:

Die Vogelstimmen regen sich leise, das Leben klingt für wenige Augenblicke hinein
in die Traumwelt. Dann setzt nochmals das Posthorn ein, lieblicher
noch, wehmütiger. Ein Scheidegruß, etwas sentimental wie der Volkston nun
einmal ist, das Herz überquellend vom Naturzauber. Dann ein plötzlicher, energischer Abschluß, „schnell und schmetternd wie eine Fanfare":

Schnell und schmetternd
wie eine Fanfare

„Mit geheimnisvoller Hast" setzt das Tierstück wieder ein, die Streicher mit schwirrenden Tremoli am Steg raschelnd, die Flöte hastend nachschlagend. Das Thema selbst wird nicht ausgesprochen, nur aus Harmonie, Rhythmus und melodischen Andeutungen erahnt. Die kleinen Flöten säuseln ein chromatisches Thema, die Oboe setzt derb mit dem „frechen" Motiv der Es-Klarinette ein. Die Klarinette versucht Humor zu zeigen:

Plötzlich lenkt alles in „lustiges" F - dur ein:

Lustig.

„Übermütig" jauchzen Violinen und sechs Hörner:

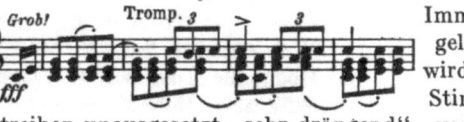

übermütig

Eine tolle Freude bricht aus. Die Streicher schlagen mit dem Bogen, Hörner und Trompeten fahren mit derben Akkordrufen und kecken Fanfarenrhythmen auf Der Übermut steigert sich zu allgemeiner „Grobheit", in der auch das Thema des ⁶/₈ Zwischensatzes wieder anklingt:

Grob!

Tromp.

Immer ausgelassener wird die Stimmung,

Tempo, Dynamik, Rhythmik treiben unausgesetzt „sehr drängend" „vorwärts". Da — ein Signal — der Vogelruf als Antwort — nochmals das Signal — alles verstummt. „Wieder sehr gemächlich, beinahe langsam", dabei „frei der Empfindung folgend — wie früher" erklingt das Posthorn. „Wie nachhorchend" singen langsam die Geigen, leiser und leiser werdend:

Noch einmal das Posthorn, von vier Waldhörnern begleitet. Noch einmal der stille Waldzauber. Die Hörner singen ihm das Lebewohl in die Einsamkeit. Jetzt aber bricht es aus: „wieder lebhaft und schneller als im Anfang". Brausende Stimmen, angstvoll erregte Vogelrufe, es ballt sich, drängt sich empor, ein furchtbar schneidendes, wehes es-moll-Fortissimo aller, langhallende Bläserrufe, auf die Elementarlaute des ersten Satzes zurückweisend, von es-moll nach Des-dur greifend:

Dann unmerkliches Zurückgleiten nach C-dur. Die Posthornfanfare wird zum Weckruf der lustigen Tierbilder, der feinen, zarten Humore dieses Lebenskreises. Heiter creszendierend, fröhlich zusammenfassend stürmt der Satz dem Abschluß zu.

„Was mir die Blumen auf der Wiese erzählen" hieß der zweite, „Was mir die Tiere im Walde erzählen" der dritte Satz. Was haben Blumen und Tiere erzählt? Die Blumen von der stillen Heiterkeit und Anmut der Gegenwart, die Tiere von der Lust freud- und kraftvollen Lebens, aber auch von seinen geheimnisvollen Untergründen. Ein Schatten fiel über dieses Lebensreich, von dem die Blumen auf der Wiese noch nichts wissen. Die Tiere im Walde aber, in denen das Bewußtsein von Schmerz und Freude bereits lebendig wird, kennen ihn: es ist das Leid. Das Leid ist in die Welt gekommen, es ist gestiegen in dem Maße, wie die Lebewesen selbst gestiegen sind, denn das Maß der Leidensfähigkeit bestimmt das Maß der Erscheinungen. Die Auseinandersetzung mit dem Leid, die Frage seiner Überwindung, mehr noch: seiner Fruchtbarmachung, wird zur Grundfrage des Lebens. So erzählt nun der Mensch vom Leid und von dem, was das Leid besiegt und zur Quelle neuen Lebens macht. Er erzählt es mit den Worten aus Nietzsches „Zarathustra":

> O Mensch!
> Gib acht!
> Was spricht die tiefe Mitternacht?
> Ich schlief, ich schlief!
> Aus tiefem Traum bin ich erwacht!
> Die Welt ist tief!
> Und tiefer als der Tag gedacht!
> Tief ist ihr Weh!
> Lust — tiefer noch als Herzeleid!
> Weh spricht: Vergeh!
> Doch alle Lust will Ewigkeit!
> Will tiefe, tiefe Ewigkeit!

Dieser Gesang ist das den übrigen Sätzen gegenüber beziehungsvollste Stück der Sinfonie. In den erwähnten Gesprächen sagt Mahler einmal „Aus den großen Zusammenhängen zwischen den einzelnen Sätzen, von denen mir anfangs träumte, ist nichts geworden, jeder steht als ein abgeschlossenes und eigentümliches Ganzes für sich da: keine Wiederholungen, Reminiszenzen. Nur am Schluß der Tierstückes fällt noch einmal der schwere Schatten, den am Ende der Einleitung die leblose Natur, die noch unkristallisierte, unorganische Materie lastend wirft. Doch bedeutet sie mehr einen Rückfall in die tieferen, tierischen Formen der Wesenheit, ehe sie den kolossalen Sprung zum Geiste im höchsten Erdenwesen, dem Menschen, tut." Mahlers Aussage über die Selbständ'gkeit der einzelnen Sätze trifft auf den vierten nicht zu. Hier sind unzweifelhaft Zusammenhänge mit Vorangegangenem. Man könnte denken, Mahler sei sich ihrer kaum bewußt geworden, so zwanglos entspringen sie der künstlerischen Situation. Gleich der Anfang greift zurück auf die Einleitung des ersten Satzes, auf das leise, dunkle Wogen der tiefen Bläserharmonien. Die Erinnerung an die tote Materie wird heraufbeschworen durch den Anfangsgedanken:

> O Mensch, gib acht!
> Was spricht die tiefe Mitternacht?
> Ich schlief, ich schlief!

Die Vorstellung des Schlafes auch des Menschen in der Materie weckt die Erinnerung an jenen Urbeginn des Erweckungsaktes, läßt das Grundmotiv des Naturschlafes im Solo der gedämpften Streichbässe gleichsam als Motto an Beim Hinzutritt der den Beginn dieses Satzes treten: mystischen

Harmonien erklingt plötzlich die Singstimme „mit geheimnisvollem Ausdruck": Damit ist der musikalische Grundcharakter des Satzes bezeichnet. Es ist ein frei rezitierendes Gesangstück, dessen Melodik sich aus Urklängen, Naturlauten, frei schwebenden Harmonien gleichsam erst gebiert und langsam zur festen Erscheinung verdichtet. Der Werdeprozeß des ersten Satzes wird noch einmal begonnen, doch auf ein anderes Ziel gerichtet: nicht auf Entfaltung des Triebes, sondern auf Erweckung der Psyche. Die mystischen Einleitungsharmonien lösen sich in leise wogendes D-dur der Streichbässe. Darüber tauchen in wechselnden Lagen vereinzelte langgehaltene Harmonien auf in seltsamen sphärischen Klangmischungen: hohe Posaunen mit Harfenbässen, Violin- und Harfenflageoletts mit tiefen kleinen Flöten kombiniert. In getragenen Terzenfolgen der Hörner drängt ein melodischer Keim hervor: Die Singstimme führt die Linie weiter: Doch die Melodie vermag noch nicht feste Gestalt zu gewinnen. „Wie ein Naturlaut" tönt es seufzend aus der Oboe: Die gebrochenen sphärischen Harmonien klingen wieder: „Ich schlief — ich schlief" — mystisches Versenktsein in dämmernden Urzustand des Wesens, Naturlaute. Nun aber regt es sich, strebt nach oben: Wieder stockt der Aufschwung. „Die Welt ist tief" — zweimal hintereinander wechseln Dur und Moll beim Gedanken an Traum und Wirklichkeit: „Und tiefer als der Tag gedacht." Hier erklingt die Verheißung, vorerst nur im Orchester. Noch fehlen die Worte für das, was tiefer als der Tag und tiefer als alles andere ist: die Lust, die Ewigkeit: Die aufblühende Melodie bricht ab, der schmerzliche Naturlaut erklingt von neuem, und nochmals die mahnende Frage „O Mensch!" Wieder antwortet es aus dem ersten Satze: Doch nun neu die Verheißung: Und jetzt der Kampf des Wehes mit der Lust: „Weh spricht: vergeh!" Da blüht es auf mit unwiderstehlich lösender Gewalt. Das Wehmotiv wandelt sich nach Dur, es wird zur tiefinnerlich quellenden Melodie, die jetzt ihr Maß, ihre Gestalt gefunden hat:

(Notenbeispiele im Text):

- Mit geheimnißvollem Ausdruck — „O Mensch! O Mensch!" — pp
- p molto espress. <>
- Was spricht die tiefe Mitternacht?
- hinaufziehen — Wie ein Naturlaut
- Aus tiefem Traum — bin ich er-wacht
- Die Welt ist tief
- Viol. — ppp — sempre ppp rü. <> accel. <> <> <> — 1. Horn
- Sehr langsam — Solo Viol. — Tief ist ihr Weh! — espress.
- pp — Lust Lust tie-fer noch als Herze-leid!
- Doch al-le Lust will E-wig-keit! will tie-fe, tie-fe E-wigkeit

Der Mensch hat erzählt vom Schlaf der Welt, vom Weh der Welt, von der Lust, die tiefer ist als Herzeleid, und von der tiefen Ewigkeit. Das Naturthema ist zum Befreiungsthema der Seele geworden, die Materie ist überwunden. Hier kreuzt sich die Linie der dritten Sinfonie mit der der zweiten. Das „Sterben werd' ich um zu leben" wird in diesem Augenblick wieder wach. Aber nur in der Idee, denn der Weg der Dritten führt auf eine freiere Höhe, als es die Ekstase des Finale der Zweiten war. Die Überwindung des Schmerzes ist nicht mehr Grundproblem, es war nur eine Episode des Aufstieges. Die Seele ist frei, sie hat sich gefunden und erkannt, sie hat Leid und Lust der Welt aneinander gewogen und die Lust als das Tiefere erkannt. Nun schwingt sie sich weiter nach oben, in den höheren Kreis, um zu erfahren, welches Leid noch über dem Leid der Welt steht, und wie dieses Leid überwunden werden kann. Das erzählen die Engel.

Mahler hat das nächstfolgende Wunderhornlied — es schließt sich dem vierten Satz ohne Unterbrechung an — nicht aus einer früheren Komposition herüber genommen in die Sinfonie, sondern es eigens hierfür geschrieben. Schon die Besetzung ist eigener Art: Knabenchor, Frauenchor, dazu ein Orchester, in dem Holzbläser, Hörner und Harfen vorherrschen. Die Streicher fehlen anfangs völlig, später, bei den Wechselgesängen des Chores, treten die tiefen Saiteninstrumente bis zu den Bratschen hinzu. Violinen kommen überhaupt nicht zur Verwendung. Die Gesangstimmen sind in merkwürdig instrumentaler Art verwendet: der Knabenchor singt, von wenigen Takten abgesehen, durchweg ein in den Intervallen des Glockenschlages gehaltenes Bim-Bam, der Frauenchor beteiligt sich späterhin gelegentlich daran. „Der Ton ist dem Klang einer Glocke nachzuahmen, der Vokal kurz anzuschlagen und der Ton durch den Konsonanten M summend auszuhalten" schreibt Mahler vor. Er dachte also nicht an eine spezifisch vokale, sondern rein klangliche, fast instrumentale Wirkung. Die vier hohen Glocken, die in gleicher Tonlage mit den Knabenstimmen ertönen, bestätigen den eigentümlich sphärenhaften, man könnte sagen geschlechtslosen Charakter der menschlichen Stimme.

Die Wahl solcher, mit dem Bläserorchester zu eigentümlich asketischer Herbheit sich zusammenschließender Klangfarbe ergab sich aus dem Charakter des Gedichtes. Es ist überschrieben: „Armer Kinder Bettlerlied" und gliedert sich in drei Teile. Die einleitende erste Strophe schildert die Freude der Engel über Petri Sündenbefreiung. Die mittleren drei Strophen erzählen rückgreifend Petri Kummer über seine Sünden und Jesu Gnadensprüche. Die letzte Strophe bringt Lobpreisung der himmlischen Freude und ewigen Seligkeit. Ungefähr dieser Gliederung entsprechend hat Mahler die Komposition angelegt. Der Grundton des Vortrages ist „Lustig im Tempo und keck im Ausdruck". Dieser Grundton wird trotz feiner und reicher Gliederung in Einzelheiten, namentlich des Mittelteiles, bewußt durchgeführt. Es gibt keine Sentimentalität, keine brünstige Gefühlshingabe in diesem Stück. Hier herrscht eine reine, in bezug auf Herzenserregung etwas kühlere Seelentemperatur als bisher. Auch die Schilderung des Leides erhält einen mehr abgeklärten, fast ruhigen Unterton.

Die Leidenschaft als innerlich bewegendes Moment tritt zurück, eine schärfere Beobachtungsgabe, eine mehr objektive Art des Erlebens macht sich geltend. Menschliche Subjektivität ist überwunden — nun erzählen die Engel. Ihrer Sphäre ist die Tragik im menschlichen Sinne fremd. Selbst wo der Inhalt ihrer Erzählung an tiefernste Dinge rührt, bleibt doch im Ton der Darstellung die Freiheit eines den Dingen innerlich überlegenen Humors.

So setzt der Gesang der Engel unmittelbar nach dem Verklingen des „trunknen Liedes" mit dem frischen „Bim-Bam" der Knaben und Glocken ein:

Es dient als originelles Präludium für die im Blasorchester folgende Hauptmelodie. Der melodische, harmonische und rhythmische Typus des Stückes ist damit in wenigen Takten festgesellt. „Keck" setzt der dreistimmige Frauenchor — zunächst Unisono — mit der ersten Strophe ein:

Die Melodie enthält zwei Gegensätze: die kecke Anfangserzählung und die mystischen Harmoniefolgen bei Erwähnung von Petri Sündenbefreiung. Diesen vier Zwischentakten folgt ein neuer, jubilierender Aufschwung mit dem Anfangsrhythmus in den Unterstimmen und festen, zuversichtlich aufsteigenden Quartenschritten im führenden Sopran.

Diese beiden Gegensätze: der lustige Erzählerton und die feierliche Harmoniefolge bleiben bestimmend für den weiteren Verlauf des Gesanges.

> Und als der Herr Jesus zu Tische saß,
> Mit seinen zwölf Jüngern das Abendmahl aß,

klingt es frisch und lebhaft aus dem Chor, schlägt dann plötzlich wieder um:

Nun folgt eine durch die Schlichtheit der Ausdrucksänderung ergreifende Wendung. In unmerklich zurückhaltendem Tempo setzen mit breitgestrichenen, leisen Harmonien zum erstenmal im Verlauf dieses

9*

Stückes die Bratschen ein, in ihrer elegischen Klangfarbe dem frischkörnigen Bläserton gegenüber besonders auffallend. Ängstlich pochende Mollharmonien in Achtelrhythmen der Hörner, in den Klarinetten eine unruhig aufwärts rollende Sechzehntelskala, durch klagende Oboenlaute abgeschlossen, dazu „bitterlich" die Singstimme: „Und sollt' ich nicht weinen, Du gütiger Gott": Leises Bim-Bam des Knaben- und Frauenchores, dazu der heimlich tröstende Zwischenruf „Du sollst ja nicht weinen".

Diese Episode wiederholt sich, durch chromatische Einbiegungen noch im Ausdruck des Schmerzlichen verschärft:

> Ich gehe und weine bitterlich,
> Ach komm und erbarme Dich über mich!

Über den Reiz einer Stimmungscharakteristik von merkwürdig legendärem, überweltlichem Ausdruck hinaus hat dieser Teil Bedeutung als Bindeglied von der dritten zur vierten Sinfonie, in derem Finalsatz er fast notengetreu wiederkehrt. Im Engelgesang der Dritten folgt jetzt ein Zwischenspiel, das den mystischen Charakter des Mittelteiles noch betont und zu fast drohend düsterer Steigerung treibt: während die tiefen Instrumente das heitere Marschmotiv des Anfanges aufzunehmen suchen, klingt unter stetigem Anschwellen des Orchesters aus Knaben- und Frauenchor das Bim-Bam. Jetzt aber nicht in der harmlosen Lustigkeit wie ursprünglich, sondern zu schmerzlichen Wendungen verzogen und durch chromatische Gegenstimmen im Ausdruck des Leides verschärft — bis leises Abflauen der Erregung die Rückkehr des munteren Erzählungstones ermöglicht:

> Hast Du denn übertreten die zehen Gebot,
> So fall' auf die Knie und bitte zu Gott!
> Liebe nur Gott in alle Zeit!
> So wirst du erlangen die himmlische Freud',
> Die himmlische Freud', die selige Stadt.
> Die himmlische Freude war Petro bereit't:

Die mystischen Akkordfolgen flechten sich wieder an den entsprechenden Stellen des Textes ein. In den Schlußzeilen nimmt die Musik prächtigen, jugendfrischen Aufschwung. Dann schließt ein herb kräftiges Bläsernachspiel den Vorhang über diese, in ihrer Mischung von knospenhafter Kindlichkeit und geheimnistiefer Innigkeit auch unter Mahlers Gesängen einzigartige musikalische Szene. Unter dem leise verhallenden Bim-Bam des Chores erlischt langsam das zarte Licht. Nur ein Harfen- und Bratschenflageolett, sowie die zu viert blasenden Pikkoloflöten tönen weiter. Während auch der Engelchor tiefer und tiefer sinkt, führt der Weg ohne Unterbrechung empor in den letzten, höchsten Kreis: in das Reich der Liebe, das sich nun mit einer „langsam, ruhevoll, empfunden" singenden Violinmelodie auftut:

Es ist eine jener Melodien Mahlers, die wohl zu periodisch kadenzierenden Abklängen, aber zu keinem eigentlichen Abschluß gelangen. Sie strömen eine solche Fülle von Gesangkraft, Klangreichtum und Freude des Wohllautes aus, daß sie aus sich selbst heraus immer neue Gestaltungen offenbaren. Jeder scheinbare Abschluß ist zugleich Anfang einer neuen Klangreihe. Sie wecken das Gefühl einer nie erschöpfbaren, überquellenden Kraft. Ein ähnliches war das weit ausgreifende Des-dur-Thema des Finale der ersten Sinfonie. Nur stand es dort inmitten eines von Explosivstoffen überfüllten Schlußsatzes. Hier in der Dritten ist der Aufbau anders. Der Gesang als letzte, höchste Offenbarung, die Melodie als edelste Gestaltung bleibt Alleinherrscherin. Sie erhält Recht und Möglichkeit, zu wachsen und sich zu entfalten, wie es die ihr innewohnende Kraft fordert. Alles übrige ist abgetan. Die Auseinandersetzungen sind beendet, das Problematische ist gelöst. Was übrig bleibt und hineintönt in den Gesang sind nur noch Erinnerungen. Sie hemmen seine Ausbreitung nicht, beschwingen nur seine innere Kraft. In diesem Siege der Melodie, des reinen, ruhevollen Gesanges, in dieser Überwindung auch der letzten, dissonierenden Fernklänge offenbart sich, vom Musiker aus gesehen, das, was die Liebe erzählt. Sie erzählt von der Auflösung aller Mißklänge, von der unerschöpflichen Fülle neuer Erscheinungswunder. Sie erzählt von einer Kraft, die keinen Anfang und kein Ende findet, die ewig fließt und braust. In diesem Fließen und Brausen spannt sie den Bogen einer einzigen hymnischen Melodie, der Melodie des Lebens, der Erfüllung.

So schwingt sich die D-dur-Melodie des Final-Adagio in nicht erschöpfbarer Fülle von ihren zarten Anfängen bis hinauf zum orgelhaft gloriosen Abschluß. Die ersten Violinen, nur vom Streichorchester begleitet, beginnen pianissimo, auf der gesättigt klingenden G-Saite langsam von Stufe zu Stufe über anderthalb Oktaven emporsteigend. „Sehr ausdrucksvoll und getragen" schließen sich Violoncelli, dann zweite Violinen an:

Allmählich singt es aus mehreren Stimmen. Die in schlichten Harmonien folgende Begleitung wandelt sich zum Wechselgesang: aus den Violoncelli klingt die Anfangsmelodie, aus den ersten Violinen eine in großem Bogen emporsteigende Gegenstimme:

Nach diesem ersten, dynamisch noch in zarten Farben gehaltenen Anstieg sinkt die Melodie in leises Dämmern zurück, aus dem neu ein Mollgedanke hervortritt:

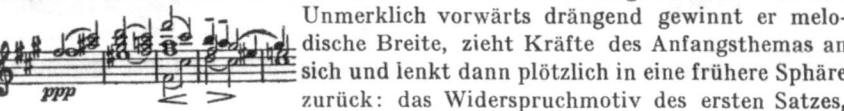

Unmerklich vorwärts drängend gewinnt er melodische Breite, zieht Kräfte des Anfangsthemas an sich und lenkt dann plötzlich in eine frühere Sphäre zurück: das Widerspruchmotiv des ersten Satzes,

dort zweimal die Ent-
wicklung bedrohend,
wächst hier in „lei-
denschaftlicher"Stei-
gerung neu empor:

Es sind nur Hör-
ner, die mit dem
Streichorchester
kontrastieren. Su-
chend, in der Kraft

des Widerspruches erlahmend, verklingt der dissonierende Vorhalt F als letzter
Ton. Die Violoncelli nehmen
ihn auf und leiten ihn „sehr
gesangvoll" zurück in die
„ruhevolle" D-dur-Sphäre:

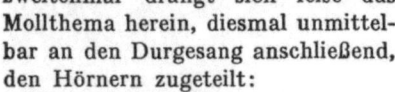

Nun erwa-
chen auch
die Stimmen
der Holz-

bläser, von denen bisher nur die Oboe episodisch erklungen war. Wie ein weiches
Orgelregister legt sich die Gegenmelodie im Unisono von Flöte, Oboe und
Klarinette über den emporschwellenden Violinengesang — ein Klangbild von
idealer Ausgeglichenheit, tief ruhevoller, innig beseelter Empfindung. Zum
zweitenmal drängt sich leise das
Mollthema herein, diesmal unmittelbar an den Durgesang anschließend,
den Hörnern zugeteilt:

Die „et-
was be-
wegtere"
Stimmung

stärkt sich, wächst. In einem synkopisch beunruhigten cis-moll-Satz wird
sie „allmählich leidenschaftlicher", drängt „unmerklich vorwärts". Motivteile
der Anfangsmelodie und des Mollthemas verknüpfen, steigern sich. Cis-moll
wandelt sich in as-moll, strebt „sehr leidenschaftlich" weiter nach es-moll. Die
anfänglich zaghaft einsetzenden Stimmen sammeln sich zur orchestralen
Masse. Hörner und Trompeten nehmen die Führung. Aus dem leidenschaftlich gärenden Stimmengewirr wächst riesenhaft eine Vergangenheitserscheinung
empor: jener schmerzliche Ausklang des Weckrufes aus dem ersten Satze:

Einst Ruf
zum Le-
ben, als es
galt, dieses
aus der

Dumpfheit der starren Materie zu befreien, wirkt er innerhalb dieser höchsten
Sphäre wie ein Memento mori. Seine leidenschaftliche Bewegtheit ist jetzt nur noch
Erinnerung an längst überstandene Entwicklungskämpfe. Diese Erinnerung
drängt gewalttätig noch einmal hervor, zu „höchster Kraft" aufgerichtet, echoartig sich vergrößernd. „Sehr bewegt", im doppelten Zeitmaß des Anfanges, sucht
sie noch einmal alles zu wecken, was an Leidenschaft und Begehren einst vorhanden war und was jetzt die höchste, der Verklärung zustrebende Liebe zurück-
ziehen könnte in die Kämpfe der unteren Kreise, der unvollkommenen Gestaltungen:

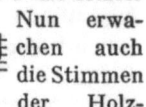

Nun aber steigt es auf wie eine von zartem Erglühen bis zu heller Flamme sich

entzündende Glorie. Tremoli der Violinen über dem tief unten ruhenden Orgelpunkt A der Streichbässe, dazu vierstimmige Blechbläser in gehauchtem Klang:
die Anfangsmelodie in der Trompete, Gegenstimme in der Posaune, Mittelstimmen
in zweiter und dritter Trompete. Die Dynamik schwillt, das Kolorit leuchtet
stärker. Die Violinen bleiben noch bei dem schimmernden Tremolo, Holzbläser
schweigen, nur Trompeten und Posaunen sammeln die Kräfte. Es ist ein Auftrieb wie aus unerschöpflichen Quellen einer überweltlichen Macht, bis der
Hymnus der Liebe mit grandioser Gewalt aus dem vollen Orchester in dreifachem
Forte erklingt. Ein Choral, in den alles einstimmt, was Odem hat. Ein Lob-
gesang auf die schöpferische Kraft der Liebe. Sie ist das Göttliche. Durch sie gelangt es zur erkenntnishaften Offenbarung. Diese Botschaft braust in immer
höher strebender, nie erlahmender Kraft wie aus allen Registern einer Riesen-
orgel feierlich über die Erde.

Mahler war 36 Jahre alt, als er die dritte Sinfonie abschloß. Er hat noch
manche andere geschaffen, deren Ausklang Befreiung, Beglückung verkündet.
Zu einem derart freudig harmonischen Lebensgefühl aber ist er nicht wieder gelangt. Hier stieß er zum erstenmal auf die kosmischen Quellen seines Wesens.
Hier schaute er sich selbst zum erstenmal im von Trübungen persönlicher Erlebnistragik gereinigten Spiegel seiner Kunst. Solche Selbstoffenbarung wird auch
dem genialen Künstler nur einmal im Leben zuteil. Was die Eroika für Beethoven,
das bedeutet diese gleichfalls dritte Sinfonie für Mahler. Hier ist der Abschluß
jener Entwicklung, die bedingt wird durch den Kampf um Erkenntnis und Festigung der Persönlichkeit, um bewußte Erfassung der künstlerischen Sendung, um
Gewinnung des eignen Weltbildes. Dieses Weltbild Mahlers stellt sich dar in der
dritten Sinfonie. Gewonnen ist es aus den Erlebniskämpfen der beiden vorangehenden Werke. Wie es hier erscheint, ist es die Grundlage für Mahlers ferneres
Schaffen geblieben: das Bekenntnis des Glaubens an die ewig junge Schöpferkraft der Natur. In ihrer tiefen Gesetzmäßigkeit kennt sie keinen Zufall. Ursache
und Wirkung sind bis ins kleinste vorher bestimmt. Alles Geschehen ist logisch
im naturgesetzlichen Sinne bedingt, ist eine Folge, ein Notwendiges. Auch der
Mensch mit seinem Einzelschicksal ordnet sich diesem erschütternd großen Geschehen ein. Auch er ist ein Erzeugnis der Natur, an sich nicht wertvoller und nicht
wichtiger als eine Blume, ihr überlegen nur durch die Fähigkeit zur Erkenntnis
der Liebesmacht, die alles trägt. Dieser Glaube an die schaffende, erhaltende,
bestimmende Macht der Liebe ist der Gewinn des Weges von der ersten bis zur
dritten Sinfonie. Er ist das Bekenntnis, an dem Mahler allen neuen Schwankungen,
allen Zweifeln, allen Erfahrungen zum Trotz festhält bis hinauf zur achten Sinfonie, wo dieser Glaube als ekstatische Verkündung durchbricht, bis weiter zu
den Abschiedswerken, dem „Lied von der Erde" und der neunten Sinfonie, wo
das Einzeldasein verblutet, der Glaube aber bleibt. Aus diesem Glauben gebiert
sich die tiefe Religiosität. Sie gibt Mahlers Tonsprache die ihr eigene Weihe, den
Zauber einer an das Wesen der Dinge rührenden Echtheit. Was ist es, das einer
Melodie wie der des Schlußadagio der dritten Sinfonie ihre so innige, ins Innerste
des Gefühles treffende Ausdruckskraft verleiht? Die Linie an sich zeichnet sich,

wie bei manchen anderen Gedanken Mahlers, keineswegs durch Originalität der
Führung aus, die Harmonik meidet alles Ungewöhnliche. Wollte man diese Melodie rein fachlich sezieren, so würde man finden, daß sie einer weitverbreiteten
Familie angehört. Und doch lebt in der Art ihrer Auswirkung ein Etwas, das sie
weit abseits stellt von allem übrigen, ihr Macht gibt, an Fernstes und Tiefstes
zu rühren, Gefühle zu beschwören, die jeder anderen Formel, mag sie noch so
ähnlich klingen, unerreichbar bleiben. Es ist auch hier nicht das Materielle der
Klangerscheinung, es ist die ideelle Kraft der Klangvorstellung, die solche geheimnisvollen Bindungen und Erweckungen schafft. Das aber, was dieser ideellen
Kraft zugrunde liegt, ihr inneren Impuls gibt, ist Kraft des Menschentumes, des
religiösen Glaubens. Dieses Menschentum, dieser Glaube allein konnte eine große
Kunst erstehen lassen, konnte der Sinfonie als künstlerischer Gattungserschei-
nung neue Daseinsmöglichkeit, neuen Inhalt, neue Form geben.

Mit dem Entwurf und der Ausführung der dritten Sinfonie hat Mahler das
Problem des neuen sinfonischen Stiles zum erstenmal rein gelöst, ohne tragisches
Ringen, ohne titanenhaftes Aufbegehren, ohne Selbstzerfleischung und Blut-
opfer — lediglich aus freier, zu sich selbst gelangter Schöpferkraft. Mit der feierlich verklärten Apotheose der zeugenden Liebe als dem Urgrunde alles Seins
klingt das Werk aus. Aus dieser Höchstspannung gebiert sich als Gegenstück
Mahlers innerlich heiterste Schöpfung. Nun erzählt „das Kind" das Märchen
von den himmlischen Freuden: die vierte Sinfonie.

VIERTE SINFONIE

In dem Mildenburg-Brief vom 1. Juli 1896 spricht Mahler von dem Finalsatz der dritten Sinfonie als „Nr. 7". Auch in einem der vom „Merker" mitgeteilten Gespräche taucht die Siebenzahl auf, mit Beigabe der programmatischen Überschriften, und zwar heißt es unter Ziffer 6 „Was mir die Liebe erzählt", Ziffer 7 „Was mir das Kind erzählt". „Und das Ganze werde ich ‚meine fröhliche Wissenschaft' benennen — und die ist es auch" setzt Mahler hinzu.

Demnach sollte die dritte Sinfonie ursprünglich sieben Sätze enthalten, und der siebente ist später in Fortfall gekommen. Ob dieser siebente Satz nun, wie es nach der mündlich überlieferten Mitteilung scheint, der Schlußsatz sein sollte, oder ob, wie der Mildenburg-Brief vermuten läßt, das Adagio „Was mir die Liebe erzählt" stets als Finale geplant war und jener siebente Satz vorher seinen Platz gefunden hätte, ist nach den bis jetzt vorliegenden Mitteilungen nicht einwandfrei festzustellen. Sicher ist nur die ursprüngliche Siebenzahl. Sicher ist außerdem, daß der siebente Satz keineswegs etwa nicht zur Ausführung gelangt oder gar verloren gegangen, sondern daß er der Keim zur vierten Sinfonie geworden ist. Das Stück „Was mir das Kind erzählt" ist das jetzige Finale der vierten Sinfonie, das Wunderhornlied von den „himmlischen Freuden". Die Umstellung, zunächst also die Ausschaltung aus der dritten Sinfonie, muß ziemlich spät erfolgt sein, zu einer Zeit, als die Komposition des Stückes bereits beendet war, denn es bestehen zwischen dem jetzigen fünften Satz, dem Engelchor, und dem Sopranlied von den „himmlischen Freuden" melodische, harmonische und motivische Übereinstimmungen, die auf einen ursprünglich sehr nahen Zusammenhang deuten.

Der Hergang war vermutlich so, daß Mahler, beim Entwurf der dritten Sinfonie von einer Überfülle der Gesichte bedrängt, während der Ausarbeitung auf zwei Finale zusteuerte: ein pathetisches, das dem großen Gedankenschwung der Sinfonie krönenden Abschluß gab, und ein idyllisches, das der zarten Linie der Mittelsätze entsprach — eines, das eine tief ausholende Zusammenfassung der dem ganzen Werk zugrunde liegenden Gefühlsintensität bedeutete, und eines, das alle Problematik ins träumerisch Spielende löste. Ein Neben- oder unmittelbares Nacheinander beider Stücke hätte die Wirkung des an sich schon umfangreichen Werkes gefährdet, hätte zudem die organische Einheitlichkeit gestört. Mehr noch als diese Gründe mochte bei Mahler die Erkenntnis mitsprechen, daß die Linie, die in dem idyllischen Finale zum Abschluß gelangte, innerlich noch nicht klar genug vorbereitet sei. Diese Lösung ins Spielende, Märchenhafte, diese zarte Entwirrung ohne Gewaltsamkeit, ohne Tragik, ohne äußeren Kraftaufwand, lediglich durch immer feineres, schichtweises Auseinanderlegen, durch leises Fortziehen der Schleier bedeutete Erreichung einer Entwicklungsstufe, die bereits oberhalb der dritten Sinfonie lag. Es war nötig, die neue Erkenntnis gleichsam von rückwärts, vom neu gewonnenen Endpunkt aus zu festigen, zu begründen, ihr einen eigenen Kreis zu schaffen, dem sie zur Lebensquelle wurde, und an dessen Erscheinungen sie selbst sich darstellen, ihre eigene Fruchtbarkeit erweisen konnte. So tief sie zusammenhing mit dem Ideenkreis der dritten Sinfonie, so sehr sie seiner bedurft hatte, um selbst werden zu können, so bedeutete sie in ihrer Vollendung doch eine höhere Reife der Weltanschauung, den Eintritt in eine reinere, lichtere Denk- und Vorstellungssphäre, aus der sich auch wieder eine neue, abgeklärte Art der sinfonischen Gestaltung ergeben mußte.

Daß Mahler diese Stufe erreichen, daß er über die Erlebnistragik der ersten, über die Frage nach den letzten Dingen in der zweiten, über die Symbolik des Naturerlebens in der dritten Sinfonie hinaus zu einem Weltbild gelangen konnte, das nicht aus faustischer Unbezähmbarkeit des Erkenntnisdranges erwächst, sondern aus schmerzlos heiterer Anschauung des Gegebenen, aus der lächelnden Ruhe des zu Kindheitsträumen zurückkehrenden Weisen — das war Ergebnis der menschlichen wie der künstlerischen Entwicklung der Persönlichkeit. Im Leben jedes großen Künstlers gibt es einen Ruhepunkt, einen Augenblick, in dem die Jugendstürme ausgetobt haben, Probleme, die ihn bisher bewegten, zu einem gewissen Abschluß gebracht werden, einen Augenblick, in dem die Persönlichkeit zum reinen Bewußtsein ihrer selbst, ihrer Kraft, ihres innersten Wesens gelangt und mit gleichsam passiver Überlegenheit auf das Spiel des Lebens blickt. Der Schmerz, dieser große Befruchter, schweigt. Der unmittelbare Handlungsdrang erlischt. Was weiterwirkt, sind nur die inneren Kräfte, die, statt auf ein besonderes Ziel loszusteuern, einen heimlichen, heiteren Reigen aufführen, sich an der eigenen, zwecklosen Beweglichkeit erfreuend. Es ist dies der Mittelpunkt, die Mittaghöhe des Daseins. Die Persönlichkeit, abgelöst von Schmerz und Leidenschaft, schwebt frei über den Dingen, ruht im Gleichgewicht der eigenen seelischen Kräfte, bis neue Stürme sie erfassen. In einem solchen Zustande höchst gesammelter Kraft hat der etwa vierzigjährige Beethoven seine achte Sinfonie geschrieben, dieses Hohelied sich selbst befreiender Heiterkeit. In solchem Zustande hat der gleichfalls annähernd vierzigjährige Mahler 1899 bis 1900 seine vierte Sinfonie geschrieben. Sie ist ein Abschlußwerk in jeder Beziehung. In allen vorangehenden Sinfonien wurden gewisse Spannungen zwischen Künstler und Welt zum Austrag gebracht. Aus der Lösung dieser Spannungen hat sich nun eine ruhige, handlungsfähige, aber nicht handlungsdürstende Tatkraft entwickelt. Sie kommt zunächst zum Ausklang in der gesättigten Fülle des Final-Adagio der dritten Sinfonie. Der Künstler hat den Glauben an sich und an die Welt gewonnen. Er hat in der zweiten Sinfonie sich selbst als Gefäß des Göttlichen erkannt, und dieses Göttliche hat sich ihm offenbart als eine alle Wesen der sichtbaren und unsichtbaren Welt umfassende Steigerung des Naturhaften. Nach dem Durchleben dieser aufwühlenden Geschehnisse kommt über ihn der Friede einer heiteren, stillen Tätigkeit. Hier zeigen sich auch Zusammenhänge mit dem äußeren Leben. Im Mai 1897 war Mahler Kapellmeister der Wiener Hofoper geworden, im Oktober des gleichen Jahres folgte die Ernennung zum Direktor. Er war auch äußerlich an das ihm erreichbare höchste Ziel gelangt. Glücks- und Persönlichkeitsgefühl waren zur äußersten Steigerung gekommen. Er fühlte sich im Besitze der Vollkraft des Wollens und Vollbringens, er sah die Welt zu seinen Füßen. Mächtig wuchs in ihm der Reiz, mit dieser bezwungenen Welt zu spielen. Jegliche Tragik verschwindet, alles Problematische löst sich in Heiterkeit. Aus Kindheitsträumen steigt das Bild einer fernen, unsäglich friedvollen, unbeschwerten Welt auf. Eine herrliche, einfältige Landschaft zeigt sich. Schlaraffenland nennen sie die Menschen. Hier wird jegliches Bedürfnis zum Freudenquell, alles Verlangen stillt sich von selbst. Und doch kein Unbehagen, kein Überdruß ob dieser Schmerzlosigkeit. Dies alles ist ja Märchengaukelei, bewußtes Spiel mit fernen Wünschbarkeiten. Essen und Trinken, alles Leibliche wird mit lächelndem Behagen zu dauernder Freude. Anmutiger Reigen, Tanz und Gesang ist das ganze Dasein. Über alles hinweg aber tönt eine unsagbar zarte und liebliche Musik, wie sie nie auf Erden vernommen worden ist. Dieses Weltbild, unerreichbar jeder Trübung, heiter schwebend in wolkiger Ferne, diese ,,christliche Cocagne", wie Goethe das Lied von den ,,himmlischen Freuden" nennt, wird für Mahler die Grundlage seines neuen Lebensbildes und weitet sich nun vom schmucklosen Lied zum großen, viergliederigen sinfonischen Gebilde.

In allen bisherigen Sinfonien Mahlers war das Finale Haupt- und Kernsatz, Ziel der Entwicklung gewesen. In der Ersten und Zweiten hatte es sich zu gewaltigem Umfange erweitert, in der Ersten über die architektonischen Maße des Instrumental-Finale hinausquellend, in der Zweiten dazu noch die Klangmittel des Solo- und Chorgesanges in Anspruch nehmend. Beidemale war die Bedeutung des Schlußsatzes auch äußerlich durch Häufung der Mittel hervorgehoben worden. Dieses Verhältnis ändert sich in der dritten Sinfonie. Hier ist das Final-Adagio zwar unter den Sätzen der zweiten Abteilung der gewichtigste, wird aber an Umfang und äußerem Aufwand vom Eröffnungssatz übertroffen. Gleichwohl behält es auch hier zentrale Bedeutung. Alle Fäden laufen in ihm zusammen. Das Übergewicht des ersten Satzes ist im Grunde rein stofflicher Art, Intensität der Ausdruckskraft und Konzentrationsvermögen im Finale ersetzen alles, was der erste Satz etwa an äußerlicher Wucht voraus hat. Mahler selbst hat dieses Verhältnis der beiden Ecksätze gesprächsweise charakterisiert, als er von den thematischen Bindungen zwischen beiden sprach, die aber, wie er meint, von den Hörern kaum bemerkt werden. ,,Was dort dumpf und noch leblos starr war, ist hier zum höchsten Bewußtsein entfaltet, und die unartikulierten Laute sind zur höchsten Artikulation geworden." Die überragende Bedeutung des Finale steht demnach auch hier außer Zweifel, das durch dieses Finale gegebene Ziel bestimmt den Aufbau der Sinfonie im Ganzen, wie Anlage und Ausführung der Sätze im einzelnen.

Bei der vierten Sinfonie tritt insofern eine Änderung ein, als das Finale der anspruchloseste, kürzeste Satz ist und am wenigsten sinfonischen Charakter trägt: ein einfaches Lied für Solosopran mit Begleitung von kleinem Orchester. Die Singstimme behält fast durchweg die Führung, die wenigen Zwischenspiele kommen als selbständige instrumentale Äußerungen nicht in Betracht. Der Liedcharakter ist streng durchgehalten. So gesehen erscheint dieser Schlußsatz nur als leichtwiegendes Anhängsel. Und doch ist er genau im nämlichen Sinne wie die Finale der vorangehenden drei Sinfonien das Hauptstück des Ganzen, stilbestimmendes Ziel und Zusammenfassung aller in den vorangehenden Sätzen wirkenden Kräfte. Lediglich das äußere Bild hat sich verschoben und täuscht ein verändertes Verhältnis der Satzorganisation vor. In Wirklichkeit reicht die bestimmende Kraft des Finale bei der Vierten sogar erheblich weiter als bei den älteren Sinfonien. Bei diesen blieb es wohl stets Ziel, schwebte aber zunächst in unbestimmter Ferne und mußte durch die vorderen Sätze erst allmählich zu klarer Faßbarkeit gebracht werden. Bei der Vierten steht das Finale von Beginn an fest, und aus ihm heraus sprießen in allmählicher Rückentwicklung die Vordersätze. Das Finale ist also hier in vollem Sinn der Kern des Werkes. Es enthält nicht nur wichtige thematische Keime für die Vordersätze. Es schließt in sich bereits den gesamten geistigen Grundplan des Werkes. Es bestimmt in noch weit höherem Maße als die Endsätze der früheren Werke Stil und Charakter des Ganzen, denn beide müssen ihm, dem von vornherein fertigen Gebilde, entnommen werden. So seltsam es klingen mag: dieses Lied, nächst dem „Urlicht" und dem „trunknen Lied" der kürzeste von allen bisherigen Sinfoniesätzen Mahlers, dieses Lied, das scheinbar nur ein Nachspiel zu den vorangehenden größeren Instrumentalstücken darstellt — dieses Lied ist die eigentliche Sinfonie. Alles Vorangehende ist nichts als fantastisches Präludium zu dem äußerlich schlichten, unsinfonischen Hauptstück. Man könnte auch sagen: das Lied gibt in wenigen Takten mit äußerster Klarheit den Reingehalt der Vordersätze. Freilich setzt diese Klarheit die Vorbereitungsarbeit der Instrumentalstücke voraus. Darum sind diese ebenso notwendig als massiver Unterbau für das zierliche Finale-Dach, wie umgekehrt dieses erst dem dreistufigen Unterbau klärenden und rechtfertigenden Sinn gibt.

Aus der Vorherrschaft des Liedfinale ergibt sich auffallende Vereinfachung in der Anlage des Gesamtplanes. Bisher war für Mahlers sinfonischen Aufbau kennzeichnend gewesen ein gewaltiges Expansionsbedürfnis. Zunächst in bezug auf die gedanklich formale Struktur und hier wieder hinsichtlich der Satzzahl. Die erste Sinfonie war zwar noch viersätzig gebaut, enthielt aber bereits das überlebensgroße Finale, dessen Teile, gewaltsam aneinander geschmiedet, unter der Überfülle des Stoffes fast auseinander zu brechen drohten. Bei der Zweiten war die Zahl der Sätze auf fünf gestiegen, bei der dritten auf sechs, im ersten Entwurf sogar auf sieben. Zugleich hatte Mahler mit der Gliederung in „Abteilungen" ein architektonisches Gestaltungsprinzip aufgestellt, das weiteren kühnen Kombinationen Raum zu geben schien. Der Drang in die Weite wirkt unaufhaltsam und schafft sich bereits neue, zusammenfassende Ordnungsgesetze. Plötzlich bricht er ab, schlägt in das Gegenteil um. Die Satzzahl schrumpft wieder auf vier zusammen. Das Liedfinale verträgt keine stärkere Belastung. Der Stoff, den es in sich trägt, erschöpft sich in vier Sätzen, von denen der letzte nur noch das knapp zusammenfassende Resumee und den Ausblick gibt.

Nicht nur das architektonische, auch das akustische Ausmaß vermindert sich plötzlich. Die Holzbläsergruppe wird verkleinert: alle vierten Stimmen fallen fort mit Ausnahme der vierten Flöte, die häufig als kleine Flöte zur Verwendung kommt. Statt acht Hörnern werden nur vier verlangt, statt vier Trompeten drei, Posaunen und Tuba bleiben unbenutzt. Das Schlagwerk ist allerdings wieder vollzählig. Seine rhythmische Kraft und elementare Farbe mag Mahler nicht entbehren. Nur Tambourin, kleine Trommel, Rute fehlen. Dafür fordert er Pauken, große Trommel, Triangel, Glockenspiel, Becken, Tamtam, und dazu noch Schellen als eine Art Schlitten- oder Postkutschengeläute, eine neue, merkwürdige Farbe von fantastischem Reiz. Trotz dieser stattlichen Zahl von Schlaginstrumenten bleibt der stilistische Charakter des Werkes gewahrt. Massenwirkungen und gewaltsame Steigerungen sind durchweg vermieden, da auch die Schlaginstrumente vorwiegend solistisch auf bestimmte Einzeleffekte hin verwendet werden. So erhält der Orchesterklang durch das Fehlen aller dicken, massiven Töne, namentlich des schweren Bleches etwas ungewohnt Schimmerndes, Durchsichtiges, fast Pastellartiges. Die Eigenheit dieser bei Mahler bisher nur in einzelnen Sätzen episodisch, noch nie aber innerhalb eines geschlossenen Werkes durchgeführten Klangtransparenz wird gesteigert durch die Behandlung der Streicher. Selten hat Mahler so beharrlich gewisse Schleif- und Bindemanieren, Glissandi, Portamenti, gezogene Fermaten, so feine, zärtliche, gelegentlich ins Süße, sinnlich Schmachtende zielende Spielmanieren bevorzugt, sie ausdrücklich gefordert durch Vorschrift von Bindungen und Fingersatz, wie gerade hier. Das Österreichertum, der Musikantentrieb bricht elementar durch. Alles Verlockende, Schmeichlerische, unmittelbar Liebenswerte der persönlichen Kunst des Spielers wird bewußt in den Dienst des stilistischen Ausdruckes gestellt. Damit hängt zusammen die durchweg violinmäßige Prägung der thematischen Melodik. In den drei vorangehenden Werken hatte die starke Inanspruchnahme der Bläser auch die Thematik bedeutsam beeinflußt. Der lineare Schnitt der Themen war so gehalten, daß sie entweder der Übernahme durch die Bläsergruppen keine Schwierigkeiten bereiteten, oder von vornherein aus dem Charakter der Blasinstrumente hervorwuchsen und von den Streichern umspielt, ornamental und figurativ verziert werden konnten. Daher das Fanfarenhafte der Themen namentlich von Mahlers Ecksätzen. Sie sind stets aus dem Gedanken an die Wiedergabe durch die schwerbewegliche Bläsergruppe erfunden, und ihre Hauptlinien müssen durch die Blechbläser eindringlich gemacht werden können. Bei der vierten Sinfonie ändert sich das Bild. Durch den Fortfall eines gewichtigen Teiles der Bläser erhält die Dynamik dieses Werkes von vornherein zarte, elastische Spannungen. Das strenge, erhobene Pathos kommt als Steigerungsziel in Fortfall. Die Holzbläser, die stets auf Anpassung entweder an die physisch kraftvollere Blech- oder an die gesanglich intensivere Streichergruppe angewiesen sind, streben mehr nach solistischen Sonderwirkungen, als nach chorischem Zusammenklang. Der Geigenton bestimmt die thematische Linie. So gibt es jetzt Themen von wesentlich anderem Zuschnitt, als Mahler sie bisher verwendet hat, Melodien, die rein aus dem Gesangwillen des Streichinstrumentes hervorgegangen sind. So entstehen fein und zierlich gebogene, reichlich verschlungene, gelegentlich schnörkelhafte Bildungen voll altväterlicher Grazie und fließender Beweglichkeit, wie das Hauptthema des ersten Satzes:

Dann wieder Melodien, die ganz aus dem seelenvollen Vibrato des langgezogenen, zartschwingenden, gefühlsstarken Streichertones erschaffen sind, wie das Variationsthema des langsamen Satzes: Dann wieder solche, für die die Vorstellung des Glissandoschwunges, der innerlich gebundenen, dabei breit ausholenden Gesanglinie maßgebend ist, wie das zweite Thema des Eröffnungssatzes:

Diese stilistischen Merkmale lassen sich bis ins einzelne verfolgen. Sie bestätigen, daß hier die besondere Art der Orchestergruppierung die thematische Gestaltung stark beeinflußt hat. Zum erstenmal bei Mahler bildet das Streichorchester wieder die Grundlage der klanglichen Empfindung. Die Bläser werden, ähnlich wie in der älteren Sinfonik, vorwiegend zu koloristischen und solistisch individuellen Einzelwirkungen herangezogen, kommen weniger als geschlossene Einheit und überhaupt nicht als dynamische Ziele des Klangaufbaues in Betracht. Der gesangmäßige Ausdruck herrscht vor. der pathetische verschwindet als stilbestimmende Kraft.

Das Diminutivhafte dieses neuen sinfonischen Organismus, bedingt durch das Liedfinale, zeigt sich außer im äußeren Gesamtplan und in der orchestralen Gestaltung auch im Umfang und Aufbau der Einzelsätze. Auch hier völliges Stocken des bisherigen Expansionsdranges. Der ausführlichste Satz der Vierten, ihr erster, zählt nur wenig über ein Drittel der Taktzahl des ersten Satzes der dritten Sinfonie, Scherzo und langsamer Satz sind zwar breit und geruhig ausgesponnen, überschreiten aber nirgends das vordem gewohnte Maß. So zeigt sich in allen, Grundriß und allgemeine Charakterzüge betreffenden Merkmalen dieses Werkes der bestimmende Einfluß des Final-Liedes. Er zeigt sich ebenso in der besonderen Ausführung der Sätze, in ihrer thematischen und poetischen Bauart. Er zeigt sich in dem gesamten Formwillen, der an der Erscheinung dieses Werkes sich Ausdruck schafft.

Bemerkenswert ist zunächst, daß alle drei Vordersätze mit dem Finale thematisch verknüpft sind. Diese Verknüpfung ist am auffälligsten zwischen dem ersten und vierten Satz. Es handelt sich dabei nicht um versteckte motivische Beziehungen, sondern um die thematisch wie namentlich klanglich durch das Schellengeläut sehr einprägsamen Einleitungstakte. Sie kehren im Finale mehrfach als Orchesterzwischenspiel wieder und werden in der Liedbegleitung motivisch weitergeführt. Gleichfalls deutlich hervorgehoben sind die Bindungen zwischen Adagio und Finale. Sie finden sich bei der plötzlichen Schlußwendung des Adagio von G-dur nach E-dur. Hier sind sowohl thematische Vorausnahmen von Finale-Motiven, als auch Erinnerungen an den Eröffnungssatz, es knüpfen sich also drei Sätze ineinander. Verhältnismäßig am wenigsten nimmt das Scherzo Bezug auf die übrigen Sätze. Es zeigt nur versteckte Umschreibungen von Final-Motiven, sicherlich nicht unbeabsichtigt, aber doch trotz der Vorschrift „deutlich" nicht so stark zum Bewußtsein des Hörers sprechend, wie die vorher erwähnten Anklänge.

Angesichts dieser eng ineinander versponnenen, mit unverkennbarer Absicht im Schlußsatz hervorgehobenen thematischen Beziehungen liegt der Gedanke nahe, hier ähnlich wie bei der dritten Sinfonie das Vorhandensein einer programmatischen Grundidee anzunehmen. Eine solche ist wirklich vorhanden gewesen.

Es existiert als Gegenstück der beiden Programmskizzen zur dritten Sinfonie ein bisher unbekannt gebliebenes Blatt folgenden Inhaltes:

Sinfonie Nr. 4 (Humoreske).

Nr. 1. Die Welt als ewige Jetztzeit, G-dur.
Nr. 2. Das irdische Leben, es-moll.
Nr. 3. Caritas H-dur (Adagio).
Nr. 4. Morgenglocken, F-dur.
Nr. 5. Die Welt ohne Schwere, D-dur (Scherzo).
Nr. 5. Das himmlische Leben, G-dur.

Dieses Blatt ist in mehrfacher Beziehung wichtig. Es zeigt zunächst, daß der Plan zur vierten Sinfonie fast gleichzeitig mit dem zur dritten entstanden ist. Aus dieser Zeit, als auch die Dritte noch im Werden war, muß das Skizzenblatt stammen, denn der erwähnte Satz Nr. 4 ,,Morgenglocken‘‘, ist der Engelchor aus der Dritten. Ihn hatte Mahler demnach ursprünglich für die Vierte in Aussicht genommen, wie andererseits das jetzige Finale der Vierten für die Dritte in Betracht kam. Man sieht: dritte und vierte Sinfonie sind ein Zwillingspaar, die Entwürfe zu beiden gehen durcheinander. An ihrer allmählichen Sichtung und Ordnung aber spiegelt sich ein Mahler inneres Werden aufhellender Entwicklungsprozeß.

Das Skizzenblatt zur Vierten verrät noch mehr. Außer den ,,Morgenglocken‘‘ erwähnt es drei Sätze, deren Ausführung später nicht zustande kam. Zunächst ,,Das irdische Leben, es-moll‘‘. Dies ist eine von Mahlers düstersten, schmerzvollsten Wunderhorn-Kompositionen, das Lied ,,Mutter, ach Mutter, es hungert mich‘‘. Mahler hat demnach an eine sinfonische Verwendung dieses Stückes gedacht und ist später wieder davon abgekommen, vielleicht weil ihm die unheimliche Dämonie des Liedes innerhalb der ,,Humoreske‘‘ als gar zu schneidender Kontrast erschien. Das jetzige Totentanz-Scherzo in seiner fantastischen Mischung greller und sanfter Farben fügt sich dem Gesamtcharakter der Sinfonie besser ein.

Merkwürdig ist auch die Bezeichnung ,,Caritas‘‘ für das als dritten Satz geplante H-dur-Adagio. Ebenso wie das ,,irdische Leben‘‘ ist es nicht zustande gekommen. Die Idee aber hat Mahler sich bewahrt, denn noch in der ersten Skizze zur achten Sinfonie, die vier Sätze vorsieht, taucht der Plan zu einem ,,Caritas‘‘-Adagio auf. Kann man hier auf Grund der vorhandenen Aufzeichnungen das Weiterwirken einer musikalisch poetischen Idee aus früher Zeit bis in die letzten Jahre feststellen, so liegt die Vermutung nahe, daß das D-dur-Scherzo ,,Die Welt ohne Schwere‘‘ wirklich geschrieben worden ist. Freilich nicht für die vierte, sondern für die fünfte Sinfonie, wo ein solches Scherzo — ohne Überschrift — die zweite Abteilung bildet. Das Scherzo der Fünften wäre demnach der älteste Teil dieser Sinfonie und wurzelte noch im Stimmungskreise der dritten und vierten. Diese Vermutung kann zwar nicht bewiesen werden, erscheint aber auf Grund der Programmskizze denkbar.

So läßt dieses Blatt nicht nur in die Entstehungsgeschichte der dritten und vierten Sinfonie schauen, sondern gibt einige Hinweise auf Mahlers sinfonische Pläne und seine Art poetischer Skizzierung überhaupt. Für die vierte Sinfonie, wie sie heut vorliegt, haben außer der Gesamtbezeichnung ,,Humoreske‘‘ von den sechs Überschriften nur zwei Gültigkeit behalten: die erste ,,Die Welt als ewige Jetztzeit‘‘ und die letzte ,,Das himmlische Leben‘‘. Eine poetisch programmatische Grundidee ist also vorhanden: Diesseits und Jenseits, in humoristisch idyllischer Gegensätzlichkeit erfaßt, geben Anfangs- und Endpunkt. Die Mittelteile werden dem ersten Entwurf gegenüber geändert. Der zweite Satz bekommt die Bezeichnung „Freund Hein spielt auf". In der Partitur fehlt diese Überschrift. Immerhin ist die Verwendung einer um einen Ton höher als üblich gestimmten Solovioline mit der Vortragsbezeichnung „sehr zufahrend, wie eine Fidel" auffallend genug und ruft das von Mahler gegebene Bild auch ohne besonderen Hinweis herauf. Ähnlich wäre es wohl auch dem langsamen Satz gegenüber bei Ausnutzung der Andeutungen des Schlußgedichtes und der thematischen Beziehungen zum Finale möglich, eine programmatische Idee zu skizzieren. So könnte man die Sinfonie bezeichnen als traumhafte Fahrt hinauf zur paradiesischen Himmelswiese, eine Fahrt, die im ersten Satz anhebt mit lustigem Schellengeläut, durch wechselnd heitere und düstere Landschaften der diesseitigen „Welt als ewiger Jetztzeit" hinführt zum Freund Hein. Dieser ist hier im freundlich legendären Sinne aufgefaßt als der mit seiner Fidel lockende Führer, der seine Herde musizierend aus dem Diesseits ins Jenseits geleitet. In ruhevoll anhebenden, allmählich gesteigerten und belebten Adagio-Variationen breitet sich die neue Welt immer weiter und klarer vor den Ankommenden, gleichsam durch eine Reihe von Metamorphosen Emporsteigenden aus, bis jener letzte Aufenthaltsort erreicht ist, wo jeder Wunsch in Erfüllung geht, und die Geister im seligen Spiel tanzen und singen.

Man kann dieser Sinfonie eine solche poetische Deutung geben, ohne deswegen den Vorwurf willkürlicher Auslegung hinnehmen zu müssen. Sowohl die thematischen Verknüpfungen der Sätze wie der Text des Schlußliedes legen eine gedankliche Zusammenfassung des Ganzen nahe. Mahlers eigene Skizzen lassen vermuten, daß ihm selbst anfangs ein ähnlicher Gedankengang vorgeschwebt haben mag. Sicher ist freilich, daß Mahler sich später anders entschlossen hat, und zwar kaum aus Furcht programmatischen Andeutungen gegenüber, sondern weil ihm solche Überschriften, die bei der dritten Sinfonie noch angebracht waren, hier nicht mehr zureichend schienen. Er war offenbar — auch hieran zeigt sich der Fortschritt während der Ausführung von der dritten zur vierten Sinfonie — über die Art poetisch programmatischer Sinfonik, wie sie in der Dritten ihren stärksten Ausdruck gefunden hatte, innerlich hinausgewachsen. Die Gefahr, etwa noch stärker in das programmatische Musizieren hineinzugeraten — eine Gefahr, die bei der Dritten in einzelnen Momenten, vor allem durch den philosophischen Gesamtplan, zweifellos bestanden hat — diese Gefahr hatte er während der Arbeit kraft seiner immer wieder der Darstellung des Gefühlsmäßigen zustrebenden Natur überwunden. Er war sich klar geworden darüber, daß es für ihn nicht darauf ankam, bestimmte Ideen durch die allgemein übliche Tonsymbolik verstandesmäßig faßbar zu machen. Er erkannte seine besondere Aufgabe, neue tonsymbolische Werte zu prägen, und durch deren Gefühlsgewalt neue Wege der geistigen Mitteilung, neue Möglichkeiten des seelischen Erkennens aufzudecken. Mahler wußte, daß die Schöpferkraft des Künstlers sich kundgibt an seiner Fähigkeit, eigene symbolische Werte innerhalb seines besonderen Ausdrucksgebietes zu schaffen und durch das besondere Stilprinzip der Symbolbildung befruchtend zu wirken. „Alle Verständigung zwischen dem Komponisten und dem Hörer beruht auf einer Konvention: daß der letztere dieses oder jenes Motiv oder musikalische Symbol oder wie man es sonst nennen mag als den Ausdruck für diesen oder jenen Gedanken oder eigentlicher geistigen Inhalt gelten läßt. Das wird jedem bei Wagner besonders gegenwärtig sein, aber auch Beethoven und mehr oder weniger jeder andere hat seinen besonderen, von der Welt akzeptierten Ausdruck für alles, was er sagen will. Auf meine Sprache aber sind die Menschen noch nicht eingegangen. Sie haben keine Ahnung, was ich sage und was ich meine, und es scheint ihnen sinnlos und unverständlich. Ebenso fast allen Musikern, die mein Werk spielen — und es dauert jedesmal eine geraume Zeit, bis es ihnen aufgeht. Als mir das neulich in Berlin bei der ersten Probe im ersten Satz der D-dur-Sinfonie — den sie zuerst gar nicht kapierten und nicht zusammenbrachten, und wo ich selbst meinte, vor unüberwindlichen Schwierigkeiten zu stehen — plötzlich klar wurde, war das ein Augenblick zum Totschießen. Warum, schrie es in mir, muß ich das alles leiden? Warum dieses furchtbare Martyrium auf mich nehmen? Und nicht nur für mich, für alle, die vor mir an dieses Kreuz geschlagen wurden, weil sie der Welt ihr Bestes darbringen wollten, und für alle die es noch nach mir werden, empfand ich den unermeßlichsten Schmerz."

Mahler hat diese Worte in bezug auf die D-dur-Sinfonie gesprochen. Sie lassen sich ebenso auf die Vierte in G-dur anwenden. Gerade das Symbolhafte des Mahlerschen Schaffens kommt hier wieder mit besonderer Schärfe zum Ausdruck, wie Mahler sagt: „Alle Verständigung zwischen dem Komponisten und dem Hörer beruht darauf, daß der letztere dieses oder jenes Motiv oder musikalische Symbol . . . als den Ausdruck für diesen oder jenen Gedanken oder eigentlicher geistigen Inhalt gelten läßt." Dafür ist freilich zunächst nötig, das musikalische Symbol als solches zu erkennen. Das ist nicht stets auf den ersten Blick möglich. Nicht immer tritt das Ursymbol eines Werkes gleich im Anfang hervor, wie das Quartenmotiv in der ersten, die Folge A-dur—a-moll in der sechsten Sinfonie. Nicht immer hat es die Nebenbedeutung des Leitmotives im Sinne Wagners. Die Art, wie der Komponist es verwendet, ist völlig seinem Ermessen, seiner Fantasie, seiner Gestaltungsgabe anheim gestellt. Je weniger schematisch er dabei verfährt, um so fruchtbarer wird sich im einzelnen Fall die symbolische Mitteilungskraft bewähren. Das Symbol liegt manchmal tief versteckt, wirkt auf den Hörer nur als zunächst unbemerkbare, heimliche Stimmungsstimulans, wie die unausgesetzt klingende und doch kaum dem Bewußtsein erfaßbare Tonfolge A—G—E im „Lied von der Erde". Oder das musikalische Ursymbol gelangt zunächst nur andeutend zum Erklingen, und die Entwicklung des Werkes beruht eben in der langsam vorschreitenden, erst im letzten Teil zur völligen Klarheit gelangenden Enthüllung des tonsymbolischen Grundgedankens.

Dies ist der Fall bei der vierten Sinfonie. Sie ist entstanden aus der Konzeption des Final-Liedes, an das sich in rückläufiger Entwicklung die Vordersätze nachträglich anfügten. Die formlogische Bedeutung dieser später entstandenen Vordersätze ist Vorbereitung und allmähliche Klarlegung der musikalischen Uridee des Finale. Anfangs nur zaghaft, allmählich stärker angedeutet, kommt sie im Augenblick des Finalebeginnes plastisch zur Erscheinung und erfährt bis zum Verklingen des Schlußsatzes die letzte, innerlich erschöpfende Steigerung. Diese musikalische Uridee der Sinfonie, die der Hörer hier als „Ausdruck für diesen oder jenen Gedanken oder eigentlicher geistigen Inhalt" gelten lassen muß,

ist der Anfang des Liedfinale. Er wird im
Instrumentalvorspiel des Schlußsatzes
von der Klarinette intoniert und dann
von der Singstimme aufgenommen:

Wir ge-nießen die himm   lischen Freuden.

Man kann sagen: in diesen drei Takten liegt die Sinfonie, liegt ihr musikalischer und damit auch ihr poetischer Gedanken- und Entwicklungsgang
beschlossen. Um diese Melodie, diese Worte in der reinen, schmucklosen,
unbezweifelbaren Klarheit und Einfachheit der Finalerscheinung möglich zu
machen, um sie mit absoluter Überzeugungskraft und schöpferischer Sicherheit
vor den Hörer zu stellen, dazu bedarf es jenes sinfonischen Unterbaues. Diese
Töne und diese Worte sind der Reingehalt des Werkes — aber früher gebracht,
ohne die weitausgreifenden Vorbereitungen, nach einer vielleicht nur kurzen
Einleitung, wären sie belanglos erschienen, hätten zum mindestens nicht die offenbarende Kraft ausgestrahlt, die jetzt von ihnen ausgeht, wo sie nach langschwellen-
der Spannung plötzlich den lösenden Ton, das lösende Wort bringen. Aus dem Suchen
nach diesem befreienden Grundsymbol erformt sich der organische Aufbau des
Werkes. Von jeder der verschiedenen Sphären aus, die es durchläuft, steuert es immer
bewußt oder unbewußt auf den einen Schlußpunkt hin. Bereits der erste Satz
wagt den Vorstoß, gelangt aber nur zu zwei knapp andeutenden Formulierungen. Zunächst dem langgezogenen Flötenruf: Dann dem einprägsamer ge-
formten, aber
in einen har-
moniefremden Abschluß tappenden und nicht wei- Dieses Baßmotiv wird bei der
Höchststeigerung durch die Trom-
terfindenden Baßmotiv: peten aufgenommen und im kräftigen Marschton scharf angeblasen. Aber es
Es klingt wie plötzliche kecke hält sich
Siegesfreude in frischem C-dur: nicht, der
Aufschwung hat keine innere Standhaftigkeit. Die Kraft überschlägt, überschreit
sich, und das kaum ge- Weniger markant, obschon un-
fundene, befreiende Mo- verkennbar auf das Finale zie-
tiv stürzt mit greller lend, sind die thematischen
Dissonanz wieder ab: Verknüpfungen mit dem zweiten

Satz. In Rhythmus, Tonfall und Charakter passen sie sich völlig den Scherzo-
erscheinungen an, sind hier aber nur ahnende Hinweise zu jener fernen Paradieses-
idee, ohne Selbständigkeitswert und Selbständigkeitsdrang, Schatten unter
Schatten, schnell vorüberschwebend. In strahlender Glorie aber ersteht der Gedanke
im dritten Satz. Er gibt hier den krönenden Abschluß der Variationenfolge mit der
plötzlichen Wendung von G-dur nach E-dur. In den vier Hörnern, „Schalltrichter
aufgerichtet" erklingt „Pesante" das ansteigende Anfangsmotiv, jetzt
zur gewaltigen Fanfare gestaltet:

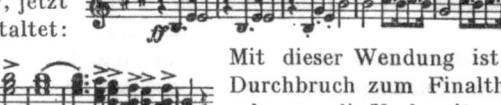

Pesante

Trompeten und Mit dieser Wendung ist der
Klarinetten intonie- Durchbruch zum Finalthema
ren gleichzeitig das gelungen, die Vorbereitung ab-
Ergänzungsthema: geschlossen — das Schlußlied

kann beginnen. Eine Metamorphose des Gedankens freilich steht noch bevor, die letzte, die dem Finale selbst vorbehalten bleibt: die endgültige Übertragung der Melodie von G-dur nach E-dur. In der Gegenüberstellung dieser beiden Tonarten kommt die Grundidee in ihrer zartesten Auswirkung zur Geltung: Welt als ewige Jetztzeit — Himmlisches Leben. Das anmutige, liebliche, doch stets innerhalb eines realistisch empfundenen Vorstellungskreises bleibende G-dur wandelt sich in E-dur, für Mahler bis zur sechsten und achten Sinfonie hinauf die Tonart der Erdentrücktheit und Verklärung. Die Wandlung wird im dritten Satz vorahnend angedeutet. Auch hier klingen die Fanfaren des Grundthemas in E-dur, gleichsam über den unmittelbar folgenden Anfang des Finale hinweg auf das Schlußbild weisend. Während aber hier der E-dur-Glanz nur kurz aufleuchtet und dann leise nach D-dur abblaßt, wendet sich der letzte Satz bei der Schilderung der Himmelsmusik endgültig nach E-dur: „Kein' Musik ist ja nicht auf Erden, die unsrer verglichen kann werden." In dieser Tonart schließt er mit dem „morendo" verhallenden Kontra-E der Harfe und Kontrabässe wie mit einem geheimnisvollen Ausblick auf die Unendlichkeit.

Man muß das eigentümliche Werk so von rückwärts, vom Finale her ansehen und zu erfassen suchen. Diese Betrachtungsart mag dem zeitlichen Ablauf widersprechen, spiegelt aber den inneren Entstehungsvorgang und läßt die Wurzeln und Verzweigungen erkennen. Es handelt sich hier um eine Sinfonie mit einem Thema, das als solches erst im Finale klar erkennbar, in den vorangehenden Sätzen nur angedeutet, nicht ausgesprochen wird. Diese Erkenntnis ist wichtig nicht nur für die Erfassung des Gesamtverlaufes der Sinfonie, sondern auch für das Verständnis der Einzelsätze. Das Urmotiv ist allen gemeinsam, es ist auch das ideelle Ziel, dem sie alle zusteuern. Da es aber in den Vordersätzen nur episodisch zum Durchbruch kommt, während andere Themen darin erheblich breiteren Spielraum einnehmen, so sind diese Sätze gleichsam über Themen geschrieben, die in Wahrheit gar nicht so wichtig sind, wie sie der äußeren Verwendung nach scheinen. Die thematische Struktur ist nur Mittel, den Boden aufzulockern, das erstrebte thematische Ursymbol herauf zu beschwören. Die übrigen Themen werden dadurch in ihrer Eigenbedeutung wesentlich herabgesetzt. Sie sind nur Masken, die eine Komödie aufführen, ein Schauspiel im Schauspiel, um die eine, gesuchte Wahrheit ans Licht zu ziehen.

Aus dieser inneren Einstellung, aus dieser durch den besonderen Stoffcharakter bedingten Stilgebung erklären sich die bisher erwähnten Eigentümlichkeiten des Werkes: die sparsame Orchesterbehandlung, das auffällige Hemmen des Expansionsdranges und alle damit zusammenhängenden sonstigen Symptome einer fast ironischen Selbstverleugnung. Aus der gleichen Einstellung erklärt sich nun auch die Gestaltung der thematischen Einzelerscheinungen, die Art des melodischen Entwurfes. Der psychologische Vorgang ist ähnlich wie bei Beethovens Achter. Wie Beethoven sich bei diesem Werk des großen Orchesters, der mächtigen Architektur, des oratorischen Ausdruckes begab, wie er alle Elemente des pathetischen Stiles ausschloß, in der Formgestaltung auf Tanztypen älterer Zeit zurückgriff, wie er in dem ganzen Werk durch eine Maske sprach und nur im Tonfall der Sprache den ironisierenden Sprecher verriet, wie er auf diese Art den Kontrast zwischen Sein und Schein zum Mittel humoristischer Wirkung ausbeutete, so ist auch

Mahlers Einfachheit nicht als reuiges Bekenntnis zum Glück der Genügsamkeit aufzufassen. In beiden Fällen liegt bewußte Archaisierung der Formgebung im weitesten Sinne vor. In beiden Fällen hüllt sich der neuzeitliche Musiker in das Gewand einer älteren Ausdrucksweise. Was er zu sagen hat, gewinnt durch den zopfigen Schnitt des Kostüms, die altertümliche Art des Gehabens den feinen Reiz des zwischen Traum und Wahrheit schwebenden, humoristischen Weltbildes, das bei unbezweifelbarer Vollendung und Klarheit der Erscheinung doch stets den Beiklang des völlig unwirklichen, jenseits aller Wahrscheinlichkeit stehenden Fantasiespukes behält.

Nur aus solcher parodistischer Grundeinstellung heraus ist ein Thema, wie das des ersten Satzes der Sinfonie als Thema von Mahler zu verstehen: 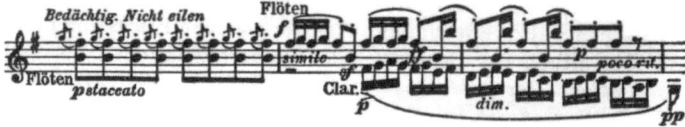 Gewiß hat Mahler auch in den früheren Sinfonien Themen von anmutig lieblicher Melodik geschrieben. Die Themen etwa des Andante aus der zweiten, des Blumen-Menuettes aus der dritten Sinfonie stehen dem Anfangsthema der vierten an Eingänglichkeit und Naivetät keineswegs nach. In beiden Fällen handelt es sich um intermezzoartige Stücke, die aufwühlenden Eröffnungssätzen als bewußte Kontraste folgten. In beiden Fällen war als formales Grundschema ein Tanztypus gewählt, der idyllische Charakter durch die Stellung innerhalb des Ganzen gegeben. Hier dagegen handelt es sich um den Eröffnungssatz und um den thematischen Kern dieses Eröffnungssatzes. Mahler, der bisher in seiner Thema-Aufstellung feste periodische Umgrenzungen vermieden, statt dessen melodische Erweiterung und Spannung angestrebt hat, schreibt plötzlich ein in viertaktiger Gliederung „recht gemächlich" tänzelndes, mit peinlicher Akkuratesse sich abrundendes und aussingendes Thema von durchaus unsinfonischem, inaktivem Charakter. In liebenswürdiger Harmlosigkeit auf das G-dur Seitenthema des Schlußrondos von Schuberts D-dur-Sonate weisend, scheint es bestimmt, einer kleinen Zwischenaktmusik als gefälliges Tändelmotiv, nicht aber einer Sinfonie als gedankliche Grundlage zu dienen. Oder ist es vielleicht eine Verhöhnung dieser einstigen Bestimmung des alten „Themas", dessen grundlegende Bedeutung jetzt ad absurdum geführt werden soll? Scheint doch in dieser Sinfonie überhaupt völlige Umkehrung der bisherigen Begriffe Mahlerscher Sinfonik zu herrschen. Statt der mächtig ausgreifenden Einleitung, in der wie in der ersten und dritten Sinfonie chaotische Spannungen herrschen, setzt hier ein dreitaktiges, monotones Stakkatomotiv der Flöten ein:

Schellengeläut begleitet, Vogelrufe des zweiten Flötenpaares tönen dazwischen, und ein abwärts rollender Klarinettenlauf bereitet die Aufnahme des mit schmachtendem Ritardando „grazioso, recht gemächlich" antänzelnden Themas vor. Nur Streicher ohne Kontrabässe haben das Wort. Die Violinen führen wie in alten Zeiten, drei Nebenstimmen geben eine behaglich schaukelnde Pizzikatobegleitung. Gruppenweise treten die Holzbläser zunächst als bescheidene Harmonie-Instrumente hinzu, während die Melodie in mehr und mehr sich verkürzenden und rhythmisch belebenden Perioden dialogartig erst von den tiefen Streichern, dann vom Horn, dann von den ersten Violinen und zuletzt von den Holzbläsern weiter gesponnen wird:

Kretzschmar nennt als „Objekt" dieser Sinfonie den „gebildeten Philister, dessen Wesen und Treiben der Komponist in vier Bildern vorführt". So fern eine solche Charakteristik dem Wesen der Sinfonie als Ganzem steht, so scharf bezeichnet sie gewisse thematische Einzelerscheinungen. Der Reiz eines Themas, wie dieses Anfangsgedankens des ersten Satzes ruht in der unverhüllten Philistrositätund geistigen Kleinlebigkeit seiner Erscheinung, dem engen Umkreis seiner Melodik, der selbstgefälligen Monotonie seiner Rhythmik, der Naivetät seiner Harmonik. Biedermeiergrazie in all ihrer liebenswürdigen Einfalt und Beschränktheit wird zur erheiternden Wirklichkeit, und als ob diese Wirklichkeit beim erstenmal noch nicht glaubhaft genug wäre, setzt mit banaler Selbstsicherheit und unverhohlener Freude am eigenen Reiz sofort die Wiederholung an. Die Stimmen mehren sich jetzt. Der führenden ersten Violine — Mahler läßt durch Fingersatz-

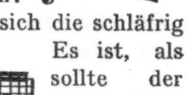

vorschriften dem Auftakt besonders schmelzenden Ausdruck geben: gesellen sich die nachtappenden Violoncelli. Allmählich belebt sich die schläfrig behäbige Grund-   Es ist, als stimmung. Rüstig   sollte der streben die Bässe   enge Ring aufwärts:

des Anfangsthemas gelockert werden. Die Violinen klammern sich an das zurückdrängende Abschlußmotiv, das sich in gewaltsamen harmonischen Ausweichungen eigensinnig zu behaupten sucht:

Aber das Widerstreben hilft nicht, eine neue Stimmung bricht durch. „Frisch" tönt ein heiteres Marschlied aus den Klarinetten. Die Streicher begleiten in volksliedmäßigen Rhythmen, und „kräftig" führen die ersten Violinen die Melodie weiter:

Nun quillt es „breit gesungen" aus den Violoncelli auf. „Ton!" ruft der Komponist den Spielern noch besonders zu:

Eine Melodie, die im Gegensatz zu der anfänglichen Enge und Selbstgenügsamkeit ins Überschwängliche drängt, bei der Wiederholung ins Schwärmen gerät und einen langgedehnten gesangvollen Nachsatz anfügt:

Nochmals, wie in unbezähmbarem Drang, wird die erste Gesangmelodie „schwung-

voll" in breiten Dehnungen, üppigen chromatischen Schiebungen und pathetischen Ritardandi gefühlsschwelgerisch gesteigert. Mit einem Male bricht der
reiche Klang der Streicher und Hörner ab, die Melodie verstummt. „Plötzlich
langsam und bedächtig" tönt ein fast verletzend abweisendes Doppelthema:
ein Oboenmotiv, in eigensinniger Rhythmisierung um die Tonwiederholung A sich
drehen, dazu der Fagott, in pedantisch gemessenen Achtelstakkati begleitend:

Der schwärmerische Aufschwung ist jäh unterbrochen. Leise nehmen die Streicher, dann,
etwas kecker, Holzbläser und Hörner die Einspruchsmotive auf, „etwas eilend" fahren Violinen plötzlich mit gestoßener Skala dazwischen.
Aber die Klarinetten flüstern die Einspruchsmotive weiter vor sich hin, Fagott,
Violoncelli, dann Kontrabässe, zuletzt ein einzelner Kontrabaß brummen sie nach —
bis das Gemurmel sich verliert und das Schellengeläut das Eröffnungsthema wieder
herankutschieren läßt. Schwärmerei und Widerspruch sind verflogen. Biedermeier
hat seine ursprüngliche Haltung wieder gefunden.

Aber er bewahrt sie diesmal nur auf kurze
Zeit. Das gemächliche Tempo primo wandelt
sich schon nach wenigen Takten in „fließend",
und „keck" fahren die ersten Violinen auf:
Das Thema erhält diesmal einen kräftigen Schuß Energie und Frische, es erscheint durch die vorhergehende Episode etwas aufgerüttelt aus der anfänglichen
Selbstzufriedenheit. In einem „wieder
sehr ruhigen und etwas zurückhaltenden" Epilog klingt das schwärmerische Element in zart aufsteigendem:
dann wieder
leise zurück-
sinkendem Ab-
gesang aus:

Unvermittelt setzt von neuem das Schellengeläut der Einleitung ein. Man
sieht, der Komponist bemüht sich gar nicht um organische Übergänge. Die
Satzteile stehen episodisch nebeneinander, werden, wie später im Finale die
Liedstrophen, immer durch das gleichlautende Zwischenspiel verknüpft. Ein
neues Bild steigt auf, die Farben spielen über ins Fantastische. Mit energischem
Anlauf klimmt die Solovioline als einziges Streichinstrument über die Bläser empor,
verliert sich in unbestimmter Höhe. Motivteile des ersten Themas, in etwas
unwirscher Vergröberung nach Moll übertragen, suchen sich selbständig weiter
zu bringen. So das vom Horn intonierte, liedartig erweiterte Zwischenmotiv:

Aber die Fortsetzung gelingt
nicht, auch der Thema-Anfang
bringt es nicht über mehrfache
Willensansätze hinaus. Un-
ruhige, erregte Stimmung, Wechsel von „nicht eilen" und „ein wenig drängend"
herrscht, ein leidenschaftlich aufzuckender, dann leise in die Tiefe rollender
Streicherlauf scheint das Bild aufzulösen. Da ein plötzliches Aufleuchten: über
dem Pizzikatobaß A—E, leise auf der Quinte E trillernden Violoncelli und

einem wiegenden Baßklarinetten-
Motiv erscheint in den Flöten das
Paradiesesthema, hier zwar nur Vor-
ahnung, aber doch Licht und Ziel

in die unklare Bewegung bringend:
Der Orgelpunkt A bleibt, auch der Flötenruf klingt „immer fließend, aber ohne
Hast" weiter. Es treten allmählich bewegte Gegenstimmen hinzu, Sechzehntel-
läufe der Violinen, dazu,
„Schalltrichter auf", ein fast
kreischendes Bläsermotiv, von
den Bässen leise ergänzt:

Auch hier das Paradiesesthema, aber verzerrt, nur undeutlich empfunden. Das
Licht erlischt wieder, die vorherige Ziellosigkeit steigert sich zu fantastischer
Verwirrung und Unruhe. Das Einleitungsmotiv ohne Schellen pocht in es-moll,
Fortissimo- und Pianissimo-Motivteile huschen und schreien in gespenstischem
Wechsel durcheinander, die Holzbläser kreischen kurze Rufe mit aufgerichteten
Schalltrichtern, durch die Bässe spukt schattenhaft das Paradiesesmotiv. Im
f-moll scheint die Stim-
mung eine gewisse düstere
Festigkeit und gemes-
sene Ruhe zu erhalten:

Bald aber drängen
sich die wirren Zwi-
schenrufe wieder vor,
es ist als ob Motive

verschiedenster Herkunft wie verirrte Seelchen auf eigene Faust ihren Weg zu
finden suchen. Auch das Biedermeier-
thema des Anfangs taucht auf, allerdings in kläglicher Verzerrung:
Immer weiter steigert sich das Stimmengewühl. Da, mit einem Male, ist der
Weg zum Licht gefunden: ein prächtiges, metallisch glänzendes C-dur strahlt
auf, breite Tamtamschläge klingen wie Glocken, Holzbläser jubilieren, aus den
Streichern tönen kräftige Doppel-
griff-Harmonien, und über allem
leuchtet im sieghaften Trompeten-
schimmer das Paradiesesthema:

Ein mäch-
tiger Orgel-
punkt G
braust em-

por, das Ziel scheint in unmittelbare Nähe gerückt. Plötzlich ein
gewaltsamer Umbruch, das Zu-
schlagen der schon geöffneten Him-
melspforten, der Rückstoß:

Ein Trompetensignal klingt durch den Wirrwarr wie ein Ruf zum Sammeln:

Darüber, ein Terz höher gelegt, der
auseinandergezogene Anfang des
ersten Themas, wie eine Frage
ausklingend, halb resigniert, halb
erwartungsvoll, „ohne Ausdruck", im vierten Takt
wie ratlos mit Generalpause
abbrechend:

Was ist? War vielleicht das ganze Spukwesen, der Aufschwung, die Paradiesesvision — war dies alles nur Traum, fantastische Halluzination? Man reibt sich die Augen, Pause, plötzlich lächelndes Erkennen: Gewiß, es war nur nächtlicher Zauber. Die Welt und alles auf ihr ist noch gerade so wie vorher. Sie ist „Jetztzeit" und bleibt „ewige Jetztzeit". „Wieder wie zu Anfang, sehr gemächlich, behaglich", klingt das Philisterthema, eben da anknüpfend, wo es aus dem traumschweren Schlummer erstaunt aufgewacht war, vergnügt und beruhigt weiter. Es ist eine der reizvollst „gemachten" Überleitungen zum Wiederholungsteil, diese Verbindung des Durchführungsschlusses und der Hauptsatz-Wiederholung durch das zwischen beide geteilte Thema. Der Hörer merkt kaum, wie ihn hier die flüchtige Generalpausen-Fermate leicht in den Hauptteil zurückhebt. Dieser singt sich jetzt gerade so selbstgefällig unbefangen aus, wie vorher. Der Ton ist, durch die Traumerlebnisse angeregt, etwas munterer als im Anfang, das Ganze geht flotter vorwärts. Alle Kräfte bleiben straff zusammengefaßt. Sie werden jetzt hauptsächlich auf die mit „großem Strich", „schwungvoll" und mit „großem Ton" — Mahler kann sich hier an Forderungen voluminöser Klangwirkungen kaum genug tun — vorgebrachte Intonation des mächtig ausladenden Gesangthemas gelenkt. Dessen Schwärmerei steigert sich zu höchster Intensität des Gefühlsschwunges — „Bogen wechseln" schreibt Mahler den Violinen im Affekt vor, um äußerste Tonfülle zu erzielen — bricht aber ähnlich wie beim erstenmal in das „plötzlich langsam und bedächtig" der duettierenden Abwehrstimmen der Bläser um. Doch ist der Widerspruch  diesmal durch die Vertauschung der scharfen Oboe mit der Klarinette gemildert, und eine melodische Gegenphrase der Violinen gibt diesem Bläsersatz zarte lyrische Umrahmung:

Auch die Beunruhigung und das motivische Durcheinanderhasten, das beim ersten Male dieser Episode folgte, erscheint jetzt abgeschwächt, nicht mehr durch beängstigende Erwartungen erregt, nur noch durch Erinnerungen an Vergangenes bewegt. Schließlich hüllt ein fein gewobener Stimmungsnebel das ganze, trauliche Bild seelischen Kleinlebens ein.

„Ruhig und immer ruhiger werdend" steigen die  Violinen zu schimmernden Höhenklängen empor. Zart entschwebend verklingt oben das Thema:

Aus der Tiefe läßt das Horn seinen ungestüm einsetzenden, dann gleichfalls leise verwehenden Abschiedsruf „langsam" erklingen: Nun folgt eine der innigsten Episoden dieses an lieblichen Zügen so reichen Stückes. „Sehr zurückhaltend" einsetzend und „sehr langsam und etwas zögernd" weiter singend, ertönt noch einmal das Graziosothema in den Violinen, diesmal aber statt mit G-dur mit C-dur unterlegt, durch diese Änderung in das Tempo passato der Harmonie einen Reiz unsagbar feiner, zarter Wehmut, eines Lächelns unter Tränen erhaltend. Alles Philiströse, Enge, Kleine des Gedankens ist jetzt verschwunden, es bleibt nur noch der stille Zauber des Einstigen, der beglückenden Erinnerung. Doch nur für wenige Takte, wie der Traum eines Traumes. Poco a poco stringendo

schwellen und drängen die Stimmen schnell wieder an. In fröhlichem Allegro
reißt das Stück
mit lustigem
Marschlied ab:

„Freund Hein spielt auf", hat Mahler das Scherzo-Rondo ursprünglich überschrieben. Freund Hein, wie Matthias Claudius ihn nennt, kein böser,
schreckender Gott, ein freundlicher Führer zum Jenseits, der mit der Geige
lockend seine Herde geleitet. Freilich, die Geige klingt seltsam, schrill, hohl, ihr
fehlt der saftige, lebenswarme Ton des irdischen Instrumentes. Mahler läßt alle
Saiten um einen   Er erzielt dadurch den fahlen Klang, der dem Ausdruck
ganzen Ton höher   das Unheimliche gibt. Auch die sonstige Stilisierung die-
stimmen: ses Satzes weicht vom Gewohnten ab, schafft eine Sphäre
des skurril Fantastischen. Sie weckt Erinnerungen an den Trauermarsch der ersten
Sinfonie, an das Fischpredigt-Scherzo der zweiten, und bedeutet doch diesen
älteren Stücken gegenüber bei mancher Ähnlichkeit der Wesensart etwas Neues.
In den beiden früheren Sätzen war es namentlich die Behandlung des Rhythmus,
die jene eigentümliche Wirkung erzielte. Diesmal werden Melodieführung und
Harmonik besonders zugespitzt im Ausdruck. Der übermäßige Dreiklang gibt
in vertikaler harmonischer Klanglage wie in horizontal melodischer Folge die
Grundfarbe. Alle Mittel der instrumentalen Koloristik kommen in klug ver-
teilender Anwendung zur Geltung: Dämpfung, scharf gerissene Pizzikati, col
legno, säuselnde Griffbrett- und unheimlich schnarrende Stegwirkungen der
Streicher, gestopfte Blechbläser, plötzlich zufahrende grelle Solo-Effekte der
Holzbläser, überraschende Sforzati, rhythmische Verschiebungen, schneidende,
erschreckende Kontraste der Dynamik. Der Satz bleibt aber nicht durchweg
in der Gespenstersphäre. Er erhält seine besondere Farbe durch das
Wechselspiel zwischen dem Ausdruck des Unheimlichen und des Idyllischen,
durch die naive Drastik, mit der das Treiben der abgeschiedenen Seelen auf der
Todeswiese sowohl von der grausigen wie von der friedvoll behaglichen Seite
geschildert wird. Gerade wie im ersten und später auch im letzten Satz trägt
überlegener Humor das Ganze und hält den Charakter des Märchenhaften, Unwirklichen fest. Es ist die Idee des Spieles, aus der das ganze Werk erwächst.
Es gibt keine realistisch empfundene, nur eine erträumte Welt, ein Schattenspiel von heiteren und dämonischen Kräften, die sich im fantastischen Reigen
durcheinanderschlingen.

    „In gemächlicher Bewegung, ohne
Hast" ertönt ein einzelner Hornruf,
signalartig wiederholt, von kichernden
Holzbläserstakkati beantwortet:
„Sehr zufahrend", im
Klange „wie eine Fidel",
hebt das mißtönende
Spiel des Vorgeigers an:

Die übrigen Strei-
cher, mit Aus-
nahme des Solo-
spielers gedämpft,

begleiten. Ein kurzes Zwischensätzchen der Holzbläser mit scharf auffahrendem Periodenschluß unterbricht:  Dann setzt der Einzelspieler wieder ein und führt seine Melodie zum Abschluß. Sie mündet in ein überraschend mildes, fast liebliches C-dur. Gehaltene, tiefe Unisonoklänge von Hörnern und Klarinette auf C geben die dunkle Grundfarbe, aus der Harfe klingt es wie beruhigender Glockenschlag. In den Violinen schweben leise, melodische Durklänge heran:

Aber die freundliche Stimmung hält sich nur für wenige Augenblicke. Der Fiedler setzt wieder in schroffem Fortissimo ein, die Begleitstimmen in den geteilten Streichern mehren sich, werden stärker. Die Dämpfer verschwinden, in kräftigem c-moll schließt das Thema schroff ab. Das Horn ruft, diesmal in erheblich tieferer Tonlage, von Kontrafagott und Kontrabässen unterstützt, wie aus fernen, abgelegenen Regionen:  In verändertem Charakter ertönt die Antwort. Das Lastende, Beklemmte ist verschwunden, der Ruf klingt freudig, auffordernd, „schmetternd": 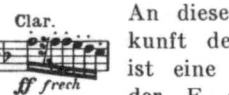 Die Tonart wendet sich nach F-dur. Fortissimo einsetzend stimmt die Klarinette eine „lustige" Tanzweise an, einen etwas steifbeinigen, vergnügt trillernden, behäbig sich drehenden Ländler:  Die Oboen nehmen die Weise auf, Violinen fügen eine schmachtend ansteigende, chromatische Gegenstimme hinzu, die sich in eine zärtlich singende Melodie fortsetzt: „Frech" fährt gerade bei dem schwärmerischen Aufschwung zum A, die Klarinette mit ihrem Tanzmotiv dazwischen: An dieser Fassung zeigt sich die Herkunft der „frech lustigen" Weise: sie ist eine Umbildung des dritten Taktes der E - dur - Melodie aus dem Finale: Was dort dereinst verklärt wird, erscheint hier als derb polternder Spuk. Aber die Sangesfreude der Violinen ist nicht zu stören. Die Melodie schwärmt weiter in schmachtenden, ausdrucksvollen Wendungen, vom Hornquartett romantisch begleitet: Das Bild wechselt: der erste Hornruf erklingt von neuem, „leidenschaftlich" fährt der Fiedler mit seiner herben Melodie auf, neue Nebenstimmen ertönen, darunter

eine „lustig her-  Die friedvolle C-dur-Erscheinung
vortretende" des und die „leidenschaftliche" Soloweise
ersten Hornes: lösen einander nochmals ab. Es ist
fast das Bild eines mittelalterlichen Totentanzes mit seinem Wechsel von freundlichen und düsteren Bildern. So erscheint auch die schwärmerische Gesangmelodie zum zweitenmal, jetzt noch ausführlicher gehalten als vorher. Von F-dur
steigert sie sich nach D-dur, dabei eine Zukunftsverheißung einflechtend: eine Pro-
phezeiung des Friedens und der Freude, die einst das himmlische Leben den jetzigen
Gefolgsleuten des Freund Hein bringen wird. Zweimal erklingt eine Andeutung des
Liedes vom Jenseits. Zuerst in den Violinen eine Bezugnahme auf die Melodie zu den
Worten: „Cäcilia Die zweite Anspielung
mit ihren Verwand- bringt die Klarinette bei
ten sind treffliche der D-dur-Wendung „sich
Hofmusikanten": noch mehr ausbreitend":

Es ist die ausführliche Vorwegnahme der bereits vorher angedeuteten E-dur-
Melodie des Finale. Während diese Zukunftsweisungen mehr ahnend als bewußt durch die Begleitstimmen ziehen, breitet sich in den Violinen die Gesangmelodie in fast üppiger Gefühlsschwelgerei aus. Die graue Landschaft des
Totenzuges ist verschwunden, warme D-dur-Sonne leuchtet. Selbst das Lied des
Fiedlers tönt nicht mehr „heftig zufahrend". Der Ausdruck ist trotz der dissonierenden Intervalle gemildert, „grazioso, espressivo", klingt auch nicht im
fahlen Ton der umgestimmten Geige, sondern im natürlichen Stimmklang. Aber
die Beruhigung hält nicht lange vor. Allmählich mehren sich die heftigen Akzente und gebrochenen Klangwirkungen. Das C-dur-Thema wird rhythmisch
gestört, die Betonungen verschieben sich auf den zweiten, leichten Taktteil und
bringen so das Bild in Unruhe. Die Harmonien drängen sich chromatisch ineinander, ohne zur Klarheit der Tonart zu gelangen, die melodischen Klänge verwirren sich in dissonierende Ausweichungen und Umbiegungen, das Ganze sinkt von
Takt zu Takt in schattenhaftes Düster. Übrig bleibt
schließlich nur noch das Hornmotiv des Anfanges.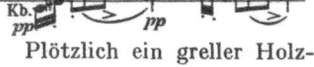
Es klingt jetzt aus den Kontrabässen und erhält
eine harmonische Ergänzung aus den Klarinetten:
Leise verdunkelt sich auch diese letzte Bewegung. Plötzlich ein greller Holz-
bläserschrei — der Spuk ist verschwunden.

„Ruhevoll" ist der dritte Satz überschrieben. „Poco Adagio" steht ein-
geklammert dahinter, mehr Vortrags- als Charakterbezeichnung. Der
Typ des großen, zusammenfassenden Adagio, wie es das Finale der Dritten gewesen war, ist Mahler hier schon ferner gerückt. In der Vierten ist der Boden
nicht tief genug durchwühlt, um ein mit starker Spannungsenergie einsetzendes
Adagio Wurzel fassen zu lassen. Der geistige Umkreis ist bei aller Lieblichkeit

des ersten, Fantastik des zweiten Satzes zu eng, um ausgreifenden Gefühls-
äußerungen Raum zu geben. Aber die Stellung der beiden Vordersätze ist in
diesem Werke überhaupt anders als in früheren Fällen. Beide haben nur vorbereitende Bedeutung. Es ist Aufgabe der späteren Teile, die in den Vordersätzen
nur leicht präludierend angeschlagenen Töne gefühlsmäßig zu festigen und ver-
innerlichend auszudeuten. Hierfür eben erwies sich der Adagio-Stil als besonders
geeignet, sofern es gelang, ein Adagio aufzubauen, das, an den Ton und die Stimmungssphäre der vorangehenden Sätze anknüpfend, im Laufe der Entwicklung
aus sich heraus Kraft der Vertiefung und des großen, hinreißenden Aufschwunges
zu schaffen vermochte. Es gab eine Möglichkeit hierfür: die Anlage des Adagio-
satzes in Variationenform, die Ausbreitung und gefühlsmäßige Steigerung eines
unpathetischen Grundgedankens durch die schärfende, aufwühlende, stärkste
seelische Antriebe bloßlegende Variation. Diesen Weg wählte Mahler. Damit
machte er den dritten Satz zum seelischen Angelpunkt des Werkes. Dieses Poco
Adagio bringt zwar noch nicht die letzte Lösung, wohl aber die Entscheidung
über den Gesamtcharakter des Werkes: über die Frage, ob das Spiel der beiden
ersten Sätze eben nur unterhaltsames Spiel sei, oder ob ihm eine in der Maske
der Heiterkeit verborgene Tiefe des Lebens- und Weltgefühles zugrunde liege.
Der dritte Satz mußte den Ausblick auf diese Tiefen öffnen. Er mußte die Schleier
ziehen von den verborgenen Gründen, auf denen jene tändelnden und spukhaft
fantastischen Erscheinungen ihr Spiel trieben — nur einen Augenblick die
Schleier fortziehen und sie gleich wieder fallen lassen. Dann konnte das Schluß-
idyll sich in voller Unbefangenheit entfalten, ähnlich den Vordersätzen, im Ton und
Charakter ihnen verwandt, durch eines aber scharf von ihnen getrennt: durch
das Wissen von der schmerzgeborenen Tragik, die dem Spiel erst innere Freiheit
und Bedeutung gibt. Dieses Wissen vermittelt und kündet das Adagio. Schlicht
singend hebt es an, in ständig sich steigernder Selbstenthüllung der Variationen-
kunst führt es hinauf zu den Höhen jenes Traumlandes, von dem die Vordersätze nur einen matten, irdisch gefärbten oder verworrenen Abglanz
bieten. Es ist die Idee des Anstieges, der Lösung des Gebundenen, die hier die
Prägung des Grundgedankens wie den formalen Ausbau bestimmt, und damit
der Sinfonie über die feinen artistischen Reize hinweg den tiefen Gefühlsklang
gibt. Dieser Satz in seiner tief innig quellenden Melodik und der in transzendente
Regionen hinüberweisenden Verklärtheit seines Ausdruckes gehört zu den innerlichsten Schöpfungen Mahlers. Mehr noch: an ihm zeigt sich eine Fähigkeit,
Überirdisches, Unerschaubares dem Ohr faßbar, den Sinnen vorstellbar zu machen,
die über alle Grenzen des Erkenntnisvermögens weit hinaus reicht und ein ergreifendes Zeugnis gibt für die Offenbarungsgewalt der Musik überhaupt.

Geteilte Violoncelli und Bratschen beginnen in ganz zart schwingendem,
weich getöntem Grundkolorit. Die Melodie ist den oberen Violoncelli zugeteilt.
„Sehr gesangvoll", pianissimo anhebend, richtet sie sich in edler Ruhe von Takt
zu Takt skalenartig auf. Es ist wie der Blick eines langsam sich öffnenden
Auges, der die neue Welt zu erfassen sucht. So steigt die Melodie in
den ersten acht Takten, von der Ganztaktbewegung allmählich in lebhaf-
teren rhythmischen Fluß übergehend. Am Schluß der ersten Periode wieder
ein schneller Rückfall auf den Ausgangspunkt. Ein zweitaktiges, sehnen-

des Motiv bahnt eine neue, aufwärtszielende Bewegung an, drängt „im Ausdruck steigernd" aus dem G-dur-Kreise nach D-dur weiter. Abgeklärte Ruhe entströmt den breit gelagerten, zunächst nur zwischen Tonika und Dominante wechselnden Harmonien. Die Stimmen spinnen sich in zartestem Legato ineinander, nur die Kontrabässe begleiten in glockenartigen Pizzikatoschlägen:

Es ist Ruhe, die sich zur Bewegung entfalten, gebundene Kraft, die sich zur Tat lösen will. Und die formal poetische Grundidee des Satzes ist Erschließung dieser Kraft, Hinlenkung auf das Finalziel, das eben durch ihr Erwachen und Bewußtwerden erreichbar wird. Zweimal wird die erste Hälfte der Melodie wiederholt, zuerst in leichter Bewegung durch die Violoncelli, dann in ätherischer Klangsteigerung durch die in Oktaven geführten Violinen. Beidemal gibt eine sehnsuchtsvoll beredte Gegenstimme einen neuen Bewegungsimpuls:

Mit der Erhebung zu den hohen Klangregionen ist die Entwicklungskraft, die die Melodie in sich selbst trägt, erschöpft. In ruhevollen Hörnerakkorden sinkt sie wieder stufenweise herab:

Auch die Streicher senken sich zur Tiefe, gebetartig schließend:

Die Melodie verklingt, leise tönen die Harmonien nach, ineinander verschwebend. Die Glockenschläge der Bässe verhallen, das Bild erlischt wie eine Erscheinung, die festzuhalten die Kraft noch nicht reicht. „Klagend" setzt „sehr ausdrucksvoll" im neuen Tempo „viel langsamer" die Oboe ein. In den Fagotten pocht als Begleitstimme eine Erinnerung an das Glockenmotiv der Bässe, hallende Hornklänge geben spärliche harmonische Füllung:

„Singend" ergänzen die Violinen, den Ausdruck von Takt zu Takt emphatisch steigernd, bis er vom Höhepunkt A wieder ermattet zur Tiefe fällt: Noch einmal, breiter ausholend, mit schärferer Kräftespannung „leidenschaftlich" andrängend geschieht der Anlauf. Der Ausdruck strafft sich zu wuchtiger, von scharf einschneidenden, chromatischen Linien durchzogener Steigerung und Vergrößerung:

Dann ermattet er zu melancholischer Klage, in die hinein das Glockenmotiv, jetzt der Solovioline, Klarinette und Harfe zugeteilt, langsam austropfend klingt: Nun ein plötzlicher Wechsel. Es ist, wie wenn das klagende Zwischenspiel die gebundenen Kräfte der ersten Melodie gelockert hätte, so daß sie sich aus der feierlichen Ruhe des Anfanges

lösen und eigene Bewegungsimpulse entfalten. Vom d-moll-Ausklang des Zwischensatzes leitet ein zarter Dominantseptakkord auf B überraschend nach G-dur zurück. Das erste Thema erscheint wieder, jetzt aber variiert, „anmutig bewegt", leicht fließend im Zeitmaß, die Melodie in halbtaktige, emporstrebende Phrasen zerteilt, dazu eine ausdrucksvoll singende Legato-Gegenstimme der Klarinette:

Wie vorher steigen auch jetzt Melodie und Gegenmelodie allmählich in die höheren Register empor. Wie vorher löst sich das Spiel der Stimmen nach zarter Verflechtung wieder leise auf. Die Erscheinung, diesmal näher, faßbarer, lebensvoller sich zeigend als vorher, entflieht zum zweitenmal, ohne unmittelbare Wirkung, Aufschwung, Befreiung gebracht zu haben. Zum zweitenmal setzt die Klage ein, schärfer, schneidender als vorher. In langhallenden Tönen beginnt über dem schroff dissonierenden Es des Hornes die Oboe:

Es sind diesmal mehrere Stimmen, die sich zur Klage zusammenfinden: Horn, Englisch Horn und Oboe:

Flöten und Violoncelli treten hinzu, ein leidenschaftlicher Ausbruch treibt nach cis-moll, herb tönt die Melodie aus den Hörnern, Mächtig ausgreifend dringt die Klage in cis-moll aus den tiefen Streichern empor:

von Violinen in heftiger Erregung ergänzt:

„Leidenschaftlich und etwas drängend" treibt die Spannung weiter, auf fis-moll-Harmonien ausruhend, dann leise, wie träumerisch nach Fis-dur hinübergleitend und von hier wie unversehens, fast absichtslos in die zweite Variation des Anfangsthemas mündend. Jetzt erscheint es noch freier als vorher, in fast tanzartig schreitendem Andante:

Nun vollzieht sich eine merkwürdige Entwicklung. Im Augenblick, wo die Wiederholung einsetzen sollte, schiebt sich ein neues Bild ein: an Stelle des Andante tritt

Allegretto subito ³/₈, und dieses neue Tempo erscheint „ohne die geringste Vermittlung" — es drängt gleichsam das alte, noch nicht abgeschlossene, ungeduldig beiseite:

Auch dieser Erscheinung ergeht es wie der vorigen. „Ebenso plötzlich und überraschend wie vorher" schlägt das Allegretto in Allegro subito um. Nicht nur Tempo, auch Tonart und Takt wechseln ruckartig von G-Dur ³/₈ nach E-Dur ²/₄:

Jetzt übernehmen Bläser die Führung. Beide Gruppen, Streicher und Holzbläser, finden sich zusammen in der letzten Allegro molto-Steigerung, die mit unablässig drängender Kraft wieder in G-Dur mündet, das Thema gleichsam in äußerster Freiheit rhythmischen Sichausschwingens zu spielwerkartiger Behendigkeit steigernd:

In dieses endlich zu voller Lösung gelangte Kräftespiel bricht plötzlich, Andante subito, wie erinnernd und zur Besinnung mahnend das Anfangstempo der Variation ein:

Feierliche Stille und Beruhigung tritt ein. Die innige Geschlossenheit des Poco Adagio klingt wieder auf, ernste Harmonien, orgelartig ineinandergleitend, in ganz langsamer, gebundener Bewegung, mystisch verschwimmende Farben. Doch dies alles anders als im Anfang des Satzes, nicht mehr von sehnender Ungewißheit und unterdrücktem Drängen erfüllt, sondern getragen vom Bewußtsein der gestaltenden, schaffenden Kraft, die sich in der Lebensfülle der Variationenbilder offenbart hat. Diese jetzt nur noch künstlich gestaute, innerlich entfesselte Kraft nimmt nun den letzten, entscheidenden Anlauf. Mit enthusiastischer Erhebung schwingen sich plötzlich Violinen und Flöten nach E-dur, und in brausendem Jubel stürmt das volle Orchester nach. Es ist ein Moment von erschütternder Wirkung, dieses gewaltige Aufflammen des ganzen Klanges, das Wogen der Streicherarpeggien, der Harfenglissandi, die feierlich strahlende Pracht der Bläserharmonien. Von dieser neuen letzten Höhe her ertönt nun die Paradiesesbotschaft aus Hörnern und Trompeten, „Schalltrichter auf":

Dort liegt das gesuchte Land, von dem schon im ersten Satz die Trompeten erzählten, auf das im Scherzo heimliche Stimmen hinwiesen, und das zu erreichen im dritten Satz alle Kräfte des Gebetes und der Klage aufgerufen wurden. Nun zeigt es sich in seiner strahlenden Herrlichkeit — und wie geblendet schließen sich die Augen: „Sehr zart und innig" leiten fein gebundene Harmonien aus E-dur über ein ernstes, dunkles C-dur wieder nach G-dur zurück:

Immer leiser verklingt es, als ob irdische Harmonien zu substanziell seien für diese

Sphären, und „gänzlich ersterbend" verhallt das Stück gleichsam unbeendet auf einem Halbschluß D-dur.

Letztes Bild: Himmelswiese, Weltenferne, Spiel, Tanz, Paradieseszauber: „Was mir das Kind erzählt." Die ursprüngliche Überschrift hat sich nicht erhalten. Sie würde hier, vereinzelt, auch nicht mehr so passen wie für die dritte Sinfonie, wo sie anderen Überschriften entsprochen hätte. Auch ohne nähere Bezeichnung spricht diese Musik und dieser Text von dem Glück des Landes, in dem Kinderglaube und Kinderfreude wiedergewonnen sind, von dem Land, das sich die Dichterfantasie des Volkes erträumt hat, um daran sein Seligkeitsverlangen darzustellen. Goethe charakterisiert das Lied „Der Himmel hängt voll Geigen" als eine „christliche Cocagne, nicht ohne Geist". Der Nachsatz wäre wahrscheinlich positiv zustimmender ausgefallen, wenn Goethe gerade hier das musikalisch Stimmungsmäßige des Gedichtes besonders beachtet hätte. Die Vorstellung der „Cocagne", des Schlaraffenlandes, entspricht allerdings dem erzählenden Teil des Gedichtes, der vom Tanzen und Springen, vom Schlachten und Backen, vom Fischen und Kochen im Himmel berichtet. Sie erschöpft aber nicht den lyrischen Gehalt, der im Ton des Vortrages, sowie in den Einleitungs- und Schlußversen zum Ausdruck kommt. Der Anfang:

> „Wir genießen die himmlischen Freuden,
> Drum tun wir das Irdische meiden.
> Kein weltlich Getümmel
> Hört man nicht im Himmel!
> Lebt alles in sanftester Ruh."

deutet auf eine vom Schlaraffenland wesentlich verschiedene Fantasiewelt. Sie zeigt eine Art christlicher Asphodeluswiese, wo die Seelen der Abgeschiedenen in ewiger, heiterer Ruhe wohnen.

> Wir führen ein englisches Leben,
> Sind dennoch ganz lustig daneben.

Nach diesen Worten beginnt die behagliche Schilderung des Treibens auf der Himmelswiese, dessen breite Ausmalung zwar den Hauptteil des Gedichtes einnimmt, für Mahler aber gegenüber der lyrisch musikalischen Grundstimmung erst in zweiter Linie in Betracht kommt. Hier hat er bei der Komposition daher auch um einige Verse gekürzt. Um so nachdrücklicher ist dafür wieder die Schlußstrophe des Gedichtes hervorgehoben, zu der die Worte überleiten:

> Kein Musik ist ja nicht auf Erden,
> Die unser verglichen kann werden.

Auch hier ist es nicht die Vorstellung schlaraffischen Wohllebens, sondern der Verklärung, die die Musik durchdringt. Diese Verklärung gibt dem Werk seine Ausnahmestellung in Mahlers Schaffen und erhebt es zu einem der beglückendsten Weltbilder, die ein Künstler je geschaffen hat.

Mahler nimmt für den Vortrag des Liedes die leichtesten Mittel. Alles irgendwie Massive, Beschwerte muß vermieden, das Gefühl des Schwebens, des Losgelöstseins von aller Materie muß im Hörer geweckt werden. Das Gesangsolo wird einer Sopranstimme zugeteilt. Der Satz folgt, obschon kein attacca ausdrücklich vorgeschrieben ist, unmittelbar auf den D-dur-Halbschluß des Adagio. Das pastorale Hauptthema erklingt aus der Klarinette, Streicher und Harfe fügen einfach wiegende Begleitstimmen hinzu. Alles ist so schlicht und anspruchslos wie nur möglich gehalten. Nach einmaligem Vorspielen der Melodie beginnt die Singstimme ihren leicht trällernden Gesang:

Wir ge-nießen die himm   li schen Freuden

Ein wenig belebter, fließender im Gesang und in der graziös kolorierten Begleitung wird der Vortrag bei der Schilderung des fromm lustigen Lebens der Himmelsbewohner:

Wir führen ein eng-li-sches Le-ben! Sind dennoch ganz lus-tig, ganz lus-tig da-ne-ben

> Wir tanzen und springen,
> Wir hüpfen und singen.

Sankt Pe-ter im Himmel sieht zu!

Hier ist nicht nur der charakteristische mystische Harmonieeffekt Mahlers: Oktav- und Quintenparallelen in stufenweis steigenden und fallenden Dreiklängen. Hier ist vor allem auch die unmittelbare Erinnerung an den Engelgesang der dritten Sinfonie „Ich hab übertreten die zehn Gebot" und „Ach komm und erbarme dich". Gleich darauf eine zweite Reminiszenz, diesmal nicht an die dritte, sondern an den ersten Satz der vierten Sinfonie. „Plötzlich frisch bewegt" erklingt das einleitende Schellenmotiv, hier aber, wie die Partitur besagt, „bewegter als an den korrespondierenden Stellen im ersten Satz". Auch ist es hier breiter ausgeführt, mit dem Schalmeienthema der Gesangmelodie in Moll durchflochten — als ob es erst hier an der richtigen Stelle wäre, wo es sich ganz aussingen und ausspringen kann, während es im ersten Satz nur immer einen kurzen Anlauf nahm und dann sofort von anders gearteten Themen unterbrochen wurde. Nun kommt die Beschreibung des himmlischen Lebens mit scherzhafter Einkleidung geheimnisvoll tiefer Dinge:

> Johannes das Lämmlein auslasset,
> Der Metzger Herodes drauf passet!
> Wir führen ein geduldig's,
> Geduldig's, unschuldig's,
> Ein liebliches Lämmlein zu Tod!
> Sankt Lukas den Ochsen tät' schlachten,
> Ohn' einig's Bedenken und Achten
> Der Wein kost kein Heller
> Im himmlischen Keller,
> Die Englein, die backen das Brot.

Gut Kräuter von allerhand Arten,
Die wachsen im himmlischen Garten.
Gut' Spargel, Fisolen
Und was wir nur wollen!
Ganze Schüsseln voll sind uns bereit!
Gut' Äpfel, gut' Birn' und gut' Trauben!
Die Gärtner, die alles erlauben!
Willst Rehbock, willst Hasen,
Auf offener Straßen
Sie laufen herbei!

Sollt ein Fasttag etwa kommen,
Alle Fische gleich mit Freuden angeschwommen!
Dort läuft schon Sankt Peter
Mit Netz und mit Köder
Zum himmlischen Weiher hinein.
Sankt Martha die Köchin muß sein!

Auch hierbei Anklänge und Bezugnahme auf früheres. Beim Schlachten des
Lämmleins, des Ochsen in den Begleitstimmen der deutliche Hinweis auf die kläg-
lichen Schmerzensmotive im Engelchor: „Und sollt' ich nicht weinen, Du gütiger
Gott". Dazu am Abschluß jeder Strophe wie plötzliches Erschrecken, innerstes
Bewußtwerden des Gegensatzes von Lustigkeit des äußeren Gehabens und tief
ernstem Sinn der scherzhaften Erzählung jene mystischen Akkordfolgen, die den
Gesangsätzen beider Sinfonien gemeinsam sind. Ergötzlich drastisch dabei die
Schilderung der Rehböcke, Hasen und Fische, die sich den Wünschenden dar-
bieten. Nach dieser Ausmalung himmlischen Daseins wieder das lustige Geläut,
das immer von Bild zu Bild, von Sphäre zu Sphäre führt und das nun, in leise
murmelnde Läufe sich verlierend, hinüberlenkt in ein idyllisch sich wiegendes
E-dur: „Sehr zart und geheimnisvoll bis zum Schluß." Tiefe Harfen und Kontra-
baßpizzikati schlagen pianissimo die Harmonie an, das pastorale Vorschlagmotiv
des Gesangthemas tönt aus dem Englisch Horn. Dazu eine neue, beglückend anmutige Paradieses-
melodie, die letzte,
reinste,   zarteste:
Gedämpfte Geigen und Flöte intonieren sie. Man kennt sie schon aus dem
Scherzo, wo sie vorahnend auftauchte, aber hier erst vermag sie ihre innige
Lieblichkeit und weltvergessene Anmut, ihre schwebende Leichtigkeit recht zu
entfalten. Und was sie zu sagen hat, ist auch das Letzte: die Lobpreisung der
Musik, die alle Fesseln löst, die alle Schwere abstreift, allen Menschen, die guten
Willens sind, ihre Sünden vergibt, ihre Schmerzen abtut, ihnen das Paradies öffnet:

Die unsrer verglichen kann werden.
Elftausend Jungfrauen

Zu tanzen sich trauen!
Sankt Ursula selbst dazu lacht!
Cäcilia mit ihren Verwandten
Sind treffliche Hofmusikanten!
Die englischen Stimmen
Ermuntern die Sinnen,
Daß alles für Freuden erwacht.

„Daß alles für Freuden erwacht" — das ist die Botschaft dieses Werkes. Freudenbringerin ist die Musik. Ihr Lob ist schon oft und auf verschiedenste Art gesungen worden, selten oder kaum je aber in so schlichter, äußerlich humorvoller und dabei doch von innerster Weichheit und Ergriffenheit durchdrungener Empfindung. Ein ganz tiefes, innig zartes Erleben hat sich hier zu Klang gestaltet und Form gewonnen, hat in diesem Klang, in dieser Form seine Erlösung, seine Befreiung gefunden. So hat es sich dieses Lied von den himmlischen Freuden vorgesungen. So hat es sich diese Melodien gestaltet, deren letzte und schönste wie ein Wiegenlied ist, mit dem alle Schmerzen und alle Klagen, alles Störende und Vergängliche leise eingelullt werden. In seinen weichen Klängen versinken sie, wie diese Klänge selbst, ferner und ferner hallend, in unfaßbare Ewigkeit hinüber zu läuten scheinen.

Die vierte Sinfonie ist ein Abschlußwerk. Sie ist es in dreifacher Hinsicht: in bezug auf die musikalische Form, in bezug auf den poetisch gedanklichen Stoff, in bezug auf die Weltanschauung des schaffenden Künstlers. Die musikalische Form zeigt in jeder Beziehung, im Hinblick auf akustische, instrumentale, gedanklich konstruktive und architektonische Gestaltung jenes Bedürfnis nach Beschränkung auf das Wesentliche, das stets ein Zeichen der Reife und der sicheren Meisterschaft ist. Alle Mittel sind erprobt, ihre Fülle und ihre Vielheit reizt nicht mehr, nur noch ihre Zweckmäßigkeit ist bestimmend. Diese Zusammendrängung der Form ergab sich als Folge der Zusammendrängung des Stoffes. Das Ringen um Erkenntnis, um das Wissen von Mensch und Erde, von Tod und Leben, von Natur und Gott ist abgeschlossen. Vielmehr es ist zu einem Grade der Reife gediehen, wo das Bedürfnis, die Kunst als Mittel zur Bändigung von Erlebnisstoffen zu benutzen, nachläßt und der reinen Freude am Gestalten tiefinnerlich ruhender Wahrheiten weicht. Der Schaffende gebiert nicht mehr unter schweren Krämpfen. Er gestaltet mit freier, leichter Hand: er spielt. Diese absolute Beherrschung von Form und Stoff, dieses Zwingen der Kunstmaterie unter den festen Griff des Wollenden ist Frucht der neuen Weltanschauung, zu der Mahler aus den Kämpfen der vorangehenden Werke emporgewachsen ist. Mit dem Gewinn dieser Weltanschauung verläßt er den Bannkreis der Gedanken und Stimmungen, die sein Schaffen bisher richtunggebend beeinflußt hatten: den Kreis der Wunderhornlieder.

Unter den veröffentlichten Liedern Mahlers gibt es, außer einem Hefte wenig belangreicher Jugendstücke, 21 Lieder zu Wunderhorntexten, die drei für die zweite, dritte und vierte Sinfonie eigens komponierten nicht mitgerechnet. Unter diesen Liedern findet sich eine Anzahl fein humoristisch gestalteter Stücke, aus

denen ein überlegen fantastischer und doch menschlich begreifender und mit-
fühlender Künstler spricht. Das „Lob des hohen Verstandes", vor allem die
„Fischpredigt" ist hierher zu zählen. In ihrer Mischung von Humor und Satire
entsprechen sie Mahlers parodistisch gefärbtem Witz besser, als Gedichte rein
humoristischen Gepräges wie „Starke Einbildungskraft" oder „Selbstgefühl". Man
kann überhaupt sagen, daß Stücke voll stark gegensätzlicher Gefühlsmischungen
Mahler lebhafter anregen, als die mehr in einfacher Ausdrucksbahn gehaltenen.
Bei diesen versucht er sich in volkstümelnder Art, die, weil der innere leidenschaftliche Gegensatz des Persönlichen fehlt, leicht etwas Erzwungenes, Unechtes
erhält, wie „Zu Straßburg" oder das „Rheinlegendchen". Im anderen Fall dagegen, namentlich wenn dämonische Vorstellungen geweckt werden, gelingen
ihm Stücke von so starker und zwingender Kraft wie „Der Schildwache Nachtlied", der „Tamboursg'sell", „Nicht Wiedersehen", „Wo die schönen Trompeten
blasen", vor allem die wahrhaft genial intentionierte, erschütternde „Revelge",
auf deren musikalische Gestaltung Goethes Wort über die Dichtung ohne Einschränkung mit anwendbar ist: „Unschätzbar für den, dessen Fantasie folgen
kann."

Stoffe solcher Art fand Mahler in der von ihm gewünschten Zusammenfassung
am besten und reinsten im Wunderhorn, während der Zeit wenigstens bis zum
Abschluß der vierten Sinfonie. Was Mahler in dieser Zeit zu den Wunderhorntexten besonders hinzwang, war sein Hang zum Metaphysischen. Dieser Hang bedingte hinsichtlich des Inhaltes die streng ethische Tendenz des Schaffens Mahlers.
In bezug auf Stoff und Form führte sie ihn, der verstandesmäßigen Auseinandersetzungen abgeneigt und hauptsächlich auf Fantasie und Gemüt zu wirken
bestrebt war, zur Symbolik des Mystikers. Die Symbole, die er suchte, fand er
vorgebildet in der Wunderhornpoesie mit ihrer Mischung von Naivität und Tief-
sinn. Die einfachsten und doch zugleich ergreifendsten Probleme einer primitiven
Welt- und Lebensanschauung: Gedanken über Werden und Vergehen, über das
Naturleben, über Diesseits und Jenseits boten sich ihm hier in sprachlich naiv
anschaulicher, dabei wuchtig kraftvoller Darstellung, so daß es nur darauf ankam, für die Holzschnittmanier dieser Dichtungen den entsprechenden musikalischen Stil zu finden. Eine gewisse Inkongruenz zwischen Dichtung und Musik
mußte sich dabei allerdings bemerkbar machen, da die Naivität der Gedichte
ursprünglich, ungekünstelt ist, während die der Musik in der Sehnsucht eines
seelisch stark durchwühlten Gemütes nach dieser verlorengegangenen Ursprünglichkeit wurzelt. Mahlers Wunderhorngesänge sind daher trotz ihrer äußerlichen
Schlichtheit nicht eigentlich in Wort und Ton stilistische, sondern spekulative Einheiten. Sie verschmelzen in sich zwei kontrastierende Gefühlswelten und schöpfen
eben daraus ihren besonderen, künstlerischen Reiz. Eben darum konnte Mahler
sich nicht damit begnügen, die Liedertexte allein zu komponieren. Ihr Inhalt gab
ihm Veranlassung zu ausführlichen Auseinandersetzungen mit dem eigenen, ihnen
entgegengesetzten Wesen. So gestalteten sich sich, nach dem er sie zunächst einzeln komponiert hatte, weiterhin zu Keim- und Kernpunkten großer sinfonischer Werke.

Es kam aber für Mahler der Augenblick, wo die Anregungskraft dieser Poesie
für ihn erlosch, wo der Kreis durchschritten war, den sie ihm eröffnet hatte. So-

lange sie ihm Stoff zum Ringen und Denken gab, solange sie ihn vor neue Lebensbilder führte, hielt er an ihr fest. Als er aber jenes Lied sang von den himmlischen
Freuden, von den englischen Stimmen, die die Sinne ermuntern, „daß alles für
Freuden erwacht" — da war er wohl ein sehr glücklicher Mensch, einer der im
Zenith des Lebens stand. Zugleich aber einer, der entweder aufhören mußte
zu schaffen — oder von vorn anfangen. Mit jenem tiefen mystischen Kontra-E,
mit dem die vierte Sinfonie ausklingt, war Mahler ans Ende dieser Welt gelangt,
wie der Wanderer der Antike, der alle Länder durchzogen hatte, am Rande des
Ozeans stand und nur noch das Unendliche vor sich sah. So hatte Mahler in seiner
Sehnsucht, seinem Glaubensdrang, seinem tiefen metaphysischen Bedürfnis durch
Schmerzen und Kämpfe, durch Todesschauer und tiefstes Naturerleben hindurch
den Weg zum Jenseits gefunden. Was auf diesem Wege zu erringen war, hatte
er errungen: die beglückende Gewißheit der unverlierbaren Kraft, der göttlichen
Liebe, der himmlischen Herrlichkeit. Das aber war das Letzte. Diese Welt war
erforscht, erkannt, gestaltet — sie hielt ihn nicht mehr. Nun erst, von dieser
ersten festen Höhe des Lebens aus wendet er den Blick, der bisher nur dem Jenseits gegolten hatte, zurück auf das Diesseits. Die Welt der Wunder, des Willens
zum Göttlichen, zum Fernen verblaßt und versinkt allmählich. Die Welt des
Tages, des Seins, des Kampfes mit den Lebensmächten steigt auf. Der Mensch,
bisher Objekt, wird nun Subjekt des künstlerischen Gestaltungsprozesses. An
Stelle der Erkenntnisfragen und der Gottessehnsucht treten Leidenschaften und
Schicksalsmacht. Es formt sich ein neuer Begriff vom Wesen des sinfonischen
Kunstwerkes. Aus ihm gebiert sich die Reihe der drei großen Instrumental-Sin-
fonien Mahlers: der Fünften, Sechsten und Siebenten.

ZWEITER KREIS:
DIE INSTRUMENTAL-SINFONIEN

FÜNFTE SINFONIE

Im Sommer 1900, in Mayernigg am Wörthersee, beendete der vierzigjährige Mahler die vierte Sinfonie. Zwei Jahre später, 1902, wurde die 1901 begonnene Fünfte abgeschlossen. Beide Werke sind durch eine Zeitspanne von nur einem Jahr getrennt. In die Zwischenzeit fällt die Komposition von mehreren Gedichten Rückerts: den drei ersten Stücken aus dem fünfteiligen Zyklus der „Kindertotenlieder" und den Einzelgesängen „Blicke mir nicht in die Lieder", „Ich atmet' einen linden Duft", „Ich bin der Welt abhanden gekommen", „Um Mitternacht", „Liebst Du um Schönheit". Kurz vor Beendigung der Fünften, im März 1902, vermählte sich Mahler. Das sind die äußeren Begebenheiten seines damaligen Lebens.

Diese Feststellungen lassen keine Verbindungslinie erkennen zwischen der vierten und den ihr folgenden Sinfonien. Ein Gegensatz, wie er sich hier auftut, ist durch Hinweis auf äußere Geschehnisse nicht zu erklären. Was die vierte samt den ihr vorangehenden von der fünften und den späteren Sinfonien trennt, ist anderes, als ein Unterschied individueller Art. Charakteristisch für die vier ersten Sinfonien war die Benutzung von Liedkompositionen, teils in erweiterter Übertragung für Orchester, teils unmittelbar mit Verwendung der Stimme. Für die erste Sinfonie hatte sich Mahler der zum Teil selbstgedichteten „Lieder eines fahrenden Gesellen" bedient, für die zweite, dritte und vierte der Wunderhornlieder. Von der fünften Sinfonie ab fallen die Beziehungen zur Vokal-Lyrik fort. Nicht nur die Beschäftigung mit dem Wunderhorn hört plötzlich auf. Mahler verwendet in den drei nächsten Werken die Singstimme überhaupt nicht mehr. Die fünfte, sechste und siebente Sinfonie sind nur für Orchester geschrieben. Mehr noch: Mahler verzichtet auch auf Übertragung von Liedern in die Instrumentalsprache, wie in der ersten Sinfonie, in der „Fischpredigt" der zweiten, im Kuckucksliede der dritten. Die sechste und siebente Sinfonie sind frei von irgendwelchen Liedelementen. In der Fünften finden sich noch Reminiszenzen an gleichzeitig entstandene Lieder, aber nur für wenige Takte, durchaus episodenhaft, ohne Einfluß auf die Entwicklung der Sätze. Dafür tritt der Instrumentalcharakter der Sinfonie als Orchesterform schärfer hervor. Die Selbstbescheidung auf verhältnismäßig geringe Darstellungsmittel, wie bei der vierten Sinfonie, wird aufgegeben. Ein gewaltiger Apparat tritt in Tätigkeit, auffallender, bewußter noch ins äußerlich Massive, Gigantische strebend als bei den früheren Werken großen Kalibers, der zweiten und dritten Sinfonie. Die Ausdrucksprägung wird mehr noch als vorher dem Charakter des Blechbläserchores angepaßt. Mit diesen schweren, glänzenden, metallharten Klängen spielt Mahlers Fantasie jetzt, sie geben die Maße. Streicher wie Holzbläser müssen sich unterordnen, verlieren an solistischer Bedeutung, werden zu chorischen Wirkungen getrieben. Dieser gesteigerte Rückfall in die Klangwelt der Blechbläser muß nach Beendigung der vierten Sinfonie mit elementarer Wucht über Mahler gekommen sein, so gewaltig, daß die ursprüngliche Instrumentation der fünften Sinfonie sich als praktisch unbrauchbar erwies. Mahler instrumentierte das Werk nach der ersten Aufführung völlig um. Trotzdem leidet es heute noch unter der Schwere des Eisenpanzers, den Mahler hier für nötig befand.

Gleich den klanglichen schwollen auch die architektonischen und formalen

Ausmaße. Mahler, der in der vierten Sinfonie zum viersätzigen Typ zurückgekehrt war, schreibt in der fünften und siebenten Sinfonie wieder fünf Sätze. Die Sechste, äußerlich vierteilig gehalten, bringt ein Finale, das dem Umfang wie dem Inhalt nach ein Werk für sich bedeutet. Auch die Einzelsätze der Fünften und Siebenten sprengen den gewohnten Rahmen, zeigen Maße von außergewöhnlichem Umfange. In der fünften Sinfonie greift Mahler deshalb wieder auf die schon früher verwendete Abteilungsgliederung zurück. Er schafft hier sogar drei Teile. Erster und zweiter Satz werden zusammengefaßt, das riesenhafte Scherzo bildet, ähnlich wie einst der erste Satz der dritten Sinfonie, eine besondere Abteilung, Adagietto und Final-Rondo sind die dritte. Bei der sechsten Sinfonie ist der Aufbau wieder zweiteilig. Erster Satz, Andante und Scherzo stehen geschlossen dem Kolossalbau des Finale gegenüber. Die siebente Sinfonie ist nicht durch äußere Vorschriften gegliedert. Hier ergibt sich aus dem Kontrast der beiden großen Ecksätze mit den drei kürzeren, intimen Mittelsätzen der dreistufige Aufbau ohne besonderen Hinweis.

Über Fortfall des liedartigen Elementes, über orchestrale, architektonische und formale Vergrößerung hinaus zeigen sich noch andere Übereinstimmungen der drei Instrumental-Sinfonien gegenüber den älteren Werken. Charakteristisch ist zunächst wieder die Gestaltung des Finale. Der Schlußsatz der Sechsten läßt durch seine äußere Wucht keinen Zweifel, daß er das Hauptstück des Werkes ist, und die anderen drei Sätze eigentlich nur präludieren. Für die Finale der fünften und siebenten Sinfonie wählt Mahler zum erstenmal die Rondoform. In der Sinfonik alten Stiles galt sie als gebräuchliches Finalschema. Mit der steigenden Bedeutung des Schlußsatzes war sie als nicht gewichtig genug vernachlässigt, von Mahler bisher nur im Scherzo-Charakter verwendet worden. Dieser Rondotyps taucht jetzt auf als Finale. Nun aber ist er nicht mehr das heitere, auf immerwährende Abwechslung bedachte „Rondeau", der Rundgesang alter Art. Durch gedankliche Bindungen tief organischer Art den vorangehenden Sätzen innerlich verknüpft, wächst er aus ihnen empor, schließt ihre Kräfte in sich zusammen, führt sie mit alle gewohnten Begriffe übertreffender architektonischer Fantasie zur Höhe. In diesen Schlußsätzen der fünften und siebenten Sinfonie vollzieht sich eine Neugeburt des alten Rondotyps, die etwa der Neugestaltung der Fuge durch Beethoven entspricht. Für Mahler bedeutete sie die Wandlung von rein fantasiemäßig spürender zu bewußt gestaltender Künstlerschaft. Ähnliches gilt von den Mittelsätzen, namentlich denen des Scherzotyps. Wie das Finale der fünften Sinfonie Mahlers erstes Rondo, so ist der dritte Satz sein erstes artgerechtes Scherzo. Es ist in Umrissen gebaut, denen gegenüber frühere Stücke ähnlichen Charakters miniaturenhaft erscheinen. Die Anfangssätze wiederum der Sechsten und Siebenten prägen den Sonatentyp mit so scharfer Bestimmtheit aus, daß gegenüber der ungehemmten Musizierfreudigkeit bisheriger Eröffnungssätze der formale Grundgedanke als leitende Kraft deutlich erkennbar wird.

So vollzieht sich bei Mahler mit der Wendung von der liedmäßig und vokal durchsetzten zur rein instrumentalen Sinfonik eine bedeutsame Stilwandlung. Sie bestimmt die neue Formgliederung, sie beeinflußt auch die Einzelheiten des sprachlichen Ausdruckes. Der Begriff der thematischen Arbeit, bisher für Mahler etwas Nebensächliches, auf keinen Fall Maßgebendes oder eigentlich Beabsichtigtes, wird jetzt zum stilbildenden Element. In der fünften Sinfonie wandelt sich das Gipfelthema der ersten Abteilung, der feierliche Choral, in den der zweite Satz mündet, zur Grundlage des Rondo-Finale. Eine Melodie des Adagietto gibt das Seitenthema des Rondo. In der Siebenten ist der Einleitungsgedanke Keim einer ganzen Themengruppe des ersten Satzes, das erste Thema des Eröffnungssatzes bildet das Band zum Finale. Die thematischen Verknüpfungen innerhalb des grandiosen Schlußsatzes der Sechsten bedürfen in ihrer Mannigfaltigkeit besonderer Klarlegung. Bei alledem handelt es sich nicht um poetische Bezugnahmen oder programmatische Anspielungen, wie etwa in den durchklingenden Themen der zweiten, dritten und vierten Sinfonie. Hier ist unverhüllt das, was man im früheren Sinne sinfonisch thematische Arbeit genannt, und was Mahler bisher vermieden hat. Die straffe Bindung und entwicklungsmäßige Behandlung der Gedanken, die nicht mehr triebhafte, sondern gedanklich bewußte Ausdrucksformung gewinnt für Mahler neue Bedeutung. Er bedient sich kontrapunktischer Satzart. Das Finale der Fünften ist eine mit erstaunlicher Meisterschaft getürmte Doppelfuge mit Choral. Das Finale der Siebenten verbindet kontrapunktische und Variationentechnik mit einer Virtuosität, der man deutlich die Freude am Spiel mit der Klangmaterie anmerkt. Auch die übrigen groß angelegten Sätze dieser Sinfoniegruppe zeichnen sich durch Fülle thematischer Kombinationen und gedanklicher Verflechtungen aus.

Solche Umwandlung des Stiles ergibt sich als Folge der Loslösung von der vokalen Grundlage der bisherigen Sinfonik. Sobald das rein instrumentale Element die Oberhand gewann, mußten naturgemäß Technik und Ausdrucksart des instrumentalen Stiles beherrschend hervortreten. Wie aber geschah dieser Umschwung mit seinen weitwirkenden Folgen? Aus welchen Voraussetzungen erwuchs er?

So wenig unmittelbare Bedeutung die Liedlyrik für die neue Gruppe der Sinfonien Mahlers hat, so wichtig ist sie als Mittlerin des Überganges, als Drehpunkt der seelischen Entwicklung. Mahler hat zwischen der vierten und fünften Sinfonie einige Lieder komponiert. Außer einzelnen stimmungsmäßigen Wendungen ist nichts von ihnen in die Sinfonien übergegangen. Gleichwohl sind sie geistige Grundlage der folgenden Werke. Sie stehen zu ihnen in ähnlich tiefen inneren Beziehungen, wie die Lieder des Wunderhornkreises zu den früheren Sinfonien. Nur sind diese Beziehungen bei der zweiten Gruppe rein ideeller Art und nach außen kaum erkennbar. Nicht unmittelbare Befruchtung, nicht Verschmelzung von Lied und Sinfonie kommt in Betracht. Das Lied erobert und festigt den Boden, auf dem eine neue Art der sinfonischen Kunst erwächst. Alle Elemente des formal stilistischen Ausdruckes: die neue Art der klanglichen Gestaltung, der architektonischen und strukturellen Anlage, der thematischen und satztechnischen Prägung ergaben sich nicht aus vorgefaßter Absicht. Sie waren Folge-Erscheinungen. Die Ursache lag in einer den ganzen Menschen und Künstler von Grund auf erschütternden Krisis. Ein Anlaß zu dieser Krisis ist nicht bekannt. Es liegen bis jetzt keine persönlichen Dokumente darüber vor. Ob es ein tiefer Schmerz, ob es ein höchstes Glück war, wissen wir nicht. Aber wir haben die künstlerischen Zeugnisse für die seelische Neugeburt Mahlers in den Liedern der Übergangszeit. Sie künden ein Erwachen zum Leben, ein Freiwerden für die Leidenschaften, Kämpfe und Freuden des menschlichen Herzens, wie es Mahlers Kunst in dieser Art vordem fremd war. Bisher war Mahler befangen gewesen in dem mystischen Reiz der Lebens- und Naturerscheinungen. Das geheimnisvoll Undurchdringliche, verstandesmäßig Unfaßbare, das von außen auf die Sinne eindringt, hatte ihn mächtig bewegt, seine Kunst zur Gestaltung angeregt. In der Vierten hat er diese Bahn bis zum äußersten Punkt verfolgt, bis dahin, wo auch das Gefühl die sichere Führung verliert und in dämmerndes Träumen versinkt. Nun regt sich die Frage: Ist es denn nur jene von außen her einwirkende Macht, heiße sie Natur, heiße sie Gott, heiße sie Liebe, die treibt? Was eigentlich ist in uns, was bestimmt und lenkt von dorther? Ist der Mensch nur Werkzeug, Objekt, ist er nicht auch Wille und Kraft? Der Blick wendet sich nach innen, forscht nach der Gesetzlichkeit der eigenen Natur, nach den Strömungen, die sie durchziehen, nach den Elementen, aus denen sie zusammengesetzt ist. Das Ich wird Mittelpunkt der Handlung. Die großen Mächte, die das Werden des Ich bestimmen, treten hervor: Schmerzen, Leidenschaften, Wille zur Kraft, Wille zur Freiheit, Ringen mit dem Schicksal, Glück des Schaffens, der Liebe, der Einsamkeit, stählende Macht des Kampfes, Freude des Sieges. Alle diese das Werden der Persönlichkeit bestimmenden Elemente des inneren Seins drängen nach Klärung, nach Bewußtwerden, gewinnen bestimmenden Einfluß auf das Schaffen.

Eine Lyrik, die, ähnlich den Wunderhornliedern, Mahler als unmittelbare Grundlage für diese neue Richtung hätte dienen können, gab es nicht. Wenn es sie gab, wäre sie kaum benutzbar gewesen. Diese Art Auseinandersetzung mit den Mächten des eigenen Wesens war einer Entwicklung zum Wort, zum gesungenen Ton nicht fähig. Sie mußte im Gegenteil von dem Ziel einer Bindung durch das Wort hinweg zur Ungebundenheit und Freiheit fantasiemäßigen Ideenspiels führen, wie es die großen Instrumentalformen aller drei Sinfonien ermöglichten. Die Entwicklung läuft umgekehrt wie bei den früheren Werken. Dort allmähliches Emporringen aus instrumentalem Dämmer zum Bewußtwerden durch das Wort, hier Loslösen vom Wort zur Freiheit der instrumentalen Fantasie. Das Wort, einst Ziel, wurde jetzt Ausgangspunkt oder doch verborgene Grundlage. Es erschloß dem Musiker den neuen Schaffenskreis, den Zugang zu sich selbst. Es gab ihm Klarheit über Voraussetzungen, innere Bedingungen und Antriebe des neuen Wollens. Für eine Bekennernatur von der Art Mahlers konnte Schaffen niemals „Produzieren", es mußte Sichbefreien von dunkler Last sein. Die Last, die neu auf ihn gefallen war, galt es im Lied zu erkennen, um sie in der Sinfonie zwingen zu können.

Mahler fand Worte für das, was ihn bedrängte, in den Dichtungen Friedrich Rückerts. Wie er auf sie kam, ist unbekannt, auch weiß man nicht, ob persönliche Erlebnisse besonderer Art ihm die Stimmungen dieser Gedichte besonders nahe brachten. Anzunehmen ist eher, daß das Erlebnis im bisherigen Sinne nicht mehr von entscheidender Bedeutung für Mahler war. Sein Schaffen erwuchs jetzt aus ihm selbst, aus der Natur des Künstlers. Das Erlebnis wurde nicht wiederholt, es wurde vorweggenommen. Mahlers Kunst fing an, stärker zu werden, als das Leben. Sie formte sich nicht mehr nach den Eindrücken des äußeren Geschehens, sie zwang dieses Geschehen in ihre visionär erfaßten Bahnen. So ist die erste Gruppe der neuen Gesänge, die der „Kindertotenlieder", nicht durch Verlust eines Kindes veranlaßt worden. Erst fünf Jahre nach der Komposition der drei ersten Lieder — die anderen entstanden später — verlor Mahler seine älteste Tochter. Die Worte Rückerts ergriffen ihn also nicht aus einer äußeren Erfahrung heraus. Sie trafen in das Innerste seines Wesens, in dem sich die Disposition für die neue Gefühlswelt gebildet hatte und sich nun unter dem Eindruck der Dichtersprache zu klären begann. Bestimmend für die neue Anschauungsart ist einzig das Ichmäßige des Fühlens, der Gegensatz zwischen dem einzelnen Erlebenden und der Allgemeinheit. Im Wunderhornkreis gab es diesen Gegensatz nicht. Das Individuum als solches kam hier nicht in Betracht, es war Repräsentant der Gattung. Alles Persönliche weitete sich zum allgemein Menschlichen. Jetzt ist das Verhältnis umgekehrt. „Das Unglück geschah nur mir allein, die Sonne, sie scheinet allgemein", heißt es im ersten der „Kindertotenlieder". Nicht nur Schmerz und Unglück geschehen dem einzelnen allein. Auch Glück und Freude erlebt er außerhalb des Zusammenhanges mit der Gesamtheit, im Gegensatz zu ihr. „Ich bin der Welt abhanden gekommen", „Ich leb' allein in meinem Himmel, in meinem Lieben, in meinem Lied," „Ich atmet' einen linden Duft", „Um Mitternacht hab ich gewacht", „Blicke mir nicht in die Lieder". Jedes einzelne dieser Lieder ist im Ichton gehalten. Aus jedem spricht das Bewußtsein des Gegensatzes zur Welt, der Einsamkeit, bald schmerzlich, bald beglückend empfunden, schließlich aber doch wieder der Hingabe an das große Ganze zustrebend. „Ein Lämplein erlosch in meinem Zelt, Heil sei dem Freudenlicht der Welt." Die musikalische Formung dieses Grußes an das „Licht der Welt", die ergreifende D-dur-Wendung aus dem ersten Kindertotenlied ist in das nächstfolgende sinfonische Werk, die Fünfte, übergegangen:

Heil__ sei dem Freuden-licht der Welt.

Solche plötzliche Verlegung des Gefühlszentrums in das eigene Ich mußte naturgemäß auf die musikalische Ausdrucksformung tief einwirken. Die eckige Naivität, das Volkstümliche, die frische Geradlinigkeit der Wunderhornmelodik, ihr romantisch träumerischer Zug, ihre scharfkantige, lapidare Rhythmik, ihre Bevorzugung einfachster Tonsymbole und tanzartiger Themencharaktere wich intim persönlicher Ausdrucksart. Die Melodien, zunächst der Lieder, erhalten mehr kunstmäßigen Bau. Sie sind von schärferen inneren Kontrasten bewegt, breiter ausgesponnen, chromatisch reicher abgestuft, sie haben stärkeren lyrischen Atemzug, sind dem Text inniger verwachsen, haben ihn tiefer in sich eingesogen als bei den Wunderhorngesängen, wo Text und Melodie in paralleler Selbständigkeit liefen. Gegenüber der reinen Homophonie der Wunderhornlieder zeigt sich Bemühen um polyphone Stimmführung. Die Begleitung, wie bei allen Liedern Mahlers im Original stets für Orchester geschrieben, ist im ersten der „Kindertotenlieder" zwei-, im dritten fast durchgehend vierstimmig gehalten. Diese Art der musikalischen Ausdrucksgestaltung zeigt auffallende Verinnerlichung,

Streben nach verhaltener, scheuer Verschlossenheit, die, mit latenter Intensität
geladen, plötzlich erschütternd ausbricht. So in dem schwermütigen „Wenn Dein
Mütterlein tritt zur Tür herein", bei der ergreifenden chromatischen Steigerung:

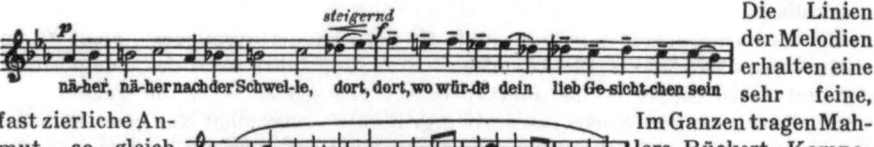

Die Linien der Melodien erhalten eine sehr feine, fast zierliche Anmut, so gleich der Anfang des ersten Stückes: Im Ganzen tragen Mahlers Rückert - Kompositionen mehr liedmäßige Züge, als die
Wunderhorngesänge. Als Texte wie als musikalische Gestaltungen stellen sie eine
reinere Gattung lyrischer Kunst dar. Eben deswegen waren sie keiner sinfonischen
Ausbreitung fähig. Für Mahler indessen kam es nicht darauf an, in seinen Liedkompositionen thematisches oder poetisches Material für die Sinfonien zu sammeln. Es
war nur der Boden zu finden und abzustecken, auf dem das sinfonische Gebäude er-
richtet werden konnte. Der allgemeine Charakter der früheren Lieder hatte zur
sinfonischen Erweiterung gedrängt. Jetzt galt es, von der persönlichen, lediglich dem
Ich zugewandten Lied-Idee aus den Ausgang in die Allgemeinbedeutung der großen
sinfonischen Form zu finden, vom Ich her wieder die Welt zu fassen. Es galt,
sich nicht in Einsamkeit, gleichviel ob beglückende oder zermalmende, zu verlieren. Aus der Einkehr in die Tiefen des eigenen Wesens, aus dem Bewußtsein
des Gegensatzes zur Welt war diese Welt neu zu bauen, in sie die Kraft hinein-
zugießen, die die Einsamkeit des Ich, die Versenkung in das Geheimnis persönlichsten Seins dem Künstler verliehen hatte. Dieses „Heil sei dem Freudenlicht
der Welt" ist der eigentliche Grund- und Leitgedanke der neuen Sinfonik. Mahler
führt ihn in drei gewaltigen Beispielen aus. In zweien: der fünften und siebenten
Sinfonie, gelangt er ans Ziel. In dem mittleren Werk, der „tragischen" Sechsten
in a-moll, unterliegt er. Dies sind die drei Instrumentalbehandlungen des Ringens
um das „Freudenlicht der Welt". Mahler führt sie so reich und so tief ausgreifend
durch, wie es einer zu wahrhaft grandiosen Gesichten sich aufschwingenden
Künstlerfantasie möglich ist. Ob er selbst die gefundenen Lösungen als endgültig
anerkennt, ob er die reine Instrumental-Sinfonie als letztes Mittel der Erkenntnis
gestaltung gelten läßt, das lehrt ein Blick auf die achte Sinfonie. Hier war der Durchbruch zum „Freudenlicht der Welt" endlich so gelungen, daß Welt und Ich in eines
verschmolzen, kein Widerspruch ungelöst blieb. Zunächst aber brauchte Mahler
die sinfonische Form als Ausdruck persönlichster Willensgestaltung, als Austrag des
Gegensatzes zwischen Ich und Welt. Hierfür war die große Instrumental-Sinfonie mit
den ihr entsprechenden stilistischen Eigenheiten die gegebene Form. An ihr konnte
sich das in der Lyrik zu neuem Bewußtwerden erwachte Ich zur Welt erweitern.

D ie fünfte Sinfonie ist der erste Versuch solcher Neugestaltung der Welt aus
dem eigenen Ich. Sie beginnt in cis-moll und hebt sich nach D-dur. Mahlers
Tonartensymbolik spricht hier ebenso deutlich wie in der vierten Sinfonie bei
der Umschaltung vom idyllischen G-dur zum paradiesischen E-dur, wie in der

siebenten Sinfonie bei der Hebung vom Quintsextakkord auf h-moll zum fest-
lichen C-dur, wie schließlich in der neunten Sinfonie bei der Vertiefung vom
D-dur in erhabenes Des-dur. Die frühere Idee der tonartlichen Einheit, von Mahler
gewahrt in der ersten, dritten, sechsten und achten Sinfonie, verliert ihre bindende
Kraft gegenüber dem Ausdruckswert des tonartlichen Klangcharakters. Dem
Wandel der Tonart entspricht der Kontrast der Satzformen. Ein Trauermarsch
„In gemessenem Schritt. Streng. Wie ein Kondukt" beginnt, ein Allegro-Rondo
voll heiterer Beweglichkeit schließt. Vom Schmerz zur Tätigkeit, von passiver
Trauer zur Freude des Schaffens läuft der Weg. Er ist ohne programmatische
Beihilfe zwanglos aus der musikalisch formalen Gestaltung zu erkennen. Der
Trauermarsch, der die fünfte Sinfonie eröffnet, ist dem Anfangssatz der zweiten
Sinfonie nicht zu vergleichen. Schon der Gegensatz des leidenschaftlichen
c-moll und des elegischen cis-moll deutet auf die Verschiedenheit beider Stücke.
Jene „Totenfeier" war ein tragisch konzipiertes Stück, schwer und wuchtig in
den formalen Umrissen wie in der Thematik. Die Grundstimmung des cis-moll-
Trauermarsches ist Schmerz und Klage. Es ist, gegenüber dem aktiven Kampfstück
der zweiten Sinfonie, ein passives Leidensstück, der Trauer hingegeben, ohne Willen
zur Auflehnung. Die Nachwirkung der „Kindertotenlieder" ist spürbar, auch ohne
den späterhin erscheinenden melodischen Anklang. Die Trompete allein beginnt:

Erst beim Aufstieg zum A setzt mit voller Wucht das Orchester ein. Es bleibt,
unter Führung der Trompeten, in stärkster Kraft bis zum gis-moll-Abschluß, von
dem aus das punktierte Motiv in sich vergrößernden Sprüngen zur Tiefe stürzt:

 Hier verklingt es langsam unter nachhallenden Triolen-
rhythmen im Paukenwirbel Gis. Eine Exposition von
mächtiger dynamischer und rhythmischer Kraftspannung. Die Blechbläser führen, die Streicher-
begleitung gibt nur dunkle Untermalung. Erst nach dem Verhallen der großen
Trauerfanfare setzt das Streichorchester als selbständiger Gegenchor mit einförmi-
ger, liedartiger Klagemelodie ein, ohne starke Bewegung, resigniert singend, im un-
abänderlichen  Dem Charakter
Marschtempo nach ähnelt die
schreitend: Melodie der des
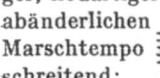
Trauermarschkanons aus der ersten Sinfonie. Hier wie dort ein erstickter, wort-
und klagloser Schmerz, der gerade durch das Fehlen jeglichen Affektes ergreift.
Zum zweitenmal die Fanfare, diesmal sofort von straff rhythmisierten Harmonien
der Streicher, Holzbläser und Hörner gestützt, kräftiger, schärfer ausgreifend als
vorher. Zum zweitenmal auch der Klagegesang des Streicherchores, reicher belebt
in der Stimmführung, mit Steigerung durch duettierende Holzbläser und Violoncelli:

An die zart sich aufschwingende Dur-Wendung anschließend im Pianissimo des Holzchores ein Trostgesang in Dur:

Die Streicher spinnen ihn von As- nach Cis-dur hinüber, ihm für einen Augenblick den Ausdruck schmerzbefreiter Verklärung gebend:

Die Dur-Stimmung hält sich nur vorübergehend. Der Gesang verschwindet in der Tiefe auf leisem Paukenwirbel, der Anfangsruf der Trompete hallt wie fernes Echo nach. „Plötzlich schneller, leidenschaftlich, wild", ein neues Thema. Trompeten, statt die angefangene Fanfare zu vollenden, schlagen in ein anderes, heftig erregtes Empfindungsgebiet um. Die tiefen Bläser: Tuba, Fagotte und Kontrafagotte, dazu Streichbässe, intonieren ein glockenartiges, ostinates Baßmotiv, Posaunen begleiten in wogenden Synkopenharmonien: Alle bisher gewaltsam gestaute Leidenschaft des Schmerzes bricht hemmungslos durch. Ein Triolen-Doppelmotiv der Trompeten und Violinen reißt die Entwicklung weiter in wilde Bewegtheit: Wie ein Notruf klingt die Anfangstriole der Trompeten in das Gewoge hinein, unvermögend sich durchzusetzen, selbst mitgezogen in den immer heftiger brausenden Wirbel. Auch die kurze Ges-dur-Wendung der Violinen gibt keinen Halt: Bis nach äußerster Kraftentfesselung ein greller Ruf der gedämpften Trompeten: „allmählich sich beruhigende" Stimmung schafft, als wäre dies plötzliche Aufflammen nur Traum gewesen. Die Anfangsfanfare ertönt wie vorher, in noch steiler emporführender Steigerungslinie der Trompeten. „Schwer" setzt der Trauergesang ein, diesmal Holzbläsern mit lastender Harmoniebegleitung des Bleches zugeteilt. Die Streicher schweigen zunächst. Nur eine gedämpfte Violoncellstimme klingt, sehnsuchtsvoll emporsteigend, vereinzelt in die massive Wucht der Bläser und des dumpf schrittmarkierenden Schlagwerkes. Erst bei der Des-dur-Wendung mischen sich wieder weiche Streicherfarben ein. Zunächst in den tiefen Lagen, dann, nach D-dur aufgleitend, plötzlich in den oberen Registern „singend", wie aus einer anderen Welt. Im Zwiegesang der Flöte, Klarinette und der Violinen erklingt das Verheißungsmotiv vom „Freudenlicht der Welt" aus dem ersten Kindertotenlied:

Das Schmerzliche der Trauerstimmung scheint wie weggewischt. Das Triolenmotiv

ertönt leise aus der Pauke und leitet zu einem neuen Gedanken von ausdrucks-
voll erhabener Prägung. Er schreitet in ernsten a-moll-Klängen der Violinen,
ein Trostgesang von feierlicher Kraft, in den nur aus den Begleitstimmen der
Violoncelli und   Seine
Bratschen leise   volle
Schmerzenslaute    Bedeu-
hinein klingen: tung
kann er erst im größeren Rahmen des folgenden Satzes entfalten. Hier, innerhalb der Trauerstimmungen, erhält er bald leidenschaftlichen Ausdruck, weist
zurück auf den „wilden" Zwischensatz der Trompeten und führt über einen
breit ausholenden Orgelpunkt E in „klagende" chromatische Abwärtsbewegung. Alle Stimmen in herber Klangsteigerung, Hörner und Trompeten
gestopft, „Schalltrichter auf", sinken nach unten. Auch die Bässe, anfangs den Orgelpunkt E festhaltend, rieseln langsam bröckelnd in die Tiefe.
Noch einmal setzt die Trompetenfanfare an, sie gelangt nicht zu Ende. „Verlöschend" stocken die Klänge, fallen von Stufe zu Stufe kraftlos herab. „Schwer"
setzen dumpfe Bläserharmonien ein. Hemmungslos nach unten gezogen, fällt
die thematische Linie von Ton zu Ton, bis sie im Dunkel der Grabharmonien
verschwindet. Wie verloren, vom Winde verweht, klingt der Triolenruf nach.
Ferne Trompetenklänge geben ihn weiter, ein leicht zum Äther aufschwebender
Flötenton trägt ihn wie eine entschwebende Seele zur Höhe. Noch ein dumpfer
Trommelwirbel, und mit dem tiefen Pizzikato Cis der Streicher fällt die letzte
Scholle.

Trotz der äußeren Charakterverwandtschaft mit dem ersten Satz der zweiten
Sinfonie steht dieses merkwürdige Stück vereinzelt innerhalb der Mahlerschen Sinfonik. An sich ein richtig ausgearbeiteter, mit Doppeltrio ausgestatteter
Marsch, dazu von ergreifend ernster, in sich geschlossener Stimmung und Einheitlichkeit des Wurfes, hat er doch nicht Eigengewicht genug, um als selbständiger
Eröffnungssatz gelten zu können. Das ist kein Vorwurf und keine Herabsetzung.
Mahler hat das Stück offenbar nicht als selbständig gedacht. Er hat der Sinfonie
gleichsam zwei Eröffnungssätze gegeben: den cis-moll-Trauermarsch und das
unmittelbar anschließende „Stürmisch bewegt. Mit größter Vehemenz" in
a-moll. Beide gehören zueinander. Sie sind thematisch verknüpft durch Wiederkehr des Trauergesanges in Dur innerhalb des a-moll-Satzes und durch Vorwegnahme des Seitenthemas in a-moll im Trauermarsch. Auf formale Bedeutung und
gedankliche Wucht angesehen, überragt freilich das a-moll-Stück den Trauermarsch erheblich. Es ist nicht nur in größeren Umrissen angelegt, gleich sonstigen
Anfangssätzen im reichgegliederten Sonatenschema gebaut. Es ist überhaupt
eine der großartigen Konzeptionen Mahlers, ein Stück von so eruptiver Kraft
der Leidenschaft und inhaltlichen Steigerung, daß man es zu den gewaltigsten
Leistungen sinfonischer Kunst rechnen muß. Auch hier ist der Hinweis auf die
Grundtonart wesentlich. A-moll hat für Mahler merkwürdige Bedeutung. Seine
sämtlichen a-moll-Sätze zählen zu seinen eigenartigsten Schöpfungen. Es sind
nicht viele: erster Satz, Scherzo und Finale der Sechsten, das „Trinklied vom

Jammer der Erde" und das seltsam burleske Rondo der neunten Sinfonie, das
mit dem a-moll-Satz der fünften über die Tonart hinaus thematisch rhythmische
Verwandtschaft aufweist. In jedem Fall zeigt sich eine besondere Bedeutung der
a-moll-Tonart für Mahler. Sie hat für ihn etwas Schicksalhaftes, sie gibt ihm
einen Schwung und eine Kühnheit, in der er befähigt ist, Äußerstes auszusprechen
und doch Herr der Leidenschaft zu bleiben. Es ist seine Bekennertonart,
die ihn in die tiefsten Dunkelheiten und auf die schroffsten Höhen seines
Wesens führt.

Gleich der Beginn überrascht durch eigentümliche thematische Gestaltung.
Der Satz hat kein erstes Thema im gewohnten Sinne. Eine Art motivischen
Ausrufes steht dafür, zuerst ganz knapp gefaßt: fünf Baßnoten, wild und leidenschaftlich hervorgestoßen, fast geschleudert, rauh, gebieterisch, auffahrend, durch
einen zischenden Harmonieschlag des Orchesters abgeschlossen, dann wiederholt, in
mehr und mehr  Aufpeitschende Schmerzensmotive, aus
sich überstür- dem Trauer-
zender Steige- marsch be-
rung heftig vor- kannt, gesel-
wärts treibend: len sich hinzu:

Thematische Erscheinungen brechen hervor, wie in wilder Leidenschaft einander
überrennend. Zunächst die Fortsetzung des Schmerzensmotives in den Violinen,
heftig aufzuckend, dann in hämmernden Achtelrhythmen weitereilend, von
den Streich-  In den Posaunen
bässen durch dazu skalenartig
aufstürmende steigende Harmo-
Gegenbewe- niefolgen über dem
gung ergänzt: starr festliegenden

A. Sie waren schon in den Einleitungstakten rhythmisch vergrößert erschienen
und kehren jetzt in gesteigerter Zusammendrängung wieder, wie eine eiserne
Klammer, die sich fester und fester schließt:

Hörner stürmen voran,  Eine Spannung von fast
Violinen, in scharf zersprengender Gewalt
rhythmisierten Terzen, entwickelt sich im Aufdrängen, abwärts ge- und Abjagen der Stimmen.
richtet, ihnen entgegen: Kein Ziel, kein Halt,
keine feste Bahn scheint zu finden. Hemmungslos, von Takt zu Takt wilder
entfesselt, rasen die Stimmen durcheinander, in äußerster Kraft durch Sforzati
noch gesteigert. Schmetternde Trompeten- und Hörnerrufe, ein gewaltsamer,
alle erfassender Schlag auf dem Dominantakkord E mit eingefügtem verschärfenden C. Tiefe Streicher, Klarinetten und Fagotte stürzen in ein bran-
dendes a-moll-Gewoge, aus dem sich im dritten Takt das neue Thema herausringt.
Dreimal setzt es mit dem Schmerzensmotiv an. Aus den Hörnern klingt es wie
Notruf, im Streichorchester sind zweite Violinen und Bratschen eine Oktave höher

gelegt als die ersten Violinen, um durch den Brat-
schenklang die klagende
Schärfe des Tones intensiver hervortreten zu lassen:

Ein Thema von alle Dämme überspülender Flutkraft, unerschöpflich an innerem
Sturm, unersättlich weiter treibend, vorwärts peitschend wie eine unheimliche
Naturgewalt, der gegenüber Widerstand nicht in Betracht kommt. Bald fegt es in

aufheu-
lenden
Legato-
phrasen:

Bald stößt
es in hefti-
gen Rhyth-
men:

Dazwischen tönen
aus den Trompeten
und Hörnern neue
Kampfrufe:

Sie dringen jetzt nicht durch.
Eine akustisch kaum noch dar-
stellbare Steigerung faßt das
Anfangsthema, jetzt sechs Hör-

nern zugeteilt, und das zweite a-moll-Thema im Sturm der Oberstimmen
zusammen, die Bässe stürzen chromatisch abwärts, das Akkordmotiv der
Posaunen, zur Steigerung auf die unbetonten Taktteile schlagend, hämmert.
Der Orkan treibt dem Höhepunkt zu, um nun, eine plötzlich nachlassende
Naturgewalt, fast mit einem Schlage zu erlöschen. In wenigen Takten
stürzen die Legatoläufe der Holzbläser zur Tiefe. Ein langer, leise abklin-
gender Paukenwirbel auf C bleibt allein übrig von dem a-moll-Toben. Die
Tonart wechselt nach f-moll. „Bedeutend langsamer, im Tempo des Trauer-
marsches" klingt unter leise zuckenden Begleitrhythmen der Flöten wieder das
Schmerzensmotiv, jetzt wehevoll klagend, von Klarinetten den Flöten, von
ihnen Hörnern und Fagott zugerufen. Unter dieser Begleitung, die sich weiter
spinnt, hebt ein ernster Gesang des Violoncells an, „molto cantando", eine Melodie
von edler Größe, gemessen schreitend, voll düsterem, doch verhaltenem Ausdruck.
Sie ist ein Geschwister der elegischen a-moll-Melodie aus dem Trauermarsch.
In der Begleitung stimmt sie genau mit ihr überein, die melodische Führung ist
zwar verändert, in der Grundlinie aber von unverkennbar ähnlichem Schwunge:

Dreimal setzen die Violon-
celli mit dem pathetischen
Aufstieg C - F - As an.
Beim drittenmal fügt sich

eine Gegenstimme tiefer Klarinetten hinzu, den Zwiegesang nach Dur leitend:

Allmählich
steigt die
Melodie
aus den

tiefen Klangregionen zu den Violinen empor. „Zart" spannt sich eine aufwärts-
drängende Oberstimme, mit feierlichem Aus-
druck übernehmen die Hörner das f-moll-
Thema. „Breit gestrichen" wenden die
Violinen es nach Des-dur:

Die zuver-
sichtliche
Stimmung
festigt

sich, bis die Holzbläser „ohne Ausdruck" wieder nach f‑moll abgleiten:

Die f‑moll‑Melodie kündigt sich in den Hörnern an, bis plötzlich die mit elementarer Wucht hervorbrechenden Motive des a‑moll‑Satzes die f‑moll‑Lyrismen verjagen und selbst das Feld einnehmen. Doch ihre einst ungehemmte Kraft hat jetzt etwas Gewaltsames, Aufgekrampftes. Das Baßmotiv, das vorher ohne jeglichen Widerstand den Sturm entfesselte, muß diesmal mehrfach ansetzen, auf A und auf G. Beidemale gelangt es nicht über den ersten Anlauf hinaus. Statt dessen tritt ein neuer Gedanke hervor. Nicht absolut neu zwar, er war schon früher als Kampfruf der Trompeten inmitten des Stürmens der übrigen Stimmen erklungen, ohne sich halten und durchsetzen zu können. Jetzt nehmen ihn zunächst Violinen und Holzbläser auf:

Dann werden die Bässe davon ergriffen, und Trompeten bringen ihn in Vergrößerung: Immer stärker setzt sich der rhythmische Triumphgedanke durch, Violinen und Holzbläser nebst Posaunen bringen ihn in Engführung:

Noch einmal bäumt sich das Schmerzens‑Motiv über dem Orgelpunkt B auf, dann verhuschen die Achtel des ersten Themas. Das leidenschaftliche a‑moll hat sich nicht durchzusetzen vermocht. Es war nicht mehr fähig, sich in ursprünglicher Wildheit auszubreiten. Doch auch die trostvolle f‑moll‑Erscheinung ist verjagt, es bleibt nur rätselvoll lastende Stille des Paukenwirbels. Nun folgt eine der genialsten Eingebungen des Musikers Mahlers. Über dem dumpfen Paukenwirbel regt sich „zögernd" ein tief seufzender Violoncellton, fällt in Schweigen zurück, setzt noch einmal, dringlicher, „klagend" ein, schweigt wieder, beginnt zum drittenmal, immer höher, sehnsuchtsvoller ausgreifend — wie ein Wille zur Melodie, ein Ruf nach dem entschwundenen f‑moll‑Gesang. Leise finden sich andere Stimmen hinzu. Die Bratsche legt sich harmoniegebend unter das Violoncell‑Rezitativ, die Pauke wirbelt leise weiter, es tönen dunkle Klarinettenterzen:

„Zart hervortretend" erscheint in den Hörnern, jetzt im feierlichem es‑moll, die Melodie, trotz Molldüsters und tiefer Wehmut begütigend, erhellend, ruhig und stetig sich ausbreitend. Jetzt gewinnt auch das Triumphmotiv erhöhte Geltung.

Gestopfte Hörner kündigen es an  in

den Bässen das Achtelmotiv des Anfanges. Auch in den übrigen Streichern ballt sich der Sturmwille des a-moll-Satzes in chromatischem Andrängen nochmals zusammen und bricht plötzlich in es-moll aus — nur Violinen, Bratschen, Holzbläser und Hörner in schärfster Klanglage:

langsamer" erklingt der Durgesang des Trauermarsches, jetzt nach H-dur übertragen und mit dem rhythmischen Grundmotiv des Triumphthemas verbunden:

Eine neue große Steigerung bereitet sich vor. „Von hier an nicht mehr schleppen" schreibt Mahler. Während der Triumphrhythmus in den Bläsern weiter schreitet, lockert sich in Aber der Ausbruch gelangt nicht zu Ende. Die Tonart schlägt nach Ces-dur um, die Bässe steigen in festem Fortissimo nach oben, das Triumphmotiv leuchtet aus den Violinen: Nur einen Augenblick zwar, dann gewinnt das es-moll-Kolorit wieder den Vorrang. Die Sturmmotive drängen nochmals an. Eine neue Vision verscheucht sie. „Plötzlich wieder bedeutend Gestützt auf diese Erinnerung frühesten Trostes, gestärkt durch die aufrichtende Kraft des Triumph-

motives beginnt nun der große Aufstieg. Piu mosso subito setzt in zweistimmiger Engführung — Holzbläser schreiten vor, Violoncelli folgen nach — ein neuer triumphaler Gedanke ein:

„Unmerklich drängend" schieben sich die Stimmen, an Kraft gewinnend, dichter und herber ineinander. „Plötzlich anhaltend" ein heftiges Aufflammen in A-dur: das neue Triumphmotiv in Trompeten und Hörnern feierlich gesteigert, mit scharf dissonierender Umbiegung des Gipfeltones:

Aus ihm, Tempo primo subito, die a-moll-Themen, die scheinbar zurückgedrängten, mit gesteigerter Kraft und Wildheit wieder ausbrechend. Die Einleitung, im Ausdruck des Chaotischen noch ungezähmter als anfangs, schließt diesmal mit dem Dominantakkord H-dur. Wieder beginnt, jetzt in e-moll, das wilde akkordische Wogen, wieder scheint jenes mächtige Leidenschaftsthema einzusetzen. Doch die Linie biegt nach zwei Takten ab. Statt der erwarteten Fortsetzung folgt das Seitenthema in e-moll, „etwas langsamer" im Tempo, im Charakter des Vortrages und der wogenden Begleitung aber hinein gezogen in das Stürmen des a-moll-Satzes:

„G-Saite, viel Bogen wechseln" lautet die Vorschrift. Fülle und Leidenschaft des Tones ist Haupterfordernis. Wie das Seitenthema selbst zusammenwächst mit dem ursprünglichen, unruhvoll bewegten a-moll-Thema, so erhält auch sein

erster, elegischer Teil durch den neuen Klang und Rhythmus den Charakter
scharf drängender Aktivität. Die früheren Gegensätze verschmelzen. Der
melodische Schwung und die edle Gesanglinie des zweiten Themas wird von
der rhythmischen und dynamischen Spannkraft des ersten durchdrungen. Es
steigert sich zur äußersten Leidenschaft in dem auf breites a-moll der Posaunen
und Tuba gelager-  Die Motive der Mollgruppe kehren
ten Unisono sämt- wieder in fliegendem, beschwingtem
licher Holzbläser Tempo, mit stärkster Erregung des
und Hörner: Ausdrucks. Es ist ein inneres Drängen,
ein zu fast atemraubender Spannung wachsendes Erwarten einer Entscheidung, so daß Mahler in der Partitur fortwährend gleichsam warnend befiehlt:
„nicht eilen", „gehalten", nochmals „nicht eilen". Die Steigerung liegt in der
taktweise sich schärfenden Zuspitzung des Ausdruckes und darf nicht durch zu
frühe Beeilung des Tempo in ihrer letzten Auswirkung gefährdet werden. Von e-moll
steigt die Welle nach f-moll,
fällt von dort „wuchtig" in es-
moll zurück. Mit dämonischer
Gewalt erklingt das Sturmlied:
„Immer auf G" die Violinen, „wild" die Bässe, „Schalltrichter auf" die Bläser.
„etwas drängend" im Vortrag das Ganze, unerschöpflich, rastlos, wie gepeitscht,
Und nun, zum Furioso treibend, letzte, äußerste Kräfte spannend, Violinen
„gerissen", ein rasender Ausbruch von Trotz, Verzweiflung, Vernichtungswillen:

Da „Pesante, plötzlich etwas
anhaltend" ein leise schimmernder, anschwellender Licht-
strahl. Aufleuchtendes A der
Trompeten und Posaunen. Es hebt sich in mächtigem Oktavschwung zum
D-dur-Akkord, zum Choral. Nach dem maßlos wühlenden, unbändigen Gewirr
der Stimmen und Harmonien, nach der chaotischen Zerrissenheit plötzlich dieser
feierliche Zuruf, diese einfach und doch überwältigend aufstrahlende Verheißung.
Trompeten und Posaunen haben die Führung, Holzbläser, anfangs schweigend,
schließen sich ihnen an, Streicher und Harfen umrauschen die mächtigen Klänge
mit jubelnd stürmenden Läufen. So klingt die Verkündigung in den Sturm hinein:

Hier wird der Hymnus unterbrochen,
vielmehr er schweigt aus sich heraus. Die Wucht des Schwunges
ist zu stark, sie sprengt fast das Ausdrucksvermögen. Doch ist das
Letzte, Höchste noch zu sagen, die volle, alles zusammenfassende Kraft muß gewonnen werden. Währenddessen jubiliert das Orchester wie zur Auferstehungsbotschaft. Accellerando drängen die Trompeten wie in nicht zu bändigender Erwartung:

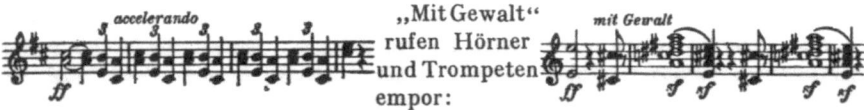

„Mit Gewalt" rufen Hörner und Trompeten empor:

Alles treibt aufs äußerste, Violinen stürmen, Harfenglissandi rauschen, das Schlagwerk wirbelt. Atempause. Da ertönt die abschließende Strophe. Mit ungeheurer Leuchtkraft setzt die Terz Fis ein. Alles was Glanz hat, wird auf diesen einen „Höhepunkt" hingelenkt:

Was ist, was war geschehen? Etwas, was sich auch im Leben eines großen Künstlers selten ereignet, weil es selbst für ihn Geschenk geweihtester Stunden bleibt: die Offenbarung von etwas Außerordentlichem, künstlerisch wie menschlich gleich tief Erschütterndem. Ein Himmelsblick, gewonnen durch unerhörte Spannung aller Kräfte, durch fanatische Aufpeitschung des Schmerzes bis zur selbstvergessenen Wildheit, durch unnachgiebiges Ringen mit dem Engel, das nicht abläßt, ehe nicht der Segensspruch erklingt. Mahler hat nach diesem a-moll-Satz noch andere Stücke vom großartigem Gepräge geschaffen, mit mächtigen Steigerungen, mit leuchtenden Höhepunkten. Er hat namentlich in der Achten wiederum eine Kraft der Geistes- und Willensspannung erwiesen, die über das Mögliche hinauszugehen scheint und dem Hörer fast den Atem benimmt. Trotzdem steht dieser a-moll-Satz der Fünften einsam innerhalb des Mahlerschen Gesamtwerkes. Solche Zusammenfassung düster wühlender Leidenschaft und grandioser Herrlichkeit des Aufschwunges bei innerlich reich belebter Gliederung des Baues, ständig wechselnd und doch in jeder Einzelheit auf das letzte Ziel hinlenkend, die Teile lückenlos aneinander geschlossen, die Sprache ohne jegliche Stockung fließend — alles das in einem Wurfe ist auch Mahler nur dieses eine Mal gelungen, wie er es in solcher Art nur dieses eine Mal versucht hat. Nicht am geringsten zu werten ist dabei die Kunst, nach einem langgesponnenen, ständig die äußersten dynamischen und klanglichen Grenzen streifenden Satz noch eine derartige Steigerung möglich zu machen. Sie war erzielbar nur durch Umstellung in der Gruppierung des Orchesters, indem unmittelbar vor Eintritt des Chorales die beweglichen Instrumente: Holz und Streicher, dominieren, während vom Choral ab die Blechgruppe in geschlossener Pracht auftritt.

Man kann der Choralapotheose gegenüber auf Bruckner als Muster hinweisen. Zweifellos sprechen hier bei Mahler Anregungen Bruckners mit. Andrerseits ist, gerade wenn man die Einführung des Chorales bei Mahler mit Bruckners Choralverwendung in seiner fünften Sinfonie vergleicht, die innere Verschiedenheit beider Musiker zu erkennen. Für Bruckner bleibt der Choral pompöse und eindrucksvolle, aber vorzugsweise klanglich und dynamisch empfundene Finalsteigerung. Für Mahler ist das Klangliche und Dynamische, so bedeutsam er es hervorhebt, doch nur Mittel. Es steht im Dienste der Gesamtidee des Werkes. Dieser Choral ist nicht nur Krönung der ersten Abteilung. Er ist nicht nur Antwort auf den Trauermarsch des ersten, auf den fessellosen Leidenschaftssturm des zweiten

Satzes. Er ist auch keineswegs, wie etwa die Auferstehungsbotschaft der zweiten Sinfonie, als Offenbarung von oben her zu nehmen. Er ist die Verkündigung der eigenen, stolzen, unbeugsamen Kraft. Sie wird gewonnen nicht als Gnadengeschenk einer unbekannten Macht. Sie wächst empor aus eben den Tiefen, die durch Schmerz und Leidenschaften bis aufs äußerste durchwühlt sind. Alles Frömmelnde, im engeren Sinne Religiöse, fehlt. Dieser Choral ist das Hohelied des Willens, er ist der Choral des Lebens. Als solcher hebt er sich empor über Klagen und Stürme der beiden Sätze, denen er Abschluß gibt. Dieser Abschluß aber ist noch nicht das Letzte. Hier erschien der Choral als Ergebnis einer scheinbar dem Untergang zutreibenden Entwicklung. Bald soll er noch mehr werden. Er kann nicht nur Licht bringen und Aufblick schaffen, er kann Tätigkeit und Freude wecken. Sein Wesen ist nicht an den feierlichen Choralrhythmus, an den Pomp ganztaktig schreitender Harmonien gebunden. Er kann sich auch im freien Spiel der Tonfolge innerlich ausleben. Seine Fruchtbarkeit, seine tiefe, unerschöpfliche Lebenskraft wird er erst dann bewähren, wenn er sich im Schlußrondo zum Grundthema des heiteren Lebensreigens und Schaffensspieles wandelt.

Hier ist er nur Vorverkündigung, mit der die erste Abteilung des Werkes abschließt. Nicht im wörtlichen Sinne. Wenn das Licht dieser Choralsonne leise verglüht, setzt ein kurzes, epilogartiges Schattenspiel ein. Die thematischen Erscheinungen der Vergangenheit steigen nochmals hervor, zaghaft erst, schnell aber wieder Kraft fassend, noch einmal das alte Spiel versuchend. Da dröhnt es wie der Ton einer Mitternachtsglocke, die Gespenster verscheucht. Die klangliche Gestaltung dieses Schlusses in ihrer an Berlioz erinnernden Fantastik könnte solche Auslegung nahebringen. Das Achtelmotiv verhuscht, zum Pianissimo abgedämpft, in den Streichbässen. Kurz nachschlagende, abgerissene Akkorde der leichten Holzbläser und Harfe verflattern flüchtig, Violinen- und Bratschenklänge entschwirren in geisterhaften Flageolettharmonien. Die Pauke, die absteigende Pizzikatolinie der Streichbässe ergänzend, setzt den dumpfen Schlußpunkt.

Dies ist nur ein Nachspiel. „Folgt lange Pause" sagt die Partitur. Die Verheißung steht fest, der Wille hat sich gefunden und erkannt. Nun bedarf es der Kraft, ihn zur Tat werden zu lassen.

Die Kraft bringt die zweite Abteilung. Sie besteht aus nur einem Satz, dem Scherzo. Die Abgrenzung und Sonderstellung läßt ahnen, was für eine Bedeutung Mahler dem Stück beigelegt hat. Es ist Mahlers erstes Scherzo im klassischen Sinne des Tanzstückes, zugleich das letzte, denn in den späteren Sinfonien kehrt dieser Typus nicht wieder. Mahler hat ihn also nur ein einziges Mal verwendet, allerdings so, daß mit dem einen Male für ihn alle Entwicklungsmöglichkeiten innerhalb dieser Art erschöpft waren. Ein Stück, ebenso riesenhaft im äußeren Ausmaß — es zählt mehr als 800 Takte, gehört also der Taktzahl nach zu Mahlers ausführlichsten Sinfoniesätzen — wie von überquellender Fülle der Ideen bewegt. Sein bloßes Dasein als Erscheinung, vom Charakter des Inhaltes ganz abgesehen, bedeutet bereits einen Hymnus auf Kraft und

unermüdliche Frische unbändigen Lebensmutes. Freilich ist es nicht humoristisch im älteren Sinne. Humor, rein menschlicher Humor liegt Mahler
überhaupt fern. Parodie, Sarkasmus, Ironie sind ihm geläufig. Daher mag es
kommen, daß seine Scherzi stets zwiespältigen Charakter zeigen. Vom sinnlich
kraftvollen Bauerntanz der ersten Sinfonie über die Fischpredigt der zweiten,
das romantisch durchklungene Kuckuckslied der dritten, den Todesreigen der vierten
bis hinauf zu den elementar grotesken Scherzosätzen der sechsten und neunten
und dem Spuk- und Zauberstück der siebenten — überall sind dämonische Kräfte
am Werk. Die Tanzeinkleidung ist nur Maske, hinter der sich ein oft bösartiger,
oft bitterer, selten und nur in schnell verhuschenden Augenblicken absichts-
loser Humor verbirgt. Auch das Scherzo der fünften Sinfonie verdankt sein
Entstehen keinerlei humoristischen Anwandlungen. Es ist ein Loblied der Da-
seinsfreude, lebensvoller, stampfender, muskelstrotzender Lust am sinnlichen
Geschehen, an der bloßen Tatsache des Lebens, des Wachsens, der unerschöpflichen Fülle zeugender und seiender Kraft. Aus dieser Freude zieht es die Impulse
der Form, der Thematik, der Gliederung, des Aufbaues. Seelische Kontraste,
Zweifel, Unruhe bleiben fern, finden keinen Boden. Es ist das vielleicht
geradlinigste Stück, das Mahler geschrieben hat, innerlich ruhend auf dem
mächtigen Anschwung der vorangehenden Abteilung, auf der Gesundheit und
Bewegungsfreude des neuen Lebenswillens, der aus dem Grabe der Vergangenheit
und dem Kampfe der Leidenschaften emporgeblüht ist.

Es gibt keine Einleitung. Ein gewaltiger Hornruf beginnt, im kühn vor-
stoßenden Eingangsrhythmus wie  Vier Hörner und ein
in der keck andringenden Skala Solohorn sind verwen-
des zweiten Taktes die impe- det. Die vier beginnen,
tuose Grundkraft ankündigend: „kräftig, nicht zu
schnell", unisono mit dem mächtig hallenden Eröffnungsruf, das Solohorn nimmt
ihn schwellend auf und knüpft die melodische Fortsetzung daran. Das Thema
hat nichts Tanzhaftes, es klingt auffordernd, selbstbewußt, kraftfreudig. Erst
die begleitenden Holzbläser geben dem Dreivierteltakt den Tanzcharakter:

 Sie runden den auf A verhallen-
den Hornruf zum periodisch
geschlossenen Thema. Nun
folgen die Streicher, als hätte

das weitertönende Horn jetzt
auch sie herbeigeholt, mit
einer kräftig schwenkenden
„kecken" Fiedlerweise:

Immer mehr Stimmen finden Dann, nach dem
sich ein. Gleich folgt der kräftigen D-dur-
ersten eine andere, schwer Schluß, ein neues,
sich drehende Violinweise: stampfendes Uni-
sono-Motiv Klarinetten und Oboen, „Schall-
der Brat- trichter in die Höhe" gesellen sich
schen und hinzu. Die Einigkeit scheint bei
Violoncelli: den einander nachhinkenden Nach-

sätzen verloren zu gehen, der Zusammenklang in über- mäßigen Akkorden ist krei- schend und grell:

Die Violinen wenden sich nach Moll mit chromatischen Zerrungen der Melodie, die Stimmen laufen etwas wirr durcheinander. Da tönt der Hornruf und gleich sind sie wieder beisammen.

Ein neues, lustiges Thema mit Glockenspiel und Violin- pizzikati wird angestimmt:

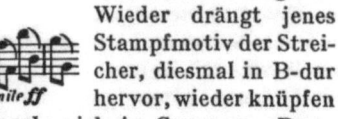

Wieder drängt jenes Stampfmotiv der Strei- cher, diesmal in B-dur hervor, wieder knüpfen

sich daran Wirrungen der Stimmen. Sie vereinzeln sich in Gruppen. Dann aber bringt das emportreibende synkopische Holzbläserthema die allgemeine Lust zu elemen- tarem Durchbruch:

Rollende Vio- linläufe stei- gern den Schwung,

Trompeten und Hörner werfen sich wechselnd das Hauptthema zu, alles treibt mit gesteigerter Kraft dem D-dur-Schluß entgegen. Da, ein Ausgleiten nach B, das Thema erklingt plötzlich melodisch verzerrt, durch Beimischung ge- dämpfter Trompeten und Hörner auch klanglich getrübt, vom Fortissimo schnell zum Pianissimo abschwellend und ebenso plötzlich wieder zunehmend:

Die Stimmung schlägt um, aber nur aus dem laut Freudigen ins Zarte, Heimliche. D-dur tauscht sich in B-dur, die metallischen Klangfarben ver- schwinden, Streicher allein haben zunächst das Wort. Eine leicht hüpfende Tanz- weise tönt aus den Violinen, Bratschen und Bässe begleiten mit Pizzikatoschlägen, Violoncelli, nur zur Hälfte teilnehmend, versuchen eine nachahmende Gegenstimme:

Mit der hinzutretenden Oboe und Flöte entspinnt sich ein Tanzidyll, das in verschwe- benden Flötenklängen aus-

tönt. „Keck" fährt die Trompete mit dem Eröffnungsruf in das feine Ton- spiel hinein. Das Horn nimmt ihn auf. Tempo primo entwickelt sich neu in kurzem D-dur-Reigen. „Wild" fahren die Violinen mit dem Stampfmotiv auf:

Diesmal entwickelt es sich anders, ernst- hafter, bedrohlicher als vorher. In imitato- rischer Folge nehmen Bratschen, Violon-

celli, zweite Violinen, zuletzt Kontrabässe, immer „wild" einsetzend, das Motiv auf. Erregt burleskes Spiel einander jagender Streicherstimmen. Kurze motivische Rufe der Bläser tönen hinein, drängen allmählich das wilde Stampfmotiv zurück. Es wandelt sich in wellenartig fließendes Legato, während aus den Hörnern eine in weit ausgreifen- den Intervallen schrei- tende, melancholische Mollweise erklingt:

Die Kraft läßt nach, der Wille verliert seine Aktivität, gibt

sich träumerischem Sinnen hin. Holzbläser wiederholen die melancholische Weise, vergebens versuchen die Hörner, den aufrüttelnden Anfangsruf zu intonieren. Er gelingt ihnen nicht mehr. gleitet ab:  Wie suchend rufen die vier Hörner, „Schalltrichter in die Höhe," in unmittelbarer Folge einander das gehaltene F zu. Das Solohorn nimmt den Ruf auf und führt ihn portamento in die melancholische Weise weiter, signalartig verklingend, wie auf Antwort wartend. Leise, ganz aus der Ferne, ertönt im Violoncell eine zarte Gegenphrase:

 Das Spiel wiederholt sich mehrmals, bald zurückhaltend im Ton und Tempo, bald belebend, vorwärts dringend. Das Horn beschließt den Zwiegesang und lenkt zu tanzartigem Spiel der Streicher mit der melancholischen Weise über. Die Melodie wird in kurze Pizzikati zerpflückt:

„Schüchtern" versucht die Oboe die beklemmte Stimmung durch Erinnerung an die Tanzmelodie des Vordersatzes zu unterbrechen: 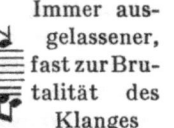 Doch sie bricht gleich wieder ab, die elegischen Moll-Charaktere behalten vorerst die Führung. Mehr und mehr breitet sich die melancholische Weise singend aus, gewinnt in einer e-moll-Wendung der Trompete neue melodische Züge:  Jetzt erst, nach nochmaligem Erklingen und Verhallen von Ruf und Gegenruf gewinnen die Tanzmotive allmählich wieder Kraft. Die „schüchterne" Melodie der Oboe wird „schwungvoll" von den Violinen aufgenommen. Vorerst in f-moll und mit zarter Pizzikatobegleitung, dann mit schneller Steigerung in die rüstige Lebhaftigkeit des Tempo primo hinüberstrebend. „Rohe" Achtelgänge der Bässe erinnern an das „wilde" Stampfmotiv der Überleitung. Zu ihnen erklingt fortissimo, wie in übermütiger Kraft herausgeschleudert, das Tanzmotiv:  Immer ausgelassener, fast zur Brutalität des Klanges und der einander scharf reibenden Stimmen steigert sich der Reigen. Eine dämonische Kraft ist entfesselt. Unter gellendem Holzbläsertriller F und den hart aufeinander stoßenden Zusammenklängen F—Ges der Hörner und Trompeten: intonieren Posaunen, Streich- und Holzbässe das Tanzmotiv des ersten Themas in b-moll, zu fantastischer Wildheit gesteigert: Die Hörner antworten unisono mit dem schrill aufjauchzenden zweiten Tanzmotiv: In unablässiger Steigerung treibt die wilde Jagd vorwärts. Nach plötzlichem, atemlosem Innehalten setzt der Scherzobeginn wieder ein, in der Thematik ähnlich wie vorher, dynamisch und klanglich die früheren Grenzen noch erheblich überschreitend. Alles ist üppiger, rauschender in Farbe und Ausdruck, die volle Wucht eines fast zur

Überlebensgröße gesteigerten, bis ins letzte Glied zu äußerster Beweglichkeit und Krafthergabe getriebenen Orchesters wird mit Bewußtsein als Trumpf ausgespielt. An der Art, wie Mahler hier mit Posaunen und Pauken, mit Hörnern und Trompeten umgeht — hauptsächlich der Blechchor hat die Führung — läßt sich ein Rückschluß ziehen auf seine Instrumentationsänderungen bei Beethoven. Die Posaunen werden in lebhaften Achtelgängen unisono mit Fagotten und Streichbässen geführt, die Hörner doppelt besetzt in Terzen, Holzbläser, erste und zweite Violinen nebst Bratschen laufen unisono. Die C-Klarinette muß den beiden A-Klarinetten noch besonders scharfe Tönung geben, die Pauken schlagen Tonika und Dominantdreiklang in wuchtigen Vierteln aus. Es ist ein Klangleben von unheimlicher Intensität der Spannung, nur durch kurze, mildernde Episoden unterbrochen, im Ganzen über weite Strecken unausgesetzt in gleicher, unersättlicher Fülle hinwegfegend. Die zarte B-dur-Episode des ersten Teiles wandelt sich jetzt in dreifaches Forte D-dur mit aufheulenden Gegenstimmen der Hörner:  Das „wild" der einzelnen Streicherstimmen bei Durchführung des Stampfmotives steigert sich zu dreifachem Forte „sehr heftig" im Zusammenklang aller Streicher. So wird der Ausdruck durchweg noch an äußerer Wucht vergrößert. Auch thematisch formen sich neue Steigerungen. So bei dem Furiosoabschluß des D-dur-Teiles, wo alle Streicher, nach Partiturangabe „Strich für Strich", hämmern und in wütendem chromatischen Anstieg empordrängen:

Noch einmal Frage- und Antwort-Spiel der melancholischen Weise, des Einsamkeitsgesanges. Dann „Tempo primo subito", letzte, vulkanisch treibende Erhebung, titanenhaftes Jauchzen, übermütiges Zusammenspannen der melancholischen Weise mit dem wilden Tanzmotiv: Alles zu chaotisch wirbelnder Lust am Spiel der Kräfte emporgetrieben, rauschhaft, selbstvergessen. Ein letztes, die ganze Welt durchhallendes übermütiges Erklingen des Anfangsrufes in den Hörnern, kurz abreißender Schluß.

D as ist der zweite Teil. Kraft um der Kraft willen, nicht weniger, nicht mehr. Keine Trauer, kein Klagen, kein Verzweifeln. Die melancholische Weise ist lediglich vorübergehende Umwölkung der unbändigen Lust am eigenen Sein, der Freude an der Bewußtheit des Willens. Darüber hinaus nichts, keine Sammlung, kein inneres Gebot, kein Ziel. Dieses bringt die dritte Abteilung.

Sie besteht gleich der ersten aus zwei Sätzen: Adagietto und Rondo-Finale. Das Adagietto, wie der Name besagt, im kleinen Rahmen gehalten, eigentlich, ähnlich dem Trauermarsch, mehr Einleitung zum folgenden Hauptstück der Abteilung, als selbständiger Satz. Trotz dieser Kürze nicht nur an sich bedeutungsvoll, auch durch thematische Verknüpfung mit dem Finale wie durch Beziehungen zu Mahlers Liedern bemerkenswert. Es gibt zwei unter den Rückert-Kompositionen, an die der Anfang des Adagietto auffallend anklingt: Zunächst Nr. 2 der Kindertotenlieder: „Nun seh ich wohl, warum so dunkle Flammen". Hier gemahnt das stufenweis ansteigende Einleitungsmotiv, das auch weiterhin bis zum Schlusse hervortritt, an das Adagietto: Ist dieser Anklang mehr stilistischer Art, so weist ein anderes Lied auf tiefere Verbindungen: „Ich bin der Welt abhanden gekommen". Mehr noch als dieser äußere Anklang berührt der gefühlsmäßige im Schlußteil des Liedes: Auch hier ist der Anfang melodisch dem des Adagietto ähnlich:

Ich bin ge-stor-ben dem Welt ge-tümmel und ruh'— in ei-nem stil - len Ge-biet.

Tonart, Harmonik, Charakter der Melodiebildung zeigen zwischen Lied und Adagietto so unverkennbare Übereinstimmungen, daß das Vorhandensein innerer Beziehungen, gleichviel ob bewußter oder unbewußter, kaum in Frage gestellt werden kann. Es kommt nicht darauf an, dem Instrumentalstück bestimmten, dem Lied entnommenen Sinn zuzuschreiben. Hier liegt keine Übertragung ähnlicher Art vor wie bei den Wunderhornliedern, die sich völlig in das Instrumentalstück auflösten. Es ist eine ähnliche Erscheinung, wie sie schon im ersten Satz dieser Sinfonie festzustellen war: Übernahme und sinfonische Weiterbildung einer charakteristischen melodischen Phrase, die eine bestimmte, durch das Lied näher bezeichnete lyrische Stimmung spiegelt.

Daß dieses Adagietto ein Traum der Einsamkeit ist, der Weltvergessenheit, des Sichverlierens im eigenen Wesen, der stillen, beglückenden Gewißheit des Wachsens aus dem eigenen Inneren, das bedarf kaum der Beglaubigung durch Hinweis auf die Ausdrucksverwandtschaft mit jenem schönen, innerlich empfundenen und rein melodisch quellenden Liede. Das Adagietto steht inmitten der Sinfonie wie ein zartes Elfenwesen zwischen riesenhaften Elementargeistern. Schon klanglich bedeutet es absoluten Gegensatz zu allem Vorangehenden und Folgenden. Nur Streichorchester und Harfe kommen zur Verwendung. Es fehlen also nicht nur Blech-, sondern auch Holzbläser. Das Traumhafte wird im Klang vom ersten, zart anhebenden bis zum letzten, in tiefer Lage verdämmernden Ton einheitlich gewahrt. Daß auch der formale Aufbau im Gegensatz zu den anderen Teilen dieser Sinfonie einfach und knapp gehalten ist, ergibt sich sowohl aus den bescheidenen, wenig Abwechslung gestattenden Klangmitteln, wie aus der Stellung des Satzes innerhalb des Werkes. Aufgabe des Adagietto ist Vermittlung zwischen der Apotheose der Kraft an sich, wie sie das Scherzo gebracht hatte, und der Fruchtbarmachung dieser Kraft, die dem Finale vorbehalten ist. Zwischen beide Stücke wird das Adagietto eingeschaltet zur Beruhigung und Sammlung, zur Abwendung von der stark ins Äußerliche zielenden Verherrlichung des Kraftbesitzes allein, zur Einordnung unter die Erkenntnis des höher strebenden Willens.

Das Adagietto ist liedmäßig gebaut. Ein erstes Lied in F-dur beginnt, ein zweites in Ges-dur folgt, worauf sich das erste als Beschluß wieder anfügt. Wie ein Soloquartettsatz mit Harfenbegleitung fängt das Stück an. Bratschen, zweite Violinen, Violoncelli setzen in langsamem Nacheinander ein, Ton zu Ton der Harmonie fügend. Zuletzt kommen mit der Melodie die ersten Violinen, vom tiefen Pizzikato der Kontrabässe gestützt, „seelenvoll" singend:

Eine der innigsten Melodien, die Mahler geschrieben hat. Wie viele seiner Eingebungen für ein sinfonisches Thema eigentlich nicht kunstvoll, nicht vornehm genug, zu schmucklos singend, zu natürlich. Oder wäre es denkbar, daß dies gerade ein Vorzug der Kunst Mahlers, daß die Fähigkeit zur Gestaltung solcher unmittelbar gemeinverständlicher Melodien das Kennzeichen des großen, an den weitgezogenen Zuhörerkreis der sinfonischen Rednertribüne sich wendenden Musikers ist? Gibt es elementare Gefühle und Stimmungen, die sich gar nicht anders als eben ganz einfach aussprechen lassen, und ist es eben ein Zeichen außergewöhnlicher Kraft und unverkennbaren Müssenszwanges, wenn der Sinfoniker sich dieser Einfachheit getraut? Die Violoncelli wiederholen das Thema in rhythmischer Vergrößerung, ein etwas belebter Zwischengesang in a-moll leitet zurück zum „äußerst langsam" des Anfanges. Hier folgt der Abgesang. „Mit Empfindung" hebt er pianissimo an, und führt mit weit ausholender, melodisch harmonischer Steigerung zu einem mächtigen Aufschwung. „Viel Bogen wechseln" schreibt Mahler zur Erzielung großen Tones vor:

Die zweiten Violinen nehmen den melodischen Faden sofort auf und spinnen ihn kadenzierend weiter:

Bis hierher wird F-dur als Grundtonart festgehalten. Der Vortrag ist außer der einen starken Aufschwungbewegung äußerst zart gehalten. Nun belebt sich die Melodik, das Tempo wird „fließender". „Mit Wärme" beginnen die Violinen, das Zwischensatzmotiv aufnehmend, in „großem Ton" einen neuen, linear und modulatorisch stark bewegten Gesang:

Er wendet sich mit plötzlicher Abbiegung der Steigerung nach Ges-dur, hier wieder eine besondere, zarte Melodie formend:

Die aufwärts drängende, von oben her wieder herabgreifende, gleichsam unablässig sich emporrichtende thematische Kraft dieser Melodie ist hier nur knapp angedeutet. Zur Entfaltung gelangt sie erst weiterhin im Rondo-Finale, wo sie als Seitenthema dem tätigen Impuls der Hauptthemen innere Beschwingtheit und anmutvolle Ergänzung gibt. Jetzt führt nach kurzer Steigerung eine sanfte Rückwendung — leise chromatische Rückungen der Bässe, schmelzendes Glissando der Violinen und Bratschen — wieder die Anfangsmelodie herauf. Noch einmal erklingt der Nachsatz, ,,vibrato, mit innigster Empfindung". Beim Aufschwung wieder ,,breiter Strich", ,,viel Bogen wechseln". Der Ton soll mit äußerster Beredsamkeit aus den Geigen quellen. Dann verklingen die perlenden Harfenakkorde. Die Violinen steigen tiefer und tiefer, wie in eine warme, beruhigende Dunkelheit hinein. Wunsch- und schmerzlose Stille, die Seele hat ihr Heim gefunden, sie ist zu sich selbst gelangt. Der Wille schweigt, die Kraft ist gebändigt. In einem lang ausschwingenden tiefen F-dur-Dreiklang erstirbt alles, was noch nicht der höchsten Reife fähig, was noch triebhaft verlangend war.

Jetzt ein hallendes A des Hornes, scharf einsetzend, in der Ferne ,,verklingend". Ein Echoton der ersten Violinen, eine Oktave tiefer, ebenfalls sich im weiten verlierend. Zweiter, lebhafter Ruf, Tonika und Dominante mischend. Aus dem Fagott stolpert ein Achtelthema herauf, ,,zögernd" fügt die Oboe eine Ergänzung an. Nochmals antwortet der Fagott. Das Rondo-Finale hat begonnen, die neuen Themen haben sich gemeldet:

Zwar gar so neu sind sie nicht. Sowohl jener ,,zögernde" Oboenruf als auch die folgende Fagott-Antwort sind schon vom zweiten Satz her bekannt. Sie gehören dem Choral, dem Lebenshymnus an, erscheinen jetzt nur des feierlichen Rhythmus, der breiten harmonischen Unterlage ledig, in einfacher, melodisch motivischer Umgestaltung. Zum drittenmal setzt das Horn an, ausführlicher, mutiger als vorher. Diesmal klingt auch die Antwort, von der Klarinette wieder mit den Choralmotiven gegeben, zusammenhängender und fließender:

 Es entspinnt sich eine Art konversationeller Weiterführung. Die Oboe nimmt das Abschlußmotiv der Klarinette auf, Hörner wieder nehmen es der Oboe ab. In den Begleitstimmen der Klarinetten summt

es weiter, während Hör-
ner im „Allegro commodo
(Hauptzeitmaß)" eine ge-
mütvoll liedartige Weise
daraus entwickeln:

Die Situation ähnelt der im Finale von Beethovens Neunter, wo die Instrumente
im allmählichen Zusammenschluß die Freudenmelodie anstimmen. Zunächst
finden sich die Bläser: dreistimmiger Holzchor, zwei Hörner, die sich bald auf
sechs ergänzen, und schließlich Trompeten im Zeichen dieser Melodie zueinander und führen sie liedartig weiter. Von Streichern sind nur Violoncelli
und Kontrabässe mittätig, alle mittleren und oberen Stimmen schweigen.
Aber es scheint, daß dieses Lied doch nicht das eigentlich gesuchte ist. Beim
Einsatz der Trompeten springt aus dem dynamisch nur zart bewegten Bläserchor
ein kräftiges,   Es ist wieder der Choral, in leicht
selbstbewußtes   bewegte Rhythmen gekleidet. Wie ein
Forte heraus: befreiendes Zauberwort ruft er die
Geister wach, sammelt sie, weist das Ziel, und läßt sie nun sich tummeln. Die
Kräfte sind da. Kurzer, fröhlich refrainartiger Abschluß mit festen Akkordschlägen. Jetzt beginnt eine Rondo-Durchführung von großartiger Fülle, Kraft
und Originalität der Konzeption: die Verbindung des Rondotyps mit einer in
ihn eingebauten Doppelfuge mit Choral. Eine ähnliche Idee des Aufbaues hatte
dem zweiten Satz zugrunde gelegen. Beide Male erscheint der Choral als Krönung.
Nur ist er im zweiten Satz ein Neues, Gegensätzliches, seiner Bedeutung nach
mehr Zukunftsweisung, als unmittelbar tätige Gegenwart. Im Rondo-Finale
erscheint er als Choral ebenfalls erst am Schluß, doch nicht fremd, sondern
erwartet, vorbereitet. Die Themen, aus denen die vorangehende Entwicklung erwächst, sind ihm entnommen. Sie sind sein eigen Fleisch und Blut,
das nun angewandte Tätigkeit, Prinzip und Kraft des Handelns geworden
ist. Als solche schließt sie sich nach voller Ausbreitung im mächtigen Aufschwung wieder zur hymnischen Urform zusammen und läßt in ihr das Werk
ausklingen.

So faßt Mahler hier die Idee des alten Rondo. Wenn er sich jetzt der bisher
von ihm nicht angewandten Form bedient, wenn er eines seiner größtangelegten
Werke darin gipfeln läßt, so ist dies weder als formale Spielerei, noch etwa als
Erschlaffen des geistigen Formungsvermögens zu deuten. Im Gegenteil: äußerste
Anspannung, höchste Selbständigkeit und innerliche Verwurzelung des Form-
willens war nötig, um solche Lösung möglich zu machen, sie so zu verwirklichen,
wie Mahler es getan hat. Ähnliches gilt von seiner Anwendung der Fugenform.
Sie erwächst gleichfalls aus innerster Notwendigkeit. Das kontrapunktisch
Kunstvolle daran ist im Grunde Nebensache. So sicher Mahler es beherrscht,
so hervorragende Einzelheiten der Gestaltung er in dieser Beziehung bietet, so
sind dies doch nicht Züge, die seine Persönlichkeit als solche kennzeichnen.
Bedeutsam ist in erster Linie der architektonische Formwille. Er schafft sich in
dieser Fuge, in diesem Rondobau das gleichsam programmatische Gerüst für
die Verwirklichung des Schaffenstriebes, der hier zum Ausdruck und zur Dar-

stellung einer neuen Erkenntnis drängt. Diese Erkenntnis war nicht philosophischer, sie war nicht poetisch programmatischer, sie war musikalischer
Art. So schuf sie sich ihr Symbol in der musikalischen Form. Form als
zwangmäßige Darstellung und Verkörperung eines innerlich Werdenden, nach
Gestaltung Drängenden ist immer wieder das Problem des Mahlerschen
Schaffens. Dieses Problem findet jetzt eine neue, das alte Schema aus
innerstem Lebenswillen wiedergebärende Lösung.

Man kann das Fugen-Rondo in einen gewissen Vergleich stellen mit dem Eröffnungssatz der dritten Sinfonie. Dort wurde die Idee des Werdens, des rein
triebmäßig sich Weiterpflanzens aus einem Keim als schöpferische Grundidee
der Form erkannt. Hier ist es die Idee des Wachsens nach einem tiefen, vorbestimmten Gesetz, ein schicksalhaftes Sicherfüllen, das sich in der Gestaltung
eines großartigen Formplanes kundgibt. Dort war nur der Anfang bekannt, das
Ziel lag im fernen Dunkel. Hier ist das Ziel gegeben und der Wille muß sich den
Weg dahin bahnen. Dieser schöpferische Wille, der sich hier in unmittelbarer
Selbstdarstellung bekundet und zur Klangerscheinung gestaltet, spricht sowohl
aus den Themen im einzelnen als aus dem Aufbau des Ganzen. Er formt sich
in dreimal wiederkehrender Fugendurchführung mit Themen, die teils dem
Choral des zweiten Satzes, teils dem Ges-dur-Abschnitt des Adagietto entnommen sind. Zwischen den drei Fugendurchführungen stehen Rondosätze.
Sie weisen thematisch gleichfalls auf Choral und Adagietto zurück und führen
die dort angeregten, in der Fuge streng konsequent entwickelten Gedanken heiter
spielend weiter. Als Schlußstein fügt sich dann der Choral in ursprünglicher
Fassung an, Bestätigung und Zusammenfassung der einzelnen Fugenelemente,
Erfüllung der im a-moll-Satz erklungenen Verheißung.

So baut sich dieses gewaltige Finale in großen Gliederungen, so gestaltet sich
auch die Ausführung im einzelnen. Es gibt da keine theoretisch schematischen
Gesichtspunkte. Alles läuft in lebendigen Linien, der emporwehende Antrieb
ist bis ins zarteste Geäder hinein zu spüren. Gleich das Thema der ersten Fuge
springt mit starker Energie und rüstiger Behendigkeit in den Violoncelli hervor:

Unablässig rührige Kraft, stetig drängender Wille, dabei fest in sich gesicherte
Bewußtheit, ruhige Bestimmtheit der gleichartigen rhythmischen Bewegung
spricht aus diesem Thema. Es bildet den Kern der Fuge und bewahrt bis zum
Schluß des Satzes seine Aktivität. Zwei kontrapunktische Gegenthemen schließen
sich an. Das erste dem Choral ent  Das zweite,
nommen, sofort als Gegenstimme darübergezur Fugenantwort einsetzend: lagert,
klingt gleichfalls an den Choral an, bildet ihn aber frei zum Bläserthema um:
Zu den allmählich in gesetzmäßiger
Folge sich zusammenfindenden Streicherstimmen gesellen sich mit dem
zweiten Begleitthema auch Flöten,

Klarinetten, Fagotte. Ein plötzlicher Aufschwung bringt im Holzchor das choralmäßige Abschlußthema der Einleitung, durch Hörner ergänzt:

Gleich ist bei allen Themen die Bestimmtheit und Klarheit der Melodik, der kräftige, einfache Schnitt des Rhythmus, das Lapidare, widerspruchslos Schreitende des Ausdruckes. Es gibt kein Besinnen, kein Zweifeln, kein Zögern. In unausgesetzter Folge, wie aus höherem Gesetz fließend, rollt sich das musikalische Geschehen ab. Erst nach dem ungehemmten Ablauf der ersten Fuge macht sich ein leichter Gegensatz geltend. Nicht als Widerspruch, nur als Wechsel der Stimmung aus der straffen Willensspannung der Fuge zum freigelösten, fantasieartigen Spiel der Ideen. Die Fugenthemen erscheinen in grazil hüpfender Umdeutung:

Eine gesangvolle Ergänzung fügt sich an:

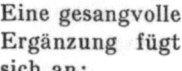

In neuer, kantabiler Umformung spannt sich der Choral in den Bläsern über das tänzelnde Gegenthema: Gebieterisch mahnend, wie zur Rückkehr in die Fuge drängend, erklingen die Themen wieder im energischen Charakter des strengen Satzes. Doch die anmutig singenden Gegenstimmen behalten die Oberhand. Sie glätten mehr und mehr und führen unversehens wieder das Tempo primo, den Rundgesang des Rondo-Anfanges herauf. Diesmal wird er gleich von den Violinen aufgenommen und behaglich ausgesponnen: Streicher und Holzbläser, beide in sonor klingender Mittellage, wetteifern in schön und ruhig tönendem Vortrag. Die charakteristischen, dem Choral entnommenen, stufenweis abwärts sinkenden Anfangstöne klingen mottoartig in den Begleitstimmen der Hörner durch. Das Ganze ist auf breit ausschwärmenden, doch äußerlich zurückhaltenden, tonvoll strömenden Klang gerichtet. Edles Gleichmaß des Fühlens herrscht bis zum Augenblick, wo in Oboen und Klarinetten — „Schalltrichter auf“ — die Choralmahnung energisch durchbricht: Nun rollt die zweite Fuge hinaus, in B-dur diesmal. Das Thema, in machtvollen Rufen und gebieterisch abgerissenen Septimen schreitend, ist den vier Hörnern unisono zugeteilt:

Dieses Thema klingt zwar neu, ist aber seinen Elementen nach nicht unbekannt. Es ist eine Umformung des Ges-dur-Teiles aus dem Adagietto, dessen schwärme-

rischer Ausdruck in  Der Hinweis auf das Adagietto, zuerst
strenge Willenshärte vielleicht zufällig scheinend, wird als
verwandelt ist: zweifellos beabsichtigt offenbar durch
die Weiterführung der thematischen Linie. Sie bleibt diesmal nicht lange im
fugierten Stil. Nur noch eine Themawiederholung gibt es, auch diese nicht
fugenmäßig in der Dominanttonart, sondern von B- nach D-dur springend.
Dann fügt sich sofort ein rondohaftes Grazioso ein. Hier erst kommt der
Adagietto-Gedanke „zart aber ausdrucksvoll" zur Geltung und zur Entwicklung.
Hier herrscht er. Die Trompete schmettert noch einmal scharf und energisch
die Anfangstakte. Dann wenden Violinen, nur von Streichern begleitet, die
Melodie in feinen Biegungen schmeichelnd nach H-dur:

Immer deutlicher tritt der Adagietto-Gedanke hervor. „Schwungvoll" und
schwärmend hebt sich die Melodie zum breit ausatmenden H-dur-Schluß, dem
orgelartige Holzbläserakkorde feierlich verklärenden Schimmer geben. In zarten
Harmonien steigen die Violinen wieder herab. Das Thema in seiner fugierten
Fassung pocht und drängt von unten her, H-dur wandelt sich in gleichsam
greifbareres G-dur, Traumleben tauscht sich in Wirklichkeit. Allmählich finden
sich zu dem neuen auch die früheren Fugenthemen in fröhlichem Reigen zusammen.
Fester, derber Tanz, markig schreitender Zweischritt tönt aus den Violinen
zum Choralthema der Bläser und den eilenden Achteln der tiefen Streicher:

 Die
Stim-
mung
erhält
etwas

ungemein Freudiges, gleichmäßig Kraftvolles. Ungehemmt schreiten die prächtig
kernigen Themen, von D-dur über A-dur in derbes, rustikales C-dur fallend.
Im wuchtigen Schritt eines Bauernmarsches streben sie unablässig vorwärts:

 Die breit aus-
geschwungene
Rondomelodie
klingt hinein,

Immer weiter treibt der Strom in
und die herrlicher, ausgreifender Kraft, von
Streicher C-dur nach H-dur, dann hinüber
hämmern nach Des-dur, dann wieder nach D-
unisono: dur. Es ist ein sich nicht Genugtun-
können an Wohlgefühl und tätigkeitsfrohem Willen. Und als der langhallende
Ruf A der Hörner die nach außen gewendete Freude beendet, geschieht es nur,
um den Adagietto-Gesang im schwärmenden D-dur-Grazioso neu aufleben zu lassen.
Nun erst, nachdem auch dieser zweite lyrische Aufschwung im Streichorchester
verklungen ist, nachdem es sich ganz aus innerstem Vermögen ausgesungen hat,
kommt das dem Adagietto nachgebildete Thema zur fugenmäßig aktiven Entwick-

lung. Nicht fugenmäßig im schulmäßigen Sinne, mit genauer Beobachtung der Folge
von Dux und Comes. Dafür wird mit Engführung, Nachahmungen, Gegenbewegung
und ähnlichen kontrapunktischen Zaubereien freigebig gewirtschaftet. Alles nur,
um Tatkraft, Schaffensfreude, stete Fruchtbarkeit auch dieses Themas aufs äußerste
zu steigern. Bis schließlich ein mächtiger Orgelpunkt A den ganzen Strom
der Themen aufnimmt und zur höchsten Kraftentfaltung bringt. Streicher und
Holzbläser intonieren das Bewegungsthema der ersten Fuge, sechs Hörner
unisono „Schalltrichter auf", das ge-
bieterische zweite Thema des Adagietto,
Trompeten, über alles hinwegklingend
und die letzte, noch ausstehende Steigerung andeutend, das Choralthema:

Wie eine Orgel braust und rauscht das Orchester in metallischem Glanz des
Klanges, Holzbläser und Streicher in fülligen Sextakkorden, Hörner in ganz-
taktigen Naturtönen, Trompeten und Posaunen weit hinausschallend, als gälte
es, durch die ganze Welt zu tönen. Und noch ist nicht der letzte Gipfel erreicht,
nur ein neuer Steigerungspunkt auf dem Wege zur freien Höhe des schaffenden
Willensmenschen, zu der diese
Sinfonie, dieses Finale in uner-
müdlichem Anstieg emporführt.
Nochmals das Rondo, jetzt mit
breitem Triolenausschwung:

Der Choralgipfel wird
mehr und mehr sicht-
bar, deutlicher als
bisher leuchtet er in
den Trompeten auf:

Wieder pocht und hämmert das erste Fugenthema, wieder wandelt und drängt es durch
die Tonarten mit seinen breit gestrichenen
Streicherunisoni, seinen stakkatierten Holz-
bläsern, den hallenden Quartenrufen der Blechgruppe, ballt sich über einem
riesenhaft gespannten Orgelpunkt G, scheint der letzten, erahnten und doch
immer wieder entgleitenden Steigerung endgültig zuzudrängen und weicht noch einmal aus nach As-dur. Noch einmal lockt das Rondothema zu zierlichem Spiel, lockt
der Adagietto-Gesang zu schwärmerischem Träumen. Diesmal bleibt er nicht wie
vorher, dem Streichorchester allein vorbehalten. Holzbläser mischen sich ein, die
Fugenthemen klingen aufstachelnd an. Es kommt nicht mehr zum Träumen, es
drängt weiter zur Tat, zum Vollbringen. Eine ungeheure Aufregung bemächtigt
sich plötzlich aller Stimmen, die letzte, höchste Offenbarung steht unmittelbar
bevor, wird erahnt. Weite Intervallschritte, feierliche Zurufe untereinander,
elementares Schwellen aller Kraftregister bis zum physisch kaum noch Erreichbaren. Da endlich enthüllt sich die Erscheinung. Die Lebenshymne ertönt zum
zweitenmal innerhalb des Werkes, einst Vorverkündigung, jetzt letzte Bestätigung.
Ein Glanz von unerhörter Kraft bricht aus dem Blechchor, in rollenden Achteln
umspielen und umfließen Holzbläser und Streicher den Gesang mit dem ersten
Fugenthema, bis bei dem Höhepunkt, der letzten Choralzeile, dieses Thema
wie ein allzu irdisches in der Tiefe versinkt. Die Holzbläser verstummen,
Streicher geben nur noch rhythmische Klangbelebung. Der Blechchor allein
steigt mit dem wie ins Weltall hinaushallenden Lebenshymnus verklärend
zur Höhe.

Nach dem Verschwinden der Erscheinung in Himmelsferne wieder plötz-
liches Aufjauchzen, überströmende Freude, Lustigkeit und Frohsinn ohne Ende.
Der Wille hat gesiegt, das Leben ist neu gewonnen. Heiter tönt das Horn den
Choralschluß zur Tanzweise Allegro molto um:

D ie Versuchung liegt nahe, dieser Sinfonie programmatische Deutung zu
geben. Die Vergangenheitstrauer des ersten, die dämonische Leidenschaftlichkeit des zweiten Satzes mit dem erlösenden Schlußhymnus, die unbändige
Kraftfülle des Scherzo, die Weltabgeschiedenheit des Adagietto, die unablässig
weiterdringende Schaffenslust des Finale mit seinem krönenden Bekenntnis
zum Leben, dies alles läßt sich ohne Schwierigkeit in eine Fabel bringen. So
leicht es wäre — kein noch so ausführliches Programm könnte deutlicher sprechen
als das Werk aus sich heraus. Die Symbolik der musikalischen Formensprache
ist hier zu einer Bestimmtheit des Gefühlsausdruckes entwickelt, die jedes er-
läuternde Wort überflüssig macht. Erfaßt man die fünfte Sinfonie aus dieser
Symbolik ihrer Formensprache, so wird nicht nur erkennbar, warum Mahler
hier, im Gegensatz zu den bisherigen Werken, nirgends poetische Andeutungen
gemacht, oder zur Vermittlung seiner Idee durch das gesungene Wort gegriffen
hat. Man erkennt auch den außerordentlichen Fortschritt in der Entwicklung
des Künstlers wie des Menschen Mahler in dieser Wendung zur programm-
losen Instrumental-Sinfonie. So erst konnte es ihm gelingen, der Musik die
Ausdruckswerte abzuringen, die zu gestalten sein Wille ihn drängte, sowohl
im einzelnen der Thematik und Struktur, als auch im Ganzen des architektonischen Formenbaues. Mahler war ein zu beweglicher, zu kritischer Geist, um
etwa, wie Bruckner, an einem Formschema festzuhalten, und dieses als seine
Form variierend weiter zu bilden. Das Leben trug zu viel an ihn heran, was
nach künstlerischer Auslösung drängte, seinem ruhelosen Willen öffneten sich
ständig zu weitreichende Ausblicke, als daß er nicht selbst die Notwendigkeit
eines Wechsels in seiner Schaffensart hätte erkennen müssen. Mahler wäre nicht
die tiefblickende, überall das Wesenhafte der Dinge erfassende Schöpfernatur
gewesen, wenn er nicht die reichhaltige symbolische Bildkraft der großen Instrumentalformen, die Ausdrucksmacht auch der strengen Polyphonie erkannt
hätte. Gewiß hätte er sie nie im schulmeisterlichen Sinne anwenden mögen.
Wohl aber mußte es ihn reizen, sie an einem geeigneten Stoff zu erproben, und
sie dafür auf eine seiner Natur gemäße Art umzugestalten. Daß der erste Ver-

such seine Lust daran noch keineswegs befriedigte, zeigt ein Blick auf die siebente
Sinfonie, wo Mahler das Rondo abermals, statt mit der Fugen- mit der Variationenform verbunden, zum Grundriß eines mächtigen Finalbaues nimmt. Wie
bedeutsam die Beschäftigung mit dem polyphonen Stil, wie ihn namentlich
das Finale, in Einzelheiten auch der zweite Satz zeigen, für sein Musikertum
war, lassen alle von jetzt ab folgenden Werke erkennen. Mahler, bisher fast
immer primär vokal empfindend und im Satz der homophonen Gestaltung zu-
neigend, lernt den Wert des instrumental polyphonen Stiles, die daraus sich
ergebenden Möglichkeiten neuer Ausdruckssteigerungen, die Lockerung und
Selbständigmachung einzelner Stimmen, die Bereicherung vor allem der Harmonik kennen. Zwar ist er in zu starkem Maße Romantiker und als solcher
an das für jede musikalische Konzeption grundlegende harmonische Empfinden
gebunden, um im polyphonen Stil je zur Freiheit etwa eines Bach gelangen zu
können. Mahlers Polyphonie bleibt, soweit die Stimmführung in Betracht kommt,
stets harmonischer Art, auch da, wo er sich, wie in der fünften und später in der
achten Sinfonie, kontrapunktischer Satzart bedient. Erst in den beiden letzten
Werken, dem „Lied von der Erde" und der neunten Sinfonie, zeigt sich das
Bemühen, zu einer neuen Art heterophoner Stimmführung zu gelangen, die
Stimmen aus dem harmonischen Bann zu lösen, sie nach eigenen Impulsen nebeneinander laufen zu lassen. Durch diese späteren Versuche bereitete Mahler einer
ihm folgenden Entwicklung den Weg. Sie wären kaum möglich gewesen, wenn
nicht die Wendung zum instrumental polyphonen Stil erfolgt wäre, deren erstes
Zeugnis die fünfte Sinfonie ist. Es ist das Erstaunliche an diesem Werk und
an seinem Schöpfer, daß der Künstler, der vor der Gefahr stand, einer Manier
zu verfallen, sich mit plötzlichem Entschluß, einem inneren Gebot folgend,
einem Stoffkomplex neuer Art zuwandte, und aus diesem neuartigen Stoffkomplex wieder die neue Form, das neue Symbol herauskristallisierte. Daß
solcher Entschluß keiner vorgefaßten Absicht, nur einem inneren Erlebnis entspringen konnte, ist selbstverständlich. Mahler hat dies bei einer früheren Gelegenheit angedeutet, indem er über seine beiden ersten Sinfonien sagte „Wahrheit
und Dichtung in Tönen — und wenn einer gut darin zu lesen verstünde, müßte ihm
in der Tat mein Leben darin durchsichtig erscheinen. So sehr ist bei mir Schaffen
und Erleben verknüpft, daß, wenn mein Dasein fortan ruhig wie ein Wiesen-
bach dahin fließen würde, ich, dünkt mich, nichts mehr Rechtes machen könnte."
     Das sagte Mahler in bezug auf die erste und zweite Sinfonie. Paßt dieses
Wort zweifellos auf die Fünfte und die ihr folgenden in der Grundbedeutung
gerade so, wie auf die älteren Werke, so ist doch ein Unterschied zu spüren.
Das Autobiographische, Anekdotische, das in den Frühwerken noch zu erkennen
ist und ihnen anhängt, wird in den späteren Sinfonien zurückgedrängt zugunsten
einer rein menschlich allgemeinen Grundidee. Das persönlich Erlebnishafte
war wohl stets vorhanden, aber es blieb verborgener Keim und hat für den späteren
Betrachter keinen besonderen Wert. Nur das Allgemeingültige ist geblieben.
Auch insofern gibt der Schritt von der Vokalsinfonie mit obligater Singstimme
zur Instrumentalsinfonie einer inneren Wandlung Ausdruck. Das subjektiv
Liedmäßige verschwindet, es löst sich in die inhaltlich objektivierende Darstellung des reinen sinfonischen Instrumentalstiles.

Überschaut man die fünfte Sinfonie als Ganzes, so fallen zwei charakteristische Eigenschaften auf: die ungeheure Spannkraft der Entwicklungskurve und die blendende Art, mit der Mahler die klanglichen Lichteffekte einsetzt, sie zu Wendepunkten macht. Beide Merkmale sind bezeichnend für den Komponisten, der nach langer Zeit zum erstenmal wieder, richtiger gesagt, überhaupt zum erstenmal ein reines Instrumentalwerk schreibt und sich nun fast wie im Rausch der Ausdrucks und Steigerungsmittel der Orchestersprache bedient. Mahler hat noch manchen impetuosen, großartig gebauten sinfonischen Satz geschaffen. Steigerungen aber von der Unersättlichkeit, wie der zweite, der dritte, der fünfte Satz dieser Sinfonie sie aufweisen, immer wieder abbrechend, immer wieder auftürmend, hat er nie wieder versucht. Man darf annehmen, daß er in der späteren Beschränkung, in dem Bemühen, schärfere Kontraste einzuflechten und dadurch Steigerungen nicht nur formal dynamischer, sondern auch inhaltlicher Art zu erzielen, künstlerisch ebenso weise gehandelt hat, wie in der Vermeidung derartig greller, massiger Lichteffekte, wie sie die fünfte Sinfonie aufweist. Es ist richtig, daß klangliche Endsteigerungen, wie der Eintritt des Hymnus im zweiten und fünften Satze, etwas fast physisch Überwältigendes haben. Es ist aber ebenso richtig, daß das Vorherrschen des Blechklanges in dieser Sinfonie ihre praktische Verbreitung stark behindert hat, und daß ihre Wirkung in der Idee eigentlich reiner ist, als im unmittelbaren Anschauen des realen Klangbildes.

Die später von Mahler vorgenommene, einschneidende Uminstrumentierung ändert daran nichts Wesentliches. Es handelt sich hier nicht um technische Fragen der Instrumentationskunde. Mahler war zur Zeit der Komposition der fünften Sinfonie Praktiker genug, um zu wissen, was möglich und gut ist. Es handelt sich um eine Erscheinung, die mit dem Wesen dieser Sinfonie unlösbar verbunden ist. Man könnte ebenso sagen, Mahler habe hier am Problem der sinfonischen Form überhaupt die Kräfte überspannt. Nicht dieses ist zu sagen — es wäre eine Anmaßung und unrichtig — sondern daß hier die klangliche Realisierung der Idee die Grenze des Möglichen streift. Es war die Idee des Sich-selbst-Findens aus dem Schmerz: „Heil sei dem Freudenlicht der Welt". Es war das Hohelied vom Glück der Einsamkeit und des Schaffens. An diese Idee schließt sich unmittelbar die nächste: die des Sich-selbst-Behauptens gegen die Welt. Sie wird zur Form in Mahlers Schicksalssinfonie, der Sechsten, der „Tragischen".

SECHSTE SINFONIE

Von Mahlers sämtlichen Sinfonien werden, abgesehen von der neunten, die eine Ausnahmestellung einnimmt, die drei Instrumental-Sinfonien Nr. 5, 6 und 7 am seltensten aufgeführt. Unter ihnen wieder ist die Sechste besonders spärlich auf den Konzertprogrammen vertreten. Ursache mag zunächst sein, daß die Werke mit Beimischung von Singstimmen äußerlich stärkeren Anreiz auf die Hörer üben, sich auch dem Verständnis eher erschließen, während die reinen Instrumentalkompositionen weniger Anknüpfungspunkte bieten. Hierzu kommt, daß gerade die Sechste unter allen Werken Mahlers das gedanklich und klanglich sprödeste, mindest eingängliche, anspruchsvollste ist. Die Herbigkeit spricht aus der Wahl der Tonart: a-moll. Sie spricht aus dem Verlauf der Sinfonie, der durch ihren anscheinend von Mahler selbst stammenden Untertitel die „Tragische" gekennzeichnet ist. Sie spricht schließlich aus dem Aufbau. Entschiedener noch als bisher wird alles Wesentliche der sinfonischen Handlung dem Finale zugewiesen. Dieses erhält absolutes Übergewicht, fordert dauernde, in diesem Maße völlig ungewohnte Steigerung der geistigen Anspannung. Es wäre nicht richtig, zur Überwindung daraus sich ergebender Widerstände auf häufigere Aufführungen gerade der sechsten Sinfonie zu dringen. Voraussetzung für das Verständnis von Gustav Mahlers Schaffen ist, daß man es in seiner Gesamtheit kennen lerne, daß man die Zusammenhänge von Werk zu Werk sehe, daß man begreife, wie hier eines aus dem anderen wächst, eines das andere bedingt. Nur dann ist es möglich, Werke von exzeptionellem Charakter wie die Sechste nicht als Ausgeburten einer absonderlichen, überreizten Fantasie anzusehen, sondern als organische Glieder eines geistigen Werdens. Aus solcher Erfassung ihrer entwicklungsmäßigen Bedingtheiten ist das richtige Verhältnis zu ihren scheinbaren Abnormitäten zu finden. Wirklich sind diese nur scheinbar. Sie fallen auf, wenn man das einzelne Werk außerhalb des Zusammenhanges mit den Nachbarwerken betrachtet. Ist die Verbindung hergestellt, so erkennt man das Ganze als in logischer Stetigkeit wachsenden Organismus. Bei keinem Sinfoniker ist die Geschlossenheit des Gesamtwerkes so scharf ausgeprägt, ihre Bewußtmachung daher so nötig wie bei Mahler, denn keiner hat sich ähnlich auf das sinfonische Schaffen beschränkt. Beethoven schuf von neun Sinfonien acht in einer einzigen Lebensperiode, zwischen dem 30. und 42. Jahre. So wahrte er ebenfalls eine gewisse Einheitlichkeit des inneren Antriebes zur sinfonischen Form. Immerhin hat er in dieser Zeit für andere Gebiete: Oper, Klavier- und Kammermusik große Werke geschrieben. Bruckners Teilnahme wandte sich gelegentlich der Messe, der Chorkomposition, auch der Kammermusik zu. Sie boten ihm Darstellungsmöglichkeiten für Ideen, die in der Sinfonie keinen Raum fanden. Mahler ist der einzige, der sein Schaffen ausschließlich der Sinfonie widmet. Nie regt sich bei ihm Bedürfnis nach anderen Formen. Da, wo er scheinbar das sinfonische Gebiet verläßt: in der Liedkomposition, sucht er in Wirklichkeit nur Zugang zu neuen sinfonischen Gestaltungen. So ergibt sich eine Geschlossenheit seines sinfonischen Werkes, wie sie im gleichen Maße sonst nirgends vorhanden ist. Es folgt daraus die Notwendigkeit, die Werke nicht nur als Einzelerscheinungen, sondern in ihrem Verhältnis zueinander zu erfassen. Es folgt daraus die Erkenntnis, daß Mahler nicht nur innerhalb der Sinfonien durch Zusammenfassung mehrerer Sätze zu Abteilungen ein neues, monumental empfundenes Gestaltungsprinzip aufgestellt hat. Sein Bautrieb griff weiter, über das einzelne Werk hinaus. Er stellte dieses einzelne wieder in Beziehungen zu ähnlichen Werken, vereinigte es mit ihnen zum sinfonischen Zyklus. Ein solcher Zyklus sind die Sinfonien von der ersten bis zur vierten, sind die Instrumental-Sinfonien von der fünften bis zur siebenten. Ihnen schließt sich als Finale die Achte an. Eine solche, stimmungsmäßige geschlossene Gruppe sind „Lied von der Erde" und neunte Sinfonie. Diese zwei sinfonischen Tetralogien mit dem Epilog der beiden Abschiedswerke sind innerlich gewachsene Einheiten. Die Werke stehen untereinander in gleichem Verhältnis, wie die Sätze einer einzelnen Sinfonie. Nur aus dieser Erkenntnis des Ganzen kann das einzelne, eingeordnete Werk seinem Wesen nach innerlich erfaßt werden.

So bedarf gerade Mahlers sechste Sinfonie im Hinblick auf ihre musikalische wie gedankliche Gestaltung vergleichender Bezugnahme auf die beiden Nachbarwerke. Mahlers Lebensauffassung ist nicht pessimistisch. Er erkennt wohl das Leidensbestimmte im Schicksal des einzelnen. Das Leben aber erscheint ihm immer lebenswert. Mit allen Sinnen liebt er die Erde, von Jugend an über die glückerfüllte Manneszeit hinaus bis zum wehmutvollen Abschiedsgruß des segnenden Einsamen. Unter den 39 Sätzen seiner neun Sinfonien klingen nur zehn in Moll aus. Nichts konnte ihm ferner liegen, als Verkündung eines Weltunterganges, als künstlerische Gestaltung einer Vernichtungsbotschaft. Namentlich nicht, nachdem er eben in der fünften Sinfonie über Vergangenheitstrauer hinweg sich zum Gruß an das „Freudenlicht der Welt" aufgeschwungen hatte, im Finale die unversiegbare Quelle des Schaffens, der Arbeit hoch emporsprudeln ließ. Wohl aber mußte sich ihm gerade jetzt die Frage nach dem Verhältnis des einzelnen Strebenden zu den Mächten dieser Welt aufdrängen. Nicht mehr die Frage nach den inneren Hemmungen, sie waren durch die fünfte Sinfonie überwunden, sondern die Frage nach den äußeren, nach dem Widerstand der Materie. Diesen hat gerade er stets mit besonderer Schwere empfunden, in ihm versinnbildlichte sich für Mahler die Idee des Tragischen. „Ich habe es redlich gemeint, mein Ziel hoch gesteckt. Nicht immer konnten meine Bemühungen von Erfolg gekrönt sein. Dem Widerstand der Materie, der Tücke des Objekts ist niemand so überantwortet wie der ausübende Künstler. Aber immer habe ich mein Ganzes daran gesetzt, meine Person der Sache, meine Neigung der Pflicht untergeordnet." So schreibt Mahler 1907 in dem Abschiedsbrief an seine Wiener Künstler. Die Sechste entstand wenige Jahre vorher, 1903 bis 1904. Es mag wohl sein, daß bereits damals, wo Mahlers Wiener Tätigkeit schon dem Ende zuneigte und verbitternde Kämpfe seinen Ideenschwung oft lähmten, ähnliche Gedanken und Stimmungen in ihm aufstiegen. Ihr Niederschlag gestaltete sich in der Sechsten. Sie bedeutet kein abschließendes Bekenntnis, wohl aber eine ergreifende Episode im Leben Mahlers. Eine innere Krisis, die den Starken um so heftiger packt, je mehr er sich seiner Einsamkeit bewußt wird.

Dies sind die Gegensätze, aus denen die Tragik des Werkes erwächst: Bewußtsein der Einsamkeit, wie es sich als Folge der Entwicklung zur fünften Sinfonie ergeben hatte, und Erkenntnis des Widerstandes der Materie. Die fünfte Sinfonie spiegelte in ihrem Verlauf das Glück des Schaffens, des der Welt „abhanden Kommens" im Liede. Die Sechste führt in die Tragik der Einsamkeit hinein. Sie ist zu verstehen als Kampf des Wollenden gegen das Starre, das Niederzwingende, das Stumpfe. Für diese Gegensätze, Einsamkeit und Kampf gegen die Materie, hat sich Mahler wieder charakteristische Klangsymbole geschaffen: Herdenglocken und Hammer. Beide sind nicht aufzufassen als äußerliche Heranziehung außergewöhnlicher Klangmittel. Sie sind „hochsymbolisch intentioniert". Herdenglocken nach Mahlers eigenen Worten das letzte Geräusch, das dem Einsamen in äußerster Höhe von der Erde her noch zuklingt, Symbol völligen Alleinseins, des Weit - über - der -Welt - Stehens. Sie erklingen da, wo die Musik zur letzten Ferne gelangt: gegen Schluß des ersten Satzes, der den Aufstieg zur Höhe bringt, im Andante, das Traum und Verzückung des Einsamen darstellt, im Finale, wo das letzte Ringen sich vorbereitet. Das zweite Symbol ist der Hammer. An drei Stellen des Finale schreibt Mahler Erklingen des Hammers vor: „Kurzer, mächtig, aber dumpf hallender Schlag von nicht metallischem Charakter." Dieser Klangeffekt ist ebenso belächelt und zum Gegenstand billiger Scherze gemacht, wie als unästhetisch beanstandet worden. Eines wie das andere beruht auf ärmlichem Mißverstehen. Mahler schwebte vor die Andeutung des Eingreifens von etwas Außerweltlichem, etwas Übermächtigem, Schicksalhaftem, etwas, gegen dessen niederschmetternde, übernatürliche Wirkung der Mensch nicht mehr ankämpfen kann. Er gelangt an die Grenze der Leistungsfähigkeit, will darüber noch hinaus. wird zu Boden geschlagen. Dies ist der Sinn des Hammers.

Außer den klangkoloristischen Symbolen hat die Sechste noch ein motivisches. Der Idee wie der Art seiner Verwendung nach ist es gleichfalls eine Neuerung in der Sinfonik. Mahler gibt der Sinfonie ein Motto in Gestalt eines kurzen Motives, des Wechsels von A-dur nach a-moll: Es ist kein Thema. Dafür war es seiner rein harmonischen, melodisch und rhythmisch physiognomielosen Erscheinung wegen nicht geeignet. Es gibt nicht einmal die Grundlage für thematische oder motivische Bildungen. Es erscheint aber in allen entscheidenden Momenten der sinfonischen Handlung, bald in gehaltenen Ganztaktklängen, bald in hartgestoßene Achtel aufgelöst, stets bestimmend, wie ein unabänderlicher Schicksalsspruch. In diese kurze harmonische Formel hat Mahler den Reingehalt dessen gepreßt, was ihm hier als Grunderkenntnis vorschwebte: das gewaltsame Niedergedrücktwerden, die Herabziehung von Dur nach Moll, von der großen zur kleinen Terz. Sie ist das einzige und doch tief bezeichnende musikalische Geschehnis des Mottos. Hier wird die Erinnerung geweckt an ein weit zurückliegendes Werk, die zweite Sinfonie. Ihr erster Satz klingt ebenfalls aus in den schwebenden Wechsel von Dur und Moll, bis plötzlich die Dur-Terz endgültig nach Moll heruntergeschlagen wird. Was in dem Frühwerk kurze Episode war, wird hier zum grundlegenden Symbol, wie Mahler es weder bisher noch in den folgenden Werken wieder verwendet hat. Die Tonfolge A — G — E, die das „Lied von der Erde" durchzieht, beruht wohl auf ähnlichen Vorstellungen, hat aber nicht die klangbildhafte Kraft wie das Motto der Sechsten, wird dem Hörer auch nicht so absichtsvoll zum Bewußtsein geführt, sondern wirkt mehr als geheimes Stimulanzmittel.

14

Bei einem derart elementaren Vorwurf mußten naturgemäß die orchestralen Mittel wieder bis aufs äußerste angespannt werden. Es tritt der Zahl nach sogar eine Steigerung gegenüber der fünften Sinfonie ein. Holzbläser sind durchweg vierfach besetzt, Klarinetten durch die grelle D-Klarinette ergänzt. Die Hörnergruppe wird von sechs auf acht, die der Trompeten von vier auf sechs, der Posaunen von drei auf vier vermehrt. Das Schlagzeug besteht aus dreizehn Instrumenten: Pauken, Glockenspiel, Herdenglocken, tiefes Glockengeläut, große Trommel, Triangel, kleine Trommel, Becken, Holzklapper, Xylophon, Tamtam, Rute, Hammer. Trotz dieses Massenaufgebotes, zu dem zum erstenmal bei Mahler Celesta kommt, und trotz einzelner Klanghäufungen von explosiver Kraft ist die Gesamtwirkung dieser Sinfonie minder gewalttätig als die der fünften. Mahler greift wohl zu einzelnen Steigerungswirkungen von außerordentlicher dynamischer Gewalt. Er disponiert im Gesamten aber auffallend ökonomisch. Er vermeidet die akustisch anstrengenden chorischen Wirkungen namentlich des schweren Bleches. Er gestaltet auch die Themen nicht von vornherein im Hinblick auf ihre Verwendung durch Blechbläser. Holz und Streicher nehmen an der melodischen Führung stärkeren Anteil als in der Fünften. Die primitiv chorischen Gegensätze, die das Orchester der Fünften aufweist und die dem dynamischen Aufbau etwas Terrassenförmiges gaben, werden zugunsten eines mehr durchbrochenen Klangsatzes, einer stärker individualisierenden Instrumentalbehandlung geändert.

Im formalen Aufbau vermeidet Mahler Abteilungsbezeichnungen. Die Sinfonie ist schlicht viersätzig: Allegro energico, Andante moderato, Scherzo, Finale. Trotz des Fehlens authentischer Gliederungsvorschriften kann man die Sinfonie in zwei Teile gruppieren, indem man die drei Vordersätze zusammenfaßt und sie als Vorbereitung für das Finale nimmt. Man kann auch, ähnlich wie bei der Fünften und später bei der Siebenten, einen dreistufigen Aufbau annehmen: beide Außensätze als selbständige Eckpfeiler, Andante und Scherzo als Mittelgruppe. Die Dreiteilung rechtfertigt sich insofern, als die eigentliche sinfonische Handlung im ersten Satz vorbereitet, im Finale zum Austrag gebracht wird. Andante und Scherzo, jenes als Träumerei, dieses als skurriles Fantasiespiel, stehen intermezzoartig zwischen beiden Außensätzen. Man könnte den ersten Satz auffassen als Ausmarsch eines Höhenwanderers. An ungelösten Fragen und Zweifeln schwer tragend, strebt er in die Einsamkeit empor, um dort, fern vom Täglichen, Kraft zur Auseinandersetzung mit den ihn bedrängenden Rätseln des Seins zu finden. Die zu visionärer Begeisterung sich steigernde Idylle des Andante, das spukhafte Erscheinungsspiel des Scherzo bringen Ablenkung und neue Ausblicke, aber keine Lösung. Erst das Finale beschwört die Elementargewalten, strafft die Kräfte zur äußersten Spannung, zwingt zur absoluten, durch keine Einschränkung mehr gehemmten Entblößung innerster Triebe. Wille und Schicksal ringen miteinander, das Schicksal führt die drei Hammerschläge, an denen der Wille zerbricht. Die Tragik des Einzeldaseins, die Vorbestimmung zur Vernichtung, die Machtlosigkeit gegenüber dunklen, unfaßbaren Gewalten führt zum Untergang. Es gibt wenige Werke der Kunst, namentlich der Musik, die diesen Untergang mit so fanatischer Erbarmungslosigkeit, mit so unerbittlicher Härte der Erkenntnis darstellen. Das ist es wohl

auch, was diese Sinfonie so wenig zugänglich macht, ihr zunächst sogar etwas
Abschreckendes gibt: der niederdrückende Gedanken- und Stimmungskreis,
aus dem sie, im Gegensatz zu allen anderen Werken Mahlers, keinen Ausweg
zeigt. Die Tragik der unabwendbaren, naturgewollten Vernichtung alles Strebens
durch außerirdische Mächte, die Vorstellung eines aussichtslosen, durch keine
menschliche Kraft zu bestehenden Schicksalkampfes findet hier unmittelbaren
Niederschlag. Die lastende Schwere der jeden Einwand brutal abweisenden
Weltanschauung hat in ihrer furchtbaren Einseitigkeit etwas Lähmendes. So
gehört diese tragische Sinfonie zu den Werken, bei denen der Hörer erst nach
Überwindung des Stoffes zur Anschauung der rein künstlerischen Werte gelangt.

Ein Ausmarsch ist der erste Satz. Allgemeiner gesprochen ein Marsch, auf-
gebaut auf „heftig, aber markig" schreitenden Rhythmen, erfüllt von einer
Bewegungsenergie, die kein Zaudern, keine Weichheit, keine Rücksicht kennt
gegenüber ihrem unablässig bohrenden und treibenden Willen. Mahler hat den
Marschtypus häufig in seinen Sinfonien verwendet, so häufig, daß manche Be-
urteiler darin ein Zeichen von Schwäche oder doch Einseitigkeit gefunden haben.
Bis zur Sechsten hinauf enthält jede Sinfonie mit Ausnahme der vierten einen
Satz im Marschcharakter. Die erste Sinfonie beginnt mit dem heiteren Wander-
stück, die dritte mit dem Einzugsmarsch Pans und seiner Nebengötter. Die
Zweite und Fünfte werden eröffnet durch Trauermärsche, ein anderer Trauermarsch findet sich in der ersten Sinfonie als deren dritter Satz. Auch in den
Liedern macht Mahler vom Marschtypus oft Gebrauch, namentlich in den Jugend-
und Wunderhornliedern. „Der Schildwache Nachtlied" beginnt „marschartig",
„Trost im Unglück" gleichfalls mit einer „verwegenen" Marschmelodie. „Heute
marschieren wir" trägt das „kecke Marschtempo" bereits im Textanfang, das
innig tiefe „Wo die schönen Trompeten blasen" ist trotz des „Verträumt, leise"
der Vortragsbezeichnung eine Marschfantasie, „Zu Straßburg auf der Schanz",
das lustige „Scheiden und Meiden," das schwermütige „Nicht Wiedersehen"
sind Stücke von bewußt ausgeprägtem Marschcharakter, vor allem aber die
beiden größtangelegten der Wunderhornlieder, der „Tambourg'sell" mit der
Tempocharakteristik „Gemessen, dumpf", und die „Revelge", mit der Ver-
schrift „Marschierend. In einem fort."
Der Vergleich der Wunderhorngesänge mit den Rückertliedern zeigt, daß
Mahler den von ihm Jahre hindurch bevorzugten Marschtypus in den späteren
Liedern nicht mehr verwendet. Auch innerhalb der Sinfonien läßt er ihn allmählich fallen. Die Eröffnungssätze der fünften und sechsten Sinfonie sind
Mahlers letzteMarschgebilde großen Stiles. Mit dem ersten Satz der Sechsten schließt
die Reihe. Nur die erste Nachtmusik der Siebenten trägt noch marschartige
Züge, aber ganz anderer Art, als die früheren großen Marschsätze. Der Marsch
ist hier Stilisierungsmittel, während er vordem formgebende Idee war. Darin
ruht die Bedeutung des Marschtypus für den Sinfoniker und schlechthin den
Musiker Mahler überhaupt. Nicht daß er den Marsch als Schablone genommen
hätte. Die Verschiedenartigkeit der Marschcharaktere in den Sinfonien wie
in den Liedern zeigt, daß von Gestaltungsarmut, von Bedürfnis nach Anlehnung

an bestimmte rhythmische Grundtypen keine Rede sein kann. Die Marschidee
war Mahler in anderer Beziehung während der ersten Schaffenszeit wichtig.
Sie entsprach als rhythmische und architektonische Form dem Volkstümlichen
der Melodik, wie Mahler es in dieser Periode betonte. Sie gab den passenden
Rahmen für die einfach geschnittenen Themen, sie bot auch die Möglichkeit
für breite, in großen Flächen angelegte harmonische Steigerungen. Insofern
entsprach der Marsch dem Stil der Wunderhornzeit. Seine häufige Verwendung
in den Liedern und Sinfonien der ersten Hälfte von Mahlers Schaffen erklärt
sich aus dem Verlangen nach einer der stilistischen Grundeinstellung dieser
Zeit angemessenen rhythmisch architektonischen Formgestaltung.

Darüber hinaus aber war es noch ein anderes, das Mahler bis zur sechsten
Sinfonie hinauf an den Marschtypus fesselte, und dieses ist als eigentliche Formidee anzusehen. Es war die im Marsch eingeschlossene Vorstellung des Fort-
schreitens, des Sichbewegens, des Entstehens in der Bewegung, der unablässigen
Veränderung. Aus dieser Idee heraus ist der Marsch innerlich dem Wesen von
Mahlers Sinfonik zugehörig. Eben dieses von Augenblick zu Augenblick sich
Neugestaltende, dieses stets Gegenwärtige, dieses ständige Schreiten des Schreitens
wegen entsprach dem inneren Formungsbedürfnis des Mahlerschen Willens,
der mehr Trieb als Bewußtheit war, mehr Freude an der Aktivität als solcher
denn Zielklarheit. „Marschierend. In einem fort", diese Vortragsbezeichnung
der „Revelge" ist charakteristisch für das, was Mahler vom Marsch überhaupt
verlangt. Er wollte das „in einem fort", die Ruhelosigkeit als stil- und form-
bildendes Prinzip, das dann im besonderen Fall zum besonderen Ergebnis führte.
So wurde der größtangelegte Satz der Wunderhorn-Sinfonien, der Eröffnungssatz
der dritten, gekennzeichnet als musikalisch formale Darstellung des „Werdens".
Die klangliche Symbolisierung dieses Werdens konnte nicht eindringlicher geschehen als durch das „Marschierend, in einem fort", das als unsichtbares Motto
über der Partitur steht.

Von dieser formbestimmenden Grundidee, der Darstellung des Entstehenden,
hat sich Mahler in der zweiten Hälfte seines Schaffens allmählich losgelöst. Wie
seine Lyrik sich in Charakter und Grundeinstellung des Gefühles vom unmittelbaren Erleben fort der Zustandschilderung zuwendet, so verliert auch die Sinfonik
zum Teil die Aktualität der Erlebnisdarstellung. Sie geht über in Bekenntnismit-
teilung, die andere stilistische Gestaltungen bedingt. Es regt sich kontrapunktisch
reiches, motivisches Leben. Die Satzweise wird feiner gegliedert als in den früheren,
die Technik des rein linearen Ausdrucks bevorzugenden Werken. Es handelt
sich dabei nicht um psychologisch verästelte, auf analysierender Denkweise ruhende
Auseinanderlegung der Ideen. Mahlers Kontrapunktik ist Synthese, aufschich-
tende Themenzusammenfassung, wie sie sich in den späteren Sinfonien als notwendig ergibt angesichts der Fülle und Verschiedenheit aufeinanderprallender Ideen.

Die allmähliche Abwendung vom Marschtypus hängt demnach zusammen
mit der Stilwandlung in Mahlers Schaffen, ohne ihr bis ins einzelne zu entsprechen.
Das Vergegenwärtigende, der Reiz der unmittelbaren Anschaulichkeit, der
Mahler an den Marsch fesselt, wirkt auch über die Stilscheide der fünften Sinfonie hinaus. Er mußte in dem Augenblick wieder zur Geltung kommen, wo
ein innerer Anlaß Mahler die Anwendung der Marschform nahe legte. Solcher

Anlaß ergab sich beim ersten Satz der Sechsten. Es galt, das Empordringen, das Steigen musikalisch zu symbolisieren. Ähnlich wie beim Eröffnungssatz der Dritten die Idee des Werdens, so ist in der Sechsten die Idee des Hinaufklimmens, des allmählichen Sichhebens der formschaffende Wille. Für diese Idee, deren Darstellung wiederum unmittelbare Gegenwart, mitreißendes Erleben fordert, war der Marsch nächstliegendes Symbol, passende formale und rhythmisch klangliche Verkörperung. Diesem Marsch „in einem fort" nimmt es nichts von seiner Lebendigkeit, daß Mahler hier, das einzigemal nach der ersten Sinfonie, den Vordersatz notengetreu wiederholen läßt, wie es in der klassischen Sinfonie Brauch gewesen war. Die Wiederholung war bis jetzt im Hinblick auf ausgedehnte Anlage und fortschreitende, keine Rückschau duldende Entwicklung in Mahlers Sinfoniesätzen überflüssig gewesen. In der Sechsten erwies sie sich nicht nur als nicht störend, sondern als erwünscht. Der Satz war verhältnismäßig knapp angelegt, ließ eine Erweiterung des Umfanges als Gewichtsverstärkung gegenüber dem Finale angebracht erscheinen. Gefahr einer Rekapitulierung bereits überwundener musikalischer Entwicklungsstadien lag nicht vor. Ziel der Entwicklung dieses Satzes ist nur Begreiflichmachen des Empor-Gedankens. Dieses Empor hat nichts von dem enthusiastischen Schwunge der Jugend. Es erwächst aus Härte, aus Müssen, aus der Erkenntnis schwerer, entscheidender Fragen, die nur in äußerster Höhe gelöst werden können. Dieses Empor übt sich selbst gegenüber gewalttätigen Druck. Es entspringt nicht freudiger Begeisterung, sondern pflichtmäßigem Willenszwang.

Wie die Gesamtform, so stehen auch sämtliche Themen des Satzes unter dem Zeichen der Grundidee. Eine kurze Einleitung beginnt. Sie zählt nur fünf Takte, aber in ihnen bereits wird der Formwille des Ganzen konzentriert. Mahler, der bisher deutsche Satzüberschriften bevorzugt hat und nur gelegentlich zu italienischen Bezeichnungen greift, wendet diesmal beide an. Sicher nicht aus Laune, sondern weil er die Ergänzungsbedürftigkeit empfindet. „Allegro energico, ma non troppo, heftig, aber markig" — beides zusammen erst gibt die Mischung von Trotz, Energie, Wildheit, die Mahler hier vorschwebt. Mit rauh gestoßenen, ruhelos treibenden Stakkatovierteln A setzen die Bässe ein. Die kleine Trommel begleitet mit kurzen Schlägen. Von unten nach oben steigend finden sich Streicher und Holzbläser hinzu. Ein kurzatmiges Motiv, stufenweis gehoben, mit eigensinniger Betonung auf dem schwachen Taktteil, schiebt sich ruckweise aufwärts, wie wenn eine Last abgeschüttelt werdenmüßte, um Freiheit des Schreitens zu gewinnen:

Mit dem Ablauf des fünften Taktes ist die Last abgeworfen. Mächtig holt das Thema aus:

Äußerste Kraft des Tones wird aufgeboten. Bei den Auftakten voll fanatischen Schwunges müssen die Violinen das A zur Verstärkung des Klanges doppelt, mit dem vierten Finger und der leeren Saite, spielen. Das unbändig Zufahrende des Themas wird dadurch gekennzeichnet, ebenso wie durch die beiden fast aufbrüllenden Akkorde, mit denen acht Hörner die Anfangstakte unterstützen. Das Thema erhält zunächst keinen Abschluß, es ist nur rastloser Wille. Dem ersten Erklingen in a-moll folgt im fünften Takt Wiederholung in d-moll durch drei Posaunen, unterbrochen von dem   Sofort drängen die Baßrhythin dreifachem Forte niederschlagen-   men des Anfanges nach. den Septimenmotiv der Streicher: „Grell" klingt es aus der Oboe:

Aufstieg und Absturz wechseln.   Während Trompeten mit dem Thema nach oben klimmen, stürzen Violinen   und Bratschen jäh in die Tiefe. Aber die Intensität der Bewegung läßt nicht nach. Vom E der Bässe führt sie zu einem neuen, dem ersten verwandten a-moll-Gedanken:

Charakteristisch für die Themen dieses Satzes und des ganzen Werkes sind die weiten, fast in jedem Takt mehrere Oktaven umspannenden Intervallsprünge. Das Zerklüftete, leidenschaftlich über sich selbst Hinausgreifende dieser Thematik entspricht dem unbändigen Willenstrotz. Es wird gegensätzlich ergänzt durch die zäh auf einem Ton verharrenden, in ruheloser Gleichförmigkeit stoßenden Bässe. Ohne abzusetzen treibt der Marsch weiter. Hörner und Trompeten heben die Themen noch greller hervor, ohne ihnen wesentlich Neues hinzuzusetzen. Über den Orgelpunkt E fluten die Bläser in mächtiger Welle zur Tiefe, zum Ausklingen auf dröhnenden, vom Trommelwirbel begleiteten Paukenschlägen A. Es ist trotz des Verstummens der übrigen Instrumente kein Nachlassen der Kraft. Der Ausdruck, des tonalen Charakters entkleidet, steigert noch seine Elementargewalt, die Spannung entladet sich gewitterartig in den Rhythmen der beiden Schlaginstrumente. Während dieses Wirbels und dieser Paukenschläge — Mahler ver-   Klanglich merkwürdig gefärbt. Drei langt zwei Pauker zur   Trompeten und vier Oboen setzen Ausführung — schneidet   gleichzeitig ein. Trompeten fortisplötzlich das Motto ein: simo in Dur beginnend, pianissimo

zum Moll abschwellend, Oboen, mit doppelt besetzter Mittelstimme zur Hervorhebung des Wechsels, umgekehrt vom Piano zum Fortissimo wachsend. Der Klang wird während des Ertönens umgeschaltet, er beginnt im metallisch glänzenden Trompetencharakter und wechselt zum gläsernen Oboenton. Der Schicksalsspruch unterbricht den straffen Gang der Handlung. Blech und Schlagzeug verstummen. Mystisches Dämmer: schwebend sich in einanderschiebende Halbtaktharmonien der Holzbläser, in den Streichern das Anfangsthema in zuckenden Pizzikati, von den Violinen tief zu den Bässen fallend, dann wieder emporsteigend:

Es ist wie heim-
liches Weiter-
spinnen des fata-
listischen Dur-
Moll - Gebotes.

Auch in diesen choralartigen Harmoniefolgen wechseln Dur und Moll innerhalb
jedes der ersten vier Takte. Nach der sinnenden, den Weitergang wie unter Druck
einer lähmenden Botschaft unter brechenden Episode setzt zuversichtlich der Gesang des zweiten Themas in F-dur ein. „Schwungvoll“ verlangt es Mahler. Die
Diktion entspricht dem Charakter der Streicher, strahlt ihren Glanz, ihre sinn-
liche Wärme aus und erhält von den Holzbläsern noch besondere Schwungeffekte:

Eines freilich läßt sich nicht leugnen: bei Gestaltung dieses Themas war
die Vorstellung der ideellen Bedeutung stärker, als der melodische Impuls. Man
hat Mahler aus solchen, in der Ausführung nicht ganz gelungenen Themen Vorwürfe gemacht, sein schöpferisches Vermögen unter Hinweis auf derartige
Schwächen bezweifelt oder doch herabgesetzt. Unbestreitbar liegt Schwäche vor.
Nur ist es nicht Schwäche der schöpferischen Kraft. Wer neun Sinfonien von
solcher Wucht des Baues zu schaffen vermochte, konnte sein Unvermögen nicht
an einem relativ belanglosen Nebenthema erweisen. Hier zeigt sich vielmehr
eine Schwäche des Mahlerschen Schaffensprinzipes überhaupt. Man blickt in
Mahlers Werkstatt, man sieht, wie und aus welchen Voraussetzungen er Themen
formt. Die klangsinnliche, klangsichtbare Erscheinung ist ihm Nebensache.
Als wichtig gilt nur die Klangbedeutung. Sie ergibt sich aus dem Vortrag, durch
ihn können klanglich gleichlautende Phrasen grundverschiedene Deutung erhalten. So gestaltet Mahler seine Themen aus der Vorstellung ihrer Bedeutungs-
wirkung, nicht aber schreibt er Sinfonien, weil er verwendbare Themen hat.
Im allgemeinen mochte beides, Idee des Vortrages und thematische Individualität zusammentreffen. Das waren die schöpferisch reinen Momente. Zuweilen war die thematische Kraft an sich minder stark. Dann folgte Mahler der
Idee des Vortrages allein. Sein Musikempfinden war in zu hohem Maße sym-
bolisch idealistisch, als daß er dem klangsinnlichen Reiz als solchem entscheidende
Bedeutung hätte beimessen mögen. Wer die im materiellen Sinne unvollkommenen Themen von Mahler selbst interpretieren hörte, mußte erkennen,
daß sie an ihrer Stelle ausreichten. Trotzdem wäre es überflüssige Ehrenrettung,
ihre Angreifbarkeit zu leugnen. Solche Themen finden sich an Stellen von neben-
geordneter Wichtigkeit und treten bemerkenswert nur in der sechsten und siebenten Sinfonie hervor. Nachlassende Kraft hätte an den darauffolgenden Werken
in gesteigertem Maße auffallen müssen. Aber weder achte, noch neunte Sinfonie, noch das „Lied von der Erde“ rechtfertigen solchen Vorwurf. So kann man
hier und in noch zu erwähnenden ähnlichen Episoden nur eine falsche Gering-
schätzung des Klangmateriellen und ein Überschätzen der Vortragswirkung,

eine zu starke Betonung des geistig Gestaltungsmäßigen, ein einseitiges Mißachten des triebhaft Erfindungsmäßigen feststellen. Daran dokumentiert sich die Eigenart von Mahlers Künstlerschaft. Sie war nicht göttlich vollkommen, sie war menschlich bedingt. Aus ihrer tiefen Menschlichkeit zog sie die besten, innerlichsten Kräfte. Das Menschliche im Sinne des Naturhaften wurde durch sie erst bewußt zum Gegenstand künstlerischer Darstellung erhoben. Das Zerrissene, das Leidende, Qualvolle, das Aufschwungsverlangen, die gewaltsame Spannung der Kräfte, der Überstrom der Leidenschaft gab ihr den Schaffensantrieb. So mußte sie auch die Bedingtheiten dieser tief menschlichen Kunst spiegeln: ihre intuitiven Schwächen, ihr gelegentlich nur andeutendes, nicht stets der objektiv reinen Aussprache fähiges Darstellungsvermögen.

Das Schwungvolle verlangt Mahler hier vom zweiten Thema, den Ausdruck des enthusiastischen, nach außen, nach oben drängenden Impulses. Dafür ist ihm die einfache Melodie mit ihrem gedanklich etwas dünnen Kern und ihren kurzatmigen Rosalien eben recht. Sie hat den unablässigen Drang, der sich selbst immer wieder neuen Schwung gibt, sie hat den Begeisterungszug, der dem herben ersten Thema abging, und der dieses zweite wie ein vertrauensvolles, sturmfrohes Marschlied erklingen läßt. Dem ersten Aufschwung folgt erschrecktes Innehalten, Erinnerung an das Anfangsthema in gerissenen Pizzikati und kurzen Bläserrhythmen: Es ist nur eine leichte Hemmung. Lebhafter noch als vorher setzt das F-dur-Thema wieder ein. Oberstimmen der Holzbläser intonieren es, Hörner und Trompeten begleiten mit nachahmenden, bestätigenden, ermutigenden Zurufen, Streicher, Harfen, Celesta umspielen es mit üppig rollendem Figurenwerk. Ein in jubelnder Freude des Schreitens und Steigens emporquellender Gesang. In fast italienisierendem Stil mit breiter, ganz langsam melodisch austropfender Kadenz klingt er aus. Immer noch einmal wird die Kernphrase des Themas wiederholt, bis sie leise in traumhaftes F-dur versinkt:

Aus diesem verdämmernden F-dur reckt sich mit plötzlich anwachsender Kraft der drängende, zur Tat rufende Anfangsrhythmus hervor. Zum zweitenmal steigt die Einleitung auf, zum zweitenmal folgt die bisher durchlaufene Entwicklung, als sei der eine Überblick nicht eindringlich genug gewesen, oder als haben sich die Kräfte noch nicht genügend gefestigt für das Kommende. Wohin dieses steuert, ist bisher nur knapp und nebenher angedeutet. Erstes und zweites Thema tragen in sich keine tiefen Gegensätzlichkeiten. Sie sind verschiedenartig individualisierte, im Wollen und Wesen aber übereinstimmende Kundgebungen des gleichen, zur Aktivität drängenden Grundwillens. Das eine herb und trotzig schreitend, düstere Entschlossenheit, Widerstände kurz niederschlagend, das andere enthusiastisch beflügelt, hoffnungsfreudiger Aufschwung, über Hindernisse achtlos wegstürmend. Beide ergänzen einander, der Gegensatz besteht zwischen ihnen und dem fatalistischen Motto. Es war bisher nur nach jener ersten Entladung des Anfangsthemas erschienen, dann durch das Gesangthema verdrängt worden.

Aus der Idee dieses Gegensatzes erwächst die jetzt folgende Durchführung. Sie baut sich in vier großen Stufungen auf. Jeder Teil bringt Festigung und Aus-

einandersetzung wichtiger Grundgedanken. Sie mündet in eine **Wiederaufnahme**
des Anfanges, die nicht Wiederholung ist, sondern durch die **Wendung nach Dur**
die kommende Entwicklung in neue Bahnen lenkt.

Nach dem zweiten Verklingen des Gesangthemas beginnen wieder die
Marschrhythmen des ersten Themas, diesmal nicht ungestüm drängend, sondern
leise, wie zaghaft pochend.  Diese Ergänzungsphrase des
Nur heiß aufzuckende Sfor- Marschmotives fügt sich neu ein.
zati verraten die verhaltene Mit ihr wechselt das schon vor-
Leidenschaftlichkeit: her erscheinene, jetzt selbstän-
dig hervor- Als drittes dieser Gruppe
tretende, ab- erscheint der signalartig
stürzende durch die Bläser klingende
Trillermotiv: thematische Ruf:

Aus dem Ineinanderspielen dieser drei Motive erwächst ein vehement sich ent-
ladender e-moll-Ausbruch des Anfangsthemas. Die Bläser gewinnen die Vormacht.
Schroff ansteigend führen Trompeten, Hörner und Posaunen empor. In den Streichern
treibt der Marschrhythmus, aus dem Holz klingt, vom schrill klappernden Xylophon
grell betont, das Trillermotiv. Ein neues leidenschaftliches Thema drängt hervor:

Es rundet sich perio-
disch wie zum Lied.
Antwortend hebt
sich das Gesang-
thema aus den Unterstimmen nach oben, von scharfen Marschrhythmen des Bleches,
schneidenden Trillerakkorden der Holzbläser ergänzt. Heftiges Aufstürmen aller
Kräfte, Fortissimo schlägt jäh in flimmerndes Pianissimo-Tremolo der Violinen
um. Das Gesangthema verhallt in den Holzbläsern. Nur Celesta und Bässe, diese
auf mystischem tiefen D, klingen weiter. Darüber gespannt lichtes C-dur.
Herdenglocken tönen, in den Flöten ein verheißungsvoller C-dur-Quartenruf:

Pauken antworten leise auf A—D. Abweisend tönt
das Motto aus gedämpften Hörnern, von A nach C
übertragen. Wie im Vordersatz ergänzen es jene
choralartigen Harmoniefolgen. Doch die Herden-
glocken tönen weiter, der Quartenruf gleichfalls. Streicher und Celesta
gleiten in zarten Tremoloharmonien abwärts. Die Gesangmelodie klingt in um-
gekehrter Tonfolge, nach G-dur übertragen, des stürmischen Schwunges entkleidet, „Grazioso" zum Ausdruck idyllisch friedvoller Stimmung umgedeutet:

G-dur tauscht sich in zart
singendes Es-dur. Zu der
aufwärts gerichteten Violinmelodie tritt duettierend
das Horn mit dem Thema in ursprünglicher Fassung. Dann wieder Herdenglocken, Quartenruf und jene mysteriösen, schicksalmahnenden Harmoniefolgen. Versinken in Träume, Ver-
gessen der Gegenwart. Da fährt, Tempo
primo subito „sehr energisch" das Anfangsthema in H-dur auf:

Der dritte Teil der Durchführung beginnt. Die Energie strafft sich aufs äußerste. Gegensätze gibt es nicht mehr. Das Motiv jener schicksalmahnenden Choral- harmonien wird in  Das Ganze gipfelt in einer enthusiastischen den Strom mitgerissen und wandelt sich zum antreibenden Gesang: Wiederaufnahme des ersten großen Sturmliedes, des Anfangsthemas. Jetzt erklingt es nicht mehr in Moll. Es erhält zuversichtlichen Durklang, es ist aufjauchzendes A-dur. Der erste Anstieggedanke erscheint als Symbol des Siegeswillens. Die Wiederholung des Vordersatzes beginnt, lebhafter, reicher, kraftvoller ausgeführt als vorher. Auch die Überleitung zum zweiten Thema weicht von der früheren ab, ist rhythmisch beschleunigt, figurativ geschmückt und so der geisterhaften Starr- heit entkleidet. Das zweite Thema jetzt ganz Gesang, von F-dur nach D-dur übertragen, leuchtend, warm, mit großem, gesättigtem Ton auf der G-Saite der Violinen ausklingend, mit dem tiefen Kontra-H unabgeschlossen verhallend. Wie mahnend steigt  über dem leise pochenden Fis der Bässe in Posaunen der Schatten des ersten Themas auf:

Piu mosso subito „wie wütend drein- fahrend" plötzliches Aufflammen des vollen Orchesters: Akkorde, weit ausgrei- fend, dann wieder ab- wärts stürzend, tönen aufschreiartig aus den Posaunen:  Aus den Bässen drängt das Gesangthema aufwärts ge- richtet empor, aus den Bläsern klingen die Fanfarenmotive des ersten Themas. Stürmende

Das erste Thema wird mit der Umkehrung des zweiten kombiniert: Immer enger schieben sich Themen und Rhythmen ineinander, gerissene Marschakkorde klingen „roh" aus den Posaunen. Die physische Kraft der Ton- gebung steigert sich aufs äußerste, Strei- cher und Flöten verschwinden ganz. Nur Blechbläser und die scharf durchgreifenden Holzregister mit Es- Klarinette stürmen in gehackten Rhythmen voran. Da bricht aus dem Gewirr der Harmonien reines C-dur der Trompete durch. Hörnerfanfaren bestätigen es, in Celesta und zweiten Violinen flimmert ein C-dur-Tremolo, aus den ersten Violinen klingt das erste Thema ebenfalls im einfachen C-dur:

C-dur wechselt unvermittelt nach Des-dur. Mächtig schwillt das Gesangthema im Chor der Blechbläser an. Über wirbeln- den Paukenquarten klingt es in hymnischer Vergrößerung, aus den Trompeten wie ein Triumphgesang:

Der Weg vom a-moll des Anfangs zum A-dur der Höhe ist gefunden. Ein mächtiger Strom der Freude ergießt sich. Die Paukenquarten der Bässe wirbeln bis zum Schluß. Aus den Posaunen tönt feierlich der Choral. Das Gesangthema weitet sich mehr und mehr zum Siegesliede, dessen einzelne Motive, abwechselnd aus allen Stimmen hallend, bald gebieterisch stolz, bald fröhlich schwungvoll, sich zusammenschließen zum stürmisch ausklingenden Jubelchor.

Die übliche Bedeutung der Sätze innerhalb der Sinfonie scheint hier vertauscht zu sein. Der erste Satz bringt Aufschwung und Triumph, der letzte den Niederbruch, die Katastrophe. Abgesehen von dieser Umdeutung der gewohnten Art des Aufbaues hat sich Mahler kaum je so streng an das formale Schema gehalten, wie in diesem Stück. Mit der Wiederholung des Vordersatzes, der genau disponierten Durchführung, der sorgsam ausgearbeiteten Reprise und der groß angelegten Koda könnte es als Schulbeispiel für den sinfonischen Sonatenbau genommen werden. Freilich sind diese formalen Beziehungen zur Sinfonie alten Stiles vorwiegend äußerlicher Art. Die Stellung der Teile zu einander, ihre Bedeutung für den Fortgang der sinfonischen Handlung, die unausgesetzt sich hebende Linie der Gedankenführung unterscheidet sich wesentlich von der nur bis zur Durchführung steigenden, im zweiten Teil meist rekapitulierenden Anlage der älteren Sinfonie. Am bedeutungsvollsten in dieser Beziehung ist bei Mahler die Koda. Mit der C-dur-Wendung der Trompeten und Hörner bringt sie die Entscheidung und bestimmt den Ausgang des Satzes. Das Motto selbst tritt zwar charakteristisch, doch nicht eigentlich ausschlaggebend hervor. Es bleibt auf die Bedeutung der Vorverkündung beschränkt und wirkt durch seine Gegensätzlichkeit zu den Themen mehr passiv, denn als unmittelbar eingreifende Kraft. So wird auch durch den Verlauf des Satzes die Symbolik des Mottos nicht geklärt, der Grundgedanke des Tragischen, die gewaltsame Herabdrückung aus der mutvollen Dur- in die düstere Mollstimmung nicht bestätigt, vielmehr bestritten. In Wirklichkeit rührt dieser Eröffnungssatz noch gar nicht an das Grundproblem des Werkes: an den Kampf mit der Materie, mit der blinden Macht des Schicksals, mit den Widerständen der Welt. Was er bringen soll und auch bringt, ist Festigung der individuellen Kraft, die späterhin den Kampf mit den Elementarmächten aufnehmen muß. Sie erscheinen hier nur als Vorahnungen, zur Stählung auffordernd. Diese zu schaffen, ist Zweck des ersten Satzes. Die Siegesstimmung, in die er ausklingt, ist Jubel der zu sich selbst gelangten, zur Höhe emporgestiegenen, vom Alltag befreiten Persönlichkeit, nicht weniger, nicht mehr. Diese Zusammenfassung weiter zu steigern ist Aufgabe der beiden folgenden Mittelsätze. Mit dem ersten vereint bilden sie das Vorspiel oder den ersten Teil der tragischen Handlung, die im Finale zum Austrag kommt.

Ursprünglich folgte dem ersten Satz das Scherzo, als dritter schloß sich das Andante an. Mahler hat die heut noch in der Partitur bestehende Anordnung später vertauscht und das Andante an die zweite Stelle gesetzt. Gründe dafür

sind nicht bekannt. Vielleicht lag Mahler daran, dem lebhaften, erregten Eröffnungssatz durch das Andante schärferen Kontrast zu geben, als ihn das Scherzo
bot. Auf jeden Fall zeigt der Umtausch, daß eine fortschreitende Handlung innerhalb der Mittelsätze nicht zum Ausdruck kommt. Andante und Scherzo sind frei
fantasierende Ergänzungen des Anfangssatzes. Sein siegesfroher Ausklang gibt
ihnen die Basis. Das Andante moderato, Es-dur, beginnt „zart aber ausdrucksvoll" mit einer liedartig gebauten Melodie. Sie gehört gleich dem Gesangthema
des ersten Satzes nicht zu den triebhaft stärksten Kundgebungen Mahlerschen
Geistes. Der Anfang mit dem schmachtenden Sextenaufschwung hat etwas fast
ironisierend Populäres. Erst die überraschende Mollwendung im ersten und dritten Takt gibt der Melodie einen eigenen Zug, der sich dann in dem etwas erzwun-
gen anmutenden, modulatorisch gewundenen Schluß zu behaupten sucht. Man
könnte vermuten, Mahler selbst habe an diesem Thema keine reine Freude gehabt.
Es ist auffällig, wie er es innerhalb des Satzes zurücktreten, allmählich ganz verschwinden läßt, während sich das Bild des Ganzen als eines sich dem Irdischen
entfremdenden, fernen Traumwelten zustrebenden Aufschwunges immer großartiger entfaltet. Oder ist es vielleicht Absicht, die der ersten Melodie besonders
irdischen Beiklang gibt, um das Vergessen alles Erdhaften, stofflich Gebundenen späterhin um

so deutlicher spür-
bar zu machen? So
singen die Geigen:

Hier stockt der Violingesang, als fände er sich in der etwas verquält suchenden
Chromatik nicht mehr zurecht. Die Bläser führen mit einem weiterhin
bedeutsam hervortretenden wiegenden Achtelmotiv zurück nach Es-dur:

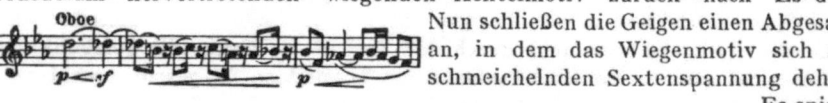

Nun schließen die Geigen einen Abgesang
an, in dem das Wiegenmotiv sich zur
schmeichelnden Sextenspannung dehnt:

Es spinnt

sich träu-
merisch
weiter,
von tiefen

Klarinetten und Bratschen an die vierfach geteilten, die Stimmen paarweise aus-
tauschenden Flöten

übergehend. Darun-
ter singt das Englisch
Horn eine schwer-
mütige Mollweise:

Aber die Mollstimmung vermag sich jetzt noch nicht zu festigen, sie weht
nur traumhaft durch die Stimmen. Im Horn steigt die Dur-Melodie des Anfanges neu empor, die ursprüngliche Linie frei umschreibend. Ganz einfach
sind die ersten Takte gehalten: Streicher ohne erste Violinen begleiten in ruhenden, gedämpften Harmonien, nur die Harfen geben rhythmisch bewegte Akkorde.
Die zweite Hälfte der Melodie blüht in besonderer Wärme des Orchesterklanges auf
und tönt in einer langen, liebevoll ausgeführten Kadenz mit zart sich umschlin-

genden Motiven aus. Es-dur versinkt, ein geheimnisvoll tönendes Flageolett G
leitet in andere Sphären. Die bisherigen Motive klingen weiter, aber ihr Klang-
charakter und damit ihr Ausdruckswert ist verwandelt. Die feierliche Ab-
geschlossenheit des Es-dur ist verschwunden, das neue e-moll-Kolorit gibt
eine seltsam spannende, erwartungsvolle Stimmung. Plötzlich hebt sich der
Mollschleier. Ein strahlendes E-dur schimmert auf: wogende Triolen der
Streichbässe, emporquellende Harmonien der Harfe und Holzbläser, darüber
leuchtend feierliche Hörnerakkorde und das Wiegenmotiv der Trompeten:

Es ist ein Moment,
der lebhaft an den
E-dur-Durchbruch
im langsamen Satz
der vierten Sinfonie
erinnert und wirklich innere Beziehungen dazu hat. Wie dort, und wie
im Finale der Vierten ist auch hier E-dur die Verklärungstonart, Ausdruck der
Verzückung, Vision des Überirdischen. Fern ist die Welt, Ewigkeitsahnung öffnet
dem Einsamen den Himmel. Immer schwächer werdend tönen Herdenglocken,
der letzte Gruß der versinkenden Erde. Höher steigen die verheißenden Hörner-
klänge, als wollten sie immer mehr und Deutlicheres aus fernen Welten künden.
Doch es ist nur Vision. Der Glanz erlischt wieder, Blick und Sinn kehren langsam zur Erde zurück. Die Anfangsmelodie tönt wieder in Es-dur, Holzbläsern,
dann dem Horn zugeteilt. Eine innige Gegenstimme der Violinen spannt sich
darüber, schwungvoll zur Höhe strebend, mit dem allmählichen Abklingen
der Melo-
die gleich-
falls sich
in der Tiefe
verlierend:

Eine zweite geheimnisvolle Wendung gebiert sich aus dem Es-dur-Schluß.
Wieder durch jenes Flageolett G, diesmal aber mit zarten Verwandlungs-
melodien unterlegt, vollzieht sich jetzt ein Wechsel nach C-dur. „Misterioso"
tönt es in Flöten und Klarinetten wie ein Nach- und Weiterklang der letzten
Gegenmelodie, während in den Baßstimmen Fragmente des Anfangsthemas traumhaft, „ohne
Ausdruck"
wie ferne Er-
innerungen
anklingen:

Der Traum spinnt
sich weiter nach
A-dur. Im ersten
Horn erklingt das
Wiegenmotiv, Flö-
ten und Violinen überdachen es mit sphärischen Klängen, die sich „wie ein
Hauch" im Äther verlieren. Leise hinzutretend die schwermütige Mollweise
des Englisch Horn aus dem Anfang des Satzes, jetzt der Oboe zugeteilt. Alle
Sinne sind aufs äußerste geschärft, die Stille scheint Ton und Klang zu
werden, kein irdischer Laut mehr wird vernehmbar. Und hier bricht nun
noch einmal der schwermütige Mollgesang hervor, Hörnern, Fagotten, Bratschen und Violoncelli zugeteilt, leidenschaftlich aufwühlend. Ist es der Gegensatz
zwischen der überirdischen Abgeklärtheit jener Ruhe ferner Welten und der

unbefriedigten Klage der eigenen, der zu elementarer Entladung, zu fast gewaltsamer Heraufbeschwörung der Mollerscheinung führt? Ist es der Versuch, sie
hinüber zu ziehen in die reine E-dur-Sphäre? Herdenglocken läuten, die Anfangsmelodie drängt aus der Tiefe im mächtigen Aufschwung der Bässe, Fagotte und
Tuba empor, Bratschen und Violoncelli versuchen sie weiter zu führen. Die üppig
schöne Gegenmelodie der Violinen breitet sich im weiten Bogen darüber, das
volle Orchester tönt und klingt in höchster Intensität, „immer mit bewegter Empfindung, auf- und abwogend". Dieser Fülle des Lebens und der Kraft ist das
sphärische E-dur nicht gewachsen, es fällt zurück nach Es-dur. Der Klang flutet
in einer Bewegtheit inneren Lebens, wie nur die Anschauung überweltlicher
Offenbarungen sie wecken konnte. Die Anfangsmelodie kehrt nicht wieder. Sie
ist verschwunden, wie aufgesogen von der Kraft der melodischen Erscheinungen,
die sich jetzt entfalten. Das Wiegenmotiv tritt dabei bedeutsam hervor. Allmählich ebbt der Klangstrom wieder ab, verliert sich in einzelne nachsingende,
zurufende, verhallende Stimmen. Immer langsamer, glanzloser werdend tönt er
in ei sterbenden Klängen der Flöte und gedämpften Hörner aus, zart verschwim-
mend, wie ein erblassendes Abendrot.

Wie bei der fünften so wäre es auch bei der sechsten Sinfonie nicht schwierig, eine
programmatische Deutung zu erfinden. Der Steigerungsaufbau des ersten,
der visionäre Schwung des zweiten Satzes, die zu katastrophaler Entladung treibende Kampfstimmung des Finale geben solcher Deutung mannigfache Anhalt-
punkte. Auch das Scherzo, in der neuen Anordnung der dritte Satz, ließe sich einer
solchen poetischen Handlung leicht einordnen. Man könnte an einen Tanz von
Elementargeistern und Urwesen denken, wie sie der einsame Wanderer auf erden-
ferner Höhe belauschen kann. Oder man könnte das Ganze auffassen als in gewaltigen Umrissen entworfenes Bild der Tageszeiten: Morgen, Mittag, Dämmerung, Nacht, wobei das Scherzo das fantastische Treiben des Dämmerungspukes
darstellen würde. Solche oder ähnliche Deutungen sind keineswegs grundsätzlich zu verwerfen, sobald sie nicht zwangsmäßig bis ins einzelne durchgeführt
oder gar als autoritative Erklärungen genommen werden. Erklären läßt sich durch
sie überhaupt nichts. Sie bringen nur eine gewisse Festigung der fantasieanregen-
den Wirkung, die von der Musik ausgeht. Voraussetzungen für solche Fantasie-
Anregungen sind bei Mahler stets gegeben. Nicht nur durch den musikalischen
Ausdruck, auch durch die Bildhaftigkeit seiner Vortragsbezeichnungen. Faßt
man aber diese Äußerungen zusammen, so sieht man, daß sie an sich ausgiebig
genug sind, um eine subjektive Weiterdeutung zu begriffsmäßigen Programm-
ideen überflüssig zu machen. Das gilt auch vom Scherzo der a-moll-Sinfonie.
Es reiht sich der Folge jener typisch Mahlerschen Scherzosätze ein, die von der
Fischpredigt der zweiten zum Tierstück der dritten, zum Totentanz der vierten,
weiter zum Spukstück der siebenten bis hinauf zu der Groteske der neunten
Sinfonie führen. Dies ist der Grundtyp des Mahlerschen Scherzo. Es sind durchweg Sätze von dämonisch fantastischem Charakter, in der Rhythmik meist nicht
beschwingt und flott, wie Beethovens und Bruckners Scherzi, eher schwerfällig,
massiv, die lastende Wucht, das Erdgebundene des Rhythmus hervorkehrend.

Das Scherzo der Fünften, ganz diesseitige, jauchzende Kraft, steht mit dem Bauerntanz der Ersten als Ausnahme-Erscheinung unter diesen Gebilden einer düsteren Fantastik. Auch das Scherzo der Sechsten beginnt fast drohend. „Wuchtig" lautet die Überschrift, „drei Achtel ausschlagen ohne zu schleppen". Jedem Achtel soll sein scharf betonter rhythmischer Wert gewahrt bleiben. Die Pauke allein schlägt vor mit festem Achtelauftakt, Kontrabässe und Violoncelli folgen „Forte, martellato", jeder Strich ein Schlag. Dann intonieren Violinen, Bratschen und Hörner das scharf konturierte Thema. Mit zäher Hartnäckigkeit hält es in den beiden Anfangstakten an dem widerborstigen Auftakt fest. Erst der dritte Takt bringt eine immer noch schwerfällige, fast klotzig lastende Lösung der melodischen Linie:

„Wie gepeitscht" verlangt Mahler die beiden Schlußtakte in den Violinen. Der Ausdruck finsterer, in starre rhythmische Fesseln gezwängter Wildheit wird gleich mit dem Beginn des Satzes festgelegt, auch klanglich rücksichtslos durchgeführt. Posaunen und Tuba stoßen in hart polternden Sechzehntel-Sextakkorden abwärts:

Die Oberstimmen drängen grell pfeifend nach oben:

Das Triller-Absturzmotiv aus dem ersten Satz klingt an:

In unerbittlicher Folge drängt der plumpe Tanzrhythmus weiter. Eine chromatisch gewundene Harmoniefolge gestopfter Hörner und Trompeten sucht auf neue harmonische Bahnen zu gelangen:

Der Tanz dreht sich von a-moll nach F-dur, läßt hier eine der ersten ähnlich kraftvolle, aber minder düstere Tanzweise folgen:

Sie verfestigt sich im Holzchor zu einem durch Wechsel von drei- und vierteiligem Takt eigenwillig rhythmisierten Satz:

Aber dieses, melodisch schon etwas kultivierte Thema zieht flüchtig vorüber. Die derbere Naturkraft des ersten Themas drängt ungestüm empor, schiebt die neuen melodischen Regungen beiseite und setzt sich bis zur äußersten Anspannung klanglicher Energie durch. Abwärts schleifende Sextakkorde der Posaunen und Hörner unterbrechen das rhythmische Pochen:

Plötzlich erklingt, zum erstenmal seit dem Eröffnungssatz, im Fortissimo der Trompeten das
Motto. Absturz der Oberstimmen, alles sammelt
sich auf dem leise verklingenden a-moll. Mit
leichtem Anschwung der Holzbläser wechselt das Bild. „Bedächtig" klingt
eine neue Weise. Sie trägt die Züge des zweiten Tanzthemas. Vorher hatte
es sich der auftrumpfenden Kraft gegenüber nicht halten können. Jetzt
erscheint es anmutiger, ist klanglich äußerst einfach ausgestattet und
bringt einen überraschend neckischen Ton in das Ganze. Mahler selbst
hat den Gegensatz durch die Vortragsbezeichnung betont. „Altväterisch,
grazioso" schreibt er vor. Ein Idyll steigt aus der düsteren rhythmischen
Elementarwelt auf, unversehens, unerwartet. Der Wechsel der Takt-
arten gibt der
zierlich feinen
Melodie etwas
Miniaturhaftes:

Auch klanglich wird der Kontrast hervorgehoben. An Stelle des vollen
Orchesters treten die verschiedenen Chöre in reizvollem Wechsel. Holzbläser
beginnen mit der Tanzweise, von ihnen übernehmen sie die Streicher. Dazwischen pocht das erste Thema, wird beschwichtigt, zurückgehalten. Das „Altväterisch" tänzelt von neuem gravitätisch hervor, macht seine sauber ab-
gewogenen Pas, wird wieder von jenem robusten Thema bedrängt, behauptet
sich. So ergibt sich ein anmutiges Spiel graziöser und derb urwüchsiger Elemente. Bis das Tanzmotiv in die Tiefe gerissen wird, und aus ihr die ursprüngliche Kraft in fest zupackenden Paukenschlägen hervordrängt. Aber
sie kommt noch nicht zum Ausbruch. Chromatisch absteigende Bläserakkorde führen „langsamer werdend" in ein fast trauermarschähnliches f-moll:

Erst aus diesem, durch Dämpfung der Trompeten und Hörner, col legno ge-
schlagene Streichinstrumente gespenstisch gefärbten Intermezzo bricht gewaltsam das Scherzothema wieder hervor. Es entwickelt sich ähnlich wie vorher, ist
in Farbe und thematischem Zuschnitt noch schärfer, dynamisch kontrastreicher
ausgeführt. Auch das zwischen beiden Tanzthemen vermittelnde Motto, diesmal
Hörnern und Posaunen zugeteilt, löst sich aus der starren Akkordfolge in rhythmische Bewegung und wird von einem einschneidenden Trompetensignal übertönt:

Idyllischer fast als vor-
her ist der altväterische
Reigen gehalten. Er
erklingt jetzt in D-dur,
fein und gegensätzlich
ausgesponnen, anmutiges Spiel der Kontraste, die sich der Fantasie in Urwelt-
einsamkeit erinnerungsmäßig aufdrängen. Das trauermarschähnliche Intermezzo

folgt, noch düsterer gefärbt. In es-moll beginnend, drängt es nach a-moll
zurück, als sollte der Anfang noch ein drittes Mal einsetzen. Doch wie weiter?
Ist dies nicht alles nur Traum, Welterinnern in Weltenferne, Dämmern
zwischen Bewußtheit und Unbewußtheit? Jähes Zusammenzucken, ein
gellender Aufschrei des Erwachens, ähnlich wie am Schluß des Fischpredigt-Scherzo. „Grell, Schall-
trichter auf" klingt das verzerrte Tanzmotiv aus vier
Oboen, zur Tiefe stürzend:

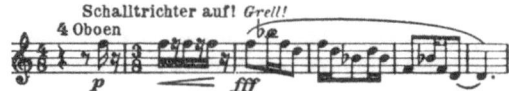

Wie verweht sind plötzlich die Erscheinungen, alles sinkt in Dunkelheit. In
der Tiefe pochen Pauke und große Trommel leise die Achtelrhythmen des Anfanges. Einzelne Motive, abgerissen, innerlich unverbunden, erklingen aus verschiedenen Stimmen. Keines mehr vermag sich zu halten. Gebieterisch abschnei-
dend tönt aus den Trom-
peten der Schicksalsspruch, von
A nach G, von G nach F in
langsamem Decrescendo sinkend:

Gestopfte Hörner, zuletzt gedämpfte Posaunen nehmen ihn auf. Da und dort
lugt noch einer der Tanzgeister heraus. Er wird vertrieben durch das
unerbittliche Gebot der Bläser, das bis zum Schluß die Führung behält. Immer
dichter, unheimlicher zieht sich das Wetter zusammen. Kontrafagott und Pauke
wagen als letzte an die Tanzrhythmen zu erinnern. Dann verklingt das Ganze
auf einem dunklen a-moll-Akkord der Fagotte.

Vielleicht war es das bedeutsame Hervortreten des Mottos im Scherzo, das Mahler
veranlaßte, diesen Satz von der ursprünglich zweiten an die dritte Stelle
zu setzen und so eine unmittelbare Vorbereitung auf das Finale zu geben. Nach
dem in unheimlich spannendem Düster verklingenden Scherzo wirkt der Ausbruch
des Finale-Beginnes wie eine Befreiung. Sie bringt die bisher nur ange-
deutete Entwicklung zur akuten Krisis. Sie deckt Konflikte auf, die bis jetzt
drohend, lauernd und doch ungreifbar unter der Oberfläche blieben. Was
will das Motto, das wohl bedeutsam, aber doch eigentlich ohne aktive Eigen-
kraft in den Gang der Entwicklung eingegriffen hat? Drei sinfonische Sätze
sind durchschritten, Stücke mit manchen großen, manchen anmutigen
Einzelheiten. Aber noch ist nicht zu sehen, wohin der Weg führen soll.
Probleme sind angedeutet, aber nicht klar aufgestellt worden. Alles Bisherige war im höheren Sinne Vorbereitung. Die formale wie die gedankliche
musikalische Spannung ist aufs äußerste gestiegen. Nun braust explosiv die
Lösung auf.

Das Finale der sechsten Sinfonie ist nächst dem der Achten das größte, das
Mahler geschrieben hat, Nicht nur das umfangreichste. Die Taktzahl allein könnte
nicht entscheidend sein, obschon sie den ins machtvoll Weite gerichteten Willen
erkennen läßt. Was diesem Finale seine Ausnahmestellung gibt, ist die Kraft
der formalen Bändigung, die Geschlossenheit, mit der verschiedenartigste Stimmungen und Konflikte als Totalität erfaßt sind. Großgedachte, monumental

empfundene Finale hat Mahler eigentlich immer geschrieben. Selbst da, wo seine Schlußsätze an äußerem Umfange und inhaltlichem Scheingewicht hinter anderen Sätzen der gleichen Sinfonie zurückstehen, wie in der dritten, vierten, neunten, sind sie in Wahrheit doch die ideellen Zielpunkte. Nur die besondere Art der Problemstellung bedingt äußerliches Zurücktreten der Finale. Mahler hat in anderen Werken, in der Fünften und Siebenten, Finale geschaffen, in denen alle in den vorangehenden Sätzen wirksamen Kräfte zu höchstem Glanz aufstrahlen. Die Durchpflügung war bereits geschehen, die Stoffmasse gedanklich und formal geklärt. Daher konnte er diese Finale in prachtvoll ansteigender, einheitlicher Linie aufbauen. Beide Finaltypen: das äußerlich zurücktretende aber intensiv stärkste, und das krönende, in üppigstem Glanz leuchtende Finale hat Mahler erst im Lauf seiner Entwicklung gefunden. Im Anfang schwebte ihm ein dritter Typ vor: das Finale, in dem die Leitideen des Werkes überhaupt erst zum Durchbruch gelangen und nun zur entscheidenden Auseinandersetzung führen. Dies ist der Finaltyp, wie Mahler ihn in der ersten Sinfonie anwendet, ihn aber noch nicht innerlich zu fassen und zu runden vermag. Dann läßt er diese Art des Finale einstweilen beiseite und formt seine Schlußsätze aus anderen Grundeinstellungen. Er schafft in der zweiten ein programmatisch bewegtes Fantasiestück, in der dritten und vierten zwei außergewöhnliche Sätze jener intensiven Art. Er gestaltet in der Fünften ein Meisterwerk kunstreicher Zusammenfassung im brillanten Stil, wenn diese Bezeichnung zur Charakteristik des Unterschiedes zulässig ist. Jetzt, nach dieser Erprobung und Stärkung seiner Kraft greift er wieder das Finaleproblem ältester Art auf, an dem er sich seit der ersten Sinfonie nicht wieder versucht hatte. Er baut ein Finale, das noch das Chaos des ganzen Werkes in sich trägt und es nun erst zur Ordnung formt. Und jetzt gelingt das, was bei der ersten Sinfonie nur durch den starken Aufwand äußerer Mittel als erfüllt angesehen werden konnte: die Zusammenfassung aller widerstreitenden Elemente zum Ganzen von grandioser Einheitlichkeit des Wurfes, von einer logischen Folgerichtigkeit des Aufbaues, wie sie eben nur ein Genie der architektonischen Gestaltung schaffen konnte. Um die Wirkung eines derart riesenhaft getürmten Satzes zu erfassen, bedarf es freilich anderer Aufführungsbedingungen, als der heutige Konzertsaal sie bietet. Man muß Blickweite und Abstand einem solchen Koloß gegenüber gewinnen. Dann erst werden sowohl seine akustischen wie seine formalen Proportionen — beide bedingen einander — erkennbar. Gilt dies mehr oder weniger für alle Werke Mahlers, so trifft es auf die drei Instrumental-Sinfonien und unter ihnen auf die Sechste besonders zu. Vielleicht liegt auch darin ein Grund für ihre Unpopularität. Der für Mahlers Wesen kennzeichnende Zug zur Monumentalität ist in diesen Werken, vornehmlich in der Sechsten und hier wieder im Finale, zur eigentlich bestimmenden, formalen Grundidee geworden.

Rondo, Variation, selbst Fuge kamen als Schema nicht in Betracht. Mahler legt dem Satz die Form zugrunde, die für die Aufnahme eines mannigfach bewegten Inhaltes am ehesten Raum bietet: die Sonate. Er gliedert in erstes und zweites Thema, Durchführung, Wiederholung, Koda, und lagert vor die eigentliche Aufstellung der Themen eine mächtige Sostenuto-Einleitung. Um die Architektur eines solchen Satzes übersichtlich zu machen, bedurfte es aber noch anderer

Mittel, als das Sonatenschema sie bot. Es galt, die Einzelteile nicht nur thematisch und dynamisch gegeneinander abzugrenzen. Es mußten Zäsuren geschaffen werden, die gleichsam wie Riesenpflöcke die großen Stufungen des Baues auf weite Entfernung hervortreten ließen. Mahler erfindet sich ein Mittel, durch das er gedanklich, dynamisch und formal zu gliedern und gleichzeitig die überquellende Masse des Stoffes architektonisch zu bändigen weiß. Dieses Mittel ist der Hammer. Über seine symbolische Bedeutung wurde bereits gesprochen. Seine Verwendung beschränkt sich aber nicht auf Erfüllung der Symbolik. Sie dient gleichzeitig noch den Zwecken großliniger Gestaltung, erwächst also aus gedanklicher, klanglicher und formaler Notwendigkeit. Dreimal schallt der Hammerschlag. Zum erstenmal nach Abschluß des Vordersatzes, unmittelbar vor Beginn der Durchführung. Zum zweitenmal beim Abschluß der Durchführung, kurz vor Wiederbeginn des Hauptsatzes. Zum drittenmal beim Abschluß der Wiederholung vor der Koda. Die beiden ersten Hammerschläge umgrenzen demnach, formal gesehen, die Durchführung, der dritte schließt die Wiederholung ab und leitet die Koda ein. Damit sind drei wichtige Einschnitte geschaffen. Sie kennzeichnen die Entwicklung der Form. Auch die Dynamik erhält durch diese drei Hammerschläge die letzte Steigerung. Nach Mahlers Absicht die Schallkraft des schweren Bleches überbietend, ist sie das äußerst Mögliche an physischer Gewalt innerhalb des orchestralen Ausdruckvermögens, schafft klangliche Höhepunkte innerhalb der wogenden Tonfluten. So ergibt sich die Verwendung des Hammers aus organischen Notwendigkeiten verschiedenster Art. Sie alle wurzeln in den Bedingnissen des hier nach Ausdruck drängenden Formwillens. Die dreimalige Gleichheit aber dieses letzten rhythmisch klanglichen Steigerungsmittels gibt dem Ganzen die Geschlossenheit der Totalerscheinung.

Die Einleitung, Sostenuto, 114 Takte umfassend, doppelt so lang also als die Einleitung der ersten Sinfonie, beginnt mit dunkel aufrauschendem alteriertem Terzquartakkord auf C in seltsam zwielichtartiger Färbung: gehaltenes tiefes C der Hörner, Kontrabässe, Kontrafagott im Piano, hart gerissener Pizzikatoschlag der Violoncelli, Fortissimo aufwärts gleitende Harfenharmonien. Dazu in der zweiten Takthälfte Fagotte und D-Klarinette piano, Flöten, B-Klarinetten und gedämpfte Streicher forte, Oboen pianissimo einsetzend. Klangmischungen von dieser fast launenhaft abgestuften Willkür kann man in den späteren Partituren Mahlers oft finden. Sie mögen übertrieben nuanciert scheinen, lassen aber erkennen, wie sorgsam Mahler die Farbwerte gegeneinander abwog. Das einzelne Instrument verliert allmählich jede Eigenbedeutung, wird lediglich Mittel orchestraler Ausdruckstechnik. Über diese wie in verdeckter Glut aufschwelende Harmonie spannt sich eine weitgreifende Violinphrase, kühn ansteigend im ersten Teil, im zweiten unaufhaltsam fallend. Das Motto tönt begleitend aus den Bläsern. Der Dur-Akkord klingt Fortissimo im Blech und wandelt sich beim Hinzutritt von Flöten und Fagotten in verschwebendes Moll:

Dumpfer Wirbel der großen Trommel, während die Streichbässe schwer wuchtend abwärts steigen, zum tiefen A hinunter. Das Zeitmaß wechselt. Aus breiten Halbtakten werden „etwas schleppende" Viertel. Der erste Ansturm ist vorüber, Stille tritt ein. Nur der Trommelwirbel tönt weiter. Gleichsam aus ihm aufsteigend ein Tubamotiv, unheimlich sich zur Oktav reckend, dort in starrsinniger Wiederholung sich behauptend: Es erinnert an das Hauptthema des ersten Satzes. Im Oktavschritt wie im Auftaktrhythmus ist es ihm verwandt. Dort fiel die Oktave, hier steigt sie. Der punktierte Rhythmus ist gleichfalls in der Tonfolge umgekehrt und aus dem Auftakt in den Volltakt verwandelt. Eine zweite Reminiszenz wird wach an das Scherzo bei dem auffahrenden Zweiunddreißigstelmotiv der Klarinetten: Traumhaftes Erinnerungsleben ohne klar faßbare Erscheinungen. Herdenglocken tönen. Im Horn formt sich anknüpfend an das Auftaktmotiv der Tuba ein in zuversichtlichen Rhythmen kühn aufdringender Dur-Gedanke:

Es gelingt ihm nicht, eine feste Tonart zu finden. Unabgeschlossen verklingt er. „Wieder schleppend" setzt mit wirren Violintremoli die lastende Traumstimmung ein. „Langsam" erklingt das schwerfällige Tubamotiv: aus dem Horn klingt gleichzeitig das Oktavmotiv in pathetischer Umformung: Oboen wiederholen es heftiger, kurz auffahrend, Mehr und mehr verdüstert sich das Bild. Die letzten Motive knüpfen sich fester ineinander. Schwere Schläge der großen Trommel klingen in gesteigerter Folge dazwischen. Das fantastische Gewirr verdichtet sich zu einer „schwer, markato" schreitenden Choralweise, die wie ein Trauergesang klingt. Alle Streicher schweigen. Nur der Bläserchor: tiefes Holz, Hörner, Baßtuba ohne Posaunen und Trompeten, marschiert feierlich gemessen wie eine Begräbniskapelle, die im Gleichschritt allmählich näherkommt und ihr Lied abbläst:

Der Schluß versucht aus dem schwermütigen c-moll des Beginnes nach G-dur zu gelangen. Da schneiden die Trompeten mit dem Schicksalsspruch heftig ein. Blitzartig aufflammendes G-dur über wuchtigen Paukenschlägen, dann schnell abblassendes g-moll. Wieder Traumstimmung. Wirres Durcheinander ziellos suchender Gedanken. Tremoli gedämpfter Streicher, in einzelnen Holzbläsern und

Horn vergebliche Versuche, das rhythmisch feste Hörnerthema wieder zu fassen und weiterzuführen. Lebhafter als vorher, Forte, „allmählich zum nächsten Tempo steigern," von neuem der Choral, ergänzt vom ebenfalls erstarkenden Oktavmotiv: Eine scharf andrängende Steigerung bahnt sich an, spitzt sich auf das Dur-motiv des Hornes zu: Sie entladet sich nach C-dur — c-moll, dem immer wiederkehrenden, jeden Dur-Aufschwung in Moll-Düsterheit wandelnden Schicksalsspruch. Nun wühlt es sich in leidenschaftlicher Erbitterung, Allegro moderato, empor. Der punktierte Rhythmus des Tubathemas wird zum Keim eines Allegromotives: Auch hier eine der charakteristischen Klangmischungen Mahlers: Fagotte blasen fortissimo, Violoncelli sekundieren piano. Ein erregt aufflie-gendes Streicher-motiv antwortet: Das Tempo treibt, Motive und Rhythmen verkürzen sich, die Harmonien schieben sich von c-moll nach a-moll. Der Sturm bricht aus:

Wie in den früheren großen sinfonischen Sätzen stellt Mahler auch hier nicht ein einzelnes, festgeschlossenes Thema auf, sondern eine mehrgliedrige Themagruppe. Als erstes dieses kernige, impulsive a-moll-Thema mit der kühnen Schlußwendung nach E-dur. Es wird fast herausgeschleudert, Oberstimmen der Holzbläser fortissimo, beide Violinen im dreifachem Forte auf der G-Saite anstürmend. Von a-moll nach d-moll, dann zurück in die Anfangstonart tobt es weiter, ohne Nachlassen der Kraft, ohne Wechsel der Dynamik, ein trotziges, be-harrendes Sichbehaupten, immer um Tonika und Dominante kreisend, sich auf ihnen festhämmernd. Selbst der Schicksalsspruch, der in den ersten a-moll-Abschluß hineinklingt, vermag das Ungestüm nicht zu hemmen. Er selbst wird davon ergriffen. Die sonst unbeweglich festliegenden Harmonien werden durch die Stoßkraft des Themas gleichsam erschüttert, in schwer schwankende Achtel zerteilt: Doch eine Änderung tritt nicht ein. Das Thema wühlt in den Bässen weiter. Da-rüber erklingt ein neues, in der Linie auf das Oktavmotiv, in der Deklamation auf den Choral verweisend:

In gleichmäßigen Rhythmen und mächtigen Intervallen ehern ausschreitend, wird es wechselnd von den verschiedenen Instrumentalgruppen aufgenommen.

Hörner beginnen, Holzbläser setzen fort, Trompeten, Holz und Streicher folgen wieder, jedes mit einigen Takten, immer dem anderen zurufend, bis sie sich bei der hymnischen Wendung nach C-dur alle im  Die zunächst mächtigen Schwunge zusammenfinden. Auch jetzt gleichmäßig führt der abschließende Schicksalsspruch keine schreitenden Änderung herbei. Die Motive der ersten Gruppe Halbtakt-klingen weiter, verbinden sich miteinander: noten und punktierten Marschrhythmen werden durch den Sechzehntelauftakt des Thema-Anfanges zu emporflutender Steigerungswelle fortgerissen. Gewaltig tönt der Thema-Abschluß aus vier Posaunen und der Tuba:

Jetzt plötzlicher Umschlag. Aus dem stürmenden a-moll blüht ruhiges, warm leuchtendes D-dur auf. Vibrierende Achteltriolen der Flöten und Klarinetten, darunter im Horn eine frohe Verheißung: der Dur-Gedanke der Einleitung, jetzt zum zweiten Thema gerundet, in stolzem Bogen ansteigend:

Das Horn intoniert die ritterlich rhythmisierten Anfangstakte, Holzbläser übernehmen die beschwingte Fortsetzung. Violinen und Flöten, mit Hörnern, Oboen und Klarinetten duettierend, fügen einen breit ausflutenden Abgesang hinzu:

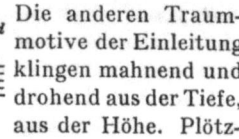

In selbstbewußter Fülle fließt der Gesangstrom, bis statt des abschließenden D-dur jähes Moll einbricht. Das 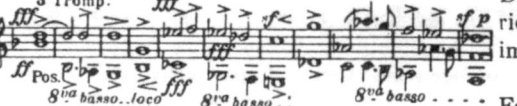 Die anderen Traummotive der Einleitung klingen mahnend und Einleitungsmotiv der Violinen hebt drohend aus der Tiefe, sich „breit gezogen" empor: aus der Höhe. Plötzliche Dunkelheit breitet sich über das eben noch helle Bild. Aber das zweite Thema ist nur für Augenblicke verscheucht. Unter plötzlichem Fis-dur-Tremolo der Violinen steigt es neu hervor, alle Hemmungen überwindend, mehr und mehr vom Druck befreiend. Enthusiastischer noch als vorher führt es voran, zu hymnischem Schwunge sich ausbreitend, sieghaftes D-dur im üppigsten Rausch der Begeisterung. Aus diesem wie unersättlich ausgreifenden Jubel plötzlicher Absturz zu tiefstem Niederbruch. Eine unbekannte Macht hat gesprochen: der Hammer ist gefallen. Alle Stimmen schweigen, nur in Trompeten und Posaunen erdröhnen in dämonischer Vergrößerung das abstürzende Oktav- und das Choralmotiv:

Dazu gerichtsartig im dreifachen Forte der

Hörner der Schicksalsspruch G-dur—g-moll. Atempause furchtbaren Erschreckens. Aufbranden der Streicher in jagenden Sechzehnteln, der Holzbläser, der Harfenglissandi. Heftiger Wille und Versuch, das Ungeheure zu überwinden, zurückzudrängen, Ausschau nach dem zweiten Thema. Fortissimo „hervortretend" klingt es aus den Trompeten. Abwenden von der Schreckenserscheinung, Hingabe an weiche Verklärungsstimmung, lyrisch singendes, „beruhigend" ausströmendes A-dur:

Immer klingt das zweite Thema als innerlich aufrichtendes Motiv der Verheißung, der Zuversicht durch. Aber der lyrische Schwung erlahmt, die Stimmung verfinstert sich, Gewalt steht gegen Gewalt. Das Gesangthema wendet sich in Umkehrung nach f-moll:

„Etwas wuchtiger, alles mit roher Kraft" erklingen hart hämmernde Bläserrhythmen: Das wühlende Anfangsmotiv kehrt gesteigert wieder: Die Bässe ziehen zur Tiefe:

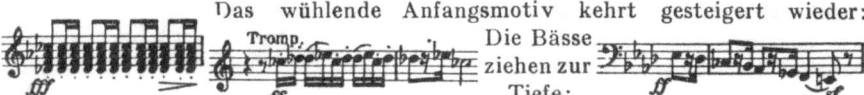

Doch noch ist die Kraft nicht gebrochen. Die Harmonie erhellt sich langsam. F-moll wendet sich nach c-moll, „kräftig aber etwas gemessen", dann „feurig" nach C-dur. Der Marsch drängt wieder fest voran. Aus dem „feurigen" C-dur blüht „allmählich sich beruhigend" neues A-dur auf, in gesättigten Harmonien und weitgeschwungener melodischer Linie sich aussingend, wieder zu ruhiger Abklärung emporsteigend. Das Einleitungsthema erscheint in abwärts gerichteter Gegenbewegung, gleichsam Erfüllung der einst auf-flutenden Sehnsucht andeutend:

Das zweite Thema in orgelhafter Fülle gibt wieder den kadenzierenden Abschluß. Da dröhnt der zweite Hammerschlag. Wieder die Gerichtsklänge aus Hörnern, Posaunen und Trompeten, diesmal ohne Schicksalsspruch Dur—Moll. Wieder die auf- und niederwogenden Streicherläufe. Dann baut sich über dem Oktavmotiv der Bässe eine Kadenz auf:

Sie mündet in den Anfang der Einleitung. Die Durchführung, von den beiden Hammerschlägen eingefaßt, ist beendet. Es beginnt die Wiederholung, nicht nur des Vordersatzes, sondern des ganzen ersten Teiles einschließlich der Einleitung. Freilich keine Wiederholung im Buchstabensinne. Die Einleitung ist diesmal kaum halb so umfangreich wie vorher. Die tiefen, irdischen Glocken tönen nur anfangs und verhallen dann, während gleichzeitig „in der Ferne aber deutlich" die Herdenglocken läuten. Es fehlt die zum Allegro andrängende Steigerung. Statt ihrer lenkt eine neue Umleitung zunächst zur Wiederaufnahme des zweiten Themas. Jetzt erscheint es in B-dur, in einer „Grazioso"-Umbildung der Oboe. Das Tempo strafft sich, das Thema blüht farbiger auf, springt in helles A-dur über. Violinen und Holzbläser nehmen es auf. Da legt sich das Oktavthema in den Trompeten darunter, treibend und steigernd, bis nach breiter Vorbereitung auf Orgelpunkt E die Wiederholung des ursprünglichen Allegro-Anfanges einsetzt. Die Themafolge ist demnach in der Wiederholung vertauscht, das zweite Thema schließt sich der Einleitung unmittelbar an, dann erst folgt das erste. Jetzt ist es nicht mehr den Oberstimmen zugeteilt. Posaunen, Tuba und Bässe beginnen. Die Ent-

wicklung nimmt den größten, alle vorangehenden Steigerungen durch Wucht des Sturmes übertreffenden Anlauf. Der Schicksalsspruch wird zum tätig eingreifenden thematischen Charakter. Erstes und zweites Thema, dieses nun auch nach Moll gezogen, wechseln ab in der Führung. Das Oktavmotiv baut sich lapidar zu verschlungenen Kombinationen auf:

Immer vorandrängend verkürzt es sich, mündet in bewegtes A-dur, wo nochmals das Einleitungsthema wie ein Triumphgesang in Dur erklingt:

Er hebt sich zur Apotheose des mächtig ausschreitenden Baßthemas, überstrahlt von wogenden Dur-Arpeggien der Streicher und jubilierenden

Dreiklangtrillern der Holzbläser:

Nach dieser Gloriole des A-dur nochmals furchtbar aufschäumend der Einleitungsbeginn. Dann der dritte Hammerschlag. Lang hallt der Schicksalsspruch in Hörnern, Trompeten und Posaunen zugleich, gestopfte und offene Klänge gemischt. Er tönt zum letztenmal. Die Kraft des Widerstandes ist endgültig gebrochen, der Sturm ist vorbei. Ein kurzer Epilog nur tönt als Koda nach. Über dem durchklingenden Paukenwirbel reckt sich „bedeutend langsamer" im Tempo, „schwer" im Ausdruck das Oktavmotiv espressivo in Tuba und Posaunen schattenhaft empor:

Klarinetten und Fagotte bedecken es mit den dunklen

Harmonien D-dur — d-moll des Schicksalsspruches wie mit einem Leichentuch. Die Streicher schweigen. „Immer langsamer", immer leiser tönt das Oktavmotiv aus der Tiefe. Dann ein schneidender, gehaltener a-moll-Akkord. Wuchtige Paukenschläge, Trommelwirbel. Fernes Verhallen. Aus.

Die Sechste ist die einzige von Mahlers Sinfonien, die nicht sieghaft, wie die erste, zweite, fünfte, siebente, achte, nicht verklärend, wie die dritte, vierte, neunte schließt. Und doch wäre es falsch, der Tragik, die sie kündet, eine zu weitgehende Deutung zu geben. Mahler schildert die Tragik des zum Untergang bestimmten Einzelwesens, das dem Widerstand der Materie erliegt. Erliegt aber nur im Hinblick auf die persönlich bedingte Existenz, nicht im Hinblick auf den lebendigen Willen. Dieser Wille setzt dem von vornherein als Erkenntnis feststehenden Schicksalsspruch immer neue Kraft entgegen, strebt und überwindet immer wieder. Daß der Augenblick eintritt, wo die Kraft erschöpft ist, wo kein Widerstand, kein Aufschwung mehr möglich ist, dies ist gewiß tragisch, aber doch nur im Sinne des materiellen Seins. Zertrümmern kann der Hammer nur das, was ihm erreichbar, was zerschlagbar ist. Der Geist, der den Willen lenkt, ist nicht zu beugen, nicht zu vernichten. Dieser Geist, der dem Geschick Trotz bietet bis zur letzten Regung, der die Welt stets neu aufbaut, mag der Hammer sie noch so oft in Stücke schlagen, macht nicht halt bei dem dunklen Schlußakkord der a-moll-Sinfonie. Er hat die Einsamkeit in der Beglückung des Schaffens und in der Härte ihrer Tragik kennen gelernt. Er hat sie bejubelt in der fünften Sinfonie, wo sie ihn auf die Höhen des eigenen Wesens führte, er hat ihre Schauer erkannt in der sechsten, wo er in die Abgründe des Lebens in sich selbst blickte. Nun zieht es ihn zurück aus diesem Bannkreis der Verzückungen und Visionen des sich selbst Erschauens. Er horcht wieder auf die Stimmen, die von außen her tönen. Es drängt ihn, das Schwere, Lastende, die Rätsel und Leiden zu vergessen, wieder nur Instrument, nur lebendiger Widerhall klingenden Lebens zu sein. Die Seele ist durchwühlt bis in ihre Tiefen, sie hat ausgesprochen, was von Glück und Qualen in ihr lebte. Sie will nun wieder einmal einfach singen. Der Einsame nimmt den Weg zurück zur Natur, zu Welt, zu Menschen. Es entsteht die siebente Sinfonie, und in ihrem Schatten wächst langsam reifend die Krone des Mahlerschen Schaffens heran: die Achte.

SIEBENTE SINFONIE

August Halm hat ein Buch geschrieben über „Die Sinfonie Anton Bruckners".
Eine bezeichnende Themastellung. Bruckners Schaffen gegenüber ist eine
Betrachtungsweise möglich, die das individuell Bedingte des einzelnen Werkes
aufhebt, es ins Typische überträgt. So verschieden seine neun Sinfonien in bezug
auf thematische und strukturelle Gestaltung sind, sie gleichen einander auffallend in den Elementarzügen des Charakters und der Erscheinung. Der Blick
über das Gesamtwerk drängt den Ästhetiker unwillkürlich zur Konstruierung
eines Idealtyps „der" Sinfonie Bruckners. Der Grund ruht in den eigentümlichen psychischen Schaffensbedingungen Bruckners. Seine geistige Erlebnis-
fähigkeit entsprach nicht seiner musikalischen Fantasie. Das Musikalische war
bei ihm immer wieder Variation des nämlichen ideellen Grundgedankens, geniale,
staunenswerte Mannigfaltigkeit des musikalischen Impulses, ständig wachsende
Reife bezeugend. Immerhin Variation, kein Neuschaffen im absoluten Sinne,
kein Fortschreiten von Welt zu Welt.

Bei Mahler ist es anders. Fraglos zeigen seine Sinfonien Gemeinsamkeiten
des Stiles, der Art der Ideenrichtung, der musikalischen Formulierung. Man
kann, daraus abstrahierend, ebenfalls einen Grundtypus seines Schaffens und
Formens erkennen. Aber es ist nicht möglich, die Vielheit seiner Werke aus der
Feststellung des Grundtypus heraus anschaulich zu machen. Jedes von ihnen
ist eine Erscheinung für sich, aus besonderen Notwendigkeiten erwachsen, ein
neuer Stoff, eine neue Welt, von Stilgesetzen eigener Art belebt. Diese Sinfonien
sind nicht um den gleichen Kern gelagerte Variationen. Sie sind kettenartig
ineinandergreifende Metamorphosen. In ihnen wirkt das antithetische Ent-
wicklungsprinzip, das Gesetz des Fortschrittes aus dem Widerspruch, aus Überwindung des Vorangehenden. Wenn sich auch verschiedene Werke untereinander
zu Gruppengemeinschaften zusammenschließen, wie die Wunderhorn- und die
Instrumental-Sinfonien, so bestehen die Unterschiede doch innerhalb dieser
Gruppen fort. Sie geben dem einzelnen Werk seine besondere, keinem anderen
ähnliche individuelle Bedeutung. In dieser stets aufs neue stilbildenden Kraft
Mahlers ruht seine geistige Überlegenheit gegenüber dem Musiziergenie Anton
Bruckners. Oder umgekehrt: geistige Überlegenheit gab ihm die stilbildende
Kraft, die jedes neue Werk zu einer Erscheinung von eigener Gesetzlichkeit und
eigener Wesenheit macht.

Auch die siebente Sinfonie steht als etwas Neues, aus bisher unbekannten
Quellen Erwachsenes im Kreise der Instrumental-Sinfonien. Sie hat nicht den
grandiosen Auftrieb der Fünften. Sie hat nicht die dämonische Tragik der
Sechsten. Sie bedeutet eine Rückkehr ins Leben, zur Freude am Werden und
Sein. Das Besondere der beiden vorangehenden Werke war Zuspitzung auf
Individualproblematik, Einstellung auf das Einzelwesen, das im Gegensatz zur
Welt gesehen wird. Die Siebente hebt solche Gegensätzlichkeit auf. Sie ordnet
das Einzelwesen in den Zusammenhang mit dem Weltwesen ein, gleicht scheinbare Widersprüche aus, stellt die kosmische Einheit wieder her. So schlägt sie
die Brücke von den individualistischen Instrumental-Sinfonien zu der allver-
einenden Chor-Sinfonie.

Der fünfsätzige Bau ist dreistufig gegliedert. Zwei großangelegte Außensätze:
ein Sonatensatz und ein Final-Rondo umrahmen drei Mittelsätze von kleinerem Zu-

schnitt. Mahler hat zweien von ihnen, dem zweiten und dem vierten Satz, besondere Überschriften gegeben. Er nennt sie „Nachtmusiken". Erklärungen für diese Bezeichnung sind nicht vorhanden, briefliches und anekdotisches Material über die Siebente ist bisher nicht bekannt geworden. Was Mahler sich im besonderen unter „Nachtmusik" vorgestellt hat, weiß man daher nicht. Wenn programmatische Absichten mitgesprochen haben, so sind sie Geheimnis des Tondichters geblieben. Dem Charakter nach sind beide Nachtmusiken verschieden. Die zweite in F-dur läßt sich ohne weiteres als Serenade ansprechen und rechtfertigt dadurch ihren Namen. Die erste ist ein Stück voll lyrisch balladesker Stimmungen, in erzählendem Ton gehalten, so daß die Überschrift hier eine poetische Deutung zuläßt. Zwischen beiden ist ein Scherzo eingeschaltet, das mit gleichem Recht Nachtmusik heißen könnte. Ein Spukstück, im unruhvoll hastenden Grundklang den früheren Gespenstersätzen Mahlers: dem Trauermarsch der ersten, der Fischpredigt der zweiten, dem Totentanz-Scherzo der vierten Sinfonie verwandt, aber leichter, realitätsloser in den spinnwebhaften Klängen des „schattenhaften" Moll-Teiles, der liedhaft zarten Melodik des Dur-Trios.

Die drei Nachtstücke, die, verschiedenartig schattiert, Zauber und Grauen der Düsterheit schildern, werden umrahmt von zwei Tagstücken voll blendender Helle. Der erste Satz das aufglühende Licht, das aus sehnender Dämmerung durchbricht zur Klarheit, das Finale der blühende Tag. Beide Sätze Apotheosen des Dionysischen. Sie gehören nicht nur dem Charakter nach zueinander, sie sind auch thematisch verkettet. Das Hauptthema des Eröffnungssatzes wird im letzten Teil des Finale zur treibenden Kraft und leuchtet am Schluß in überstrahlendem Glanz.

Dieser Gegensatz von Licht und Dunkel, von laut empordrängender Freude und still in sich gekehrter, bald träumerisch sinnender, bald fantastisch erregter Verschwiegenheit beherrscht das Werk. Kämpfe werden nicht ausgefochten, die Kontraste stehen unvermittelt, ungelöst nebeneinander. Hier die beiden Außensätze, unbeschwert, sieghaft ohne Widerstand, Tatsachen ewig tätigen Lebens. Dort die drei Mittelsätze, geheimnisvoll, wirr erregt, von schwärmerischem Zwiespalt der Gefühle durchzogen. Ein Ausgleich wird nicht versucht, er läge außerhalb der Idee des Werkes. Es ist erwachsen aus der erschütternden seelischen Aufwühlung der sechsten Sinfonie und sucht Befreiung im einfachen Anschauen großer, reinigender Erscheinungen des natürlichen Seins. Das Menschliche, Quälende, Drückende, die Spannung und Reibung fällt als unwesentlich, als zu klein für die hier gesuchte Weite des Gefühlskreises aus. Die Erinnerung daran wird zurückgedrängt in die Vergangenheitsstimmung der Mittelsätze. In den Ecksätzen aber baut sich eine neue, primitive Tatsachenwelt der schöpferischen Grundgewalten auf und stellt sich mit naiver Selbstbewußtheit vor den Hörer.

Die Mittelsätze zeigen jene Art romantischer Melodik und Formgebung, die in Stimmung, Zuschnitt, Charakter auf Gewesenes zurückdeutet. Es mag keineswegs nur bewußtes Archaisieren sein, das Mahler zu solchen Gestaltungen führt, sondern ein tief in seiner Natur wurzelndes Bedürfnis nach Anlehnung an historisch Gewordenes. Solche Teilung des Wesens, solcher Zwiespalt des eigenen Wollens ist einer der merkwürdigsten Züge Mahlers. Das Kindliche, Gläubige, Gütige, Vertrauende seines Wesens, die Freude am Kleinleben, am Idyll, an der reinen Stimmung aller Klänge, an der heiteren Begrenztheit und Lieblichkeit der Einzelerscheinung steht in ihm gegen das zweiflerisch Quälende, fantastisch Schweifende, den Drang zur großen pathetischen Geste, die Lust an der peinvollen Disharmonie, den Willen zur Überschreitung aller Grenzen. Diese Grundelemente seines Wesens ineinander zu lösen, ist Mahler niemals gelungen. Er hat sie oft gemischt, aber nie zur Einheit verschmolzen. In den Wunderhorn-Sinfonien hatten poetische Stimmungen das Band für die sprunghaft wechselnden Gedankenströmungen geschaffen. In der fünften und sechsten Sinfonie war eben die als schmerzlich empfundene Gegensätzlichkeit treibende Kraft gewesen. Nun gelingt ihm ein Werk, in dem er die Kontraste als für sich gesonderte, in keinem äußeren Zusammenhang stehende Welten behandelt. Während die drei Mittelstücke durch Verwandtschaft der Grundstimmung und zeitliche Aufeinanderfolge sich zur Einheit fügen, geben die beiden Außensätze den mächtigen Rahmen und gleichzeitig die Zusammenfassung der geistig tragenden Kraft.

Die Außensätze sind zunächst, wie stets in solchen Fällen, namentlich bei Mahler, trotz hinreißendem Wurf des Ablaufes minder eingänglich als die Innensätze. Diese haben den unmittelbaren Reiz der kleinen, übersichtlichen Form, der melodischen Beredsamkeit, des zwanglos archaisierenden Tones. Es sind keine geistigen Bindungen auszuspüren, rein stimmungsmäßig rollen die Bilder ab. Der liebenswürdige, ansprechende Grundton bleibt auch da noch vernehmbar, wo der musikalische Charakter, wie im Scherzo, in dunkle Gefühlsgebiete überspielt. So haben diese drei Stücke von Anfang an dem Hörer wenig Schwierigkeiten bereitet. Sie wirken aus sich heraus durch ihre musikalischen Reize. Daß diese in allen drei Stücken besonders fein sind, daß Mahlers Miniaturenkunst hier ihren Gipfel erreicht und alle drei Sätze zu Kostbarkeiten selbst unter seinen Mittelsätzen macht, ist als Zeichen dauernder Steigerung des produktiven Vermögens hervorzuheben. Es sind die letzten Stücke solcher Art aus Mahlers Hand. Die Mittelsätze der neunten Sinfonie nehmen diese Typen nicht wieder auf. Auch die der Zehnten führen, soweit die Skizzen einen Rückschluß gestatten, diese Wege nicht weiter. Hier endet die Linie der Mahlerschen Idyll- und fantastischen Spukstücke kleinen Formates.

Bei aller Anerkennung der Eigengeltung dieser Sätze darf man sie nicht als Gebilde für sich betrachten, außerhalb des Rahmens, in den Mahler sie gestellt hat. Dieser Rahmen erst gibt ihnen rechte Belichtung. Er gibt ihnen den ironischen Beiklang der Vergangenheitsromantik, des im höheren Sinne nicht ganz Ernsthaften, ganz Wirklichkeitsfesten, den Mahler ihnen als sinfonischen Mittelgliedern zuweist. Wenn der Hörer sich zunächst an die bequem eingänglichen Mittelsätze hält und an ihnen Mahlers Sonderbegabung für musikalische Kleinkunst preist, so begeht er den nämlichen Fehler, wie der Zuschauer, der die Komödie im Drama als das Wesentliche nimmt. Für Mahler sind die Mittelsätze in erster Linie Kontraste. Als selbsteigene Stücke haben sie für ihn erheblich geringere Bedeutung als die Ecksätze. Sie sind eingeschaltet, um das zwischen diesen beiden fließende Leben zu entbinden. Die tragenden Kräfte wirken in den Ecksätzen. Von ihnen aus führt die Bahn des Sinfonikers weiter voran.

In den Ecksätzen liegen daher auch die stilistischen Probleme. Wie die siebente Sinfonie jenseits aller Tragik steht, wie sie künstliche Verschlingungen der Ideen meidet, aus der Untergangsstimmung der Sechsten zurückleitet in die Welt des Lichtes und der Freude, so ist auch ihr musikalischer Stil vereinfacht. Das homophone Grundempfinden Mahlers bricht wieder durch, die Liebe zur weit geschwungenen Melodik mit ihrem starken linearen Bewegungsimpuls, ihrer elementaren Kraft rhythmischen Antriebes. Die kontrapunktische Kunst der Verbindung mehrerer Gedanken, ihrer Umbildung in Vergrößerung, Verkürzung und kanonischer Nachahmung verschmilzt mit der früher geübten Kunst thematischer Durchbildung zu einer neuen, gleichsam melodisch kontrapunktischen Stilistik, oder doch zu den Anfängen einer solchen. Die Kunst des Satzes im hergebrachten Sinne wandelt sich zu einer frei gehandhabten Kunst melodisch thematischer Entfaltung. Die Freude am Handwerk, wie sie namentlich das Finale der Fünften und Strecken des Schlußsatzes der Sechsten beherrscht, tritt wieder zurück. Sie macht einem innerlich stärker drängenden Formwillen Platz, der sich jetzt auf gekräftigtes technisches Ausdrucksvermögen stützen kann. Ein Vergleich der Schlußstücke der Fünften und der Siebenten läßt den Fortschritt erkennen. Beide Finale sind Rondosätze, in beiden ist das Ziel die Monumentalisierung des alten, spielerischen Rondotyps. In der Fünften mußte sich Mahler noch des Fugeneinbaues bedienen. Dieser gab das Grundmaß der Architektur, verlieh dem Rondo Wucht und auftreibende Kraft. Bei der Siebenten bedarf es nicht mehr des Formgerüstes. Hier spinnt sich das Rondo in variationenartiger Steigerung aus dem Grundgedanken heraus. Die Architektur wächst ohne Inanspruchnahme konstruktiver Hilfslinien mühelos und doch stark aus dem Thema hervor. Die Handhabung der Form ist zu spielender Leichtigkeit gediehen, ohne dem Ganzen Gewicht oder Bedeutung zu rauben.

Wille zur Konzentration beherrscht das Werk. Er zeigt die zunehmende Reife. Es vollzieht sich ein ähnlicher Vorgang, wie nach der dritten Sinfonie. Bis zum Abschluß der Dritten Streben nach Ausweitung der Form, nach räumlicher und akustischer Expansion. Dann plötzliches Zusammenziehen, Nachlassen des Bauwillens, des Dranges ins Ungemessene. Dafür Wiedererwachen der Freude am Kleinleben, an der fein geglätteten, zierlichen Form, an der sorgsamen Ausgleichung der Maße, am solistischen Effekt. Bei der Siebenten ist der Vorgang in Einzelheiten ähnlich, doch nicht gleich. Der parodistische Hang zum Archaismus, der die Vierte in entscheidenden Zügen beherrscht, bleibt hier auf die Innensätze beschränkt. Der Wille zur großen Architektur dagegen, der die Instrumental-Sinfonien durchweg charakterisiert, ist auch in der Siebenten für die Gesamtanlage wie für die Außensätze maßgebend. Seine Bändigung gegenüber den ins Maßlose strebenden Formgestaltungen der beiden vorangehenden Werke bedeutet keine Umkehr oder Erschlaffung, sondern stärkere Konzentration der Kraft, Fähigkeit festerer Willenslenkung. So wirken die beiden Außensätze, obwohl namentlich der erste dem Umfang nach hinter den gewohnten Verhältnissen zurückbleibt, keineswegs als Verkleinerungen. Der monumentale Charakter steht von den ersten Klängen an fest. Die Erfindung ist von vornherein auf Hervorbringung kraftvoller Formtypen eingestellt. Es ist dies eine Eigentümlichkeit der Kunst des späteren Mahler. Gerade für diese Eigenheit ist im allgemeinen wenig Empfänglichkeit vorhanden. Man sieht seine Themen zu sehr als Einzelerscheinungen außerhalb des Ganzen, wobei sie meist nicht gewinnen, gelegentlich wohl schwach erscheinen mögen. Man sieht sie nicht im Zusammenhang, als Teile der Gesamtform, als Keime mächtiger Gebilde. Diese werden nicht erst künstlich um sie herum konstruiert. Die Themen tragen vielmehr die Sätze vom ersten Erklingen ab in sich und gestalten sie nun aus drängendem Zwang der Entfaltung. In dieser produktiven Aktionskraft, in dieser formalen Trächtigkeit von Mahlers Themen liegt vielleicht die Erklärung für ihren oft überraschend primitiven Zuschnitt, für eine gewisse Kargheit des Reizes. Hier zeigt sich die innere Bedingtheit des sinfonischen Gedankens. Im Gegensatz zum Lied ist er kein Singular-, sondern ein Komplementärgedanke. Mahlers gesamte Entwicklung bis hinauf zur neunten Sinfonie steht unter dem Druck der Aufgabe, die Fähigkeit der Gestaltung des Themas aus der Idee des Satzganzen zu gewinnen. Das Quartenmotiv als Grundsymbol in der ersten Sinfonie war ein zaghafter Versuch. In den Wunderhorn-Sinfonien spielten poetische Beziehungen in die thematische Gestaltung hinein, das Wort gab Erklärungen und Zusammenhänge, die den freien Ausbau der Themenkomplexe beeinflußten. Erst in den Instrumental-Sinfonien fand Mahler die Entfaltungsmöglichkeit, deren seine bauende Fantasie bedurfte. Es ist müßig zu fragen, ob diese Art der thematischen Gestaltung aus dem Gesamtbilde Not oder Tugend war. Sie war Notwendigkeit, gegeben nicht nur durch die Persönlichkeit Mahlers, sondern durch das Wesen der neuen Sinfonik. Den nämlichen Weg, den Mahler ging, hatte vor ihm Bruckner beschritten. Fast könnte man sagen, daß Bruckner an der Fülle seiner musikalischen Naturbegabung gescheitert war. Es kam vor, daß er sich von der Freude an der thematischen Einzelerscheinung hinreißen ließ und diese aus überströmender Schöpferkraft mehr als Ding für sich behandelte, als ihr Verhältnis zum sinfonischen Ganzen zuließ. Themen wie etwa das unersättlich aufsteigende von Bruckners siebenter Sinfonie, mußten auf den darauffolgenden Satz erdrückend wirken. Wenn Mahler gezwungen war, ökonomischer zu wirtschaften, so kann dies im Ernst nicht als Vorwurf gegen seine Begabung ausgesprochen werden. Hier deckt sich der innere Wille des Künstlers mit seinen Notwendigkeiten, und aus solcher Übereinstimmung erwächst die in sich vollkommene Form.

Der erste Satz beginnt mit einer Einleitung. Knapper gebaut als die Einleitungen der ersten, dritten und des Finale der sechsten Sinfonie, trägt sie doch den Grundriß des ganzen Satzes in sich. „Langsam. (Adagio)" erklingt in dunklen Lagen der Streicher und Holzbläser der feierliche Rhythmus: Er wird acht Takte hindurch pianissimo festgehalten. In jeder zweiten Takthälfte tiefe, gehaltene Harmonien der Posaunen und Tuba, Wirbel der großen Trommel. Dem optischen Eindruck nach könnte man an einen Trauermarsch

denken, die Harmonie aber weckt andere Vorstellungen. Es ist ein seltsam
schwebender, mystischer Klang: h-moll mit zugefügter großer Sexte Gis, schul-
mäßig gesprochen der kleine Septimenakkord auf Gis in erster Umkehrung als
Quintsextakkord. Tastendes, dumpfes Drängen, das durch den gleichmäßigen
Rhythmus etwas geheimnisschweres erhält. Diese Stimmung wird noch gesteigert
durch Hebung der Harmonie vom Grundton H nach Cis im dritten Takt. Erst
bei der Wendung nach h-moll im fünften Takt treten feste tonartliche Umrisse
hervor. Die Grundharmonie bleibt zwar auch jetzt noch unausgesprochen. Die
ganze Einleitung wirkt als harmonische Spannung zur Allegro-Entladung in
die dort endlich klar erscheinende Haupttonart. In diese Nebel der Harmonie
hinein tönt rufartig ein Bläserthema besonderer Art, wie Mahler es bisher noch
nie erfunden hat. Es hat nicht den scharfen Fanfarenschnitt wie das Anfangsthema der dritten Sinfonie. Durch den Septimenakkord, in dessen Intervallen
es ab- und aufsteigt, erhält es etwas Unbestimmtes, Suchendes, einen Sehn-
suchtsausdruck, aber ohne Beimischung von Klage und Sentimentalität. „Hier
röhrt die Natur" soll Mahler nach einer Mitteilung Spechts gesagt haben. Diese
Umschreibung trifft den Charakter des Themas in seiner Mischung von Verlangen und Größe. Das sonst im sinfonischen Orchester nicht übliche Tenorhorn
wird hier solistisch verwendet. Die Posaune mag zu massiv und schwerfällig,
das Horn nicht genügend kraftvoll geklungen haben. „Großer Ton" ist vorgeschrieben. Die Struktur zeigt eine Keimkraft und Pracht der linearen Bewegung, daß man fast von einem neuen melodischen Stil sprechen könnte. Über
sechzehn Adagiotakte spannt sich der Bogen der Melodie. Wie sie in ihrer Ausbreitung immer neue harmonische und ornamentale Reize entfaltet, so löst sie auch
von Periode zu Periode neue Klanggruppen des Orchesters. Vom Tenorhorn
übernehmen Oboen und Klarinetten den Ruf, ihnen schließt sich die Trompete, dieser Flöten und Klarinetten an, bis das Tenorhorn wieder die Führung zum H-dur-Durchbruch erhält. Es ist wie eine Entfesselung tätiger
Kräfte aus dämmerndem Traum zu klarem Bewußtwerden. Das Thema, an
dessen Weiterführung auch die Nebenstimmen der Bässe und Violinen beteiligt sind, hat zwei aufsteigende Linien. Die erste führt vom Tenorhornsolo bis zum Abschluß der Holzbläser und bewegt sich in einfachem Anstieg:

Erstaunlich diese Hebung in einer Linie, ohne Atemschöpfen, ohne Einschalt-
wendungen. Die Kraft quillt lediglich aus dem akkordisch gebrochenen Septimenmotiv der ersten drei Töne, und damit eigentlich aus der Anfangs-
harmonie. Mit dem Fis-dur-Halbschluß des sechsten Taktes ist die Höchststeigerung erreicht. Die Kraft hat sich gesammelt, drängt zur Entladung. Das
ursprünglich gebundene Septimenmotiv wird als scharfkantiger Trompetenruf   Nach dieser
motivisch   antreiben-
weiterge-   den Ein-
führt: schaltepi-

sode fortissimo das abschließende Tenorhornsolo. Es beginnt im festen h-
moll und mündet, gesteigert durch chromatische andrängende Bässe, in glorios
aufstrahlendes H-dur:

Dieses Thema, eigentümlich sowohl im Bau wie in der Wendung zu gesangvoller Melodik, hat der Art seines Entstehens und Vergehens nach etwas Offen-
barendes. Es wirkt durch sein Dasein, und dieses erschöpft sich zunächst mit
einmaligem Erklingen. Daß es nicht nur für den Einleitungsbeginn gedacht ist,
sondern zum Werden des folgenden Satzes in Beziehungen steht, bedarf bei
einer so organisch und zugleich ökonomisch gestaltenden Natur wie Mahler kaum
der Bestätigung. Aber diese Beziehungen sind anderer Art, als die des Einleitungsthemas im gewohnten Sinne zum Hauptsatz. Sie wirken nicht auf das Anfangsthema des Allegro, sondern kommen erst im Verlaufe der Satzentwicklung zum
Durchbruch. Innerhalb der Einleitung genügt einmaliges Erklingen. Wie die
Erscheinung leise aufglühend aus dem Dunkel hervortritt, so erlischt sie fast
unmittelbar mit dem letzten Melodieton. Der punktierte Begleitrhythmus tönt
noch zwei Takte hindurch in tiefen Klängen nach, der Anfangsruf der Melodie
hallt, kurz abgerissen, fortissimo, aus dem Tenorhorn nach. „Etwas weniger langsam, aber immer sehr gemessen" in kurz abbrechenden Rhythmen und ausgesparten
Intervallschritten ein leises Marschmotiv der Bläser, „pianissimo, aber marcato".
Es wurzelt im neunten Takt des Anfangsthemas, der jetzt selbständig weiter-
schreitet. Violinen gesellen sich pizzikato hinzu, um dann, plötzlich ausbrechend,
mit stürmischem Aufschwung den Marsch ins kraftvoll Pathetische zu wenden:

Wieder verliert sich die harmonische Sicherheit. Die Marschakkorde weichen jeder
Festlegung auf eine Grundtonart aus. Erst die Kadenz der Streicher lenkt überraschend nach es-moll. Der Anfangsrhythmus klingt gehämmert im Fortissimo
der Trompeten, Hörner, Pauken und Streichbässe, Holzbläser trillern auf dem
orgelpunktartig gehaltenen Es. Es ist wie ein elementares Wecken. In den
Posaunen reckt sich „stark hervortretend" das Thema auf, dem dieser Ruf,
der Ruf der Einleitung
überhaupt, gilt, und
das die handelnde Kraft
dieses Satzes darstellt:

Das leidenschaftlich aufbegehrende es-moll sinkt nach wenigen Takten wieder in das
mystische h-moll zurück. Über den leise zuckenden Rhythmen „Tempo primo Adagio
subito, aber fließender als zu Anfang" das neue Thema im Fortissimo des Tenorhorns:

Nun ist die Bewegung im Steigen. Rhythmisch antreibend führt die Trompete weiter, Begleitrhythmus und neues Thema bleiben verbunden. Streicher im Unisono, gestützt auf Hörnerrhythmen, beginnen „unmerklich drängend" das langsame Zeitmaß, die Adagiohülle, abzustreifen:

Hörner, dann Posaunen nehmen den Themabeginn rufartig auf. Im schnell erreichten Piu mosso steigern sich die Rufe, durch Verschiebung der Taktbetonung wechselnd und vorwärts treibend. Das rhythmische

Motiv verkürzt sich, löst sich in akkordisch auffliegende Bewegung:

Ohne äußerlich dynamische Mittel, nur durch rhythmische Beschleunigung ist plötzlich das „Allegro con fuoco" e-moll gewonnen. In Hörnern und Violoncelli klingt das Thema auf. Mit seinem kurzen, kraftvollen Kopfmotiv, den vielen Atempausen, dem zerrissenen und doch einförmigen Rhythmus, der nur auf Schärfe und Bewegung gestellten, an sich reizlosen Melodik, der suchenden Harmonik spiegelt es einen hart zufassenden, leidenschaftlich unsteten Willen:

Eigentlich ein Doppelthema. Der Anfangsrhythmus begleitet als Gegenstimme mit hartnäckig festgehaltener e-moll-Harmonie, teils in festen Violinakkorden, teils in heftig aufflatterndem Legato der Oboen und Klarinetten:

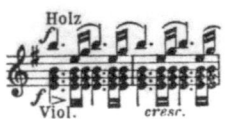

Die eigensinnige Härte des Zusammenklanges dieses den Biegungen des Themas gegenüber unbekümmerten, in gewollter Monotonie sich austobenden Begleitrhythmus gibt zusammen mit dem auf schroffe Akzente gestellten Hornthema den Eindruck rücksichtslos vorstürmender Kraft. Bezeichnend sind die harten Querstände C — Cis zwischen Bässen und Oberstimmen bei der Fortsetzung des Themas, oder der fast bloßliegende Zusammenklang F — Fis der Bässe und Oberstimmen im zweiten Takt:

Zusammenklänge dissonierender Intervalle hat Mahler schon früher verwendet, dann aber meist zu koloristischen Zwecken und in solcher Mischung, daß die lineare Reibung nicht hervortrat. Hier dagegen ist die Brüskierung der Klangempfindung offenbarer Zweck. Die Rücksichtslosigkeit gegenüber dem Zusammenklang wird auf das Äußerste getrieben. Es zeigen sich Eigenheiten eines Spätstiles, die namentlich in der neunten Sinfonie schroff hervortreten.

Das Thema bleibt anfangs in der Mollsphäre. Von e- wendet es sich nach

h-moll, dann, betonte und unbetonte Taktteile auswechselnd und so den rhythmischen Ausdruck steigernd, nach e-moll zurück. Eine kühne Trompetenwendung
lenkt nach D-dur
um. Die Bässe be-In der Fort-
stätigen die neue   setzung des
Tonart durch An-   Baßthemas
fügung des Themas: kommt ein
                                                                        bekannter
Anklang zum Vorschein: der Beginn des Einleitungsthemas mit seinem
markant zäsierten Rhythmus und dem abwärts gerichteten Septimensprung.
Aus dieser Ideenverbindung formt sich eine neue, enthusiastisch empor-
schnellende Melodie. Sie ist Ergänzung und Gegenstück zum ersten Allegro-
thema. Ihm verwandt in der Art der Struktur, der ausrufartigen Durchführung
eines kurz formulierten, rhythmischen Grundmotives, ist sie ihm entgegengesetzt
durch Betonung der melodischen Gesanglinie und durch den Dur-Charakter:

Auch die Tonart, das warme, fast üppige H-dur, steht als Kontrast gegen das
klangarme, einfarbige e-moll. Ein Nachsatz, von ersten Violinen und Violoncelli duettierend geführt, leitet „zart aber ausdrucksvoll" in kantabile
Gebiete hinüber und klingt wieder in das aufzuckende Dur-Thema aus:

Mit verstärkter Energie setzt das Moll-Thema ein. Hörner mit Stützstimmen
intonieren es fortissimo, Violinen hämmern das Gegenmotiv. Das hart Schreitende, machtvoll Ausholende im Ausdruck ist noch gesteigert, der abwärts gerichtete Quartenschritt weitet sich zur Oktave, die charakteristische Akkord-
brechung des Anfanges
wird selbständig weiter ge-
führt und mündet in den
Beginn des Dur-Motives:
Dieses klingt nun leise ab. Die Spannung des letzten Ausbruches
läßt nach, die hämmernden Rhythmen erweichen, e-moll klingt in die
Dominante H-dur über, die gestoßenen Motive wandeln sich in weit
ausgesponnene Bindungen. Im
melodischen Bogen einer zar-
ten H-dur-Phrase sinken
die Violinen herab zu erwar-
tungsvollem Halbschluß:
„Mit großem Schwung", aber espressivo und pianissimo setzt das Gesangthema
der Violinen ein. Eine homophon gehaltene Melodie von beinah überschweng-

lich schwärmerischem Ausdruck. Die in chromatischen Terzen geführte
Gegenstimme der Hörner verstärkt den leicht sentimentalen Charakter, die sinnlich warme Oktav-Verdoppelung der zweiten Violinen, das Fehlen harmonischer
Zwischenstimmen, die Arpeggienbegleitung der Violoncelli hebt die fast liedmäßige Einfachheit hervor. Die Tonart wechselt von H-dur in das helle C-dur:

Auffallend ist die häufige Einfügung kurzer, schmachtender Dehnungen,
von Mahler durch Fermaten angedeutet. Eine Partiturbemerkung sagt dazu
„⌒ bedeuten keinen Halt, sondern nur eine unbedeutende Dehnung, ebenso ist
‚drängend‘ nur eine Direktive zur Phrasierung und sehr diskret auszuführen“.
Die Anmerkung ist wichtig für die Ausführung Mahlerscher Vortragbezeichnungen
überhaupt. Der geniale Praktiker Mahler beging den Fehler, seine Partituren bis
in die letzten Einzelheiten gemäß seiner eigenen Ausführungsart zu bezeichnen.
Er bedachte nicht, daß solche Genauigkeit mehr Gefahren als Vorteile bringt. Sie
verleitet den Nachschaffenden zur Überdeutlichkeit und läßt die Eigenmächtig-
keiten außer acht, die durch Hinzutreten einer fremden Individualität bewußt
oder unbewußt in die Ausdeutung des Schöpferwillens hineingetragen werden.
Ergebnis ist, daß Mahlers durchweg nur andeutend gemeinte Bezeichnungen,
Tempovorschriften, Vortragsangaben, auch dynamische Vorschriften meist in
zu strengem und absichtvollem Wortsinne aufgefaßt und dadurch in der Ausführung häufig bis zu karikierender Wirkung vergröbert werden, während er selbst,
wie auch die Bemerkung in der Partitur der Siebenten beweist, nur „Direktiven“
geben wollte und „diskrete“ Ausführung solcher Fingerzeige wünschte.

In diesem Gesangthema ist die Dehnung nicht nur ausnahmsweis angewen-
dete Steigerung. Sie wird zum eigentlich ausdruckgebenden Faktor,
bestimmt die dynamische und konturelle Führung und gipfelt in zwei
übermäßigen Quintext- Mit der Wendung nach G-dur
akkorden und ihrem fast ist der einstweilige Abschluß
die Grenze der affektuö- erreicht. Eine Durchführung
sen Übertreibung strei- dieser Melodie folgt nicht,
fenden Violinvorhalten: ƒ der schwärmerisch gefühlsselige
Schwung wandelt sich in rüstig strebendes Allegro. „Flott“ ertönt die Marschmelodie der Einleitung, von Wie vorher
einander überhastenden Bläser- wechselt das
stimmen energisch zusammenge- Motiv
drängt und motivisch verhäkelt: sequenzartig

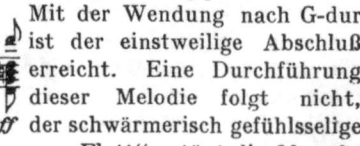

mit der Harmonie und stürzt zuletzt mit dem Eintritt des Tempo primo zurück in
die Grundharmonie des Allegrosatzes, e-moll.

Dies ist der Vordersatz. Die Struktur zeigt formale Regelmäßigkeit von fast
schulmäßiger Fassung. Einleitung, erstes und zweites Thema sind mit peinlicher
Genauigkeit aneinandergereiht, so daß man meinen könnte, ein Einschwenken des

älter werdenden Mahler zum Akademikertum zu finden. Bei eingehender Betrachtung zeigen sich freilich so auffallende, individuelle Züge, daß die äußerliche Korrektheit nur noch als zufällige Nebenerscheinung wirkt. Schon das Tonartenverhältnis ist eigentümlich. Hauptonart des Allegro ist e-moll, die Einleitung beginnt mit dem Quintsextakkord auf H, wendet sich vorübergehend nach H-dur, um dann in modulatorischem Wechsel nach e-moll zu zielen. Das Allegrothema schließt zwei verschiedene Charaktere zusammen: das e-moll-Thema „con fuoco" mit seiner harten rhythmischen Bewegung, und das der Einleitung nachgebildete, feurig impulsive H-dur-Thema. Diese Gegensätzlichkeit ist bedeutungsvoll für den Verlauf. Sie trägt scharf ausgesprochenen Dualismus in das erste Thema hinein und legt damit in dieses den Keim für spätere Auseinandersetzungen. Das eigentliche Gesangthema wirkt demgegenüber als begütigender Ausgleich. Es ist in der Tonart der Unterterz, in C-dur, gehalten, entbehrt des motivischen Entwicklungsstoffes und wirkt hauptsächlich als Kontrast. Um so wichtiger sind die thematischen Elemente der Einleitung. Sie erscheint hier wieder in neuer Art als ahnende Grundkonzeption des Ganzen. Der äußere Umfang ist geringer als in früheren Werken, beträgt knapp 50 Takte. Trotzdem enthält die Einleitung mit der wahrhaft großartigen Ausbreitung des ersten Tenorhornsolo, der Intonation des Marschmotives, der allmählich auf das Allegro hintreibenden Herauslösung des ersten Themas nicht nur das gedankliche Material des folgenden Satzes. Sie greift darüber hinaus, gibt eigentlich die Vision des Ganzen seinem stimmungmäßigen Ergebnis nach. Das Traumhafte, das in der Vorerscheinung der Einleitung liegt, und das Mahler namentlich in der ersten Sinfonie zu fassen versuchte, wird hier mit unvergleichlicher Sicherheit zum Ereignis, ohne dem nachfolgenden Satze seine Eigenbedeutung zu rauben. Wohl aber ist der Verlauf dieses Satzes erst aus der Vorwegnahme der Einleitung zu erfassen. Die knappe, fast sachlich trockene Aufstellung der Themen im Vorderteile des Allegro gibt nur die Exposition, gleichsam die Umsetzung der fantastischen Einleitungswelt in thematisch greifbare Erscheinungen. Ihr Ineinanderwirken zum innerlich begründeten Wiederaufbau jener Fantasiewelt, gewissermaßen zu ihrer Realisierung, bringt die Durchführung.

Sie ist ebenfalls knapp gefaßt, auf nicht ganz 200 Takte zusammengedrängt. Auch der Bau in sich ist leicht überblickbar. Die zweiteilige Anlage gruppiert sich so, daß jeder Teil ungefähr die Hälfte des Ganzen umfaßt. Dem Charakter nach sind beide scharf geschieden. Der erste Teil, durchweg in lebhaftem Zeitmaß, bringt Durchführung der thematischen Charaktere im Sinne der älteren Gewohnheit. Der zweite Teil, mit Verlangsamung des Tempo einsetzend und sie zum „Feierlich" verbreiternd, führt über die erhabene H-dur-Intonation des Gesangthemas vorbereitend zum Höhepunkt des Satzes: der Wiederkehr der Einleitung und damit dem Beginn der Wiederholung im „Grandioso" E-dur.

Dementsprechend ist die zweite Hälfte der Durchführung bedeutungsvoll durch ihre gedanklichen Züge, die erste durch Kraft der thematischen Entwicklung. Sie beginnt mit kontrapunktisch kunstvoll verschlungener Wiederaufnahme des Allegro-Themas. Es setzt ein im Auftakt der Hörner und Trompeten, einen halben Takt später in Gegenbewegung der Violinen und Oboen und zugleich, doppelt vergrößert, in den Posaunen:

Die impetuose Wucht dieses Beginnes beherrscht den nachfolgenden Abschnitt, bleibt maßgebend auch für Charakter und Vortrag beim Hinzutreten der zweiten, aufjauchzenden Thema-hälfte. Sie, die der Einleitung entstammt, erfährt jetzt eine Rück-verwandlung. In freier Umformung erscheint das Einleitungsthema in den Violinen, die gesangvolle Linie in heftig gestoßene Bewegung gelöst:

Trompeten fügen ein fanfarenartig aufstrebendes Motiv an:

Es ist die Umkehrung des Einleitungs-anfanges, dem gleichfalls die zweite Hälfte des ersten Themas entstammt. Diese erste Durchführungsgruppe greift auch in ihrem Ausklang mit den leise nach-zuckenden Rhythmen und dem Tenorhornruf auf die Einleitung zurück. Dort war dem verklingenden Tenorhorn der langsame Marsch gefolgt. Statt seiner setzt jetzt „Moderato" zartes h-moll ein. In Flöten und Bratschen eine dem Gesangthema nachgebil-dete, aufsteigende Melodie, darunter der leise durchklingende Anfangsruf:

Zart crescendierend, von dem neuen Fanfarenmotiv durchklungen, drängt die me-lodische Phrase im chromatischem Anstieg espressivo empor. „Wieder Tempo primo Allegro" setzt mit verstärkter Kraft das Hauptthema ein. Steigernd erklingt das Marschmotiv in langgezogener Dehnung: Die Durhälfte des ersten Themas scheint sich anzukündigen. An ihrer Stelle aber folgt das Fanfarenmotiv, rhythmisch verkürzt, zur thematischen Periode ausgeweitet:

Motive des Gesangthemas klingen beschwingend hinein, der Ausdruck steigert sich zu heftiger Dringlichkeit. Der Marsch ertönt in kraftvollen Akkordschritten des Blechchores, Motive des ersten, des Gesang- und des Fanfarenthemas binden sich zu einer Linie:

 Aus den Trompeten tönt der Anfangsruf, von Posaunen auf
genommen, mit dem Marschmotiv kombiniert:

Mit dem schrill klingenden übermäßigen Dreiklang auf B stockt die Steigerung plötzlich. Die Themen haben sich ineinander verfangen, die Entwicklung hat sich heiß gelaufen. Ein Höhepunkt ist erreicht, von dem aus kein Weg weiter führt, die Linie bricht ab. Nur zartes Tremolo B der hohen Violinen schwirrt weiter. Die erste Trompete schlägt ein leises B in signalartigem Rhythmus an, aus der dritten Trompete ertönt „etwas hervortretend" das Lockmotiv:  Der erste Durchführungsabschnitt ist zu Ende. Er hat Energiesteigerung gebracht, aber kein Ergebnis. Stimmungsumschwung. „Meno mosso" mysteriöses „Feierlich". Eine choralartige Weise in dunklen Farben: vierfach geteilte Bratschen und Violoncelli, gestützt auf Fagotte und Klarinetten, darüber nur das hohe Tremolo B der ersten Violine. Geheimnisvoll erklingt die Weise, unterbrochen von leisen Trompetenfanfaren und dem vogelrufartigen Lockmotiv in der Flöte. Auch der Einleitungsruf in Umkehrung tönt wie ein Gruß aus der eben verlassenen Tageswelt in die Dämmerung hinein:

Es ist das Marschthema der Einleitung, das durch diese „feierliche" Umwandlung beschwichtigend auf die Durchführungsmotive wirkt. Es ergänzt sich zunächst zur dreiteiligen Choralzeile: 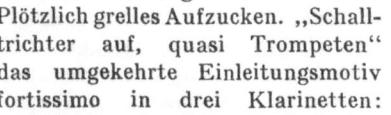 Leise, wie sie gekommen ist, löst sich dann die ernste Erscheinung wieder auf. „Subito Allegro", doch „ziemlich ruhig" klingt das Allegro-Thema jetzt in verändertem Charakter, von allem Stürmischen, Harten befreit, weich, fast elegisch im Englisch Horn, von einer zarten Gegenstimme der ersten Violine ergänzt. Ein feines solistisches Spiel der Stimmen hebt an. Der idyllische G-dur-Klang wird festgehalten, erste Violinen, weiterhin Flöte und Oboe treten hinzu. Kammermusikhaft spinnt sich die Episode aus, das Marschmotiv, nochmals verändert, gibt den Grundklang: 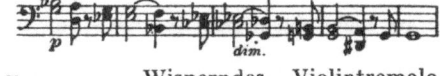 Plötzlich grelles Aufzucken. „Schalltrichter auf, quasi Trompeten" das umgekehrte Einleitungsmotiv fortissimo in drei Klarinetten: Wisperndes Violintremolo, leise Fanfaren. Wieder der kreischende Trompetenruf der Klarinetten. Jetzt „sehr gehalten" nochmals das „feierlich" der orgelartig klingenden Streicher und Bläser. Hörner nehmen den Choral in A-dur auf, „sehr weich geblasene" Posaunen leiten

mit einer zu fast überirdischer Verklärtheit sich steigernden Wendung nach H-dur.
„Verklingend" tönt das nun überwundene, seines aufreizenden Charakters entkleidete Rufmotiv der Trompete in die Choralzeilen hinein, die, „sehr feierlich"
und „noch mehr zurückhaltend" in ein aufblühendes H-dur des Gesangthemas
münden. „Sehr breit" wird es von geteilten Violinen in mächtig ansteigendem
Oktavenschwung intoniert, getragen von wogenden Arpeggien der tiefen Streicher.
In den Hörnern erklingt dazu das  Darunter gelagert
erste Thema, gleichfalls nach Dur in Posaunen das
übersetzt, die stürmische Bewe- Marschmotiv,
gung in weiches Pathos verwandelt: gleichfalls ins erhaben Religiöse umgedeutet, während in den Trompeten in dreifachem Piano
der Fanfarenruf klingt. Wie aus Ergriffenheit angesichts eines sich endlich
erschließenden Naturwunders quellend, hebt sich der Ausdruck. Unablässig
drängend, doch nirgends die Grenze der Leidenschaftlichkeit streifend, strebt
er einer gewaltigen H-dur-Kadenz zu. Sie ist unmittelbare Vordeutung auf
die achte Sinfonie, auf das „superna gratia" und „omne pessimum" des ersten,
das „noch blendet ihn der neue Tag" des zweiten Teiles. In mächtigen Atemzügen,
Kräfte ansaugend bis zur äußersten Gefühlsspannung, mündet die Kadenz hymnenartig in das Adagio der Einleitung.

Die Durchführung ist zu Ende, aber nicht sie hat die Höchststeigerung gebracht. Diese ist mit einer selbst bei Mahler bisher nicht erreichten Kunst der
Wiederholung zugewiesen. Das Rätsel der Einleitung löst sich, die Schleier
jener mystischen Introduktion fallen. Wieder klingen die dumpf spannenden
Rhythmen und Quintsextharmonien, wieder tönt, jetzt zuerst aus dem Violoncell,
der seltsame Anfangsruf. Nun  Sie weist zu-
aber die Antwort in H-dur, in rück auf das
Posaunen aufsteigend mit „gro- stimmungver-
ßem Ton, aber weich geblasen": wandte, in
Rhythmus und linearer Führung fast gleichlautende zweite Thema aus dem
Finale der Sechsten. Das Tenorhorn setzt ein,
ebenfalls „mit großem Ton", vorerst noch
die Spannung steigernd, vom vollen Orchester
in intensivster Fülle des Tones getragen:
Pathetische Posaunenrufe aus der Tiefe, die Kadenz über dem Dominantseptakkord auf Fis weitet sich wie ins Unendliche, fließt über in nochmaliges
H-dur des Gesangthemas. Das Tempo wird fließender, „leidenschaftlich",
aus dem Streichorchester rauscht mächtiges akkordisches Tremolo auf, Fanfaren
ertönen, das erste e-moll-Allegro mit verbreitertem Hauptthema setzt ein. Aber
es ist nicht das Gesuchte, wird nur letzte Stufe der großen Steigerung. Mit
überwältigender Pracht strahlt das „Grandioso" auf: das Allegro-Thema, im
E-dur des vollen Orchesters, mit rhythmisch doppelt vergrößertem Anfang.
Ein Elementares, das aus triebhaftem Drängen zur Enthüllung gelangt. Die
Dur-Sphäre ist erreicht. Nun braust wieder das Leben empor, das vorher das
Allegro erfüllte. Es folgt die aufjauchzende zweite Themahälfte in H-dur,
dann das Gesangthema. Nach G-dur übertragen, erscheint es ohne die sentimen-
talen Fermaten in der Melodie, mehr kraftbewußt, getragen vom Gefühl des

großen Erlebnisses, weiter treibend. Mit rauschend ausschwärmenden Violinläufen lenkt es nach E-dur, der Tonart der Erfüllung. „Frisch" das jetzt unaufhaltsam anfeuernde Marschmotiv. Die Wiederholung nähert sich dem
Ablauf, der letzten, äußersten Steigerung. Die Taktart wechselt vom zweiteiligen Allabreve zum Dreihalbetakt. „Stark hervortretend" das Thema in
Trompeten und Posaunen, rhythmisch erweitert, gebieterische Züge annehmend:

Üppige Figurationen der Holzbläser umspielen es, Streicher begleiten in festlichen
Akkorden, führen dann selbst die Linie
weiter, geben ihr breiten Ausschwung,
bis aus allen Chören des vollen Orchesters der Themaruf erklingt wie ein riesenhaftes, niederzwingendes Gebot. Dann Stretta: Tempo primo, Allegro. Das
Allabreve kehrt wieder, das Thema rauscht auf in seiner ursprünglichen Gestalt in
Streichern und Holzbläsern. Hörner „schmettern", Trompeten blasen die Fanfare.
Sieghaft steigen die letzten metallischen Bläserakkorde in breiter Pracht zum
E-dur empor. Der jubelnde Anfangsruf gibt den Schlußklang.

Dieser Satz ist ein Naturereignis. Er ist es der Idee nach, die man nur andeuten kann, will man sie nicht vergröbern. Er ist es ebenso der Logik seines formalen Aufbaues, der Kunst thematischer Konzeption und Verflechtung nach.
Einfachstes und Kompliziertestes einend, zeigt sie eine Kraft der Gestaltung,
wie sie nur eine auf der Höhe des Schaffens stehende künstlerische Vollnatur
aufzubringen vermochte. Hier ist eine Fülle, die ständig überzuströmen scheint,
und doch, im Gegensatz zu manchen anderen Momenten in Mahlers Produktion,
nichts Gewaltsames, Aufgepeitschtes hat. Das Ganze ist elementar empfunden,
in einem Zuge entworfen, von überwältigender Einheitlichkeit. Daß diese Einheitlichkeit weiter wirkt, bis hinüber in das Finale, wird sich noch zeigen. Hier
schließt zunächst die erste Abteilung der Sinfonie, das erste Tagesstück, das Offenbarwerden des Lichtes. Es folgen die drei Nachtstücke.

Bezeichnend für die Gegensätzlichkeit der Außen- und Innensätze ist, abgesehen
von den formalen Unterschieden, die Wahl der Tonarten. Der erste Satz
ist ein E-dur-Stück, beginnend in der Dominanttonart, die erste Allegro-Hälfte
in e-moll gehalten, dann zur Lösung nach E-dur gelangend. Das Finale ist ein
C-dur-Stück, ohne die hinreißende Wärme des ersten Satzes, aber festlich kraftvolle Stimmung gebend. Dies sind die Tagesstücke, die Rahmensätze. Die drei
Nachtmusiken stehen sämtlich in B-Tonarten. Die erste ein c-moll-Satz, mit
C-dur Zwischenklängen, zwielichthaft wechselnd. Die zweite, in schattenhaftes
Dunkel getaucht, ein Scherzo in d-moll. Die dritte ein F-dur-Idyll, serenadenhaft in Anlage und Stimmung. Gemeinsam ist allen dreien die romantische Farbe,
gemeinsam dementsprechend der Vergangenheitsklang, für den Komponisten ein
Zurückgreifen auf frühere Ausdrucksgebiete. In der ersten Nachtmusik lebt noch
einmal, zum letztenmal, der Typus des Mahlerschen Marschliedes auf, wie er die
Wunderhornzeit beherrscht hat. Das Stück erscheint wie aus dem früheren
Schaffensjahrzehnt herübergeholt. In Ton und Anlage zeigt es Anklänge an Mahlers großartigste Schöpfung auf dem Gebiete des Marschliedes, an die „Revelge",

nur ohne den dämonischen Beiklang. Doch spürt man trotz Ähnlichkeit der Melodiebildung, der Formgebung, des Kolorits die inzwischen gewonnene Freiheit
der gestaltenden Fantasie. Insofern ist Mahler in diesem Stück wie in der zweiten
Nachtmusik bewußter Artist. Das Erlebnis liegt weit hinter ihm, er spielt mit
Form und Ausdruck. Aus diesem Spiel aber spricht gleichwohl tief innerliches
Bekenntnis sehnsuchtsvollen Menschentumes, das unter der archaischen Maske
traumverloren hervorschaut.

Ein Naturstück von zauberhafter Stimmungsfantastik ist dem liedartigen
Hauptsatz als Einleitung vorangestellt. Zwei Hörner beginnen dialogartig,
ein laut in Dur „rufendes" und ein gedämpft in Moll „antwortendes":

Die letzte Antwort bleibt aus. Die Klarinette nimmt das Rufmotiv auf, führt es schal-
meiartig weiter, die Oboe gesellt sich mit leiser Gegenstimme hinzu. In dieses Duo
der beiden Hirtenstimmen hinein tönt wie aus der Ferne der Anfangsruf in Moll:

Es ist wie ein Weckruf, der die stumme Natur zum Leben bringt. Ein
seltsames Klangleben entfaltet sich: leise Flöten- und Fagott-Triller, akkordisch
wiegende und vogelrufartig gestoßene Naturmotive der Klarinetten und
Oboen, harfenartig gerissene Pizzikato-Harmonien der Streicher, glockenhaft
klingende Hörnerakkorde. Darunter aus dunkler Tiefe ausdrucksvoll sich nach
oben ringend jener Ruf in der Tuba. Plötzlich blitzartig aufflammendes C-dur
des vollen Orchesters, dann nach kurzem Halt ebenso plötzlich chromatischer
Absturz, raschelndes Verschwinden in Baßregionen. Darüber „Tempo subito,
Andante molto moderato" kraftvoll einsetzend eine volkstümliche Marschweise
der Hörner. Sie beginnt ähnlich dem Weckruf. „Sehr gemessen" naht der nächtliche Zug, rhythmisch streng geschlossen, mit einfach singender Melodie. Eigentümlich ist hier das Schwanken zwischen Dur und Moll, der Wechsel von großer
und kleiner Terz in der Oberstimme wie in der Begleitharmonie. Hörner geben
die romantische Waldstimmung, eine imitatorisch einsetzende Violoncell-Linie
hebt die dissonierende Ausweichung nach b-moll hervor. „Col legno" geschlagen
klappern gespenstische Begleitrhythmen der zweiten Violinen. So zieht die Melodie leise herauf, schwankend zwischen Traum und Wirklichkeit, halb Dur-
halb Moll, halb freundliches Idyll, halb unheimlicher Spuk:

Violinen übernehmen den Nachsatz. Auch er bleibt im Halbdunkel der Dur-Moll-Stimmung:

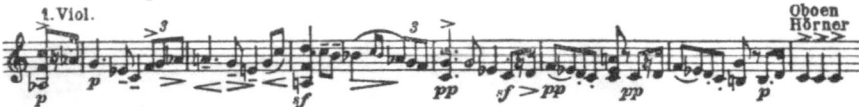

Nun sinkt die Stimmung ganz nach Moll herab. Leise klopft der Begleitrhythmus in den Hörnern:

Bässe und Kontrafagott tappen allein, pianissimo, hervor:

Der Zwischensatz wiederholt sich. Hörner und Violin-Pizzikati geben harmonische Füllung, die in ihrer knapp andeutenden Art an den Orchesterklang der Revelge erinnert. Von neuem setzt das Marschlied ein, diesmal dem vollen Streichorchester zugeteilt, von Klängen gestopfter Hörner durchklungen und vom einleitenden Triolenmotiv der Holzbläser umspielt. Es ist fast der Effekt einer geisterhaften Scharwache, die, aus der Tiefe aufgerufen, mit klingendem Spiel vorüberzieht, dann wieder im Dunkel verschwindet. Eine trioartige As-dur-Melodie erklingt, zart singend von Violoncelli vorgetragen, auf einfache Baßpizzikati gestützt:

Violinen nehmen die Melodie schwungvoll auf, scherzandoartig geben Holzbläser in altväterischer Grazie den Abschluß:

Auch dieses Lied wiederholt sich in gesangvoller Oktavüberhöhung der Violinen, Holzbläser fügen eine leicht trällernde Gegenstimme hinzu. Dann klingen Holzbläser und Hörner allein weiter, die Motive in tändelndem Spiel melodisch erweiternd und variierend. Befreiende, fast heitere Stimmung breitet sich aus, ohne daß der traumhafte Grundcharakter zerstört würde. Plötzliches Abbrechen, die Stimmen verlieren sich in leisem as-moll. Nur der Anfangsruf des Hornes schallt wieder in die Einsamkeit hinaus. Herdenglocken, das Symbol der Erdenferne, klingen in die Antwort. Ruf und Gegenruf tönen durcheinander, wie wenn sie sich nicht verstünden, verhallen unabgeschlossen. Der unterbrochene As-dur-Marsch klingt nochmals an, dann leiten Violoncelli und Bässe zur Wiederkehr des ersten Zuges zurück. Diesmal ist die schalmeiartige Triolenbegleitung den tiefen Streichern zugeteilt, Holz und Hörner haben die Melodieführung. Die Runde zieht nur einmal vorbei, verklingt in den Bässen. Dumpfes f-moll, zu durchschimmerndem C der Violinen und Flöten, vogelrufartige Triller der Oboen und Klarinetten im Quintenklang C—G. In den Oboen eine wehmütig singende Terzenmelodie, „sehr ausdrucksvoll und hervortretend":

Sie steigert sich zu schmerzlichen Akzenten mit leidenschaftlich bewegtem Abgesang:

Leise drängen die Schalmeimotive des Anfanges vor, der Weckruf ertönt aus Trompete und Violinen, Moll und Dur mischen sich, es zwitschert und trillert in allen Stimmen, über dem fortissimo in Moll klingenden Weckruf strahlt helles C-dur emporrauschender Harfenklänge. Aber es hält sich nicht, wird nach c-moll zurückgezogen. Molto espressivo wiederholt sich die wehmütige Weise der Oboen in Violoncelli, Oboe und Englisch Horn. Ihr leidenschaftlich klagender Abgesang steigert sich zum „grellen" Fortissimo. Die scharfen Rohrinstrumente, Oboen, Englisch Horn, dominieren, Flöten und Violinen fehlen, nur in den Klarinetten ertönt hart gestoßen das Schalmeimotiv. In Fagotten der monoton hämmernde Begleitrhythmus, tiefe Streicher, gestopfte Hörner und Harfe geben die dunkle Grundfarbe. Auch diese Gruppe entschwindet leise. In den Bässen das tappende Zwischenmotiv des ersten Marsches, jetzt in h-moll:

In der Flöte „flüchtig", wie aus der Ferne herüber geweht das Schalmeimotiv:

Die Bässe suchen unsicher weiter, als wollten sie die unterbrochene Marschweise wieder aufnehmen, treffen den rechten Ton nicht, schweigen. In G-dur, B-dur, H-dur versuchen Trompete, Oboe, Klarinette mit wechselseitigen Zurufen auf die Anfangsmelodie zurückzukommen:

Vergeblich. Flöten nehmen den Ruf auf, H-dur steigert sich zum übermäßigen Dreiklang auf G. Plötzlich ist der Anfang wieder gewonnen, die Marschmelodie steigt im Forte des vollen Orchesters empor, Holzchor, Hörner und Streicher vereinigend. „Sehr energisch" wenden sich die Streicher im neunten Takt nach Es-dur, Hörner begleiten in gemächlich schlenderndem Volkston:

Erst der groteske Abschluß mit seinen schrillen Aufschreien stellt die etwas unheimlich durchwitterte Spukstimmung wieder her:

Wieder tappt das c-moll-Baßthema hervor, von dem Klapper-Rhythmus begleitet und dem zu Violingeflüster abgedämpften Schalmeienmotiv umspielt. Wieder erklingt die As-dur-Melodie, leichtverändert den

Violinen zugeteilt,
von Holzbläsern
mit einer schwär-
merischen Gegen-
melodie umspielt:

Ähnlich wie beim erstenmal, im einzelnen reicher figuriert und ausgestaltet, klingen und wogen die Stimmen, verhallen dann in As-dur. Der letzte Akkord ist nicht mehr vernehmbar. Er verweht vor dem Hornruf, der, forte aber gedämpft, die Einleitungsstimmung wieder heraufbringt. „Sehr gemessen", fast etwas schwerfällig klingen die alten Marschmotive aus Bässen und Holzbläsern. Thementeile fügen sich aneinander, verbinden sich aber nicht mehr zur geschlossenen Melodie, nehmen einen Aufschwung, brechen wieder ab, poltern grob daher, wie in forcierter Kraft, fallen schnell zurück ins Schattenhafte. Der Zug ist vorbei, nur die letzten Klänge tönen aus der Ferne herüber. Nochmals der Hornruf pianissimo, darüber Flöten und Klarinetten „wie Vogelstimmen". Morgengrauen? Erwachen des Tages? Schalmeimotive, Triller, Anstürmen der Klarinetten mit kraftvoller Ausweichung nach Des-dur unter darübergespanntem Flötentriller G, aufflammendes C-dur der Trompeten, endgültiges Verlöschen in c-moll. Im Violin-Pizzikato zerflattert das Schalmeienmotiv, sinkt in den Violoncelli zur Tiefe. Ein Violintriller verfliegt zur Unhörbarkeit. Dumpfe Schläge im Becken und Tamtam. In „lange" ausklingendem, hohem Flageolett G der Violoncelli entweicht die Vision des nächtlichen Zuges.

Schattenhaft" ist der dritte Satz überschrieben. Mahlers Vortragsbezeich
„ nungen sagen alles. Was im Marschrhythmus des zweiten Satzes noch gleichsam gegenständliche, wenn auch fantastische Erscheinung war, löst sich im Dreiviertel des Scherzo zu entkörpertem Schattenspiel. Das Stück beginnt ohne festumrissenes Thema. Nur rhythmisches Leben drängt und ballt sich, nimmt allmählich melodischen Kontur an, bis im dreizehnten Takt ein Thema hervorwächst. Pauke und Baß-Pizzikati, dicht hintereinander pochend, beginnen. Tiefe Hörner, dann Klarinetten und Flöten in dunklen Lagen treten hinzu. Der Takt wird aufgeteilt, so daß jede Gruppe auf eines der Viertel anschlägt, die Bewegung gleichsam von allen Seiten her aufquillt. Bässe drängen vom B chromatisch aufwärts zum Cis, das Crescendo gipfelt im nachhastenden

Domi-
nant-
schlag
A der
Pauke:

Nun rollt sich das Thema auf, in taktweise abgerissenen Motiv-Phrasen, wie atemlos herausgestoßen, erst durch periodische Wiederholung Form gewinnend:

Die Bewegung wird „allmählich etwas fließender", zweite Violinen, Bratschen
und Kontrabässe treten hinzu, auch die Holzbläsergruppe löst sich melodisch. Die
Stimmen verschlingen sich und weben ineinander. Plötzlicher Aufschwung der
Violinen zur verminderten Septime F, weiter zum grell einschneidenden Cis:

Die Unterstimmen wogen stürmisch
empor, dann stürzt die Bewegung
schnell wieder abwärts in dissonierenden Intervall-Überschneidungen:

Die vier letzten, anstürmenden Einleitungstakte wiederholen sich, instrumental
gesteigert. Figurativ und klanglich variiert erklingt das Thema in Violinen und
Bratschen, darüber gespannt ein molto espressivo „klagender" Gesang der
Flöten und Oboen:

Die Weise hält eine seltsame Mitte zwischen Klage und Tanz, sie wechselt nach Aussingen der Moll-Periode in eine halb übermütige, halb wild desperate Tanzmelodie:

In gewaltsamen Intervallsprüngen der Violinen steigert sie sich zu forciertem
Aufschwung, um dann im plötzlichen Absturz nach Moll zurückzugleiten:

Das Dur-Intermezzo war Sinnestäuschung, Aufpeitschung der Fantasie zu wilder Lustigkeit auf
düsterer Moll-Grundlage. Die Täuschung hält nicht
stand, das Moll-Treiben brodelt unhörbar weiter
und bricht nach kurzer Übertönung von neuem durch, erregter als vorher. Die
Triolen wühlen, die „klagende" Stimme tönt nur in abgerissenen Rufen. Nochmals versucht die Tanzweise sich durchzusetzen, Moll und Dur ringen miteinander. Aufzuckende Sforzati und flüsterndes Rascheln der Stimmen wechselt unmittelbar, alle Instrumente werden   Ein abstürzender Lauf der
hineingezogen in den Wirbel der   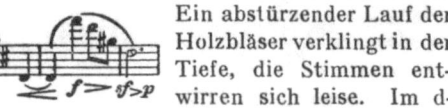 Holzbläser verklingt in der
Gegensätze. Mit grellem Juchzer   Tiefe, die Stimmen ent-
brechen plötzlich die Violinen ab: wirren sich leise. Im d-
moll des Anfanges hallt der Vordersatz ersterbend aus.

   Mit dem ersten Takt des Trio leuchtet ein neues Bild auf. Wieder D-dur,
diesmal aber anders als innerhalb des Scherzo. Kein Dur über durchschimmerndem
Moll-Grunde, keine gewaltsame Überspannung, sondern echte, ins Idyllische
verzaubernde Dur-Klänge. Ein liedhafter Gesang, vom vierstimmigen Holzchor:

Oboen, Klarinette, Fagott angestimmt. Pianissimo-Triller des Hornes und der Violinen klingen leise hinein. Die Melodie mit ihrer Begleitung von Natur-intervallen erinnert dem Charakter nach an das Posthornsolo der dritten Sinfonie. Sie hat gleich diesem den lieblich volksliedhaften Schnitt:

Wie ein Nachklang des Scherzo unterbricht piu mosso subito ein in chromatischer Doppel-bewegung hastendes Zwischen-motiv der Streicher den Gesang:

Das Lied tönt un-beirrt weiter. Nur erscheint es vor-übergehend nach Moll abgebogen, erst der Schluß klingt wieder in reines Dur aus:

Es ist eine süße Wehmut in diesem Ge-sang, Erinnerung an das ferne Glück, das der Sehnsucht im Spiegel reiner Harmonie erscheint. Auch das chro-matische Zwischenmotiv wird in die befreiende Stimmung hineingezogen. Sie festigt sich auf dem wiegenden, an den ersten Satz erinnernden Baßmotiv:

Eine breite D-dur-Kadenz tönt in den Abgesang der Violoncelli aus:

Die Melodie verhallt nach Moll. „Wieder wie am Anfang" die Triolenmotive der Streicher. Nach wenigen d-moll-Takten wenden sie sich nach es-moll. Die Ver-schärfung der Tonart um einen halben Ton gibt dem gespenstischen Huschen der Streicher, dem leisen Singen der darüber gespannten „klagenden" Oboe einen dämonischen Zug. Kurz bricht die es-moll-Episode ab, der Vordersatz des Scherzo rollt in der ursprünglichen Tonart zum zweitenmal ab, die „kla-gende" Stimme, die wilde Keckheit des D-dur-Tanzes — alles wie vorher. Nochmalige Verdüsterung der Harmonie. B-moll gibt jetzt die Grundfarbe, fortissimo singen Oboen das Klagelied. Gestopfte Hörner, wild auffahrende Violinjuchzer, grelle Zusammenklänge, „kreischend" abstürzende Bläserläufe. Ein furchtbarer Pizzikatoschlag der Violoncelli und Kontrabässe im fünf-fachen Forte, „so stark anreißen, daß die Saiten an das Holz anschlagen." Pause. Scherzomotive des Anfanges, schnell dynamisch schwellend. Letzter Tanz. „Wild" in Holzbläsern und nachahmenden Violinen der D-dur-Walzer des Scherzo, dazu in Posaunen und Tuba mit grober Kraft der zarte Abgesang des Trio. Hörner begleiten mit rohen Nachschlägen, Streichbässe ähnlich „mar-tellato". Eine Orgie entfesselter Dämonen. Fast bis zum Schluß klingen die Tanzrhythmen. Schroff dissonierende Bläserakkorde, Dur, Moll und übermäßige

Dreiklänge gemischt, geben das harmonische Kolorit. Plötzlich abstürzende Bläserläufe, von Tanzrhythmen unterbrochen. Kurze Pause. Paukenschlag, nachklingender, heftig gerissener Pizzikato-Akkord der Bratschen — das Spiel ist aus.

Der fantastischen Scharwache der ersten Nachtmusik, dem Schattenspuk des Scherzo folgt als drittes Stück dieses Kreises die zweite „Nachtmusik", „Andante amoroso" überschrieben. Auch hier gibt die Vortragsbezeichnung die poetische Charakteristik. Beredter noch spricht die Instrumentation. Zwei neue Saiteninstrumente kommen zur Verwendung: Guitarre, die volltönende, harfenartige Harmonien und glockenhafte Einzeltöne gibt, und Mandoline mit spitz zittrigen, girrenden Klängen, das Instrument der Ständchen. Harfe ergänzt dieses Trio. Es illustriert den Serenadencharakter dieses Satzes klanglich, wie ihn die sehnsuchtsvoll schwellende, innige Melodik ausdrucksmäßig darstellt. Eine viertaktige, weiterhin refrainartig wiederkehrende Einleitung eröffnet den Satz „mit Aufschwung". Die Solovioline führt, nur Saitenquartett kommt zur Verwendung. Die melodische Phrase mit ihrem schwärmerischen Oktav-bogen hat in Struk-tur wie in linea-rer Führung Ähn-lichkeit mit Schu-manns Abendlied:

Nun beginnt das Spiel. Harfen- und Guitarrenakkorde präludie-ren, dazu eine leicht plätschernde Begleitstimme der Klarinette und ein Gegenruf des Fagottes: „Zart hervortretend" ertönt die Hornmelodie, innig heimlich, zärtlich beredt, in ihrem leise pochenden An-fang, der stufenweis nach oben drängenden Weiter-

führung ein rechter Ständchengesang:
Wie stockend gelangt sie nach dreimaligem Ansetzen des G nur bis zum auswei-chenden, gleichsam fragenden As, bricht ab. Aus der Oboe klingt eine feine Gegenstimme, anmutig sich herabbiegend:

Zum zweitenmal beginnt das Horn den Gesang, stockt zum zweitenmal beim As, führt aber diesmal die As-dur-Linie weiter. Die Harmonie weicht nach Ges-dur aus, das Aufschwung-motiv stellt die F-dur-Stimmung wieder her und festigt sie durch eine Espressivo-Melodie der Violinen:

Zum drittenmal setzt das Horn an. Jetzt gelingt die Fortführung der Linie zum A, an das sich ein zärt-lich ausströmender Nachsatz fügt:

Mandoline und Harfe begleiten den kurzen Abgesang. Das Aufschwungmotiv, mit voller Intensität in hoher Klanglage fortissimo hervortretend, beschließt das erste Solo. „Graziosissimo" fügt sich ein Nachspiel an. Die Guitarre gibt den Baß, leis sich emporschiebende Akkorde der zweiten Violinen und Bratschen die duftige, harmonische Zwischenlage. Darüber in chromatischen Biegungen graziös sich wiegende Violinfigurationen, espressivo, aber ganz zart am Griffbrett gespielt:

Die Arabesken spinnen sich weiter, leicht schwellend klingt in den Bässen die Umkehrung des Horngesanges:

In melodischer Weiterführung nimmt die Oboe es auf:

Das F-dur-Idyll singt sich friedvoll aus:

Nun schweigen die Stimmen. Die Bässe versuchen das Hornmotiv festzuhalten, bringen es aber nur zu chromatischer Verschiebung und Umdüsterung:

Das Motiv umkehrend, antworten Holzbläser, von der Mandoline gestützt, aus den oberen Regionen:

In die suchenden Harmonien hinein tönt eine belebende Hornweise in As-dur, von Mandoline und Fagott begleitet:

„Schwungvoll" finden sich Violinen hinzu:

Steigerung zum schwärmerischen

Nonenakkord auf Es, Ausbiegung zum Dominantakkord auf D. Dann Rückwendung nach Ges-dur, Abgesang der Bässe zur Harfen- und Bratschenbegleitung mit dem Plätschermotiv in der Klarinette:

Es ist ein Sichverlieren in leise wogenden, nur von aphoristisch auftauchenden Gedanken durchzogenen Stimmungen, ein Hindämmern in zarten, bald hell, bald dunkel schimmernden Fantasien. Solovioloncell und Horn stimmen „mit Ton" eine neue gesangvolle B-dur-Weise an, eine breit strömende Kantilene von schwärmerischem Schwung:

Sie beherrscht nach Trio-Art den nachfolgenden Abschnitt und wird zunächst abgeschlossen durch einen Violingesang in sonorem Ges-dur:

Zum zweitenmal setzt die Triomelodie ein, jetzt in F-dur von Violoncelli angefangen, dann höher steigend zu emphatischem Aufschwung des vollen Streichorchesters unter Führung der Violinen und oberen Holzbläser. Leise aufrauschende Harfenakkorde schließen ab, gleiten von B-dur über-g-moll sacht nach A-dur in ein sinnendes „Adagio". Ganz zart der fragende Hornruf:

Da tönt das Aufschwungmotiv der Streicher, die friedvoll begrenzte Anfangsstimmung kehrt wieder. Von neuem die werbende Hornmelodie, jetzt bereits beim zweitenmal die befreiende F-dur-Wendung findend. Guitarre und Mandoline tönen noch lebhafter, zärtlicher als vorher in den Gesang. Die Stimmung belebt sich, drängt, wird „aufgeregt". Unruhig wogende Läufe, harmonische Ausweichungen der Streicher und Holzbläser, bis „Tempo primo subito" wieder die Ständchenweise einsetzt, jetzt der Oboe zugeteilt, vom Horn umkreist:

Mit diesem Liebesmotiv, das sich tiefer und tiefer senkt, klingt das Lied langsam aus. Die Melodie verhallt ganz sacht. Sphärische Harmonien dreifach geteilter Violinen, dann der Bratschen lösen leise das melodische Band. Nur noch die Begleitstimmen summen heimlich, wie unbewußt, weiter, gedämpfte Hörner, Guitarre und Baßklarinette geben den verhauchenden Schlußakkord. In einem „ersterbenden" tiefen Klarinettentriller klingt diese Nachtmusik wie entschlummernd aus.

Nacht ist vorbei, Tag kommt herauf. Mit Pauken, Fanfaren und klingendem Spiel in leuchtendem C-dur. Kein Dämmern mehr, kein Sichdurchringen aus Zwielicht und Ahnungen zur Anbetung des aufgehenden Lichtes, wie im ersten Satz. Sieghaftes, zweifelfreies Bewußtsein, beglückende Hingabe an die Helle. Vier Pauken, in den Intervallen des e-moll-Akkordes gestimmt, beginnen „mit Bravour" ihre festlich rhythmisierten Schläge und Wirbel:

Hörner und Fagotte nehmen das Motiv in h-moll auf, wechseln nach G-dur um. Flöten, Oboen und Klarinetten, „Schalltrichter auf", folgen, dazu Streicher und Fagotte in kraftvoll schreitendem Unisono:

Aus diesem pomphaft rauschenden Präludium heraus wächst im Chor schmetternder Trompeten und Hörner das metallisch strahlende Hauptthema:

Mit „großem markigen Strich" führen die Violinen zum C-dur-Abschluß, in wuchtenden Doppelgriff-Akkorden schreitend, von Holzbläsern mit jubilierenden Sechzehntel-Figurationen umspielt:

Mit lastenden Akkordschlägen anhebend, in aufstrebenden Rhythmen weiterdrängend, schließt sich unmittelbar der Nachsatz an: Die Fanfaren des Anfanges erklingen aus dem Blechchor, von einer energischen Violinlinie überspannt:

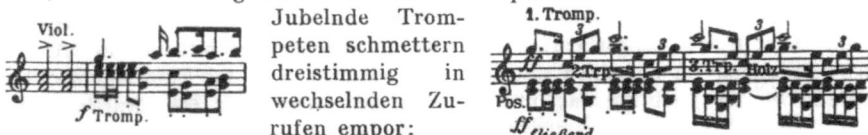

Jubelnde Trompeten schmettern dreistimmig in wechselnden Zurufen empor:

Das figurative Laufwerk der zweiten Thema-Hälfte breitet sich über das ganze Orchester. „Schalltrichter auf" in den Bläsern, „Strich für Strich" in den Streichern klingt ein orgiastischer Abschluß.

Das Thema steht. Trotz der Mannigfaltigkeit seiner Gliederung strömt es in einem Zuge, atmet eine Fülle des Lebens, eine Freudigkeit elementaren Seins, für die Widerstände nicht vorhanden sind. Hier gibt es nur einen Willen: diese jenseits aller tiefinnerlichen Regungen stehende, nur aus dem Bewußtsein ihrer Lebendigkeit und Daseinsprache schöpfende Kraft sich entladen, sich ausbreiten zu lassen. Aus solchem Bedürfnis gestaltet sich der formale Bau. Wie beim ersten Satz ist er bereits im Thema eingeschlossen. Dieses ist nur die auf kurze Klangformel zusammengepreßte Verdichtung eines Schöpferwillens, der in der Gestaltung des ganzen Satzes zur Aussprache gelangt.

Mahler wählt den Rondo-Typus. Er bot das passende Schema für die Behandlung des Grundgedankens, richtiger: für den Willen, der einen Grundgedanken solcher Prägung gezeugt hatte. Die Vision gegenwärtiger, seiender Kraft, im Gegensatz zu den Vergangenheitsstimmungen der drei Nachtmusiken, in Fortsetzung und Vollendung der im ersten Satz angebahnten Linie — diese Vision gab die Anregung. Das Thema war Folge, die Form wiederum Ergebnis des Themas. Das Rondo entsteht demnach aus ähnlichen Voraussetzungen wie bei der fünften Sinfonie, nur ist das inhaltliche Verhältnis der Vordersätze zum Finale in beiden Werken verschieden. Bei der Fünften bestand die Notwendigkeit einer Weiterführung des Themas im ausbauenden und ausdeutenden Sinne. Daraus ergab sich die fugierte Darstellung. Bei der Siebenten steht das Thema als fertige Erscheinung von Beginn an fest. Es bedarf nur der räumlichen Entfaltungsmöglichkeiten. Diese ihr zu bauen, ist das Rondo am ehesten geeignet. Nicht das durch die Fuge zu kunstvoller Kompliziertheit gesteigerte Rondo. Das Rondo in einem der ursprünglichen Bedeutung näheren Sinne: als Rundgesang, der einen Grundgedanken dauernd wiederholt, ihn durch Zwischensätze unterbrechen läßt und dadurch seine Bedeutung bei der jedesmaligen Wiederkehr um so stärker hervorhebt. So legt Mahler dieses Rondo-Finale an, durchaus im Sinne der Überlieferung. Wenn er in der Wirkung weit über das Gewohnte hinausgelangt, wenn dieses Rondo sogar das imposante Schlußstück der Fünften überstrahlt, so liegt die Ursache in der lapidaren Kraft, mit der hier die einfachsten Verhältnisse ihrem Urwesen nach erfaßt und ins Große ausgedeutet werden.

Das Rondo der Siebenten baut sich auf aus acht „Rundgesängen". Jeder beginnt mit dem Thema, wie es im Anfang aufgestellt wurde. Jedem ist außerdem ein Begleitthema oder Seitensatz beigegeben. Diese Seitensätze wiederum sind untereinander eng verbunden. Sie ergeben eine Variationenkette, und bilden so eine Steigerungsreihe für sich. Ihre Entwicklung vollzieht sich der des Satzganzen parallel und trägt eine Reihe reizvoller Bilder in den massiven Hauptbau. Das Anfangsthema selbst wird im wesentlichen nicht verändert. Die Abweichungen im einzelnen sind mehr episodischer Art, das Eindringliche liegt gerade in der Beibehaltung und jedesmaligen deutlichen Hervorhebung der Grundzüge. Nur das Tonartenverhältnis ändert sich. Wechselnde Harmonien, zum Teil auch abweichende Instrumentation bringen neue Farben, ohne den individuellen thematischen Kontur zu verwischen. Auf ständig anders schattierende Belichtung des gleichbleibenden Kernes, auf Anspinnung immer neuartiger Beziehungen vom Hauptthema zu den umkreisenden Nebenthemen ist die Entwicklung des Satzes gestellt. Daran gibt sich die Kunst seiner Gestaltung kund.

Der ersten, rauschenden C-dur-Intonation des Gesamtthemas folgt plötzlicher Umschwung nach As-dur, ohne modulatorische Überleitung, durch einfache schroffe Drehung. „Langer" Halt gibt der überraschenden Wendung   innere   Festigung. Dann   setzt   „behaglich"   ein  leicht schlenderndes, trällerndes Holzbläserthema in As ein: Es spinnt sich in Streichern und Hörnern gemächlich fort, erfährt keine Entwicklung oder Durchführung, sondern wird von den verschiedenen Stimmenregistern einander zugespielt. Nach kurzem Aufschwung der Violinen und Flöten verklingt es wieder. Seine Bedeutung ruht zunächst in der Stellung als Mittler zwischen zwei Erscheinungen des Hauptthemas. Die zweite folgt unmittelbar dem „morendo" verklingenden As-dur-Intermezzo. Sie beginnt in Trompeten und Hörnern mit der zweiten, ursprünglich den Streichern zuge-teilten Thema-Hälfte. Die A-dur-Wendung im dritten Takt mündet in eine kurze, glanzvoll aufrauschende Kadenz. Mit ihrem Schlußtakt setzt „gemessen, nicht schnell" die erste Variation des Nachsatzes, Allegro moderato ma energico ein:

Ein eigenartiges Klangbild: erste und zweite Violinen unisono ohne harmonische Stütze, begleitet nur von Tonika - Dominant-schlägen der Pauke. Holzbläser finden sich hinzu. Sie geben dem allmählich zur Begleitstimme herabsinkenden Anfangsmotiv der Variation eine neue Gegen-melodie. Dieses „Grazioso" wächst im weiteren Verlauf zum selbständigen Gegen-spieler des Hauptthemas und nimmt die Stellung eines zweiten Seitenthemas ein:

Eine plötz-liche D-dur-Wendung bringt das neue Gegen-thema zum Abbruch, führt den ersten Variationsgedanken der Streicher in schneller Steigerung voran und mündet in den dritten „Rundgesang". Es erklingt die ganze Vordergruppe des Themas, wieder in C-dur, wieder in Hörnern und Trom-peten, das kecke Aufschwungmotiv im dritten Takt aber den weicheren Holz-bläsern überlassend. Streicher beherrschen zunächst die Weiterführung, das Ganze ist auf etwas abgedämpfte Farbenwirkungen gestellt. Das einstige As-dur-Seitenthema wird nach a-moll umgedeutet, die anschließende kurze Durch-führung der Nebenmotive gibt dem Teil eine unbefangen spielerische Haltung. Erst der energische a-moll-Schluß der Streicher unisono gemahnt an die Einleitung:

Er kündet wieder stärkere Energiespannung an, die sich mit dem in schroffem Des-dur der Blechgruppe einsetzenden vierten Rund-gesang entfaltet. Das brüske Des-dur frei-lich war Augenblickstäuschung zur Hervorhebung des Umschwunges. Das Thema, wiederum nur mit der zweiten Hälfte angeführt, lenkt kadenzierend nach C-dur zurück. Jetzt setzt die erste straffe Durchführung des Variationenmotives ein. Tiefe Streicher beginnen „kurz gestoßen", fortissimo in wuchtigem $^3/_2$ Takt,

anfangs wiederum nur von Paukenschlägen auf C und G begleitet:

mit dem Nachsatz des ersten Themas:

Die Taktart wechselt, neue Gegenstimmen treten hinzu. Eine a-moll-Episode fügt sich ein, das einstige As-dur-Seitenthema klingt zusammen

A-moll tauscht sich in A-dur, das „Grazioso"-Seiten-thema erscheint im Solo-Streichquartett:

Im solistischen Spiel der Stimmen behauptet es sich mit zierlich gemessenem, zartem Ausdruck zunächst gegen zwei derb auffahrende Takte mit dreimaligem scharfen Unisono Cis der Bläser. Ungestört tänzelt das Grazioso weiter, bis ein zweiter Unisono-Zwischenruf das massive Streicherthema in neuer rhythmischer Verschiebung aufstellt:

Es rauscht über schnell wechselnde Modulationen in dauernder Tempobeschleunigung zur Anfangstonart dieses Abschnittes: Des-dur. Hier fügt sich, unvermittelt wie vorher der Des-dur-Beginn an C-dur, jetzt der fünfte Rundgesang wieder mit dem C-dur-Beginn des Bläserthemas an. Diesmal aber gibt es nicht nur den einleitenden Vortakt. Es verbindet sich mit dem Variationenthema und mit dem zweiten Seitenthema, das in dieser kraftvollen Überstrahlung seinen Grazioso-Charakter aufgibt. Von C-dur schwingt sich das Hauptthema nach A-dur, von hier, unermüdlich treibend, zur Kadenz nach Ges-dur. Das erste Seitenthema erklingt, gleichfalls energisch umgeformt, im derben Fortissimo der Holzbläser. Dann läßt die Intensität nach. Es erscheint wieder „gemütlich", schlendernd und trällernd wie ursprünglich, immer von drängenden Motiven des Hauptthemas angetrieben, neuen Steigerungen entgegen, für die es nur dynamische Überleitung zu sein scheint. Sie entladen sich in dem sechsten Rundgesang B-dur. Majestätisches, fast feierliches Erklingen des Hauptthemas im vollen Blechchor: Trompeten, Hörner, Posaunen, Tuba, dazu starkes Geläut der tiefen Glocken und Tamtam. Zu kräftigen Schlägen von Becken und großer Trommel das Unisonothema der Streicher, gleichfalls in B-dur:

Antwortend nehmen die Holzbläser es auf, wie im Wettlauf stürmen beide Gruppen voran. Trompeten intonieren das Grazioso-Seitenthema mit voller Kraft. Noch einmal Beschwichtigung. „Meno mosso" klingt das Grazioso im C-dur der Violinen weiter, das Tempo verlangsamt sich zum „Graziosissimo, beinahe Menuett". Das Seitenthema tänzelt in den Holzbläsern, verflüchtigt sich zum feinen Pianissimo-Stakkato der Streicher. Aus den Holzbläsern tönt es dazu wie ein Kinderlied:

Plötzliches Auffahren des vollen Orchesters in Des: Drei Takte nur, dann Wendung nach D-dur. Der siebente Rundgesang beginnt. Leises Glockengeläut. Posaunen rufen das Thema aus, Hörner, Violoncelli und Kontrabässe folgen, aber nur andeutend, für wenige Takte. Da tönt aus dem ersten Horn ein neuer Gedanke, neu innerhalb des Finale. Es ist das Allegro-Thema des ersten Satzes, begleitet vom Variationenmotiv des Finale und dem neu umgeformten Grazioso

Ein merkwürdiges Spiel beginnt. Das Allegro-Thema erscheint mit kurzen Unter-
brechungen fünfmal hintereinander, jedesmal wechselnd in Tonart und Klang-
kolorit. Es beginnt im d-moll der Hörner, sinkt nach cis-moll, von hier, wuchtiger
werdend, im Streicherunisono nach c-moll, weiter nach b-moll der Posaunen und
Tuba, steigt dann im „Feierlich" des vollen Orchesters zum „strahlenden" Des-dur
der Trompeten.   Hier schiebt sich noch einmal ein längerer Zwischensatz ein:
die graziöse Menuettmelodie des zweiten Seitenthemas klingt in die mächtig
wachsende Erregung, begütigend und doch innerlich spannend durch die Unterbrechung.   Die Endsteigerung ist nahe, die zarte Ablenkung ist nur Atempause.
Der Menuett verklingt in der Tiefe, „accelerando" stürmende Holzbläser und
Streicher verjagen die idyllischen Klänge.   Scharf wirbelt der Triangel.   In
brausendem Pathos, „etwas feierlich, prachtvoll" setzt das Hauptthema zum
letztenmal ein.   Hörner und Trompeten haben die Führung, Holzbläser geben
den hymnischen Schwung, Posaunen den majestätisch dröhnenden Widerhall,
Pauken schlagen den festlichen Heroldwirbel der Einleitung.   Mächtig ausholende Akkorde des Streichorchesters, tiefe und hohe Glocken tönen hinein.
Es ist eine Fülle des Klanges, die fast die Aufnahmefähigkeit übersteigt.   Unersättlich stürmt es einher, jubelt, drängt und kann doch nicht das Schlußwort
finden.   In diese Offenbarung klanggewordenen Lebens hinein tönt als letzte,
höchste Verkündigung noch einmal das Allegro-Thema des ersten Satzes.   Zum
erstenmal innerhalb des ganzen Werkes jetzt in C-dur, der Erde, dem Leben
gewonnen, eins geworden mit der ganzen Natur, aufgegangen in den Kosmos,
der alles umfaßt und in den alles zurückkehrt.   Sonne und Erde, Schöpfer und
Geschöpf, Göttliches und Irdisches tönen zusammen in einen großen Akkord.

Es ist der Gipfel lebensbejahenden Bekennens, den Mahler hier erreicht hat.
Es ist ein Höchstmaß instrumentalen Ausdrucksvermögens, das hier zur
Form geworden ist.   Die Tragik des Schicksalskampfes, der Gegensatz von Welt
und Individuum ist überwunden aus dem Bewußtsein des Einsseins des einzelnen
mit dem All.   Wie die siebente Sinfonie erwachsen ist auf dem Unterbau der
fünften und sechsten, so gibt auch erst der Rückblick auf diese beiden Werke
den Maßstab für das hier Erreichte.   Vom cis-moll-Trauermarsch der Fünften
bis zu dem C-dur-Dithyrambus der Siebenten führte der Weg, durch die a-moll-
Stürme der Fünften und Sechsten hindurch.   Die Hammerschläge haben nicht
zerschmettert, sie haben gestählt.   Unter ihrer Wucht hat sich die tätige Kraft
des D-dur-Scherzo und Finale der Fünften zum E-dur-Grandioso des ersten
Satzes, zum C-dur-„Prachtvoll" des Finale der Siebenten verklärt.   Der Gruß
an das „Freudenlicht der Welt", einst aus Schmerzen aufglühende Sehnsucht,
hat Erfüllung gefunden.   Ein neuer Kreis ist durchschritten, die Jubelfanfaren
des Schlusses verkünden einen neuen Sieg.   Klang ist zum Symbol tiefen Erken-

nens geworden, Form hat dem Klang Leben und Gestalt gegeben. Das Tönende
braust in elementarer Gewalt auf, so elementar, daß es dem physischen Ohr
kaum faßbar ist. Über diese physische Erscheinung des Klanges hinaus aber
wirkt seine metaphysische Bedeutung, wirkt seine geheimnisschwere Symbolik.
In ihr liegt das Rätsel, das immer wieder zu Mahler zieht und seinen Schöpfungen
über alles menschlich Bedingte hinaus die Weihe übersinnlicher Offenbarungen
gibt.

DIE ACHTE SINFONIE

Am 12. September 1910 fand in München unter Mahlers Leitung die Uraufführung der achten Sinfonie statt. Die Wirkungen der vorangehenden Werke waren ungleichartig gewesen. Zustimmung hatte nur die zweite Sinfonie gefunden. Die übrigen waren zum Teil kühl, die drei Instrumental-Sinfonien fast durchweg mit Widerspruch oder doch Kopfschütteln aufgenommen worden. Die Uraufführung der Achten bedeutete den ersten, unbezweifelbaren, weitreichenden Erfolg. Enthusiastische Huldigung des Publikums, bei der Kritik zwar kein einmütiger Beifall, immerhin bei einem Teil die Erkenntnis, daß man an einem Schaffen, das zu solchem Gipfel geführt hatte, nicht mehr geringschätzig vorbeigehen, oder es mit der Mitleidsformel vom großen Wollen und unzureichenden Vollbringen abtun dürfe. Es war der Erfolg, den Mahler ersehnt, für den er gekämpft hatte. Die Achte sollte den Blick freimachen für das Gesamtwerk. Sie sollte die bisher verstockten Herzen öffnen. Vielleicht war Verhärtung der Gemüter nötig gewesen, um in ihm als Gegenwirkung, nach Überwindung aller Kämpfe, solches Maß von Liebesverlangen, von Kraft ekstatischen Werbens zu wecken, wie sie der heiße Atem dieses Werkes ausströmt. Wie unter höherem Gebot öffnet Mahler alle Quellen seines Wesens, stürzt sich in einen Schaffensrausch, der etwas Fiebrisches, Verzehrendes hat. Diese Selbstverbrennung im Akt künstlerischer Produktion ist tragisch. Aus rücksichtsloser Vernichtung der eigenen Reserven spricht Vorahnung nahenden Zusammenbruches. Aber Mahlers Wille hatte gesiegt. Das Ziel war erreicht, der Sieg auch nach außen hin sein. Fünfzig Jahre war er darüber alt geworden. Acht Monate später begrub man ihn.

Es wäre nicht richtig, den Zeitgenossen blindlings Vorwürfe zu machen wegen ihrer ablehnenden oder doch abwartenden Stellungnahme den vorangehenden sieben Sinfonien gegenüber. Mahlers Werk und Persönlichkeit war etwas Neues. Neu im Hinblick auf Äußerlichkeiten der Faktur, Diktion, des Stiles seiner Musik. Neu vor allem in bezug auf Sinn und Symbolik seines Schaffens. Je mehr man erkennt, daß gerade hierin der Schlüssel zu Mahlers Kunst liegt, um so weniger kann man über seine Mitwelt, Bösartige und Übelwollende ausgenommen, richten. Was in ihm aus Zweifeln und Schmerzen sich losrang, ihm selbst, der sich stets nur als Gefäß des Göttlichen fühlte, kaum recht faßbar war, konnte dem Fernstehenden erst erkennbar werden, als ein großer Blickpunkt für das Gesamtwerk gegeben war. Mahler fühlte dies. Aber er konnte das klärende Werk nicht schaffen, ehe er nicht den Unterbau gegeben, den Durchgang durch die sieben Verwandlungen seines Selbst vollzogen hatte. Bei der achten Sinfonie spürte er, daß er jetzt auf den Grund gelangt war. Hier mußte die Seele seiner Menschheit mitschwingen. Diese Erkenntnis reiner Offenbarung des Göttlichen in ihm ließ ihn sein Schicksal von der Achten erwarten. Das Bewußtsein der ihr eigenen äußeren Wirkung kam daneben nicht in Betracht. Nicht der Erfolg, das Begriffenwerden war sein Verlangen. Hier hatte er die Formel gefunden, sie konnte nicht mehr mißverstanden werden.

Erst von diesem Gipfelpunkt aus läßt sich ein Überblick gewinnen. Er ist bei Mahler nötig zur Erfassung des einzelnen. Mahlers Gesamtwerk ist ein Wachsen des einen aus dem anderen, ist unausgesetztes Arbeiten an einer Grund-

idee, wie sie sich ın solcher Geschlossenheit und fanatisch durchgeführten Stetigkeit selten zeigt. Vielfältigkeit der angebauten Gattungen behindert bei den
meisten Musikern die Klarheit des Überblickes. Die Interessen laufen nach zu
verschiedenen Richtungen aus, als daß die darunter verborgene Einheit ohne
weiteres erkennbar wäre. Am ehesten läßt sie sich bei Richard Wagner erfassen,
wo sich ähnliche Beschränkung auf nur ein Gebiet zeigt. Aber Wagners Form
war an sich reichhaltiger, äußerlich betrachtet ausfüllender, als Mahlers. Wie
ist es zu erklären, daß Mahler, wenige Lieder und Gesänge ausgenommen, Genüge
fand an dieser einen Formgattung? Anregungen zum Schaffen auf anderen
Gebieten können ihm innerhalb der musikbelebten Sphäre, in der er sich bewegte,
nicht gefehlt haben. Eher ist anzunehmen, daß es ihn Mühe kostete, sich solcher
Anregungen zu erwehren. Für seine Anerkennung als Komponist wären Werke
kleineren Formates und leichterer Ausführbarkeit sehr dienlich gewesen, und
so wenig man sich ein Streichquartett, eine Klaviersonate von Mahler vorzu-
stellen vermag, so wäre es doch leichtfertig, zu behaupten, seine Begabung habe
für Werke dieser Art nicht ausgereicht.

Hier liegt ein Geheimnis der individuellen Veranlagung verborgen. Zweifellos hängt es mit der Art der Begabung zusammen, freilich in anderem Sinne, als
dem einer Wertbemessung. Mahlers Musikempfinden war kosmischer Natur.
Es konnte nur fruchtbar werden aus der Vorstellung des tönenden Universums.
Probleme der Kammer- oder der Solomusik fanden in ihm keinen Widerhall,
machten nichts Schöpferisches in ihm flüssig. Nur die kosmische Welt des
Orchesters, in der das einzelne auch bei freiem Hervortreten stets unpersön-
liches Glied der Allgemeinheit bleibt, weckte in ihm Vorstellungen eigenschöpfe-
rischer Art, die das Tiefste seiner Natur in Schwingungen setzten. Man kann,
wenn man will, darin eine Beschränktheit der Begabung finden. In Wahrheit
beweist solche Feststellung nur, daß Mahler eine Bekennernatur von ungewöhn-
licher Reinheit war. Alles Artistische blieb ihm fremd und verhaßt. Auch sein
Hang zur Sinfonie wurzelt nicht in dem künstlerischen Reiz, den Mannigfaltigkeit
und Reichtum der Orchestersprache auf ihn übten. Dieser künstlerische Reiz
war erst Folge von Mahlers ethischer Veranlagung. Sie machte ihn zum Apostel
allumfassender Menschenliebe. Es gibt in einem der früher erwähnten Mildenburg-
Briefe eine für Mahlers Wesen tief bezeichnende Stelle. Nach der Schilderung des
Besuches bei einem Glockenfabrikanten in einem Berliner Vorort berichtet er über
seine Rückkehr in die Stadt: „Jetzt aber in die Generalintendanz: Da ging nun das
Antichambrieren los. Diese Gesichter! Diese knöchernen Menschen! Jeder Zoll
auf ihrem Gesicht trug die Spuren des sich selbst peinigenden Egoismus, der alle
Menschen so unselig macht! Immer ich und ich — und nie Du, Du, mein Bruder!"

Dieses „mein Bruder" enthüllt Mahlers Seele. Sein Weltgefühl erkannte in
jedem Wesen das Geschöpf Gottes, umfaßte alle mit der gleichen, inbrünstigen
Liebe dieser Gotteskindschaft. Solchem Weltgefühl mußten Formen des Schaffens widerstreben, die sich, wie die Oper, an eine nach Klassen gegliederte Hörerschaft, oder, wie Kammer- und Solomusik, an eine geistige Auslese wandten.
Für ihn als Schaffenden, dem Schaffen ebenso ethische wie künstlerische Notwendigkeit war, konnte nur eine Hörerschaft ohne Unterschiede geistiger und
gesellschaftlicher Art in Betracht kommen. Seine Gemeinde mußte alles um

fassen, was Ohren hatte zu Hören. Ihr bot er seine Kunstform, deren Entgegennahme an keine Forderung der Bildung, des geistigen oder sonstigen Besitzes gebunden war. Diesem Sozialismus der künstlerischen Gesinnung konnte weder die Oper, selbst nicht in der scheinbar demokratisierenden Abplattung der Wagnerschen Reform, noch gar die aristokratische Solo- und Kammermusik Genüge bieten. Auch die sinfonische Form, wie Mahler sie vorfand, war nicht das Gesuchte. Wohl aber ließ sie eine den inneren Gesetzen seines Wesens entsprechende Erweiterung zu. Mahlers religiös ethische Gesinnung war auf Gemeinschaft der Menschen gerichtet. Dieser Gemeinschaft baute er den Tempel seiner Kunst. Er baute ihn so, daß seine Werke in den Konzertsälen seiner Zeit keinen Raum finden konnten und sie sprengten. Von innen heraus durch die in ihnen brausende Gewalt kosmischen Lebens, das die klanglichen Grenzen der Konzertsäle übersprang. Von außen her durch die Gemeinde, zu der er sprach. Sie umschloß alle, die mühselig und beladen waren, die geistig Armen in erster Linie, dann die gewaltige Menge der bisher Kunstfremden, der Verständnislosen. Alle, die zur Bildungskunst ihrer Zeit kein Verhältnis hatten finden können, nichts von ihr wußten, nichts von ihr wissen wollten. Ihnen offenbarte er eine neue Kunst jenseits der sozialen und intellektuellen Grenzen, eine Kunst, die wieder an Elementar-Regungen des Gefühles rührte.

Das Weltbild, das Mahler in sich trug, und seine allumfassende, messianische Menschenliebe bedingten einander. Aus ihrer Vereinigung ergab sich für ihn die Notwendigkeit sinfonischen Schaffens, ergab sich die Richtlinie für den Ausbau seiner sinfonischen Formen. Sie hatte das Werden seiner bisherigen Werke bestimmt. Sie gab ihm den Anschwung zur Weiterführung und Krönung sowohl der formalen als auch der ideellen Konzeption in der Achten.

Mahlers Sinfonien bis zur siebenten teilten sich, abgesehen von der ersten, mehr als Vorspiel zu bewertenden, in zwei große Gruppen: die Wunderhorn- und die Instrumental-Sinfonien. Auf den Gehalt angesehen bedeutet die erste Gruppe Auseinandersetzung mit Problemen außerirdischer Art, dem Verhältnis zum Göttlichen, Überweltlichen. Die zweite Gruppe greift Probleme des persönlichen Innenlebens auf, stellt das Einzelwesen mit seinem Schaffen, Ringen und Vollbringen in Gegensatz zur Welt und den sie beherrschenden Mächten. Mit dem Abschluß der siebenten Sinfonie war der Zusammenklang des einzelnen mit der Welt gewonnen, ähnlich wie mit dem Finale der Dritten und der daraus erwachsenen nachspielartigen Vierten der Zusammenklang mit dem Göttlichen. Zwei verschiedenartige Kreise waren durchlaufen. Sie berühren sich in einem Punkte. „Was mir die Liebe erzählt" hatte Mahler das Finale der Dritten überschrieben. Diese Liebe war ihm Gott. „Was mir die Liebe erzählt" hätte er auch das Finale der Siebenten überschreiben können. Nicht göttliche Liebe freilich, auch nicht Liebe von Mann zu Weib. Lebensliebe, Erdenliebe, Freude des menschlichen Seins, im Gegensatz zur überirdischen Ruhe des Finale der Dritten, im Gegensatz zum Märchentraum vom „himmlischen Leben" im Finale der Vierten. Dieses eine bleibt beiden, in sich grundverschiedenen Welten gemeinsam, ist jedesmal treibende Urkraft des Schaffens und Ergebnis der großen sinfonischen Wanderung: Liebe, die Welt und Überwelt durchdringt. Diese allumfassende Liebe wird nun, nach Durchforschung von Himmel und Erde,

zur Grundlage eines neuen Werkes. Schon der Idee nach zieht es den General-
nenner des Mahlerschen Schaffens. Kosmisches Klanggefühl, sozialistischer
Formwille, künstlerisches Ethos fließen in eines. Dieses eine hebt sich mit eruptiver Kraft der Ekstase aus subjektiver Begrenztheit zur Höhe eines Mensch-
heitsbekenntnisses.

Nur dieser Künstler vermochte sich solche Aufgabe zu stellen, und auch er
erst nach Durchringung eines ganzen Lebenspensums. Zur Lösung bedurfte er
aber anderer Mittel, als er sie bisher verwendet hatte. Das Orchester allein konnte
hier nicht mehr ausreichen. Als Klangsymbol des Naturlebens, als Ausdrucks-
träger überbegrifflicher Gefühlsgeschehnisse, als Mittler des Unaussprechbaren,
das hinter den äußeren Erscheinungen der Dinge triebhaft wirkt, war das
Orchester durch Mahler zu äußerster Beweglichkeit des Sprachvermögens entwickelt worden. Jetzt aber galt es, ein klares, bewußtes Bekenntnis auszusprechen. Hier mußten Wort und Menschenstimme hinzutreten. Nicht wie
bisher, mit Ausnahme des Finale der Zweiten, die Solostimme. Es sprach nicht
mehr der einzelne Mensch, es sprach und bekannte die Menschheit. Alles was
Odem hat, mußte herangezogen werden, Chor aller Gattungen, Soli sämtlicher
Stimmcharaktere, um solchen Ausdruck des Menschheitsempfindens glaubhaft
zu machen, um ihm überzeugende Kraft zu geben.

Man hat gegen Mahler wegen dieser vorherrschenden Verwendung des
Chores und der Gesangsoli den Vorwurf irreführender Bezeichnung des Werkes
erhoben. Hermann Kretzschmar, dessen an positiven Aufschlüssen reichhaltiger
„Führer durch den Konzertsaal" Mahler gegenüber infolge unzureichender Grundeinstellung versagt, nennt es „eine sinnlose Umkehrung mehrhundertjähriger
Begriffe, wenn man ein Werk, an dem das Orchester seinen selbständigen Anteil
auf eine Reihe bescheidener Nachspiele und ein einziges längeres Vorspiel beschränkt, mir nichts dir nichts für eine Sinfonie ausgibt". Man könnte die Auseinandersetzung darüber, ob das Werk als Sinfonie oder als Kantate anzusprechen
sei, für müßigen Streit um Worte ansehen. Es handelt sich indessen um anderes,
als um Meinungsverschiedenheiten wegen einer Überschrift. Es gilt die Erkenntnis, daß diese Sinfonie als Form wie im Hinblick auf verwendete Mittel
für Mahler Erfüllung dessen ist, was ihm als Urwesen des sinfonischen Kunstwerkes vorschwebte. Entscheidend für ihn war nicht die Art der Darstellungsmittel, nicht Reihenfolge und Aufbau einzelner Sätze. Entscheidend war die
Ausweitung der sinfonischen Form zur Darstellung kosmischen Erlebens. All-
durchdringendes Naturgefühl, gespiegelt an einer Form, die an ideelle Voraussetzung einer Menschheitsgemeinschaft gebunden ist, das war seine Auffassung
vom Wesen der Sinfonie. Widersprach sie in Äußerlichkeiten überlieferten Begriffen, so hat er kraft seines Schöpfertums dem historischen Begriff einen gegenwärtigen entgegengesetzt. Man verkennt demnach nicht nur den Charakter der
achten Sinfonie, wenn man ihr die Berechtigung auf den Gattungsnamen ab-
spricht, man mißversteht die Grundtendenz des Mahlerschen Schaffens überhaupt. So auffällig sich die Achte von den vorangehenden Werken äußerlich
abhebt, so sehr ist sie in Wahrheit notwendige Folge, eigentliche Erfüllung der
früheren Sinfonien, einheitlichste Kundgebung Mahlerschen Willens, reine Inkar-
nation seines Geistes und seiner Ethik.

Wie sehr Mahler von vornherein dem Werk gegenüber sinfonisch dachte, wie fern ihm die Idee der Abwendung zu einer anderen Kunstgattung lag, beweist die erste erhaltene Skizze. Sie zeigt einen von der späteren Ausführung auffällig abweichenden Plan. Vier Sätze sind vorgesehen. Sie tragen die Bezeichnungen: „1) Hymne Veni creator, 2) Scherzo, 3) Adagio Caritas, 4) Hymne: die Geburt des Eros". An Notenskizzen enthält das Blatt nur das Anfangsthema des ersten Satzes. Mahler dachte also zunächst an ein viergliedriges Werk, in dem neben einem regulären Scherzo von der vierten Sinfonie her die Idee des Caritas-Adagio auftauchte. Die Außensätze waren als Chorstücke geplant, der erste als Anrufung des göttlichen Schöpfer-Geistes, der letzte als Feier des irdischen Entflammers, des Eros. Später ist Mahler von diesem Plan abgekommen, zur zweiteiligen Anlage übergegangen. Freilich ist die zweiteilige Gestaltung nicht eigentlich als zweisätzig anzusehen. Der jetzige zweite Teil gliedert sich in Adagio, Scherzo und Finale. Der sinfonische Bau ist also trotz der anfangs befremdlichen äußeren Anordnung beibehalten, auch der erste Satz weist die dem Sinfonietypus entsprechende sonatenmäßige Struktur auf. Es zeigt sich hier Weiterführung der in der dritten, fünften, sechsten und siebenten Sinfonie angewandten Abteilungsgliederung, mit der Neuerung, daß die drei Sätze der zweiten Abteilung nicht wie sonst getrennt, sondern organisch miteinander verbunden sind.

Maßgebend für diese Art der Anlage waren die benutzten Texte. Für den Eröffnungssatz hatte Mahler den Text sofort gefunden. Es war der alte lateinische Hymnus „Veni creator spiritus", für Mahler Anrufung der schöpferischen Urkraft: der Liebe, als bedingender und gestaltender Grundmacht alles Seins. Die Verwendung dieses Textes stand für ihn von vornherein fest. Aus ihm ergab sich vermutlich die klare Erfassung der Grundidee. Sein Anfangsthema ist die erste Aufzeichnung für das Werk. Diesem Text eine Ergänzung beizugeben war das Problem, von dessen Lösung das Gelingen des Ganzen abhing. Mahler muß über die Ergänzung lange gegrübelt haben, bis er den ebenso kühnen, wie befremdlichen Plan faßte, den Schluß von Goethes „Faust" zu benutzen. Befremdlich insofern, als es verwunderlich und pietätlos scheinen mußte, das Fragment einer der gewaltigsten Dichtungen aller Zeiten mit einer anderen Dichtung zu verkoppeln. Befremdlich um so mehr, als die „Faust"-Komposition Anregungen zur Genüge für selbständige musikalische Gestaltung in sich barg. Sie war seit achtzig Jahren einer der meistbenutzten Vorwürfe kompositorischer Behandlung, an dem sich neben vielen kleinen und mittelmäßigen einige der stärksten Musikernaturen versucht hatten. Mahler nahm die Dichtung nicht als „Faust"-Problem, nahm sie nicht von der literarischen Seite. Er erfaßte sie rein aus seinem musikalischen Bedürfnis. Darin liegt der Unterschied zwischen ihm und seinen Vorgängern, liegt zugleich seine Rechtfertigung. Er sah sie an nicht auf ihre Stellung innerhalb der „Faust"-Idee Goethes, sondern auf ihren Gefühlsgehalt, auf den sie tragenden inneren Vorgang der dichterischen Gesamtkonzeption. Das Faustische darin trat für ihn zurück. Wich er so von vornherein einem Vergleich mit anderen „Faust"-Musiken aus, so gelang es ihm eben dadurch, die Dichtung in ihrer Fülle innersten Lebens musikalisch gefühlsmäßig zu erfassen. Was ihn zu Goethes Worten und Szenen zog, war einzig die Idee der Erscheinung der Liebe als reinigender, befreiender, verklärender Macht. Gemäß dieser Idee wählte er zur Komposition die Szenen von den Gesängen der Anachoreten bis zum Chorus mysticus. So gab er zwar keine Goethe-Komposition im philologischen Sinne, wohl aber die reine Spiegelung des Gefühlsvorganges innerhalb dieses in sich geschlossenen Schlußabschnittes. Er gewann gleichzeitig Gegensatz und organische Ergänzung zum ersten Teil der Sinfonie. Dort Liebe als Erweckerin und göttliche Offenbarung, hier Liebe als tätige Kraft, als Mittlerin stufenweiser Erhebung und Läuterung zur Verklärung.

Das war die gedanklich poetische und formal strukturelle Voraussetzung, aus der Mahler hier schuf: kosmische Ausfassung vom Wesen der sinfonischen Gattung, zur Enthüllung gebracht durch schöpferische Urkraft der Liebe. Solche Konzeption wurde entworfen im Stadium höchster künstlerischer und menschlicher Reife, nach Auseinandersetzung mit allen Teilproblemen, nach Auftürmung eines siebengliedrigen sinfonischen Riesenwerkes, von dem jedes einzelne Glied zwar selbständig, im Hinblick auf das nachfolgende aber doch immer Vorbereitung ist, und das Ganze als überwältigende Anspannung der Gesamtpersönlichkeit zum Schlußbekenntnis erscheint.

Die musikalische Ausführung ging der gedanklich formalen Konzeption parallel. Es galt einen der allgemeinheitlichen Bedeutung des Werkes entsprechenden Stil zu finden. Mahler soll die Sinfonie als Geschenk an die Nation bezeichnet haben, ein Beweis, wie weit hier sein Wirkungswille strebte. In Wirklichkeit reicht die Tragkraft des Werkes über die einzelne Nation hinaus. Wie in Beethovens Neunter werden hier ewige Menschheitsgüter verherrlicht, deren Erkenntnis nicht an nationale Empfindungsgrenzen gebunden ist. Solchem Wirkungsradius mußte die Tonsprache entsprechen. An Verständlichkeit und durchgreifender Kraft mußte sie sowohl die ansprechende, doch subjektiv verwurzelte Volkstümlichkeit des Wunderhornstiles als auch die abstrakte Symbolik des späteren Instrumentalstiles übertreffen. Sie mußte als elementare Offenbarung wirken, hinreißende Macht der Ekstase in sich tragen, klar und plastisch genug sein, um die Massen innerlich zu beleben und zu begeistern und durch kühnen Schnitt der Linie, wie durch zusammenfassende Kraft großer dynamischer Entwicklungskurven eine bisher ungeahnte Vereinheitlichung der Hörergemeinde zu erzwingen. Das satztechnische Problem lag darin, den aufgebotenen Massenapparat: vierstimmigen Doppel-, dazu Knabenchor, acht Solostimmen und großes Orchester so zu verwenden, daß die Kunst des Baues nicht Fluß und Durchsichtigkeit des Klangstromes behinderte. Es galt eine Art der Polyphonie zu finden, die bei Verwendung aller Mittel komplizierter Satztechnik stets die einzelnen Linien eindrucksvoll hervortreten ließ.

Mahler hat diese durch die Art der Aufgabe gegebenen Schwierigkeiten nicht nur überwunden, sie haben seine Sprache zu bisher nirgends erreichter Sicherheit und Überzeugungskraft des Ausdruckes gesteigert. Es ist, als wären seither noch bestehende innere Hemmungen plötzlich gefallen, und der musikalische Reingehalt seiner Natur strömte fessellos aus. Die einzelnen Themen klingen aus improvisatorischer Mühelosigkeit der Erfindung. Sie atmen gesättigte Schönheit, warme Fülle der klanglichen Beredsamkeit, sind von solcher Eingänglichkeit und Einprägsamkeit, daß im Hörer das Gefühl der Erscheinung von etwas längst Vertrautem und doch zum erstenmal sinnlich Wahrnehmbarem

lebendig wird. Diese Themen rühren an menschliche Urmelodien, die latent in
jedem vorhanden sind und nur eines starken schöpferischen Anhauches bedürfen,
um anzutönen. Man kann sie nicht im gewohnten Sinne originell nennen. Sie
enthalten nichts Subjektives. Alles persönlich Bedingte scheint aus ihnen entfernt zu sein, es bleiben die Grundklänge des Gemeinschaftsempfindens. Werden
solche Melodien in kleinem Umfange erfunden, so entstehen Volksweisen, die
jeder sofort kennt und von denen niemand weiß, woher sie eigentlich kommen.
In der Kunstmusik ist es wenigen gegeben, Melodien solcher Art zu schaffen.
Diesen wenigen auch nur in Augenblicken, in denen sie sich kraft besonderer
Intuition über ihre Individualitätsgrenzen hinauszusteigern vermögen.   In
solchen Augenblicken rührt der Künstler an den Urquell der Musik. Die Kunstmusik erhält wieder Zufluß des Volksmäßigen, der ihr neue Kraft und Daseinsberechtigung gibt.

Die Themen der Achten strömen durchweg aus diesem Quell. Sie fesseln
daher weniger durch kunstreichen Bau und fein gebogene Fassung, als durch
Reichtum und Kraft ihrer Naturlaute. Sie reihen sich in großer Zahl und Mannigfaltigkeit, bei genauer Betrachtung erweisen sie sich aber als innerlich zusammen-
hängend. Eines wächst aus dem anderen, die Verwandtschaft offenbart sich an
vielen Einzelheiten.   Über diese dem Schaffenden zum Teil unbewußten Bindungen hinaus hat Mahler thematische Verzahnungen großen Umfanges angebracht. Einzelne Grundthemen durchziehen das ganze Werk, innere Verbindungen
aufdeckend.   Periodisch geschlossene Abschnitte sind beiden Teilen der Sinfonie
unter Veränderung des Textes gemeinsam.   Dadurch wird Vereinfachung und
Übersichtlichkeit gewonnen. Die Teile gliedern sich und wachsen unter innerlich
wirkendem Gesetz.   Vor dem Hörer vollzieht sich ein Formwerden, dessen Notwendigkeit und Kraft er spürt, ohne sie begrifflich fassen zu können. Der Formorganismus lebt in geheimnisvoller Weise, zieht den Hörer hinein in den Bann
seines Entstehens, weckt dadurch in ihm die tiefe Erregung des Miterlebens
eines ekstatischen Schaffensprozesses.

Diese Durchsichtigkeit des Organismus zeigt sich auch an der Art, wie
Mahler die Mittel des polyphonen Stiles homophonen Zwecken dienstbar macht.
Von der fünften Sinfonie an hat sich Mahler dauernd kontrapunktischer Satzart
und Formen bedient, sich dadurch Beweglichkeit und Gelöstheit der Stimmführung gewonnen, die ihm Herrschaft über die Vielheit seiner Instrumente gab.
Aber Polyphonie im alten Sinne ist niemals sein Ziel gewesen. Es kam ihm nicht
auf Verschlingung, sondern auf Auseinanderlegung der Stimmen an.   Wenn er
eine Fuge, einen Kanon, eine Kombination mehrerer Stimmen schreibt, so ist
die Wirkung stets die des zeitlichen Nacheinander, niemals des räumlichen Übereinander.   Es ist dies eine Eigenheit der Mahlerschen Kontrapunktik, deren
letzte Ursachen kaum mit logisch faßbaren Gründen nachzuweisen sind.   So
weckt auch die technisch zum Teil sehr verschlungene Satzart der Achten im
Hörer nie das Bewußtsein des Kunstvollen.   Es fehlt die straffe gedankliche
Spannung der alten Polyphonie.   Mahlers Polyphonie hat die Nebenwirkung
der vereinfachenden Entfädelung harmonisch verdickter Satzart.

Neben überpersönlicher Art melodischer Erfindung, neben innerer Zusammengehörigkeit der Themen, charakteristischer Wiederkehr thematischer

Gruppen, neben fühlbarem Miterleben des Formwerdens, neben homophoner Klarheit des polyphonen Satzes ist es Kraft und Plastik der Deklamation, die dem Werke unwiderstehliche Eindringlichkeit der Wirkung sichert. Mahlers Deklamation ist nicht nach modernem Empfinden aus Wortsinn und Metrik der Sprache entwickelt. Man kann eher sagen, daß Mahlers Wortbehandlung hier im großen, wie bei den Wunderhorntexten im kleinen, oft im logischen Sinne gegen den Tonfall der Sprache gerichtet ist. Gerade diese Art der Textbehandlung aber bringt dem Hörer die gefühlsmäßige Kraft der Sprache, das dichterische Geheimnis ihres Sinnes zum Bewußtsein. Sie verleiht dem Text musikalische Gegenständlichkeit. Voraussetzung dieser Wirkung ist Mahlers Gabe, den Text innerlich zu singen, aus dieser Kraft gesanglicher Empfindung ihn deklamatorisch zu gestalten. Diese Beobachtung rührt an den vielleicht letzten Grund der überwältigenden Eindruckskraft des Werkes. Die musikalische Elementaräußerung: Gesang, wird wieder stärkster Ausdruck musikalischen Lebens. Alles singt. Nicht nur Chor und Solisten, denen sich das Orchester anschmiegt. Es singt aus dem schaffenden Musiker heraus, es singt hinein in den Hörer, der das Werk aus der Vorstellung inneren Mitsingens nacherlebt. Es ist, als ob nicht nur, wie Mahler in einem Briefe schreibt, das ganze Universum zu tönen, sondern als wenn es zu singen begänne. Es ist eine Apotheose des Gesanges. Die Stimme, der unmittelbare, lebendige Gefühlsträger, wird zum Mittler von Mensch zu Mensch. Aus ihr kommt die Suggestion einer Allvereinigung, vor der alle Individualitätsgrenzen hinschmelzen im Feuer dionysischer Trunkenheit der Sinne.

Die textliche Grundlage des ersten Teiles, der lateinische Hymnus Veni creator spiritus entstammt dem frühen Mittelalter. Angeblich ist er von dem Mainzer Erzbischof Hrabanus Maurus um das Jahr 800, einer anderen Sage nach von Karl dem Großen gedichtet. Bereits Luther hat die Kraft der gewaltigen Worte, den himmelstürmenden Schwung der Gedanken stark empfunden und die Dichtung in seinem Gesang „Komm heiliger Geist, Herre Gott" frei ins Deutsche übertragen. Die lateinische Fassung hat dieser Übertragung gegenüber die feierliche Pracht und rhythmische Gewalt der Sprache voraus. Die Worte stehen wie Felsblöcke, jedes ein grandios empfundenes Bild für sich, ohne vermittelndes, umschreibendes Beiwerk. Jeder Gedanke wird in knappste Prägung gefaßt, steigernd türmt sich einer auf den anderen. Vom ersten Anruf des Schöpfer-Geistes bis zum Gloria-Jubel ist es eine ununterbrochene Reihe inbrünstiger Verzückungen, wie sie in solcher Hingebung des Gefühles nur eine Zeit hervorbringen konnte, deren religiöse Vorstellung innerlich genährt war von erotischer Glut. Das Gedicht, sieben und einen halben kurze Vierzeiler umfassend, ist in klarer Architektur aufgebaut. Es gliedert sich in drei Abschnitte. Der erste umfaßt die beiden ersten Vierzeiler, Anrufung und Anrede des Creator spiritus, in Georg Göhlers Übersetzung:

Veni, creator spiritus,	Komm, Schöpfer Geist,
Mentes tuorum visita,	Kehre ein bei den Deinen
Imple superna gratia,	Und erfülle mit Deiner himmlischen Gnade
Quae tu creasti pectora.	Die Herzen, die Du erschaffen.

Qui Paraclitus diceris,	Der Du Tröster heißest,
Donum Dei altissimi,	Des höchsten Gottes Gabe,
Fons vivus, ignis, caritas	Quell des Lebens, Strahl der Liebe,
Et spiritalis unctio.	Reinster Gnade Himmelstau.

Der zweite Teil, die Mittelgruppe, drei und einen halben Vierzeiler umfassend, bringt den Inhalt des Gebetes: Bitte um Stärkung, Erleuchtung, Frieden, Sieg, Gnade, Erkenntnis der heiligen Dreieinigkeit:

Infirma nostri corporis	Unsere Schwachheit
Virtute firmans perpeti,	Stärke durch Deine Wunderkraft.
Accende lumen sensibus,	Entzünde Deine Leuchte unseren Sinnen,
Infunde amorem cordibus.	Ströme Deine Liebe in unsere Herzen.
Hostem repellas longius,	Den Feind wirf zu Boden
Pacemque dones protinus.	Und gib uns fürder Frieden.
Ductore sic te praevio,	Geh uns voran und führe Du uns:
Vitemus omne pessimum.	So werden wir Sieger über alles Böse.
Tu septiformis munere,	Der uns siebenfach begnadet,
Dextrae paternae digitus.	Du, des Höchsten rechte Hand.
Per te sciamus da patrem,	Laß uns erfassen den Vater
Noscamus atque filium,	Und erkennen den Sohn
Te utriusque spiritum	Und glauben an Dich, den Geist,
Credamus omni tempore.	Jetzt und immerdar.

An diese Mittelgruppe schließt sich als letzter Teil die Bitte um die himmlischen Gnaden und die Lobpreisung:

Da gratiarum munera,	Schenk uns der Gnade Heil,
Da gaudiorum praemia.	Gewähre der Freuden Vorgefühl,
Dissolve litis vincula,	Lös' uns aus der Zwietracht Fesseln,
Adstringe pacis foedera.	Knüpfe des Friedens Band.
Gloria Patri Domino,	Ehre sei dem Vater, dem Herrn,
Natoque, qui a mortuis	Und dem Sohne, der von den Toten
Surrexit, ac Paraclito	Erstanden, und dem Erlöser Geist
In saeculorum saecula.	Von Ewigkeit zu Ewigkeit.

Ein Pfingstgesang, entstanden und in die Welt gesungen aus dem Rausch des Pfingsterlebnisses, ohne dogmatisches Beiwerk, dem neuzeitlichen Künstler durch Verherrlichung des Geistes als Bringers der Offenbarung besonders nahestehend.

Mahler hat die Aufgabe musikalischer Fassung dieser Dichtung auf einfache Art gelöst. Er übernimmt die dreiteilige Anlage für die musikalische Formgebung und baut den Satz als Sonate. So gewinnt er klare, gegensätzliche Gruppierung, Auseinanderlegung und straff steigernde Final-Zusammenfassung des Textes. Er schafft gleichzeitig Bindungen durch Mittel thematischer Struktur. Sie erhellen geistige Zusammenhänge und Fluß der Gedanken gleichsam von innen

her, lassen den Gefühlsstrom der Dichtung durchschimmern. Die erste Text-
abteilung ist dichterische Grundlage für den Vordersatz der Sonate, mit Aufstellung und kurzer Ausbreitung der beiden Hauptthemen. Der zweite Teil wird als
Durchführung gestaltet. Die Darlegung der einzelnen Bitten gibt natürlichen
Anlaß zur ausführlichen Behandlung der vorherigen Themen. Mit dem Ruf um
Erleuchtung „Accende" tritt ein neues Thema in die Durchführung. Vom feurig
entschlossenen „Geh uns voran" bis zur abschließenden Bitte um Erkenntnis
der Dreieinigkeit rollt sich eine Fuge auf. Sie lenkt zurück in die Wiederholung.
Diese greift, musikalischen Gesetzen folgend, zugleich Sinn der Dichtung gefühlsmäßig vertiefend, zunächst auf die Anfangsworte zurück und fügt ihnen die vor-
letzte Textstrophe mit der Bitte um Gnade und himmlische Segnungen unmittelbar an. Als Kodagruppe folgt dann die letzte Strophe „Gloria in saeculorum
saecula".

Die großen, einfachen Gliederungen werden noch übersichtlicher durch
Orchester - Zwischenspiele, die Vordersatz und Durchführung, Wiederholung
und Koda trennen. Ohne selbständige Bedeutung aufzuweisen, lassen sie als
abschließende und vorbereitende Intermezzi die architektonische Grundlinie
des Satzes hervortreten. So gehen Dichtung und musikalische Interpretation
in eines über, durchdringen sich gegenseitig. Die organischen Gestaltungsgesetze
des einen begründen und rechtfertigen die des andern.

Das Kunstvollste, zugleich gedanklich aufschlußreichste an diesem Satz,
wie am ganzen Werk, ist aber nicht die musikalisch formale Bezwingung des
Textes. Es ist die thematische Bezugnahme und motivische Verästelung. Es
gibt keine Füll- oder harmonischen Nebenstimmen. Die Gesanglinien zeigen durchweg individuellen Kontur, das Orchester trägt selbst da, wo es dem Vokalkörper
untergeordnet wird und begleitende Funktion hat, bedeutsam ausgeprägte thematische Züge. Diese bis ins kleinste sich erstreckende, musikalisch gedankliche
Äderung des Werkes läßt sich nicht durchweg auf bewußte Verknüpfung und
Ausdeutung zurückführen. Solche Methodik lag Mahler fern. Sie hätte eine
andere, schwerblütige und absichtsvolle kompositorische Technik vorausgesetzt.
Mahlers Schaffen war auf intuitives Erfassen und visionäres Schauen gestellt.
So weit hier Bewußtsein waltete, war es Bewußtsein höherer, hellseherischer
Art, das über Grenzen des Verstandesmäßigen hinaus Beziehungen, Übereinstimmungen erfaßte. Ihre Wiedergabe in der Musik machen diese zur Künderin
seelischer Gleichklänge, die Gebieten der Ahnungen und Gefühle angehören,
der logischen Erklärung unzugänglich bleiben. Dies gilt von der Verwebung des
thematischen Materiales des ersten Satzes mit der zweiten Abteilung, wo es die
eigentlich verinnerlichende und beseelende Auslegung erfährt. Dies gilt von
großen Teilen der musikalischen Durchführung, von der Umbildung einzelner
Themen innerhalb des ersten Satzes. Es gilt vor allem von dem Kopfthema.
Früheste Aufzeichnung zu dem ganzen Werk, beherrscht es dieses Ganze vom
Beginn bis zum Schluß. Es ist der Keim, der in sich alle Lebenskraft, allen
Schwung, alle Größe birgt, und aus dem der Wuchs des gewaltigen Werkes mit
naturgesetzlicher Notwendigkeit emporsteigt.

Über dem fortissimo aufbrausenden tiefen Es der Orgel und
der Instrumentalbässe, dem das Es - dur des vollen Orgelwerkes nach-

rauscht,
setzt der
Doppelchor
ein, Allegro
impetuoso:

Dem Rhythmus nach
ein Marschmotiv, wie
so oft bei Mahler. In
solcher Bezugnahme auf
rhythmische Elemen-
targefühle liegt eine Erklärung für die Einprägsamkeit Mahlerscher Themen,
besonders dieses Kopfthemas der Achten. Die durch die Deklamation bedingte
Verkürzung der Taktart von Takt zu Takt steigert den Eindruck des Stürmischen,
unwiderstehlich Ausbrechenden. Er wird bestätigt durch die wie in Granit ge-
meißelte Rhythmik: die wuchtig einhauenden Halben der beiden Anfangstakte,
die lapidaren Viertelschläge und den energisch punktierten „Spiritus"-Abschluß.
Der harmonische Unterbau ist einfach. Tonika, Unter- und Oberdominante
wechseln in schneller Folge, der Tonika-Eindruck herrscht vor. Das Entscheidende
des Ausdruckes liegt in Rhythmus und Melodieführung, in dem Septimen-
aufschwung des zweiten Taktes und dem zielbewußten Quintenabsturz des
Schlusses. Namentlich der Septimensprung gibt dem Thema das vom ersten

Erklingen an unvergeßliche Charakteristikum des mächtig Befeuerten, Himmel-
anstürmenden. Es setzt sich in kanonischer
Zusammendrängung der Posaunen und
Trompeten fort, nach B-dur umleitend:

Der Veni-Ruf, jetzt in B-dur beginnend, wird vom ersten Chor wiederholt. In den
Violinen erklingt ein emphatisch geschwungenes Ergänzungsmotiv, im Gegensatz
zu dem scharf
gehämmerten
Anfang legato
empordrängend:

Von beiden Chören wechselnd
intoniert, aus der gebieterischen
Ekstase der Anfangsdeklama-
tion sich durch weiche Achtel-
bindungen lösend, klingen die Veni-Rufe weiter bis zur kurzen Es-dur-Kadenz.
Hier setzt das energische „spiritus" des Thema-Schlusses als Beginn eines in kraftvollen Achtelwellen steigenden Gedankens im Fortissimo aller Männerstimmen ein:

Die Orchesterstimmen, bisher
chorisch und vorwiegend unisono geführt, teilen sich. Die
konzentrierte Kraft gabelt sich
in einzelne Ströme. Der Klang wird farbiger, auch die Dynamik, bisher in
gleichmäßigem Fortissimo gehalten, stuft sich ab, erhält Schwellungen vom Forte
zum Fortissimo, ohne den Grundton aufbrausender Fülle zu verändern. Die
Deklamation gewinnt an Lebhaftigkeit und Gegensätzlichkeit mit dem Zutritt der
zweiten Verszeile „Mentes tuorum visita". Die Stimmen verschlingen sich,
chromatische Abbiegungen steigern den harmonischen Ausdruck. Das anfangs
rein elementare Bild erhält Wechsel und Spiel der Kontraste, bis ein majestätisch dröhnendes Des-dur Einhalt gebietet. Schnelles Abklingen aller Stimmen
im Ritenuto, Abwärtssinken
der melodischen Linie. Das
Forte der ersten Vision ver-
dämmert in zartes Pianissimo:

Der Chorklang er-
stirbt, Solostim-
men klingen. Die
Tonart wechselt

aus dem hellen Es-dur in mystisches Des-dur. Weiche, tiefgelegte Holzbläser,
gedämpfte Streicher tönen pianissimo, das Tempo wird „etwas (aber
unmerklich) gemäßigter, immer sehr fließend". Dolce espressivo intoniert
der Solo-Sopran das zweite Thema, während sich in instrumentalen Begleitstimmen
die Abschluß-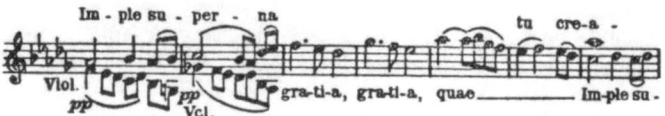
linie des Veni
leise fortsetzt:

„Und erfülle mit Deiner himmlischen Gnade die Herzen, die Du erschaffen."
Diese Worte und die nachfolgenden des zweiten Vierzeilers mit der wunschlosen
Anbetung des Trösters und Gnadenbringers geben die Grundstimmung für das
zweite Thema und den aus ihm entwickelten Seitensatz. Ein Soloquintett ohne
Baß: zwei Soprane, zwei Altstimmen, ein Tenor, führt. Erst weiterhin treten
Bariton und Baß hinzu. Die weich ansteigende, demütig sich biegende, beim
zweimaligen Gratia sich hoff-
nungsvoll steigernde Gesang-
melodie erhält von Flöten und
Oboen innig beredte Ergänzung:

Auch das Hauptthema wird hineingezogen in den mystischen Stimmungskreis. Die
Wiederholung des Quae tu creasti pectora „Die Du erschaffen" erklingt zum
Veni-Motiv, das jetzt, seines eruptiven Charakters entkleidet, in zart markiertem
Des-dur sich dem andächtig bittenden Ausdruck des zweiten Themas anschmiegt:

Flüsternd nimmt der Chor das Gesangthema, die
Bitte um himmlische Gnade, auf. Mit leichter
Steigerung aus Des dur nach As-dur führend,
tönen Teile des ersten Themas an: das Spiritus-
Motiv, auf

die Frauen-
stimmen
des ersten
und die
Bässe des
zweiten Cho-
res verteilt:

Weiterhin das
schwungvolle
Ergänzungs-
motiv der Vio-
linen, das jetzt
der Anrufung
des „Trösters"
dient:

Der Ausdruck belebt sich, gewinnt an Kraft und
Schattierung, ohne die Zartheit der Grundstimmung
zu verlassen. Beim „Spiritales unctio" hebt sich der
Solo-Sopran zu weit geschwungener, melodischer Vollendung des Gesangthemas:

Es-dur ist gewonnen, die Dynamik erwacht wieder zu ursprünglicher Kraft. Das
Veni creator braust von neuem aus stürmisch einander zurufenden Stimmen des

Doppelchores auf. Die Soli fügen sich an, den Chor in kühner Höhen-
führung überstrahlend. In mächtig ausholendem, dynamisch andringendem
Superna gratia, auf die große H-dur-
Kadenz im ersten Satz der Siebenten
zurückweisend, schließt die erste Gesanggruppe:

Tempo primo, Allegro impetuoso ist wieder erreicht. Die Singstimmen haben es
gewonnen, im Orchester klingt es gewaltig weiter. Volles Orgelwerk, Hörner,
Trompeten, Holzbläser lassen ein chromatisch übergreifendes Motiv anklingen:

Wie Glockengeläut tönt aus
Posaunen und Trompeten das
kanonisch geführte Veni:
Hämmernde Rhythmen der

Streicher und Holzbläser begleiten. Eine plötz-
liche chromatische Abirrung der Posaunen und Trompeten führt in eine etwas unruhig wogende Stimmung. Das Veni-Thema ertönt in rhythmisch verkürzter und
chromatisch verzerrter Umformung der Mittelstimmen, stufenweis abwärts drängend:

Es ist, wie wenn plötzlich ein Schatten fällt. Das Tempo verlangsamt sich um
das Doppelte, ein gehaltener Orgelpunkt A der Bässe läßt die Tonart von Es-dur
nach d-moll wechseln. Tiefe Glocken läuten, Hörner und Posaunen rufen das
Veni-Thema in d- und a-moll, dumpfer Paukenwirbel gibt eine unheimliche Untermalung. In Fagotten und Violoncelli ertönt nun der verdüsterte Anfang des Veni:

Die Oberstimmen schweigen. Von dem nach
Moll gewendeten Violinmotiv des Anfanges
begleitet, intoniert der Chor das Hauptthema
in klagender Umformung:

„Unsere Schwachheit stärke
durch deine Wunderkraft."
Das Bewußtsein der Schwäche
gibt die plötzliche Verzagtheit
des Ausdruckes im Flüsterton

des Chores, in der Moll-Wendung des Themas. Das Orchester verstummt. Nur der in
der Tiefe fest ruhende Baßton D klingt weiter. Eine Solovioline irrt „stets etwas flüchtig" und „ohne Rücksicht auf das Tempo" mit leicht verwehenden Klängen wie verloren durch die Dunkelheit. Aus der kleinen Flöte tönen angstvolle, kurze Rufe.
Etwas Schauriges, Dumpfes liegt über dieser kurzen Episode, aus der die Solostimmen mit den Klängen
des Gesangthemas zum
„Firmans," nach Es-
dur zurückleiten:

Es ist das nämliche Motiv, das vorher beim „Imple superna" nur den Instrumental-

stimmen zugeteilt war und jetzt, im Augenblick schwerer Bedrückung, Ausdeutung durch die Singstimmen erfährt. Die Stimmung festigt sich. Mit der
Umkehrung des Hauptthemas macht-
voll sich verlangsamend, brechen die
Chöre wie in Erwartung des nun
Kommenden die anschwellende Kadenz
unmittelbar vor dem Schlußakkord ab:

Firmans, die Bitte um Stärkung, ist der zuversichtliche Schlußruf. Die
Exposition ist gegeben. Sie brachte in musikalischer Beziehung die Aufstellung
der beiden Hauptthemen. Ihnen fügte sich, wie mehrfach in früheren Werken
Mahlers, eine kurze episodische Durchführung — als solche ist der d-moll-Satz
,,Infirma" seinem technischen Bau nach anzusehen — an. Über diese thematische Darlegung hinaus brachte die Exposition Kennzeichnung der gedanklichen und stimmungsmäßigen Grundlagen. Zuerst den ekstatischen Anruf des
Schöpfer-Geistes in heroischem Es-dur. Dann das in selbstvergessene Anbetung versinkende Imple superna im mystischen Des-dur. Weiterhin das
d-moll-Infirma, Bekenntnis der Schwachheit, des eigenen Unvermögens. Zuletzt
den Aufschwung zum hoffenden Firmans, Halbschluß auf dem Dominantseptimenakkord B, Erwartung göttlicher Hilfe. Der dichterische und musikalische Grundriß ist in straffer Eindringlichkeit gegeben. Es beginnt der Ausbau,
musikalisch technisch gesprochen die Durchführung.

Wie stets bei Mahler, und wie beim Entwurf dieser Sinfonie im ganzen ist
auch innerhalb der Unterabschnitte die architektonische Gliederung das Primäre.
Es wäre schwer festzustellen, wie weit Mahler bei Anordnung des Aufbaues
einem vorgefaßten Plane gefolgt ist. Im allgemeinen war seine Schaffensart
halluzinatorischer Art, sie stand im Banne der augenblicklichen Eingebung.
Mahler selbst erschien sich in Zeiten schöpferischer Tätigkeit nur als Gefäß,
als Werkzeug triebhafter Mächte, unter deren Einfluß das Werk entstand, als
sei es ihm in die Feder diktiert. Übertrieben wäre es indessen, daraus zu schließen,
Mahlers gesamtes Schaffen und gar ein Werk von dem Ausmaß und der unge-
wöhnlichen Anlage der Achten sei gleichsam ohne jegliches Bewußtsein im
Zustande traumhafter Entrückung entstanden, Takt für Takt sei ohne Hinblick
auf Kommendes willenlos niedergeschrieben worden. Es ist schwierig, hier die
Grenze zwischen Bewußtem, Unbewußtem und Unterbewußtem zu ziehen.
Im Sinne philologischer Feststellung ist es sogar unmöglich. Als sicher aber muß
gelten, daß das Vorgefühl des formalen Gesamtrhythmus, die Idee des architektonischen Gesamtplanes wie der Anordnung von Gruppen und Gliederungen
dem Komponisten während des Schaffensaktes gegenwärtig war. Vielleicht
entschloß er sich bei der Ausführung hier und da zu Änderungen im einzelnen,
verwarf ursprünglich Geplantes, schaltete Neues ein. Das Wesentliche jedoch
wurde von ihm innerlich vorausgeschaut und dementsprechend vorbereitet.
Man würde mit einer gegenteiligen Annahme nicht nur dem künstlerischen Ge-
stalter Mahler einen schlechten Dienst erweisen. Man würde zugleich ein ent-
scheidendes Merkmal seiner Wirkungen: den Eindruck der großlinigen Architektur, als zufälliges Nebenergebnis kennzeichnen. So entstellend das Bild eines
Mahler wäre, der nach peinlich ausgearbeitetem Schema seine Formen baut, so

falsch wäre es, anzunehmen, daß diese Riesenformen als Geschenk von oben
dem Tondichter mühelos zugefallen seien. Wie bei jedem großen Künstler fließt
auch bei Mahler Bewußtes und Unterbewußtes ineinander. So sicher der formale
Entwurf Sache der Intuition, und zwar wichtigste Vorbedingung, eigentliche
Ureingebung ist, so sicher darf man den Ausbau im einzelnen als Ergebnis
bewußter, von schöpferischem Antrieb getragener Arbeit ansehen.

Die Exposition mit ihrer Aufstellung und Gliederung der Kontraste hatte
solchen Plan erkennen lassen, die Durchführung zeigt ähnliche, zielklare Form-
bildung. Sie gliedert sich, wiederum der textlichen Vorlage entsprechend, in
drei Teile. Schon diese Dreiteilung der Anlage, für alle großen Formbauten die
natürliche und wirkungsvollste, zeigt innere Planmäßigkeit. Der erste Teil
nimmt das Infirma mit neuer, durch die Schlußentwicklung des Vordersatzes
vorbereiteter Kraft auf und klingt über in die zarte Bitte um Erleuchtung. Diese
Bitte, zuerst in verhaltener, inniger Ergebung vorgetragen, steigert sich plötzlich
zu leidenschaftlich begeistertem Aufschwung. Das vorher still klingende Accende
wird zum Ausgangspunkt visionär aufflammender Erhebung der Geister und
übertrifft an hinreißender Gewalt fast den Anfang des Satzes. Diesem Gefühls-
ausbruch folgt als dritte und letzte, alles bisherige zusammenfassende Steigerung
die mächtige Fuge. Verstandesmäßige Logik und Höchstspannung des Gefühles
fließen in Eines, wecken die Rauschvorstellung übermenschlicher Willensoffen-
barung, vor der jede Einzelenergie zusammenbricht, sich nur diesem brandenden
Meer der Sinneserregungen widerstandslos hingeben kann.

So baut Mahler die Durchführung. Wenn sie trotz ihrer von höchstem
künstlerischen Bewußtsein zeugenden Gliederung in einem Zuge strömt, im
unbefangenen Hörer nirgends Zwang zum Nachdenken über die Ursache weckt,
so ist dies ein Zeichen, daß hier, wie in jeder echten Kunstschöpfung, die bis ins
äußerste bedachte Gestaltung stets im Banne der Inspiration steht.

Ein Orchestervorspiel leitet den ersten Teil ein. Neue Farben, neue Klänge.
Eine wirre, fantastische, von hastenden Erscheinungen bewegte Nebelwelt. Es
ist, wie wenn sich vor die Offenbarung des Vordersatzes plötzlich Wolken senken,
und nur Erinnerungen an das eben Erlebte durch die Fantasie huschen. Tempo
primo, Allegro „etwas hastig". Paukenwirbel auf H, Bässe und Violoncelli im
dreifachen Piano auf dem gleichen Ton orgelpunktartig festliegend. Der Fünf-
vierteltakt steigert den Eindruck des Unruhevollen, Haltlosen. Gedämpfte
Hörner intonieren das Hauptthema in der Gegenbewegung. Holzbläser und
gedämpfte Trompeten, aufzuckend zwischenfahrend, versuchen eine dissonierende Ergänzung. Ihre punktierten Rhythmen klingen melodisch unabgeschlossen
in heftigen Pizzikati der Streicher ab. Die Bässe sinken chromatisch im Tremolo
nach As. Fermate. Tiefes Glockengeläut. Nochmals das Thema in gedämpften
Hörnern, diesmal in ursprünglicher Gestaltung. Die Bässe wechseln nach Es,
der Paukenwirbel rollt pianissimo. Wieder versuchen Holzbläser das Thema zu
fassen. Die Taktart wechselt: $^5/_4$, $^4/_4$, $^6/_4$, $^5/_4$, $^3/_4$, $^4/_4$, $^5/_4$. Immer in ganz kurzen,
ein- oder zweitaktigen Abständen. Da oder dort klingt das Thema kurz auf in
einer einzelnen Stimme, im Horn, in der Posaune, in Streicher-Pizzikati, „immer
gleich schnell und hastig", rufend und sofort wieder verklingend, eine Erscheinung
im Nebel, die sich nicht greifen läßt. Ähnlich wie vorher senkt sich das Über-

leitungsmotiv zum ersten Infirma im Tremolo der Violinen und in Flötenklängen herab. Das Haschen der Stimmen nach dem Thema hört auf. Das As der Bässe wird enharmonisch umgewechselt zur Dominante Gis. Mit der Wendung nach cis-moll ist endlich ein harmonischer Halt gewonnen. „Noch einmal so langsam als vorher" klingt die Moll-Umformung des Haupt-themas mit starkem Nach-druck aus dem Solobaß:

In-firma, infirma nostri corporis

Die übrigen Solo-stimmen nehmen den aus der Tiefe drin-genden Ruf auf, leiten ihn weiter in das Ergänzungs-motiv des Haupt-themas:

Firmans per-peti,

Der siebenstimmige Solo-Vokalsatz, nur von zarten Holz- und Streicherregistern gestützt, klärt sich vom „leidenschaft-lichen" cis-moll nach F-dur. Aus ihm blüht „sehr zart und gehalten" D-dur auf, die Bitte um Erleuchtung: „Ent-zünde Deine Leuchte unseren Sinnen, ströme Deine Liebe in unsere Herzen":

Lu - men ac-cen - de sensi-bus

Es ist das vom zweiten Thema her bereits bekannte Imple superna in neuer tonartlicher Umwandlung. Beruhigt klingt aus dem Baß das schwermütige Moll-thema des Durchführungsbeginnes in reinem C-dur:

Lu-men ac-cen - de

Es tönt weiter durch die immer zarter hallenden Solo-stimmen, wechselnd mit dem Gesangthema. „Ohne Aus-druck" mischen Flöten und zweite Violinen leise den Gratia-Ruf ein, bis sich die Gesangstimmen wie entschwebend verlieren. Das Tempo sinkt, immer langsamer werdend, in traumhaftes Dämmern, auch die Instrumentalstimmen ver-hallen. Da schallt plötzlich in drei-fach verschlungener Kombination das Veni: vergrößert aus Trompeten, doppelt verkürzt aus Fagotten, ein-fach verkürzt aus Hörnern:

Das im Beginn dieses Teiles Gesuchte ist gefunden, offenbart sich aufs neue. Jubel bricht aus. Ruck der Bässe vom verhallenden C zum Fortissimo H. E-dur strahlt auf. „Plötzlich sehr breit und leidenschaftlichen Ausdrucks" im vollen Orchester das Hauptthema, kurz, mit wuchtigem Molto ritenuto prä-ludierend. „Mit plötzlichem Aufschwung" ein durch Kraft der Ekstase erschütternder Schrei des unisono geführten Doppelchores, Knabenchores und aller Soli:

Ac-cen-de,   ac-cen-de lu-men sen-si-bus, lu - men sen-si-bus, sen-si-bus, ac-cen-de ser. si-bus.

Es ist einer der gewaltigsten Momente innerhalb dieses Werkes, innerhalb Mahlers Schaffen, innerhalb der gesamten Literatur. Ein Moment, der an Größe der Eingebung, an Wucht der Kontraste, an innerlicher Gefühlskraft Haydns grandiosem „Und es ward Licht" nahekommt. Eine ungeheure Unisonowelle steigt in mächtig ausrufenden Intervallen breit an, kehrt dann, sich fast über-stürzend, in immer heftiger beschleunigten Rhythmen wieder zum Ausgangspunkt zurück, drängt, gleichsam die eigene Fülle kaum fassend, über ihn hinaus in unbändiger Energie zur Tiefe. Es ist eine Offenbarung der nämlichen Elementarkraft, der auch das erste Thema entstammt, diesem in melodischen und rhythmischen Einzelheiten verwandt. Technisch gesehen die Einfügung eines neuen Themas in die Durchführung, wie es sich bereits bei Beethoven findet. Auch das Tonartenverhältnis ist dem klassischen Vorbild ähnlich. Bei Beethoven erscheint das neue Durchführungsthema innerhalb des ersten Es-dur-Satzes der Eroika in e-moll, bei Mahler innerhalb des Es-dur-Satzes in E-dur. Die Tonart ist für Mahler gerade an dieser Stelle charakteristisch, bedeutet doch ein E-dur-Durchbruch für ihn stets — in der „Totenfeier" der Zweiten, im langsamen Satz der Vierten, im Andante der Sechsten, im Sonnenaufgang des ersten Satzes der Siebenten — überirdische Offenbarung, Himmelsöffnung. So wuchtet auch hier das E-dur mit befreiender Kraft. Bestätigend klingt das Thema bei der unmittelbar folgenden Wiederholung zuerst in D-dur auf, wird dann durch den in weiter Linie gespannten Solo-Sopran nach E-dur zurückgeleitet:

In-funde, in-funde a-mo - - rem.

Nun teilen sich die Stimmen, die Botschaft weitertragend, sie mit den bisherigen Themen verflechtend, neue aus üppig strömender Quelle hinzufügend. Die beim Accende vereinigten Chöre werden getrennt, stehen sich wieder gegensätzlich, in Zurufen einander ergänzend, gegenüber. Die Soli schweigen oder fügen sich den Chorstimmen zur Erhöhung der Leuchtkraft an. Selbständig tritt dagegen jetzt der zuerst beim Accende verwendete Knabenchor mit frischem, durchdringendem Klang hervor. Er intoniert ein sieghaft schreitendes Thema, eine Vorausnahme des „Freudig empfangen wir diesen im Puppenstand" aus dem zweiten Teil. In den Chorbässen klingt das Veni-Thema und verschlingt sich weiterhin mit dem Accende:

Kraftvolle Akkordschläge der Streicher, Holzbläser, Orgel verstärken den Eindruck des Triumphalen, Hörner und Trompeten blasen das Accende. Die Kräfte ballen sich von neuem. Beide Chöre schließen sich wieder zusammen. Die Tonart schwenkt von einer E-dur-Kadenz nach G- und C-dur. Kampfstimmung bricht durch. „Den Feind wirf zu Boden." Die Stimmen stampfen, gellend klingt der Kampfruf „Hostem":

Ho-stem re-pel-las, ho-stem, re-pellas lon-gi-us, ho stem.

Eine mächtige Achtelbewegung steigt skalenartig aus den Streichbässen auf, erfaßt die Oberstimmen. Der Knabenchor nimmt das Spiritus-Thema auf:

Ho - stem re - pel-las, re-pel-las lon-gi-us,

In den anderen Chor- und Solostimmen
schreiten die Hostem- und Accende-
Motive marschartig weiter, straffen sich
zu der gebieterischen Zusammenfassung:

Die Energie ist aufs äußerste gespannt, die Stimmenverflechtung und
-steigerung im freien Satz scheinbar auf den Gipfel gelangt. Die Massen haben
sich gefunden, sich vereint. Es ertönt der Ruf nach dem Führer, der ihnen das
Ziel weist. Die geistige Schlachtordnung, in der alle nach höherem Gesetz ineinander greifen, von einem Willenszug gelenkt, die Ausdrucksteigerung, die über
Energiebezeugung hinaus zur Tat führt, dieses Gesetz der Bindung bisher unge-
bundener Kräfte findet Mahler in der Fuge. Zum drittenmal schwenkt im Durch-
führungssatz die Tonart. Von leidenschaftlichem cis-moll des Infirma hatte sie
über vermittelndes D-dur in das offenbarende E-dur des Accende mit dem
G-dur-Kampfsatz gewechselt. Nun, im Augenblick siegesfroher Zuversicht,
lenkt sie zurück in die heroische Haupttonart Es-dur. „Geh uns voran" schallt
der Ruf auf dem scharf punktierten Spiritus-Motiv. Wie um anzudeuten, wer
vorangehen soll, erklingen gleichzeitig die beiden Themen des Führer-Geistes,
das Veni und die emporstürmende Fortführung des Spiritus:

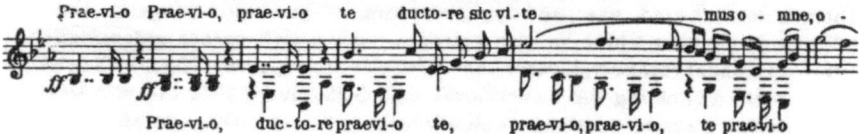

Damit ist der Ausgangspunkt gegeben für den krönenden Fugenbau. Auch
er ist in sich wieder dreiteilig gegliedert. Das für den Satz im ganzen bestimmende architektonische Prinzip bleibt maßgebend für alle Teile und Unterteile,
gibt immer wieder das Grundgefühl der starken, beherrschenden Führung. Bereits der erste Fugenteil erschöpft den gesamten Text. Dieser wird jetzt nicht
mehr den gedanklichen Einzelzügen entsprechend ausgedeutet. Das Wort als
wahrnehmbarer Text, bisher mit äußerster Genauigkeit deklamiert und begrifflich klargelegt, tritt zurück. Wie absichtlich sind die Stimmen zu verschiedenen
Texten jetzt so ineinander verschlungen, daß Erkennung des begrifflichen Sinnes
unmöglich ist. Es bleibt nur der musikalische Eindruck einer unübersehbaren,
aus verschiedensten Richtungen vorwärtsdrängenden Vielheit, die durch das
Band formaler Gestaltung zur Einheit gefaßt wird. Namentlich der erste Teil
der Fuge zeigt dieses Zusammenströmen von allen Seiten. Er beginnt in Es-dur
und hält diese Tonart bis unmittelbar vor dem Abschluß fest. Zu den zwei Chören
treten als dritte, selbständige Gruppe die sieben Solisten, als vierte der Knabenchor, dieser zuletzt, die Themen in der Art eines Cantus firmus über die Masse
der Singenden hinweg schmetternd. Alle Künste kontrapunktischer Arbeit werden
aufgeboten. Beide Grundthemen, anfangs auf den Doppelchor verteilt und im
Orchester nur von markant nachschlagenden Akkorden begleitet, erscheinen
weiterhin in Gegenbewegung, einfacher und doppelter Vergrößerung kombiniert.
Das Orchester wird hineingezogen in die thematische Entwicklung, die Chöre
wechseln einander nicht mehr ab, sie klingen gleichzeitig. Die Führung der
Stimmen schlingt sich enger und enger, stets den drängenden Marschrhythmus

wahrend, bis nach einer kurzen Schwenkung des Chores über A-dur nach Des-
dur breites Unisono der Soli das „Jetzt und immerdar" in feierlicher Vergrößerung des Spiritus-Themas verkündet, während gleichzeitig im Orchester das Veni
erklingt:

Damit ist der Aufblick nach E-dur neu gewonnen. Die bisherige Entwicklung des Gesamtsatzes wie-
derholt sich gewissermaßen in
zusammengedrängter und gesteigerter Fassung. Das Accende
erklingt, vom Veni begleitet:

Auch dieses Thema wird in den Wirbel der Fuge hineingerissen, es
verliert seine herrschende Selbständigkeit, seine tonartliche Symbolik, verbindet sich mit den übrigen thematischen Erscheinungen. Selbst das Imple
superna wird seines andächtig
flehenden Ausdruckes entkleidet,
gestaltet sich, vom Accende der
Bässe getragen, zum schwungvoll
empordringenden Jubelruf:

Aus der modulatorischen Unruhe des Mittelsatzes biegt die harmonische Kurve
nach Es-dur zurück. Ein sich über 22 Takte spannender Orgelpunkt kündet die
Kodagruppe der Fuge an. Soli und beide Chöre drängen sich immer enger zusammen, bis eine Unisonowelle des Chores, von langgehaltenen Rufen der Solostimmen durchklungen, mit dem in unerschöpflicher Breite rollenden Spiritus-
Thema in die Wieder-
holung des Haupt-
satzes zurückführt:

Die Durchführung, ihrer Bedeutung nach besser Emporführung genannt,
ist beendet. Verheißung ist Erfüllung geworden. Was im Anfang des Satzes als
aufdrängender Anruf erklang, beim Beginn der Durchführung in Nebeln ver-
schwand, durch das Accende wieder zur Hoffnung, durch die Fuge mehr und mehr
zur Gewißheit wurde, das erscheint jetzt als Wirklichkeit, als lebendige Gegenwart, ähnlich wie am Anfang und doch anders. Der Orgelpunkt B der Fugenkoda
schreitet beim Eintritt des Hauptthemas nicht nach Es. Er dröhnt während der
ersten Takte bis zur B-dur-Wendung weiter, die Wiederkehr des Grundgedankens gleichsam als etwas längst Erwartetes kennzeichnend. Die Worte, die
Mahler hier wiederkehren läßt, sind der Vorlage gegenüber eine kühne Erweiterung, aber eine solche, die der Dichtung nicht nur straffere Gliederung gibt,
sondern auch den Sinn des Bisherigen nachträglich erhellt. Mahler benutzt nur
die erste Zeile Veni creator spiritus, geht dann sofort zum zweiten Vierzeiler
Qui Paraclitus über und springt, mit Auslassung der für die Durchführung
verwendeten Strophen, zum vorletzten Vierzeiler, der Bitte um „der Gnade

Heil, der Freuden Vorgefühl, Lösung der Zwietracht und Geschenk des Friedens". Es fehlen demnach in der Wiederholung die für das Seitenthema grundlegenden Verse des Imple superna. Es fehlen nicht nur die Worte, es fehlt auch die zu ihnen gehörende Musik: der mystische Des- und As-dur-Satz mit dem Gesangthema. Sie fehlen, weil sie jetzt überflüssig sind. Jene andächtige Bitte um Erfüllung mit Gnade, jenes sanfte, hingebende Träumen ist angesichts der Erfüllung nicht mehr erforderlich. Für die weltabgewandte Versunkenheit und Passivität jener Stimmungen ist jetzt kein Raum. Wohl klingen einzelne kurze Wendungen bei der Friedensbitte an das Seitenthema an:

Aber dies sind nur flüchtige Erinnerungen. Der Pfingstgeist braust unaufhaltsam, beide Chöre und die Soli wechseln und rufen in unablässiger Steigerung. Mit dem in höchster Kraft erschallenden Führerruf „Geh. uns voran und führe Du uns, so werden wir Sieger über alles Böse" klingt die sich ähnlich wie beim Hauptteil zu wuchtigem Ritenuto emporrichtende Kadenz aus:

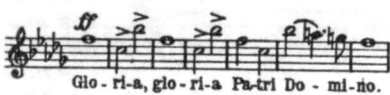

As-dur gibt jetzt den gloriosen Ausklang, ein Umschwung des Orchesters nach E-dur noch einmal die Erinnerung an das Accende-Erwachen. Nun die letzte Wandlung, die Verklärung. Das Infirma-Thema, einst leidenschaftliche cis-moll-Klage der Schwachheit, wird jetzt, im wiederkehrenden Es-dur, zum Gloria. Wie helles Glockenläuten klingt es aus dem in majestätischem Des einsetzenden Knabenchor:

Glo-ri-a, glo-ri-a Patri Domi-no.

Es ist ein Augenblick erschütternder Pracht, feierlicher Verzückung. Leiser Paukenwirbel auf F, ein hochatmend aufwärts drängendes Skalenmotiv in den Hörnern, in Streichern flimmerndes Tremolo. Wie aus höchsten Sphären klingt das Veni-Thema in doppelter Vergrößerung beider Solo-Soprane:

Glo - ri-a, glo-ri-a Pa-tri Do - mi-no.

Als täte der Himmel sich auf, und das Gloria der Heerscharen tönte hernieder zur ehrfürchtig schweigenden Menschheit. Nur wenige Takte währt die Vision. Dann braust die Antwort von unten empor: „Ehre dem Vater, dem Sohne, dem Erlöser Geist von Ewigkeit zu Ewigkeit." Doppelchor, Soli und Orchester in äußerster Fülle. Über alles hinwegtönend, „isoliert, postiert", vier Trompeten, drei Posaunen und Knabenchor mit dem zu jenseitigen Höhen weisenden Offenbarungsthema des Accende:

Glo-ri-a, in saecu-lo-rum sae-cu-la Patri in sae - cu-la,

Der erste Teil, mit geringen episodischen Abweichungen durchweg den Charakter des Allegro impetuoso wahrend, ist ein Aufflug von so unerhörter, selbst für die Intensität eines Mahlers beispielloser Kraft und atemraubender Gewalt des Schwunges, daß Fortführung in gleicher Linie schon äußerlich kaum denk-

bar scheint. Selbst wenn sich für den zweiten Teil ein anderer poetischer Vorwurf ähnlicher Art gefunden, und die schöpferische Kraft des Musikers für solche
nochmalige Spannung ausgereicht hätte — schon durch Gleichförmigkeit des
Gestaltungsprinzipes wäre eine abschwächende Wirkung hervorgerufen worden.
Sie hätte entweder nachträglich dem Eindruck des ersten, oder, mit mehr Wahrscheinlichkeit, der Bedeutsamkeit des zweiten Teiles Abbruch getan. Die Aufnahmefähigkeit der Hörer hätte versagen müssen, denn dauernde Ekstase verliert ihre Überzeugungskraft. Der erste Satz stellt das äußerste Ausmaß dessen
dar, was die Masse der Hörer entgegenzunehmen, miterlebend zu erwidern vermag. Es galt also nicht nur, dem ersten Satz eine sinngemäße Ergänzung zu
geben. Die Ergänzung war so zu gestalten, daß sie, die Höhe des vorangehenden
Aufschwunges bewahrend, ihn gegensätzlich vertiefte. Es galt, die bisher vorzugsweise nach außen gewendete Intensität mit innerlichem Leben zu füllen,
dem zu seelischem Außersichsein emporreißenden Impuls Innigkeit und Weihe
religiösen Schauens zu geben. Mahler findet die dichterische Grundlage für solche
Aufgabe in den Schlußszenen von Goethes „Faust". Vielgestaltigkeit ihrer
Erscheinungswelt, reicher Wechsel der Stimmungen, Verschiedenartigkeit der
Sprachbehandlung bildete starken Kontrast zu der durch Einheitlichkeit der
Idee und der Diktion wirkenden Hymne. Mahler formt diese Szenen musikalisch
ihrem Wesen entsprechend. Nicht Sturm empor zum Gipfel gibt den musikalischen Antrieb, nicht Einheit gilt es zu bewahren. Die Höhe ist erreicht, Vielheit muß Gestalt gewinnen. Das Steigerungsmoment als bestimmende Kraft
kommt in Fortfall, weitgespanntes Mosaik von Bildern breitet sich aus. Nicht
im Sinne lose zusammenhängender, willkürlich gereihter Episoden. Zusammen-
halt, große architektonische Linie ist auch hier vorhanden. So reich der Teil an
Einzelzügen ist, so geschlossen erscheint er als Ganzes. Aber die formale Bändigung tritt nicht, wie im ersten Teil, als bewußt angewendetes künstlerisches
Mittel hervor. Sie bleibt latent im Unterbewußtsein des Hörers. Über der Üppig-
keit und steten Abwechslung der Eindrücke wird er die geheime Bindung nicht
gewahr, die alles aus einem Quell entspringen, alles auf einen Punkt hin-
streben läßt. Überredungsmittel des ersten Satzes war unentrinnbare Gewalt,
diktatorischer Zwang. Er packte den Hörer gleichsam von außen her, riß ihn
in den Wirbel eines Geschehens, dem gegenüber der einzelne sich als Atom fühlen
mußte. Der zweite Teil löst diese Bindung, wie er überhaupt alles Materielle löst,
von innen her durchdringt. Die Grenzen des Individuellen werden nicht durch
Massenformung verwischt. Sie werden durch immer feinere Zerstäubung der
äußeren Schichten bis auf den seelischen Kern bloßgelegt. Gemeinschaftsleben
aus der Idee der Liebe hier wie dort. Beidemale aber aus entgegengesetzten
Richtungen handelnd, mit verschiedenartigen Mitteln wirkend. Dort alle
Grenzen sprengender Ansturm der Masse, hier Reinigung und Verklärung ge-
heimsten persönlichen Erlebens.

Dieser Verschiedenartigkeit entspricht die Art des Vortrages. Grundzug
des ersten Teiles ist Aktivität. Sie wirkt sich in dramatischer Lebhaftigkeit aus.
Grundzug des zweiten Teiles ist lyrische Ruhe. Sie entwickelt sich in einer Reihe
abwechslungsvoller Szenen zu immer mehr vertiefter Innenschau. Demgemäß
ist die Art der melodischen Stilisierung von der des ersten Teiles verschieden.

19

Die Themen des ersten Teiles streben nach schärfster Formulierung, Hervor-hebung der Akzente, straffem Kontur, Eindringlichkeit des linearen Ausdruckes. Die Themen des zweiten Teiles haben durchweg etwas Schwebendes, leicht Ge-löstes, Ätherisches. Klangreiz, Biegsamkeit, Fähigkeit der Überredung durch Wirkung nicht auf den Affekt, sondern auf das Gefühl sind in ihnen betont. Sie rühren an das Bedürfnis zur Mystik, an zarte Regungen verborgenen Innenlebens. Dieser Gegensatz gilt naturgemäß nicht für jede Einzelheit, nur für gewisse stilistische Grundzüge. Er prägt sich am deutlichsten aus an der Art, wie die Hauptthemen des ersten Satzes innerhalb des zweiten verwendet werden. Sie entfalten hier Ausdruckswerte, die den früheren zum Teil entgegengesetzt sind.

Es waren nicht nur Fragen des Stiles, der inneren Weiterführung und Gegensätzlichkeit, es war vor allem die Frage der formalen Gliederung, die sich bei der Aufnahme des Planes einer „Faust"-Komposition erhob. Mahler hat den Schluß der „Faust"-Dichtung von der Anachoreten-Szene ab bis zum Chorus mysti-cus durchkomponiert, mit Kürzung nur der Gesänge des Pater seraphicus, Doctor Marianus und des Chores seliger Knaben. Die Dichtung bietet dem Musiker keine deutlich erkennbaren Einschnitte. Sie läßt im Hinblick auf die musikalische Behandlungsart der Fantasie weiten Spielraum. Die Aufgabe war nicht nur in geistiger Beziehung, sondern auch im Hinblick auf formale Gestaltung erheblich schwieriger als beim Hymnus des ersten Satzes.

Mahler ist dieser Schwierigkeiten Herr geworden als Sinfoniker. Er teilt die dichterische Vorlage in drei Gruppen. Als erste, einleitende nimmt er die Purgatorium-Szene der Mystiker: der Anachoreten und der drei „heiligen Männer", des Pater ecstaticus, Pater profundus, Pater seraphicus. Diese Szene der „Welt-überwinder", gedacht an dem Mittelort zwischen Himmel und Erde, gestaltet sich ihm zum Adagio. Als zweiter Teil fügt sich ein scherzoartig sich hebender Satz voll leichter, aufschwebender Rhythmen und Klänge an. Er setzt ein mit dem Gesang der Engel in der „höhern Atmosphäre": „Gerettet ist das edle Glied". Den Abschluß gibt der Hymnus des Doctor Marianus „in der höchsten, reinlichsten Zelle": „Hier ist die Aussicht frei", der in den Anruf der Himmels-königin ausklingt. Der letzte, eigentliche Finalteil beginnt mit dem Erscheinen der Mater gloriosa, angekündigt vom Chor der Büsserinnen. Er endet mit dem Chorus mysticus.

Es ist zu betonen, daß diese Gliederung nicht äußerlich erkennbar durch-geführt ist, und daß man nicht von einer unbezweifelbaren Absicht Mahlers sprechen darf. Man könnte die Grenzen der Teile, namentlich des zweiten und dritten, anders festsetzen, sie fließen ineinander über. Daß aber eine ähnliche Grundidee in Mahler wirksam gewesen ist, muß als sicher gelten, sobald man die Auffassung rein triebhaft unbewußter Gestaltungsart als unwürdig, dem großen Kunstwerke gegenüber als unzulänglich ablehnt. Zudem enthüllt die Dreiteilung, wie beim Veni-Hymnus, den Sinn der Dichtung. Sie spiegelt den Vorgang der Läu-terung, des stufenweisen Anstieges vom „heiligen Berge" der Anachoreten zur Region der Engel und der „reinlichsten Zelle" des Doctor Marianus, von dieser zu den Sphären der Mater gloriosa. So entspricht die musikalisch formale Gestaltung auch hier der Dichtung. Der sinfonische Bau gibt gewissermaßen die szenische Architektur. Der Musiker entnimmt das Gesetz seines Handelns der visuellen Vorstellung des Dichters. Er gibt damit eine tiefer verinnerlichende Ausdeutung, als es das Bildmäßige der szenischen Erscheinung je vermöchte.

„Bergschluchten, Wald, Fels, Einöde" überschreibt Goethe die Anachoreten-Szene. Kommentatoren meinen, ihm habe hier der Berg Montserrat vorgeschwebt, auf dem sich außer einem Kloster eine große Anzahl Einsiedeleien, an den Abhängen und auf den Gipfeln verteilt, vorfinden. Andere denken an den heiligen Berg Athos in Griechenland, dessen mächtiges Plateau einen religiösen Freistaat beherbergt, mehrere tausend Seelen, viele Klöster, Kapellen, Einsiedeleien, der Mittelpunkt des anatolischen Glaubens. Mahler zeichnet eine Urweltlandschaft, außerhalb der Zeiten liegend. Er beginnt Poco adagio mit einem Orchestervorspiel, dem ausführlichsten Instrumentalsatz des Werkes. Es-moll ist Grundtonart, die zunächst aber nur erahnt wird. Ein leiser Beckenschlag und das nach ruckartigem Ansatz pianissimo schwirrende Tremolo Es der ersten Violinen beginnt. In den  Es ist das Streichbässen taucht im zweiten Takt ein Accende des aufwärts gerichtetes Pizzikatomotiv empor: ersten Satzes, der Ruf nach Licht. Dort aus Knabenchor, Trompeten und Posaunen triumphal in das Schluß-Gloria hineinhallend, erscheint es jetzt seines Glanzes entkleidet, schattenhaft. Die Szene, die hier den Anfang macht, liegt bereits weit oberhalb der Region, in der der erste Satz schloß. Die hellste Erscheinung des Vorderteiles klingt jetzt aus unterster Tiefe. Darüber gelagert zartschwebende Klänge der Flöten und Klarinette, in einfacher Linie ohne harmonische Füllung:

Vom zweiten Takt an ist das Thema vergrößerte Wiederholung der neuen Form des Accende, gleichsam seine Fortsetzung. Beide Erscheinungen, die aus der Tiefe empordrängende der Streicher und die sich herabsenkende der Bläser streben einander entgegen, das stets gleichschwebende Violintremolo zwischen ihnen gibt ein sphärisch flimmerndes Licht. Das Bläserthema festigt sich zuerst harmonisch im As-dur der Fagotte und Violoncelli. Im dreifachen Piano der Baßstimmen klingt es feierlich, wie ein Choral, mit mystischer Schlußwendung von Des-dur nach C-dur gleitend:

Das Violintremolo erstirbt plötzlich, Hörner und Fagotte versuchen den Choral fortzusetzen. Er gelangt nicht zum Abschluß, verhallt. Der Anfang kehrt wieder. Das Tremolo flimmert auf, das Pizzikato-Accende klingt jetzt in höherer Tonlage der Mittelstimmen, von dem absteigenden Bläserthema tönt nur der Nochmals der unabgeschlossene Choral, in Beginn, vom As der Flöte Fagotten und tiefen stufenweise sinkend bis Streichern in Es-dur. zum morendo Es: Rückwendung nach es-moll. Die beiden Gegenthemen erscheinen zum letztenmal, verlieren sich in erlöschenden Klängen. Plötzlich heftiges Aufbegehren. Das Tempo wird „etwas bewegter", piano schlägt in fortissimo um. „Appassionato" intoniert das Horn das Bläserthema, Oboen setzen es mit einer leidenschaftlichen Erweiterung fort:

Die melodische Bewegung, getrieben durch das andrängende Baßthema, steigert sich, das Bläserthema, auf Streicher übergreifend, formt sich zur breitgeschwungenen Melodie. Dann steigt es ohne Abschluß, ungeklärt in den Bläsern wieder empor, zurück zur Höhe, der es entstammt:

Die Anfangsstimmung kehrt wieder. Violintremolo, jetzt auf B, in der Tiefe das Pizzikato-Motiv der Streicher, darüber schwebend, von einschneidenden Zwischenrufen der Flöte ergänzt, das Bläserthema, in b-moll-Klängen der Klarinetten dumpf verhallend. Ein zweiter Ausbruch setzt mit plötzlichem Piu mosso, Allegro moderato ein. Das Accende-Motiv formt sich zur Hornmelodie, in den Violinen erklingt wild auffahrend ein in rissigen Rhythmen und unruhiger Linie geführtes Gegenthema:

Accellerando und stringendo drängt die Bewegung vorwärts. Das Violinthema greift auf das gesamte Streichorchester und Holzbläser über. Hörner und Trompeten schmettern das nach Moll verdüsterte Accende. Die Themen werden heftig gegeneinander getrieben. Da tönt aus dem Flötenquartett in dreifachem Piano lichtes Es-dur:

Der Moll-Beginn erinnert an den Anfang des einleitenden Bläserthemas, führt ihn aber in neuer, liedartig geschlossener Form weiter. Deutung erhält das Thema später durch den Engelchor: „Ich spür' soeben nebelnd in Felsenhöh' ein Geisterleben, regend sich in der Näh". Hier fehlt noch der Wortkommentar. Das Flötenquartett wirkt nur als Botschaft von oben, bringt Dur-Befreiung aus Moll-Erregung. Die Stimmen der Tiefe verstummen. Nach dem Verklingen der Flöten summen die tieferen Holzbläser die Melodie leise fort. Trompete und Posaunen versuchen das gleiche, kommen aber nicht über den Anfang hinaus. Sie fallen in das ursprüngliche Bläserthema zurück, ohne es weiterzuführen. Wie im Anfang zuckt das Tremolo Es der Violinen scharf auf, das Pizzikato-Motiv klingt aus den Bässen. Das Bläserthema aber, jetzt aus seiner Höhenregion in die Tiefe gezwungen, klingt aus Klarinette, Fagott, Kontrafagott und Tuba zu dem in Hörnern weich verhallenden Es-dur-Schluß:

Das Instrumentalvorspiel ist zu Ende. Es brachte die beiden Grundthemen, das aus Bässen aufdrängende, das in Bläsern herabsinkende. Es verflocht beide bis zur leidenschaftlichen Durchdringung, warf in die sich ballende Verdüsterung hinein die Engelbotschaft des Flötenchores, ließ dann beide Themen, in der Tiefe nebeneinander gelagert, in reinem Dur ausklingen. So gab es Einführung in die Grundstimmung des Teiles und kurze Andeutung des Gesamtverlaufes. Der Vorhang hebt sich, der Chor beginnt.

Das instrumentale Bild ist das nämliche wie am Anfang, die Fantasieland-schaft des heiligen Berges: das Violintremolo mit den beiden einander zu-strebenden Themen. Dazu jetzt der Chor. „Heilige Anachoreten gebirgauf verteilt, gelagert zwischen Klüften. Chor und Echo." Die szenische Vorschrift ist bedeutsam, sie gibt Weisung für die musikalische Diktion. Der Chor fließt nicht in einem. Er hallt in kurz abgebrochenen, akkordischen Rufen, scharf punktierten Rhythmen. Aus ver-schiedenen Höhen kommend, klingen sie echoartig in einander, in schwe-bendem Dreihalbetakt statt der vier Viertel des Instrumentalsatzes:

Es-moll gibt wieder die harmonische Grundfarbe. Die Chöre beginnen terzenlos, durch leere Quinten und Quarten den Eindruck des Geisterhaften steigernd. Die thematische Gruppierung überträgt sich auf den Vokalsatz. In den Ober-stimmen Andeutung des Bläserthemas. Bei Weiterführung des Textes das Baßthema in bildhafter Anpassung an die Worte:

Die Stimmung bleibt gleichmäßig geheimnisvoll. Keine Steigerung, keine Mehrung der Instrumentalstimmen. Höhe und Tiefe sind unvermittelt, ohne harmonische Füllung, übereinander gelagert. So klingen die Stimmen der heiligen Einsiedler, die, aufgeschreckt aus der Ruhe, ein neues Geschehen sich in seltsamen Natur-zeichen ankündigen sehen:

Waldung, sie schwankt heran,
Felsen, sie lasten dran,
Wurzeln, sie klammern an,
Stamm dicht an Stamm hinan.
Woge nach Woge spritzt,
Höhle, die tiefste, schützt.

Der Gesang schweigt plötzlich. Es wiederholt sich die Entwicklung der Instrumental-Einleitung. Aus tiefen Bläsern und Streichern klingt der Choral, verklingt unabgeschlossen, wie vorher. Die seltsamen Zeichen mehren sich, in abgebrochen staunendem Flüstern beobachtet, das allmählich melodischen Umriß annimmt:

Das Orchester verstummt bis auf die tremolierenden Violinen. Die Choralweise erhält jetzt im Chor der heiligen Männer ihre Deutung: Im Orchester hallt das Echo, der Chor der Einsiedler schweigt. Aus ihrer Mitte ringt sich die Einzelstimme des Pater ecstaticus empor, die gewonnene und gefestigte Weise in „sehr leidenschaftlichem" Es-dur-Gesange breit ausführend:

Siedender Schmerz der Brust,
Schäumende Gotteslust.
Pfeile, durchdringet mich,
Lanzen, bezwinget mich,
Keulen, zerschmettert mich,
Blitze, durchwettert mich!
Daß ja das Nichtige
Alles verflüchtige,
Glänze der Dauerstern,
Ewiger Liebe Kern.

Das in den Trompeten hell aufstrahlende Es-dur-Accende krönt den himmelanstrebenden Gesang, in dessen reinem, melodischem Schwunge der „auf- und abschwebende", zwischen den Sphären wandelnde Pater ecstaticus die Verzückung der letzten Offenbarung vorwegzunehmen scheint. Aber das Irdische ist noch nicht überwunden. Aus der „tiefen Region" erklingt „mit mächtigem Ton" die Stimme des Pater profundus. Auch ein anstrebender, aber noch von wilden Leidenschaften erfüllter Gesang, innerlich bewegt vom Anblick elementarer Naturbilder als der Symbole göttlichen Wesens. Nach es-moll zurückgreifend, gibt er die nachträgliche Ausdeutung des Allegro-Teiles der Instrumental-Einleitung:

Zum grausen Sturz des Schaums der Flut,
Wie strack, mit eignem, kräftigen Triebe,

Der Stamm sich in die Lüfte trägt,
So ist es die allmächtige Liebe,
Die alles bildet, alles hegt.
Ist um mich her ein wildes Brausen,
Als wogte Wald und Felsengrund,
Und doch stürzt, liebevoll im Sausen,
Die Wasserfülle sich zum Schlund,
Berufen, gleich das Tal zu wässern;
Der Blitz, der flammend niederschlug,
Die Atmosphäre zu verbessern,
Die Gift und Dunst im Busen trug,
Sind Liebesboten, sie verkünden,
Was ewig schaffend uns umwallt.
Mein Inn'res mög' es auch entzünden,
Wo sich der Geist, verworren, kalt,
Verquält in stumpfer Sinne Schranken,
Scharfangeschloss'nem Kettenschmerz.
O Gott! Beschwichtige die Gedanken,
Erleuchte mein bedürftig Herz!

— — — — — — — — —

— — — — — — — — —

Weite Intervallsprünge, eruptive Heftigkeit und Inbrunst des Vortrages,
reich ausgeführte, in gesteigerter Lebhaftigkeit drängende Instrumentalbegleitung,
scharf ausgekantete Rhythmik und vorwiegend deklamatorische Behandlung der
Singstimme machen diesen zweiten Sologesang zum Gegenbild des ersten. Die
unausgegorenen Moll-Elemente der Einleitung kommen zur Entladung und damit
zur Beschwichtigung. Das ist das Ziel der Musik. Wie beim Gesange des Pater
ecstaticus klingt sie auch hier in das triumphale Accende des Blechchores aus.
Dieses Accende zur Befreiung von allen Hemmungen emporzuführen, ist musikalische Aufgabe der ersten Hauptgruppe des zweiten Satzes. Im Orchester
klingt die breite Melodie des Ecstaticus-Gesanges nach, das Tempo steigert sich,
eine dynamische Schwellung kündet neuen Ausblick an. Die Anachoreten-
Landschaft versinkt. Der Chor der Engel „schwebend in der höhern Atmosphäre,
Faustens Unsterbliches tragend", wird sichtbar. Im H-dur-Fortissimo beider
Frauenchöre erklingt das „Gerettet" zum Thema des Accende in ursprünglicher
Gestalt, vom Orchester bestätigt und weitergeführt:

Ge-rettet ist das ed-le Glied der Geisterwelt von Bösen

Wer immer strebend sich bemüht,
Den können wir erlösen;
Und hat an ihm die Liebe gar
Von oben teilgenommen,
Begegnet ihm die selige Schar
Mit herzlichem Willkommen.

Der Eintritt bisher nicht verwendeter Frauenstimmen im Gegensatz zu den jetzt verstummenden Männerchören, der Umschwung aus dem Kreise der B-Tonarten nach H-dur, das frische Allegro deciso, immer freier fließend, die durchsichtige Behandlung des Orchesters gegenüber dem entweder mystischen oder schwer massiven Klang des ersten Abschnittes geben sofort den Eindruck der höheren, unbeschwerten Region. Fast genau dem Accende des ersten Satzes entsprechend, nur den dortigen Kraftausbruch zum Ausdruck der Verklärung wandelnd, tönt der Gesang weiter. Das „Amorem cordibus" des früheren Knabenchores wird jetzt zum „Chor seliger Knaben, um die höchsten Gipfel kreisend":

Hän-de ver-schlin-get euch freu - dig___ zum Ring ver - ein,

> Regt euch und singet
> Heil'ge Gefühle drein!
> Göttlich belehret,
> Dürft ihr vertraun,
> Den ihr verehret,
> Werdet ihr schaun.

Zweistimmig werden Frauen- und Knabenchor wie im Reigen gegeneinander geführt, flatternde Triller der Holzbläser und Streicher steigern die Leichtigkeit. „Immer flotter" drängt das Tempo zum Allegro mosso. Die Singstimmen schweigen, jubelnd tönt das Tanzthema „Hände verschlinget euch" refrainartig aus Trompeten, Oboen, Bratschen und Violoncelli. Die Trillerbewegung greift auf alle leicht beweglichen Instrumente einschließlich des Hornes über, tiefe Bässe fehlen. Alles ist in funkelndes Licht getaucht. Die Steigung führt höher, das Blendende des Glanzes läßt nach. Wie aus noch reineren Regionen klingt nach kurz vermittelndem G-dur Zwischenspiel molto leggiero das in graziösen Terzen und Sexten geführte, liebliche Es-dur-Scherzando der „jüngeren Engel" („Auswahl von leichten Stimmen des ersten Frauenchores" laut Partitur):

Je-ne Ro - sen, aus den Hän - den lie-bend heil-ger Bü - ße - rinnen

> Halfen uns den Sieg gewinnen
> Und das hohe Werk vollenden,

Das Kadenzmotiv des ersten großen Veni-Abschlusses kehrt wieder:

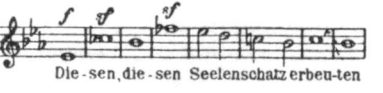

Die-sen, die-sen Seelenschatz erbeu-ten

Eine kurze, leichte es-moll-Wendung, auf das einleitende Bläserthema zurückdeutend, bei der Erinnerung an die Besiegung der Teufel und Dämonen:

Bö - se wi - chen, als wir streuten, Teufel flo - hen als wir tra - fen.

Keine Kampfstimmung. Der Sieg wurde gewonnen durch Macht der Liebe, das „Rosen"-Thema hat die bösen Geister bezwungen. Nur die Vertiefung von Es- nach Ces-dur deutet auf die untere Sphäre:

Statt ge-wohn-ter Höl-len-stra-fen, statt ge-wohnter Höl-len-strafen

Liebesqual faßte die Dä-
monen, der Tanzrhythmus
bricht durch:

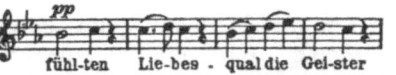

fühl-ten Lie-bes-qual die Gei-ster

Immer durch-
sichtiger wird
der Orchester-
klang, Triangel tönt hinein. Mit etwas scheuem Spott wird in seltsam absteigenden Quart-
sextakkorden
Mephisto ge-
schildert:

selbst der alte Sa-tansmeister war von spit-zer Pein durch-drungen

Nun aber ist
das Spiel vor-
bei. Es-dur
rauscht auf,
alle Frauenstimmen des ersten Chores vereinigen sich in festlichen,
durch ihre kindliche Einfachheit
ergreifenden Klängen:

Jauchzet auf! Jauchzet auf! Es ist ge-lun-gen.

Hell schmettern
Trompeten das
Accende-,,Ge-
rettet":

„Flott" schwingen sich die Orchesterstimmen empor. Plötzlich scheint
die heitere Kraft nachzulassen, ein
Schatten fällt über Dynamik und
Rhythmik. Bässe sinken vom Orgelpunkt Es nach D, das Tempo wird langsamer, fast schleppend, d-moll-Klänge drängen vor. Es ist der nämliche Umschwung, wie nach dem ersten
Abschluß des Veni creator, mit
dem gleichen, lastenden, abwärts
drückenden Quartenmotiv:

Nicht nur das Instru-
mental-Zwischenspiel
weist auf den ersten
Teil zurück. Auch
der Chor stimmt die frühere Klage an, in veränderter Bedeutung freilich. Einst
veranlaßte Verzagtheit aus Bewußtsein der Schwäche die Moll-Umfärbung des
Veni-Motives. Jetzt übernimmt sie der Chor der „vollendeteren Engel", Erinnerung an Vergangenes, noch nicht völlig Gelöstes mit sich tragend:

Uns bleibt ein Er-den-rest, uns zu tra-gen peinlich.
Und wär' er von Asbest,
Er ist nicht reinlich.
Wenn starke Geisteskraft
Die Elemente
An sich herangerafft,

Mit geringen Abweichungen ist der ganze Chorsatz des Infirma beibehalten:
das mystische Düster des Kolorits, die vereinzelt tönenden Veni-Rufe, die doppel-
chörige Anlage. „Sehr
warm" klingt aus dem
Solo-Alt das Gesang-
thema des ersten Satzes:

Kein En-gel trennte geein-te Zwiena-tur_ der in-ni-gen bei-den,

Nun die Verheißung, aus modulatorischen Wendungen mit dem umgekehrten Veni-Thema zum Es-dur weisend:

„Immer breiter, stark hervortretend" quillt dieser Gesang des Solo-Altes, der Linie des Infirma folgend. Jetzt eine bedeutungsvolle Abweichung. Dort brach der Gesang unvollendet vor dem Schlußakkord ab, die fantastische Durchführung begann. Hier gleitet der melodische Abschluß unmittelbar in das bestätigende Es des Schlußakkordes. Die Brücke ist geschlagen. Aus der Höhe klingt, auf das Orchestervorspiel des zweiten Teiles zurückweisend, der Chor der „jüngeren Engel", mit hellem Schlag des Glockenspieles Erwachen zum Leben ankündigend:

> Die Wölkchen werden klar,
> Ich seh' bewegte Schar
> Seliger Knaben,
> Los von der Erde Druck,
> Im Kreis gesellt,
> Die sich erlaben
> Am neuen Lenz und Schmuck
> Der obern Welt.
> Sei er zum Anbeginn,
> Steigendem Vollgewinn
> Diesen gesellt!

Häufiger tönt das Glockenspiel. Neue Scharen strömen herbei. In die nach G-dur umleitenden Chorzeilen tönt „begleitend", wie noch aus der Ferne, der fromme Gesang des Doctor Marianus aus der „höchsten, reinlichsten Zelle" hinein.

> Hier ist die Aussicht frei,
> Der Geist erhoben.

Es ist ein ständiges Sichheben und Aufschweben. Der Chor seliger Knaben stimmt das einstige Amorem cordibus und spätere „Hände verschlinget euch" zum dritten- und letztenmal an, den Erlösten in ihrer Mitte grüßend:

> Also erlangen wir
> Englisches Unterpfand.

Löset die Flocken los.
Die ihn umgeben,
Schon ist er schön und groß
Von heiligem Leben.

„Begleitend", „allmählich etwas stärker", „mit voller Stimme plötzlich hervortretend" der Gesang des Doctor Marianus, „entzückt" im Anblick des geöffneten Himmels:

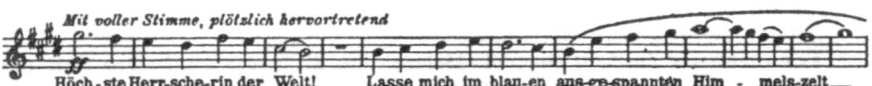

Dein Geheimnis schauen!
Billige, was des Mannes Brust
Ernst und zart beweget
Und mit heiliger Liebeslust
Dir entgegenträget!
Unbezwinglich unser Mut,
Wenn du hehr gebietest.

In weihevoller Breite strömt der Gesang, durchaus zart, doch von tiefer Glut erfüllt. Durchsichtige Bläserharmonien stützen, innig beredte melodische Streicherwendungen ergänzen und umfließen ihn. Bei den Schlußzeilen sinkt er aus dem E-dur-Entzücken in orgelartig begleitetes Es-dur:

Immer langsamer wird das Zeitmaß. Die Bewegung erlischt fast, nur noch ineinandergleitende Harmonien tönen. In der Solovioline schwebt molto devoto eine unirdisch zarte Melodie auf, die Verklärung des Marianus-Gesanges, der, von einem mystischen Männerchor begleitet, in heiliges Schauen versinkt:

Mutter, Ehren würdig,
Uns erwählte Königin,
Göttern ebenbürtig.

— — — — — —

Unvollendet, nicht fähig, Unaussprechbares zu sagen, bricht der Gesang auf der Dominante ab. Das Orchester gibt den Schluß nach Es-dur mit dem Accende der Hörner, schwingt dann hinüber nach E-dur. Alle Harfen und Klavier rauschen auf, im Blas- und Streichorchester nur sphärische Harmonien immateriellen Klanges. Der Aufstieg der zweiten Satzgruppe ist vollendet, die letzten Hüllen fallen, die höchste Erscheinung naht. Es klingen nur Harmonium

(„schwächstes Register") und leise Harfenakkorde. Über ihnen „schwebend, vibrando" im „äußerst langsamen" Adagissimo die Solovioline, „espressivo, aber stets pianissimo, am Griffbrett":

„Mater gloriosa schwebt einher."

In unnahbarer Zartheit singt die Melodie aus, die Weise des Doctor Marianus zum Ausdruck überbegrifflichen Entzückens steigernd. Eine merkwürdige Geistesverwandtschaft des Lyrikers Mahler mit Robert Schumann, bemerkbar bereits an der zweiten „Nachtmusik" der siebenten Sinfonie, fällt hier wieder auf. Die Melodie Mahlers stimmt in dieser letzten Fassung fast notengetreu überein mit Schumanns bekanntem Wiegenlied für Klavier. Nicht nur der Linie, auch der Gefühlsbedeutung nach. Das Wiegende, Traumhafte, Schwebende der Stimmung zwischen Schlummer und Wachen gibt den inneren Grundklang, der hier zu visionärem Ergriffensein vergeistigt ist. Leise Chorstimmen mischen sich in die Instrumentalklänge, bittend für die Büßerinnen, die sich der Allmutter zu Füßen drängen:

> Dir, der Unberührbaren,
> Ist es nicht benommen,
> Daß die leicht Verführbaren
> Traulich zu dir kommen.
> In die Schwachheit hingerafft,
> Sind sie schwer zu retten;

Anfangs sich dem Orchesterklang zart einschmiegend, gewinnen die Stimmen allmählich eigene melodische Prägung:

> Wie entgleitet schnell der Fuß
> Schiefem, glattem Boden?

Strahlend rauscht das Gloriosa-Thema im Holzbläserchor auf, Klavier und Celesta begleiten tremolierend, Harfenarpeggien fließen bewegt. Mit dem Chor zugleich tönt die Stimme der einen Büßerin:

> Du schwebst zu Höhen
> Der ewigen Reiche,
> Vernimm das Flehen,
> Du Ohnegleiche,
> Du Gnadenreiche!

Die sanft andrängenden Stimmen verhallen wie im weiten Raum. Den Flehenden entgegen senken sich die Erscheinungen der drei großen, begnadeten Büßerinnen, der Maria von Magdala, der Samaritana, der Maria Aegyptiaca, ihre Bitten nach oben leitend. „Mit verhaltenem Ausdruck", auf dunkle Holzbläserakkorde gelagert, nur von Harfenklängen begleitet, beginnt die Magna peccatrix in zart hastendem, heimlichem Ton:

Bei der Lie-be, die den Fü-ßen dei - nes gott-ver - klär-ten Soh-nes

Tränen ließ zum Balsam fließen,
Trotz des Pharisäerhohnes;
Beim Gefäße, das so reichlich
Tropfte Wohlgeruch hernieder,
Bei den Locken, die so weichlich
Trockneten die heilgen Glieder —

Gleichsam mit zarter Klage ins Wort fallend, das abschließende Es-dur mit es-moll tauschend, folgt die Mulier Samaritana, von einer „klagenden" Oberstimme der Flöte und Violine begleitet:

Bei dem Bronn, zu dem schon wei-land A-bram ließ die Her-de füh - ren.

Bei dem Eimer, der dem Heiland
Kühl die Lippe durft' berühren.

Im Orchester gibt der Wechsel des Posaunenquartettes nebst Tuba, dann vierfach geteilter Violoncelli mit den auf tiefem F trillernden Klarinetten, dann der Hörner seltsames, harmonisch instrumentales Farbenspiel. Die Gesanglinie hebt sich, die oberen Register klingen begleitend mit:

bei der rei-nen, rei-chen Quel-le, die nun dort-her sich er - gie - ßet,

Zartes, tonmalerisches Aufrauschen des Orchesters. Die Melodie steigt in Harfen und Flöten wie in weich andringender Bitte empor und steigert sich beim Schluß des Gesanges, von akzentuierten Harmonien des Blasorchesters getragen, zu breitem Es-dur:

ü - ber-flüs-sig, e - wig hel-le, rings__ durch al-le Welten fließt

Wie wogendes Geläut hoher Glocken klingt es aus dem Orchester: Streichertriller und -pizzikati, Flötentriller, Tremolo in Celesta und Klavier, dazu das idyllische Doppelmotiv der Harfen:

Leiser werdend tönt es weiter im g-moll-Gesange der dritten begnadeten Büßerin, der Maria Aegyptiaca

Bei dem hoch-ge - weih-ten Or - te, wo den Herrn man nie-der - ließ,

Bei dem Arm, der von der Pforte,
Warnend mich zurücke stieß;
Bei der vierzigjährigen Buße,
Der ich treu in Wüsten blieb,

Verheißend klingt jetzt das Gloriosa-Thema im Orchester an, von der
Singstimme
aufgenom-
men:

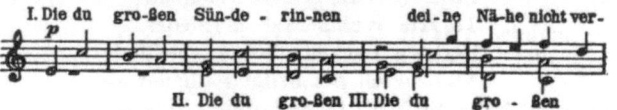

bei dem sel-gen Scheide - gru-ße, den im Sand ich nie-der-schrieb

Immer mehr verflüchtigt sich der Gesang, sinkt im a-moll zu geisterhaftem
Flüsterton herab. Die Stimmen der drei Frauen verschlingen sich kanonisch:

I. Die du gro-ßen Sün-de - rin-nen dei-ne Nä-he nicht ver-

II. Die du gro-ßen III. Die du gro - ßen

Die du großen Sünderinnen
Deine Nähe nicht verweigerst,
Und ein büßendes Gewinnen
In die Ewigkeiten steigerst.

A-moll klingt nach A-dur um, die flüsternden Stimmen gewinnen Festigkeit,
nehmen die anmutige Terzenmelodie des Rosenchores auf:

gönn auch die - ser gu-ten See - le, die sich einmal nur ver-ges - sen,

gönn auch die - ser, die-ser gu-ten See - le, die sich ein-mal nur ver-ge - sen,

Die nicht ahnte, daß sie fehle
Dein Verzeihen angemessen!

Eine „etwas leidenschaftliche" F-dur-Schlußwendung gibt der verschleierten
Mystik dieser Szene der drei Fürsprecherinnen überleitenden Ausklang. Die
Stimmen verhallen, D-dur breitet sich aus. Wie in schwebende Wölkchen aufgelöst schwingen die zarten Register der Instrumentalstimmen. Über ihnen
im Lichtglanz zitternde Atmosphäre des vibrierenden Mandolinentones. Die
Stimme der „Una poenitentium (sonst Gretchen genannt, sich anschmiegend)"
klingt „warm" zur Gloriosa-Melodie:

Nei-ge, nei-ge, du Oh-ne-glei-che, du Strah-len-rei-che, dein Ant-litz gnädig meinem Glück!

Der früh Geliebte,
Nicht mehr Getrübte,
Er kommt zurück.

Die im Gesangsausdruck noch zart verhaltene, überdrängende Freude bricht
durch im Orchesternachspiel. „Unmerklich frischer werdend" gibt es der Melodie

durch leichte Beschleunigung reigenartigen Charakter. Stimmen „seliger Knaben (in Kreisbewegung sich nähernd)" schlagen kräftig an:

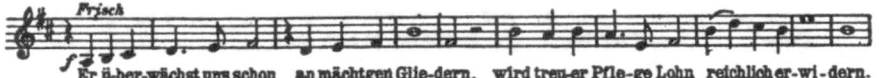

Er ü-ber-wächst uns schon an mächtgen Glie-dern, wird treu-er Pfle-ge Lohn reichlich er-wi-dern.

> Wir wurden früh entfernt
> Von Lebechören;
> Doch dieser hat gelernt,
> Er wird uns lehren.

Harfe, Glockenspiel, Klavier, Harmonium geben die instrumentalen Grundfarben. Festliches Klingen heller, sphärischer Harmonien in gleichmäßig ausschreitenden Halbtakt-Rhythmen, wie ein Triumphzug himmlischer Kinder, ohne Schwere, nur Spiel und Freude. Die Una poenitentium-Stimme klingt hinein:

> Vom edlen Geisterchor umgeben,
> Wird sich der Neue kaum gewahr,

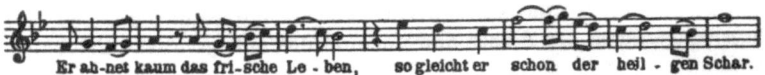

Er ah-net kaum das fri-sche Le-ben, so gleicht er schon der heil-gen Schar.

> Sieh, wie er jedem Erdenbande
> Der alten Hülle sich entrafft,
> Und aus ätherischem Gewande
> Hervortritt erste Jugendkraft!

Noch einmal klingt das Imple superna in diesem Gretchen-Gesang auf. Unmittelbar vor der Gewährung einst erflehten Lebens durch die Liebe wird die Gnadenbitte des ersten Satzes wiederholt durch die Erfüllung bringende Liebe. Zu innigster Gefühlssteigerung quellen die allen einstigen Pompes entkleideten Abschlußtakte auf:

> Vergönne mir, ihn zu belehren!

Noch blen-det, blen-det ihn der neu - e Tag

„Langsam". Feierliches B-dur. Bässe, Fagotte und tiefe Harfen skalenartig nach unten sinkend, Celesta fortissimo tremolierend, alles übrige vom Piano zum Pianissimo erlöschend. In Hörnern und Trompete leise das Accende-Baß-thema des Orchestervorspieles. Wirbel der großen Trommel. Es ist, wie wenn alles noch Sichtbare versinke. Höchste Weihe, keiner Kraft bedürftig, nur noch vibrierender Klangschimmer. Unbewegte Stille der Gottheit offenbart sich tönend. Dolcissimo, in fast unbelebt weiten Klängen schreitend, die Stimme der Mater gloriosa, in Flöte und Harfenflageoletts von der Melodie umspielt, vom Accende durchklungen:

„Komm!" flüstert fast tonlos der Chor. Nur Harmonium klingt pianissimo weiter. Schweigende Anbetung, ehrfürchtiges Erschauern. „Komm." In den B-dur-Dreiklang schiebt sich ein spannendes Fis. Doctor Marianus „auf dem An-
gesicht anbetend", als
erster sich fassend, be-
ginnt „hymnenartig":

Die in Andacht Niedergezwungenen, vom Wunder Ergriffenen erheben, sammeln sich. Es beginnt die Koda der Dichtung wie der Musik. Die „zart, aber innig" klingenden Worte und Töne des Marianus künden die Lösung des Geheimnisses. Das Einleitungsthema der Bläser und mit ihm das unbegreifliche Erlebnis erhält jetzt Deutung:

Überschwänglich, wie in die Unendlichkeit hinausgreifend, spannt und weitet sich die Melodie, auf rauschenden Harfenklängen und feierlichen Orgelharmonien gleichsam emporfliegend, alles in mächtig wachsen-
dem Schwunge nachziehend. Doppelchor und Knaben nehmen den Gesang auf. Wogende Streicher- und Holzbläserakkorde steigern den Ausdruck des Empor-
schwebens zu den Höhen des Gloriosa-Themas. Tremolo von Celesta, Klavier und Mandolinen gibt die zittrige Atmosphäre des lichten Äthers. Sanft an-
dringend, in enharmonischem Wechsel chromatisch nach oben führend, tönt der Gesang weiter:

Eine mächtige Crescendo-Welle flutet empor, von Es- nach E-dur treibend. Die Gloriosa-Melodie wird von Chor und Orchester erfaßt. Glanz des offenen Himmels leuchtet über allen. Ein Moment höchsten Entzückens, anbetend sinkt der Chor wieder nach Es-dur zurück, auf der Dominante abbrechend.

„Blicket auf" klingt es aus Hörnern und Holzbläsern, „Gloria" tönt es im dreifachen Forte der Posaunen und Harfen. Dann löst sich das Bild langsam in flim-
mernde Klänge der Harfen, Celesta, Harmonium und Flöten, zerfließend,
erlöschend.

 Das Wunder ist geschehen. Dunkel senkt sich. Tiefes Sinnen folgt dem
Erlebnis der Offenbarung. Bläser verstummen. Gedämpfte Streicher in dreifachem Piano setzen mit dem Es-dur-Akkord ein. „Sehr langsam beginnend"
tönen aus den vereinigten Chören „wie ein Hauch" die delphischen Worte des
Chorus mysticus:

    Das Unbeschreibliche,
    Hier ist's getan;
    Das Ewig-Weibliche
    Zieht uns hinan.

Es ist wieder jenes Bläserthema der Instrumental-Einleitung. Hier findet es seine
letzte Ausdeutung als Symbol des Vergänglichen.
Mit ihm vereinigt sich, es überschwebend, das
Thema des Ewig-Weiblichen, die Gloriosa-Melodie:
„Ewig, ewig" ruft die Melodie weiter. In erschütterter Begeisterung klingt noch
einmal der Chorus mysticus auf, alle Stimmen zusammenfassend, vom Orgelton
getragen, vom nachträglich einsetzenden Orchester zur höchsten Fülle gesteigert.
Nicht in Wiederholungen oder Erweiterungen ausgeführt. Ganz kurz, einmalig,
mit der Gewalt eines Urmottos der Menschheit. „Isoliert postiert" schmettern
Posaunen und Trompeten das vergrößerte Veni creator. Aus den Orchestertrom-
peten und Posaunen dröhnen die Glockenschläge des Gloria. In feierlich maje-
stätischer Es-dur-Pracht klingt das Lied von der Liebe aus.

20

DER ABSCHIED

DAS LIED VON DER ERDE

NEUNTE SINFONIE

Mit dem Lied vom Himmel schloß Mahlers erster Sinfoniekreis im Finale der Vierten. Das Lied von der Liebe vollendet den zweiten Kreis, faßt alles Bisherige zusammen. Der Lauf schien vollendet. Doch schon setzt ein neuer Kreis an. Das „Lied von der Erde" gibt den Aufklang.

Die innere Gesetzlichkeit der Entwicklung dieses Künstlers hat etwas Ergreifendes. Vom menschlichen, vom psychologischen, vom ästhetischen Standpunkt aus gesehen ist es das Bild steten, von Notwendigkeit getriebenen Werdens. Alles fügt sich wie nach unumgänglichem Gebot, und doch ist keine Absicht, kein spekulativer Wille dahinter. Schroff kontrastierend stehen die Werke nebeneinander. Jedes scheint abschließende Kundgebung der Persönlichkeit zu sein. Und doch trägt jedes bereits das folgende in sich, und wenn man dieses ansieht, erscheint das frühere nur als Vorbereitung. Von dem Jugendtraum der Ersten über die Wunderhorn-Fantasien und über die mächtigen Spannungen der Instrumental-Sinfonien bis hinauf zur Achten ununterbrochener Anstieg, bei dem letzten Werk zu fieberhafter Kräftesteigerung emporgetrieben. Hier war der Gipfel. Was konnte noch kommen? Es geschieht das Wunder der Wandlung. Drei neue, große Werke wachsen heran. Wenn man sie mit dem bisherigen Gesamtwerk wertend vergleicht, scheint es fast, als ob jetzt erst der eigentliche Mahler zu reden begänne. Das sinfonische Riesenwerk bis zur Achten hinauf ist wiederum nur Vorbereitung, um Mahler die Zunge zu lösen für das Eigentümlichste, das zu sagen ihm gegeben war.

Menschlich psychologisch genommen ein Zusammenbruch, eine in ihrer Bestimmtheit des Fühlens unheimliche Vorahnung des Endes. Äußerer Anlaß dazu bestand nicht. Mahler war 48 Jahre alt, als er das Lied „von der Erde" im Sommer 1908 komponierte. Der Verlust der Stellung in Wien schmerzte, hatte aber gleichzeitig Befreiung von kleinlichen Kämpfen gebracht. Mußte Mahler sein direktoriales Werk unvollendet verlassen, so konnte er sich um so weniger behindert dem Schaffen hingeben. Wirtschaftliche Sorgen belasteten ihn nicht. Er war während der Wintermonate zu ungewöhnlich vorteilhaften Bedingungen als Konzertdirigent nach Amerika verpflichtet. Diese Tätigkeit gab ihm auch für sein Schaffen reiche Anregungen. Körperlich war er gesund, soweit ein Mensch seiner nervösen Konstitution als gesund gelten kann. Resignation mag aus den äußeren Erlebnissen, der Umstellung seiner ausübenden Tätigkeit auf bewußten Nebenzweck des Geldverdienens, dem Scheitern seiner Wiener Pläne erklärlich sein. Sie reicht aber nicht hin, um die Veränderung in der Gefühlskurve seiner schöpferischen Arbeit zu begründen. Hier vollzog sich innere Wandlung, deren letzte Ursachen dem Verstande nicht faßbar sind. Die unerhörte Spannung der Achten, die Neugeburt einer Welt aus der Idee der Liebe hatte furchtbare Reaktion zur Folge. Das Bewußtsein des Vollendethabens weckte plötzlich Erkenntnis des Alleinseins. Das klingende Universum war geschaffen, der Schöpfer selbst erschien sich überflüssig. Aber der Mensch in ihm war noch nicht eingegangen in den Himmel seiner Visionen. Heißer Liebes- und Lebenshunger brach durch, ließ ihn den Zwiespalt göttlich begeisterter Seele und irdisch verlangenden Triebes in tiefem Leiden empfinden. Gebot des Abschiednehmens traf den Menschen, der an der eigenen Ekstase erst zum

Erfassen beglückender Daseinswerte gereift war. Tragik der Prophetennatur, die an der Hellsichtigkeit des eigenen Blickes erblindet, im Rausche schöpferischer Verzückung alles liebend umspannt, in Wirklichkeit nichts mehr zu fassen vermag. Aus diesem inneren Zwiespalt des zwischen den Welten Wandelnden entstehen die drei Abschlußwerke Mahlers, das „Lied von der Erde", die neunte und die zehnte Sinfonie. Es bildet sich ein dritter Kreis, von den beiden früheren in der poetischen Grundstimmung, im musikalischen Stil verschieden und doch aus ihnen emporwachsend, das Innerlichste, was Mahler geschaffen hat.

Die beiden erstgenannten Werke sind fertig geworden, zu Mahlers Lebzeiten aber nicht mehr zur Aufführung gelangt. Von der zehnten Sinfonie existiert nur die vollständig ausgeführte Partiturskizze. Es ist ein fünfsätzig angelegtes Instrumentalwerk, beginnend mit einem Bratschen-Adagio in dis-moll. Die Notenzeilen verzeichnen häufig nur eine führende Stimme. Zwischen ihnen seltsame, tagebuchartige Ausrufe, diabolische Gesichte mit Visionen glühender Lebens- und Liebessehnsucht gemischt. „Der Teufel tanzt es mit mir" steht auf der Anfangsseite des ersten Scherzo. Daneben wehmütige Abschiedsgrüße, intime Liebesbekenntnisse, immer in kurze, heiße Worte von ergreifender Intensität gefaßt. Erklingen wird diese Partitur niemals. Sie ist nicht, wie Mahler wünschte, verbrannt worden, aber ihre orchestrale Ergänzung würde den besten Kenner Mahlerscher Kunst vor unlösbare Aufgaben stellen. So bleibt dieser Entwurf das persönlichste Vermächtnis Mahlers, stammelnde Bestätigung der Entwicklungslinie, die an den letzten Akkord der Achten ansetzt.

Für die Betrachtung des Mahlerschen Schaffens bleiben nur zwei Abschlußwerke, das „Lied von der Erde" und die neunte Sinfonie. Das „Lied von der Erde" hat Mahler als „Sinfonie für eine Tenor- und eine Alt- (oder Bariton-) Stimme und Orchester" bezeichnet. Es ist ein Zyklus von sechs Sologesängen. Die Texte sind Bethges „Chinesischer Flöte", einer freien Übertragung altchinesischer Dichtungen entnommen. Mahler hat, wie häufig, im einzelnen kleine Änderungen vorgenommen, beim Schlußgesang zwei Stücke in eines zusammengezogen. Man sagt, er habe die Bezeichnung „Sinfonie" gewählt, um, von Ahnungen gequält, die für alle großen Sinfoniker, Beethoven, Schubert, Bruckner verhängnisschwere Neunzahl zu umgehen. Möglich, daß solche Gedankengänge bei Mahler mitgesprochen haben. Doch soll man ihnen nicht entscheidende Bedeutung beilegen. Mahlers Begriff vom Wesen der Sinfonie als kosmischen Kunstwerkes fand neue, der inneren Wandlung seines Wesens entsprechende Ausprägung. Die sechs Gesänge waren nicht willkürlich aneinander gereiht, keine zufällige Folge von Sololiedern. Sie galten ihm als Ganzes, als Lebens- und Weltbild. Gesehen aus der Höhe des einsamen Wanderers, der sich zum Abschied rüstet, waren sie erfaßt aus dem Bewußtsein des Zusammenhanges mit dem Weltall. Ein Scheidegruß, der weit hinausdringt an alle Herzen und ebenso der Menschheit gilt, wie der grandiose Liebesruf der Achten. Dem Überpersönlichen dieses Werkes steht hier das persönliche Bekenntnis des einzelnen gegenüber. Schärfster Kontrast zu dem Vorangehenden, ist es dem Sinn des inneren Werdens nach Ergänzung und Gegenspiegelung, in ideeller und formaler Konzeption sinfonisch universal empfunden.

Gleichwohl bedeutet es seinem rein lyrischen Charakter nach ein Zwischenwerk, ist daher nicht in die Zahl der Sinfonien einbezogen. Es wiederholt sich ein für Mahlers Schaffensart bezeichnender Zug: das Emporwachsen der Sinfonie aus dem Lied. Am Beginn jedes Sinfoniekreises steht ein Liederkreis. Er gibt den keimenden Sinfonien Stimmungsgrundlage und stilistischen Charakter. Die erste Sinfonie war Ausbau des Jugenderlebnisses der „Lieder eines fahrenden Gesellen", die zweite, dritte und vierte wurzeln in den Wunderhorngesängen. Für die Instrumental-Sinfonien gab Rückerts Lyrik mit den „Kindertoten-liedern" und den in das Innenleben des eigenen Ich versinkenden Einzelgesängen den Auftakt. Namentlich die „Kindertotenlieder", obschon nicht in einer Folge entstanden, erscheinen in ihrer heutigen Gestalt als Vorstudie zum „Lied von der Erde". Mahler hat bei seinen Liedern stets an Orchesterbegleitung gedacht. Nicht aus äußeren Bedürfnissen oder Wirkungsabsichten. Die Einzel-stimme, das Einzelwesen war ihm musikalisch nicht anders vorstellbar, als im Gesamtbild orchestralen Klanglebens. Das Klavier erschien ihm, der sich nie auf Zimmerformat und kammermusikalische Empfindung einzustellen vermochte, nur innerhalb des Orchesters verwendbar. Als selbständiges Begleitinstrument war es für Mahler geschlechtslos. Die Klavierbegleitungen seiner Lieder sind dement-sprechend Notbehelfe, Klavierauszüge, ohne Spielreiz und klangliches Eigenleben.

Die Gesänge im „Lied von der Erde" unterscheiden sich von den früheren Liedern Mahlers nur durch die von vornherein betonte Zusammengehörigkeit und sinfonische Struktur. Ihrer Eingliederung zwischen zwei großen Werken nach bedeuten sie gerade wie die früheren Liedkompositionen Besitzergreifung eines neuen, dem sinfonischen Schaffen zur Durcharbeitung zugedachten Stim-mungskreises. Das Lied, das Wort erschlossen neue poetische Assoziationen, bereiteten den Boden für eine neu erblühende musikalische Stilistik. Das „Lied von der Erde" ist demnach nicht nur persönliches Gegenstück zur Achten, ge-fühlsmäßige Reaktion des Einzelwesens gegenüber dem Menschheitschor. Es ist nicht nur vermittelnde Überleitung zwischen zwei artverschiedenen Sin-fonien. Es ist stimmung- und stilbedingende Grundlage des folgenden Schaffens-kreises. Es bedeutet für die letzte, äußerlich unvollendete Werkreihe Mahlers die nämliche Bestimmung ideellen Charakters und innerer Willensrichtung, wie die früheren Lieder für die ihnen angeschlossenen Sinfonien.

Daß Mahler selbst, gleichviel ob wissentlich oder unwissentlich, das Ver-hältnis so empfand, zeigen die folgenden Werke. Es lag ihm fern, etwa von der Achten ab grundsätzlich der Singstimme, der chorischen oder solistischen, die Führung zu geben. Er bedurfte ihrer entweder zum Abschluß, zur letzten Zu-sammenfassung wie bei der Achten, oder zur Gewinnung neuen Bodens, wie in den Liedern. Darüber hinaus hatte sie für ihn lediglich episodische Bedeutung oder wurde in die instrumentalen Elemente aufgelöst. Dementsprechend sind neunte und zehnte Sinfonie wieder rein instrumental gehalten. Das gesungene Wort wird in ihnen nicht herangezogen. Wohl aber läßt die Neunte und, den Skizzen nach, auch die hier von näherer Betrachtung ausgeschlossene Zehnte im stimmungsmäßigen Verlauf wie in der Art musikalischer Stilistik Weiter-führung der im „Lied von der Erde" gezogenen Grundlinien erkennen. Bedingt durch innere Wandlung Mahlers, ergeben sie sich im einzelnen aus der Gefühls-welt der Dichtung.

Die von Mahler ausgewählten Gedichte entstammen der chinesischen Literatur des 8. und 9. Jahrhunderts. Es sind in der Mehrzahl Einsamkeitsgesänge. Das Trinklied „vom Jammer der Erde" mit wild dämonischen, der „Trunkene im Frühling" mit burlesk fantastischen Tönen untermischt, der „Einsame im Herbst" auf Ausdruck weltabgewandter Melancholie gestellt, das abschließende Hauptstück „Der Abschied" durch karge Verhaltenheit erschütternde Tragik atmend. Dazwischen stehen als Gegensätze das anmutvolle Idyll „Von der Jugend" und das kraftvoll aufblühende „Von der Schönheit". Lebenssehnsucht, getragen von resignierendem Bewußtsein der Unerfüllbarkeit, ist Grundton dieser Lyrik. Das Exotische der Sprache, Rhythmik, Bilder, der Vergangenheitsduft, den die zarten Dichtungen auch in der feinen Umformung durch Hans Bethge ausströmen, erhöht den stillen Reiz dieser Stimmungen, steigert das Wehmütige des Grundgefühles.

Mahler hat sich diese Anregungen zunutze gemacht. Das archaisch Exotische gab Impulse für Melodiebildung, Sprachbehandlung, Rhythmik, Harmonik und Kolorit. Nicht im artistischen Sinne. Die Musik hat nichts im philologischen Sinne Chinesisches. Das Fremdartige wird Mittel zur Betonung des Einsamkeitsgefühles. Daß Mahler nicht äußere Wiedergabe zufällig gegebenen poetischen Kolorits anstrebte, sondern tief wurzelndem Drang musikalischer Stilgewinnung folgte, zeigt die neunte Sinfonie. Hier ist, was im „Lied von der Erde" noch akzidentelles Ergebnis der dichterischen Vorlage schien, zu bewußter Durchbildung gelangt. Man kann diese Art der Stilistik als Stil der Auflösung bezeichnen. Auflösung in Melodik, Harmonik, Satzart, Formgestaltung, Gesamtanlage. Zerfall, nicht aus Schwäche, sondern aus Bedürfnis der Neubildung, des andere Fundamente suchenden, prophetischen Ausdruckszwanges. Das Seherhafte der Erscheinung Mahlers wird zu fast schmerzhafter Inbrunst und Rücksichtslosigkeit des Bekenntnisses emporgetrieben. Was noch zeitlich bedingt an ihm schien, fällt ab. Drang nach schlackenloser, durch Konvention unbehinderter seelischer Offenbarung bleibt allein bestimmend, schreckt vor keiner Herbheit, vor keiner Nacktheit und Selbstentblößung zurück. Forderungen des Wohllautes, der klanglichen Eingänglichkeit kommen nicht mehr in Betracht. Die musikalische Vision stellt sich in unvermittelter Ursprünglichkeit und Primitivität vor das Ohr. Es fallen dabei Überlieferungen des Satzes. Die Polyphonie im gewohnten Sinne, von Mahler seit der Fünften bewußt gepflegt, in der Achten zur äußersten Freiheit und Leichtigkeit des Stimmenspieles entwickelt, verschwindet. Es gilt nicht mehr zusammenzufassen. Die Linien lösen sich aus kunstvoller Bindung, laufen frei nebeneinander, schwingen unbehindert aus. Die Stimmen schneiden und kreuzen sich. Höhepunkte liegen nicht mehr bei den großen harmonischen Ballungen und Entladungen, sie ergeben sich aus der Eigengesetzlichkeit des melodischen Bewegungsimpulses. Die Melodik verliert den bisher für Mahler charakteristischen, straffen, scharf geschnittenen Kontur. Der liedmäßig periodische Bau fällt auseinander. Ein neues asymmetrisches Gestaltungsprinzip kommt zur Geltung. Die glatte, klare Linie verflüchtigt sich in fantastisch spielerische Ornamentik. Das Exotische der chinesischen Lyrik ist äußerer Anlaß. Die Thematik der Neunten, in melodische Phrasen zerfasert, mosaikartig gereiht, festschließende Bindung meidend, zeigt das

Grundsätzliche der Stilwandlung. Das harmonische Gestaltungsprinzip mit Entwicklung der Melodie aus Tonalitätsvorstellung, Aufbau im Vorgefühl kadenzierenden Abschlusses, kommt in Wegfall. Horizontale Struktur wird maßgebend, die feste rhythmische Gliederung löst sich in freie Taktfolge, deklamatorischen Vortrag. Mit den Einzelelementen des Ausdruckes ändert sich die Formgestaltung. Bisher hat Mahler trotz Abweichungen und Erweiterungen im einzelnen an den formalen Grundtypen: Sonatensatz, Lied, Rondo festgehalten. Vielmehr er findet sie auf eigenem Wege in innerlich erneuerter Gestaltung. Jetzt zerfallen auch sie unter Einwirkung des neuen Stilprinzipes. Beide Ecksätze der Neunten sind in rhapsodisch freiem Aufbau gehalten, stehen außerhalb bisher üblicher Formschemata. Die scheinbar fester geschlossenen Mittelsätze sind eher Ironisierungen gewohnter Bauprinzipien als neue Erfüllungen. Auch die liedmäßig anmutenden Einzelsätze des „Liedes von der Erde" entfernen sich von gewohnten Mustern. Episodische Bildungen und einzelne Gliederungen lassen Anlehnung an bisherige Gestaltungsart erkennen. Die Ausführung aber läuft unbehindert durch bewußte Formvorstellungen. Es überwiegt der Eindruck des Improvisationsmäßigen, fast Willkürlichen auch in der Formgebung.

Ähnlich die instrumentale Fassung. Das Orchester des „Liedes von der Erde" ist kammermusikhaft behandelt. Auch in der Neunten, und, soweit die Skizze Rückschluß gestattet, in der Zehnten strebt Mahler ungeachtet gelegentlicher Kraft- und Schallsteigerungen nach Hervorhebung instrumentalen Individualwesens, vermeidet er Totalwirkung orchestraler Klangmasse. Die Einzelstimme herrscht. Der polyphone Stil führt zu rücksichtsloser Auseinanderlegung der Stimmen auch in klanglicher Beziehung. Man hat, erschreckt durch akustische Härten der Neunten, gemeint, Mahler selbst hätte gemildert und ausgeglichen, wenn ihm Kontrolle durch das Ohr vergönnt gewesen wäre. Hat er doch bei früheren Werken nachträglich Änderungen vorgenommen, namentlich die mit schwerem Blech überlastete Fünfte später durchgreifend uminstrumentiert. Es ist leicht, solche Behauptungen aufzustellen, schwer, sie zu widerlegen. Vergleicht man aber die Orchesterbehandlung mit anderen Stileigentümlichkeiten des Werkes, so zeigt sich, daß sie der Tonsprache des letzten Mahler entspricht. Es liegt kein Grund vor, nur dem klanglichen Wohlgefallen erstaunter Hörer zuliebe Unzulänglichkeit Mahlers anzunehmen. Er hat auch das „Lied von der Erde" nicht mehr vernommen, und sich doch als genau abwägender Kenner des Orchesterklanges erwiesen. Zudem hat er gerade in den letzten Jahren seine Kenntnis des Konzertorchesters durch Dirigententätigkeit in Amerika gefestigt, dies auch selbst anerkannt. Es ist ungerechtfertigte Willkür, gerade bei der Neunten Widersprüche zwischen Absicht und Wirkung festzustellen. Von den vielen Seltsamkeiten dieses Werkes ist Askese des orchestralen Klanges nur eine Einzelheit. Äußerlichen Einwendungen allerdings am leichtesten zugänglich, namentlich wenn die Übereinstimmung mit sonstigen Stileigentümlichkeiten außer acht gelassen wird.

Es ist Altersstil, in dem beide Schlußwerke gehalten sind. Altersstil, obwohl Mahler noch nicht fünfzig Jahre zählte, als er sich ihm zuwandte. Voll herber Fantastik, wie der Altersstil jedes großen Künstlers, voll Zukunftsahnungen. Das Stoffliche des Klanges, die Gesetzlichkeit seiner Materie tritt zurück vor geistigem Schauen der Tonvision. Das darstellende Instrument sinkt immer mehr zum Sklaven des Ausdruckes herab, das Ohr wird untergeordnetes Organ der Übermittlung, das Transzendente der Tonvorstellung herrscht. Der Tonalitätsbegriff wird zwar nicht aufgehoben, aber doch erschüttert, ornamentales Spiel verdrängt kompakte Geschlossenheit der Erscheinung. Alle Elemente der bisherigen Tonsprache werden auf ihre Wahrhaftigkeit, auf ihre Zukunftsgeltung geprüft. Es ist wie eine große Abrechnung mit dem Gewesenen. Nichts hält stand, was sich nicht dem Bedürfnis äußerster Steigerung der Intensität gewachsen zeigt. Fantasie, zum Bewußtsein absoluter Freiheit erwacht, will Gestaltloses gestalten, Unfaßbares fassen. Geist, des Irdischen, Stofflichen entledigt, will rein Geistiges in klangliche Formen bannen. Das Irrationale wird zum Ereignis, in der Art der Ideenprägung, wie in der sinnlich wahrnehmbaren Darstellung. Es wird noch einiger Zeit bedürfen, um hier absolute Wertung zu ermöglichen, die Grenze zwischen Idee und Vermögen zu erkennen, festzustellen, wie weit Unaussprechbares wirklich ausgesprochen oder doch angedeutet ist. Sicher aber bedeutet dieser Altersstil Mahlers kein Versagen oder Abflauen der Kraft. Das Streben zum Irrationalen war tiefster Grundzug seiner Kunst. Über diese Steigerung des Persönlichen hinaus ist sein Altersstil Kundgebung seherischer Gabe. Er trägt in sich die Grundlagen neuzeitlicher Instrumentalmusik, sowohl kammermusikalischer wie sinfonischer Art. In der Achten hat Mahler die Elemente sinfonischen Monumentalstiles zu einstweilen letzter Steigerung emporgeführt, die gewaltigste sinfonische Architektur seit Beethovens Neunter geschaffen. Jetzt zerschlägt er sie. Er läßt sie auseinandersplittern und findet eine neue Art ihrer Vereinigung und Weiterführung. Er überschaut sein Werk und möchte noch einmal von vorn beginnen. „Ist mir doch als habe ich nur wenige Noten geschrieben" äußerte Beethoven auf dem Sterbelager. Die Empfindung, daß alles Bisherige nur schwacher Anfang sei, daß wahrhaft schöpferisches Leben erst jetzt beginne, diese Hellsichtigkeit des an der Grenze der anderen Welt Stehenden hat die letzten Werke Mahlers inspiriert. Das Jenseitige, in den Wunderhorn-Sinfonien ferner Traum, in den Instrumental-Sinfonien als Erlebnis des Schaffens, der Schicksalstragik, der Nacht- und Tagessymbolik erfaßt, in der Achten als allumfassende Liebe verherrlicht — dieses Jenseitige ist jetzt Besitztum des Künstlers geworden. Es selbst hat sich in einen Jenseitigen verwandelt. Was er nun schafft, ist gesehen und erfühlt aus der Perspektive eines bereits auf fernen Höhen schwebenden Geistes. Aktivität des einstigen Emporstrebens wohnt ihm nicht mehr inne, Liebe zu Gott, zum Weltall gibt keinen Impuls mehr, denn er selbst ist eingegangen in sie. Nur noch rückschauend blickt er herab. Diese Rückschau läßt Bekenntnis der Liebe zum Menschen und zur Erde noch einmal in einem Liederzyklus heiß und erschütternd aufquellen. Sie läßt dann in der Neunten Zukunftsvisionen, vermischt mit Fratzen der Vergangenheit emporsteigen. Sie klingt aus in einem Werk, das nicht mehr Gestalt werden konnte, weil der Mund des Sehers verstummte. So wachsen die drei letzten Schöpfungen Mahlers heran, Vermächtnisse eines, der überwunden hat. Bevor er sich zum prophetischen Wort der Neunten sammelt, spricht er den Scheidegruß, das „Lied von der Erde".

Das „Trinklied vom Jammer der Erde" nach Li-Tai-Po, 702—763, macht den Anfang:

Schon winkt der Wein im gold'nen Pokale,
Doch trinkt noch nicht, erst sing' ich euch ein Lied!
Das Lied vom Kummer soll auflachend in die Seele euch klingen.
Wenn der Kummer naht, liegen wüst die Gärten der Seele,
Welkt hin und stirbt die Freude, der Gesang.
Dunkel ist das Leben, ist der Tod.

Herr dieses Hauses!
Dein Keller birgt die Fülle des goldenen Weins!
Hier, diese Laute nenn' ich mein!
Die Laute schlagen und die Gläser leeren,
Das sind die Dinge, die zusammen passen.
Ein voller Becher Weins zur rechten Zeit
Ist mehr wert, als alle Reiche dieser Erde!
Dunkel ist das Leben, ist der Tod!

Das Firmament blaut ewig und die Erde
Wird lange fest steh'n und aufblüh'n im Lenz.
Du aber, Mensch, wie lang lebst denn du?
Nicht hundert Jahre darfst du dich ergötzen
An all dem morschen Tande dieser Erde!
Seht dort hinab! Im Mondschein auf den Gräbern
Hockt eine wild-gespenstische Gestalt —
Ein Aff' ist's! Hört ihr, wie sein Heulen
Hinausgellt in den süßen Duft des Lebens!
Jetzt nehmt den Wein! Jetzt ist es Zeit, Genossen!
Leert eure gold'nen Becher zu Grund!
Dunkel ist das Leben, ist der Tod!

A-moll, Mahlers tragische Tonart, gibt, wie im zweiten Satz der Fünften, in den Ecksätzen und dem Scherzo der Sechsten und wie später in der Rondo-Burleske der Neunten, die Grundharmonie. Es ist die Tonart, die für Mahler stets das Schwere, Herabziehende des Irdischen symbolisiert. Noch ein anderes Symbol kehrt wieder, eine Tonfolge, die mottoartig das ganze Werk durchzieht, wie in der Ersten das Quartenmotiv, wie in der Sechsten die Harmoniefolge A-dur—a-moll. Diesmal ist es ein in ⟨Notenbeispiel⟩ Ihre Bedeutung wird nicht auf-lineare Reihe umgesetztes Motto, die ⟨Notenbeispiel⟩ fallend hervorgehoben, wie die absteigende Tonfolge A—G—E: ⟨Notenbeispiel⟩ des Akkordmotives in der Sechsten. Die Tonfolge durchzieht zwar alle sechs Gesänge, aber versteckt, durch Veränderungen verschiedenster Art, Umkehrung und Gegenbewegung un-kenntlich gemacht. Es ist wie eine nach außen kaum erkennbare Macht, die sich überall einschleicht und, ohne gewalttätiges Eingreifen, stetig sich wan-delnd, der inneren Entwicklung entscheidende Richtung, zum mindesten gemein-samen Unterton gibt. Im „Trinklied" erscheint es unmittelbar anschließend an

das emporstrebende Anfangsthema der Hörner in den
Streichern, die aufwärts gerichteten Bläser gleichsam
herabdrückend:

Holz-
bläser-
triller
und
-Flatter-

zunge, hart gerissene Pizzikati der Geigen, hohes Tremolo der Violoncelli, fortissimo
schmetternde gedämpfte Trompeten geben ein trotz äußerer Kraft fahles Kolorit.
Mit wild ausbrechender Fortführung des Violinmotives schließt das kurze Vorspiel:

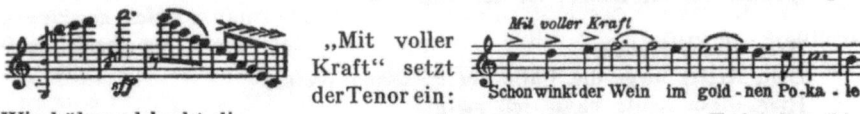

„Mit voller
Kraft" setzt
der Tenor ein:

Wie höhnend lenkt die
zweite Zeile nach Dur
hinüber und schließt in
ironischem Kantabile:

Es ist das „Lied
vom Kummer".
In den Violinen
klingt scharf das

Grundmotiv, „immer machtvoll" steigt die Singstimme zum B empor:

Die Aufforderung ist gegeben, das Orchester wechselt nach leisem d-moll.
„Düster, zart, trotz zarter Tongebung stets mit leidenschaftlichstem Ausdruck", von „schmeichelnden" Instrumentalstimmen umspielt, beginnt das
Lied. Keine Melodie im gewohnten Sinne, in freier, rhythmisch bestimmter,
melodischer Deklamation zu ernster Klage ansteigend:

Das Orchester hebt sich zart nach G-dur. In Moll zurückfallend gibt die
Singstimme verschwe-
benden, das Grund-
motiv einflechtenden
Abschluß:

Es ist der Kehrreim des
dreistrophig gebauten Ge-
sanges, Text und Musik
bilden den in jeder Strophe

wiederkehrenden dunklen Ausklang. Das Leben ruft in der zweiten Strophe
auf zum Genuß in Wein und Musik. Ähnlich wie am Anfang erklingt das Vorspiel, jetzt in g-moll ohne gedämpfte Trompeten, im Ausdruck wilder Freude
durch grelle Holzbläserklänge gesteigert, das Grundmotiv im Glockenspiel hämmernd, durch Herabdrückung des E nach Es verschärft:

Herr dieses Hauses!
Dein Keller birgt die Fülle des goldenen Weins!

Ähnlich wie vorher die Dur-Wendung der Singstimme, dann, der Ankündigung des „Liedes vom Kummer" entsprechend, „Hier, diese Laute nenn' ich mein". Gesangvolles B-dur, vom Grundmotiv in den Instrumentalstimmen durch-klungen:

Das d-moll der ersten Strophe „Wenn der Kummer naht" kehrt wieder, nach es-moll gesteigert, den „düster zarten" Ausdruck der Singstimme in „glühend" gewandelt:

> Ein voller Becher Weins zur rechten Zeit
> Ist mehr wert als alle Reiche dieser Erde!

Auch das kurze Dur-Nachspiel des Orchesters wird wiederholt, jetzt statt in G-dur in As-dur. Die innere Erregung dieser Strophe treibt nach oben, der Ab-gesang „Dunkel ist das Leben, ist der Tod" klingt statt in g- in as-moll mit befreiendem Dur-Schluß, das Grundmotiv „pianissimo aber sehr ausdrucksvoll und lang gestrichen" in den melodieführenden Violinen.

Die dritte Strophe ist am ausführlichsten gehalten, Ergebnis beider voran-gehenden. Aus Gegenüberstellung von Ewigkeit göttlichen und Zeitlichkeit menschlichen Lebens folgt Aufforderung zum Leeren der Becher im Bewußtsein der Einmaligkeit des Genusses. Rausch ist trotzige Selbstbehauptung des Augen-blickes gegen das Unvermeidliche des Vergehens.

Das As-dur-Nachspiel lenkt in verdüsterndes f-moll ein. Aus der gedämpften Trompete klingt das Grundmotiv des Kummers, vom Englisch Horn mit dem einleitenden Hörnerruf beantwortet. Eine aufstrebende Violinmelodie sucht das Kummermotiv gesangvoll umzuformen:

Vom „ben marcato" der Klarinette und der Trompete angetrieben, hebt sie sich „mit größtem Ausdruck" zu leidenschaftlicher Steigerung, sinkt dann in leises c-moll zurück. Mit zarter Vorwegnahme der späteren Abschiedsmelodie setzt die Singstimme ein:

Träumerisch klingt die begleitende Violinmelodie weiter. „Leidenschaft-lich" ausbrechend die Frage:

Qualvoll aufschreiend die Antwort:

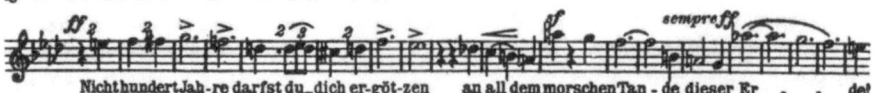

Die wilde Anfangsstimmung bricht durch. A-moll klingt wieder auf, Hörner stoßen ihre Fanfaren heftig empor. Eine unheimliche Vision steigt bei diesem Ruf auf, kleidet sich in die Töne des Kummermotives:

Ein Aff' ist's! Hört ihr, wie sein Heulen
Hinausgellt in den süßen Duft des Lebens!

In höchster Kraft gellt das Motiv weiter. Über den Gräbern des Lebens heult Blödigkeit ihr mißtönendes Lied. Der Anblick ruft die Instinkte des Lebens auf zum Taumel, zum gierigen Erfassen des Augenblickes, im Bewußtsein baldigen spurlosen Verwehens. „Wild" der Gesang, jetzt in A-dur:

Dur hält sich nicht. Schon in die zweite Hälfte tönt der verdunkelnde Abschluß hinein. In a-moll gibt er dem Gesang letzten Ausklang: „Dunkel ist das Leben, ist der Tod." Kurzes a-moll-Nachspiel, die Hauptmotive knapp zusammenfassend. Dumpfer Fortissimoschlag in der Tiefe schließt.

Die formale Gliederung des dreistrophigen Baues ist klar erkennbar an der Parallelität einzelner Verszeilen, der Wiederkehr des Vorspieles, des sich von g- über as- nach a-moll chromatisch hebenden Kehrreimes. Unverkennbar aber tritt zugleich das Neuartige der Klanggestaltung und Melodiebildung hervor. Periodenbau und tonale Symmetrie sind verschwunden. An ihre Stelle tritt chromatisch durchsetzte, deklamatorisch freie Behandlung der Singstimme. Ohne in rezitierenden Vortrag zu verfallen, schmiegt sie sich jeder Unregelmäßigkeit des Versbaues an. Das Wort wird nie im begrifflichen Sinne ausgedeutet, nur innerlich Gefühlsmäßiges des dichterischen Gedankens bestimmt den Ausdruck. Die Orchesterbehandlung, auf wenige, knapp geprägte Grundmotive von scharfer Eindringlichkeit der Intervallschritte gestützt, ist reich gegliedert und greift selbständig ein in den Vortrag der Singstimme. Von Begleitung ist nicht mehr zu sprechen, beide Teile, Vokal- wie Instrumentalstimmen vereinigen sich zu wahrhaft sinfonischem Ganzen. Trotz Freiheit in der Behandlung der instrumentalen Einzelstimme und eingeflochtener solistischer Wirkungen überwiegt orchestraler Gesamtklang, das Stück bewahrt den Charakter des Eröffnungssatzes.

Die beiden nächsten Gesänge sind intimer gehalten, zeigen auch in der Orchesterbehandlung mehr kammermusikartiges Gepräge. Als erster folgt „Der Einsame im Herbst", nach Tschang-Tsi, um das Jahr 800:

> Herbstnebel wallen bläulich überm See;
> Vom Reif bezogen stehen alle Gräser;
> Man meint, ein Künstler habe Staub von Jade
> Über die feinen Blüten ausgestreut.
> Der süße Duft der Blumen ist verflogen;
> Ein kalter Wind beugt ihre Stengel nieder.
> Bald werden die verwelkten, goldnen Blätt‹
> Der Lotosblüten auf dem Wasser zieh'n.
> Mein Herz ist müde. Meine kleine Lampe
> Erlosch mit Knistern, es gemahnt mich an den Schlaf.
> Ich komm' zu dir, traute Ruhestätte!
> Ja, gib mir Ruh', ich hab' Erquickung not!
> Ich weine viel in meinen Einsamkeiten.
> Der Herbst in meinem Herzen währt zu lange.
> Sonne der Liebe, willst du nie mehr scheinen,
> Um meine bittern Tränen mild aufzutrocknen?

„Etwas schleichend, ermüdet" beginnt das d-moll-Stück im Wechselspiel gedämpfter erster Violinen und der Oboe:

Das Grundmotiv klingt sofort an, umgewandelt in den Einsamkeitsgesang der zart klagenden Oboe. Immer weiter spinnt sich die trauervolle Melodie aus, durch leise Gegenrufe der Klarinette beantwortet, von Hörnern und Klarinetten harmonisch grundiert, im Echo der Flöte nachhallend. In verhaltenem Ton, fast ausdruckslos, beginnt die Erzählung der Alt-Stimme, von der Klarinette mit der Oboemelodie umspielt:

„Edel singend" nimmt das Horn das Oboenlied auf, „warm" fügen Flöten und Klarinetten einen in melodischen Terzen fließenden Nachsatz hinzu:

Die Singstimme bleibt in einförmig schilderndem Erzählerton:

> Man meint ein Künstler habe Staub von Jade

Nun aber, wie hingerissen von der Schönheit der Naturerscheinung, blüht der Gesang innig nach Dur auf:

21

Zarte Holzregister nehmen die Dur-Wendung in akkordischer Füllung auf.
Leichte Ausdrucksschwellung, Zurücksinken in die Monotonie des Anfanges.
„Sehr gehalten", „schauernd" klingt der Gesang:

> Der süße Duft der Blumen ist verflogen,
> Ein kalter Wind beugt ihre Stengel nieder.

Espressivo singt das Horn:  Die Singstimme nimmt die Abschlußphrase auf, steigert sie in dreimaliger Wiederholung „mit zärtlichem Ausdruck":

„Zart drängend, zart leidenschaftlich" die warme Terzenmelodie in Violinen, von
arpeggierender Streicherbegleitung getragen, von sehnsuchtsvoll ausgreifenden
Bläsermelismen gesteigert. Der kurze Aufschwung erlahmt. „Ohne Ausdruck"
tönt die Stimme des Einsamen, versinkt in Düsterheit:

Todessehnsucht drängt hervor, Glück naher Befreiung wird bewußt. D-dur, die
Terzenmelodie erhält Wort und „innige" Deutung:

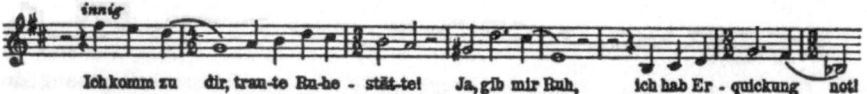

Das Traumbild der Erlösung zerrinnt wieder, die schleichenden Violinfiguren
steigen von neuem. Die Klagemelodie, vom Fagott begonnen, klingt aus der
Oboe, leise fließt die Erzählung weiter:

> Ich weine viel in meinen Einsamkeiten.
> Der Herbst in meinem Herzen währt zu lange.

Der Druck verhaltener Empfindung entladet sich plötzlich. „Mit großem Aufschwung" bricht Es-dur durch. Harfen rauschen, in breiten Akkorden klingen
die Bläser, Violinen singen „leidenschaftlich" die Terzenmelodie. Fülle der Harmonien verdrängt bisherige Monotonie. In breitem Schwunge hebt sich die
Stimme empor:

Es ist nur kurzes Aufflammen, erschütternd durch Inbrunst des Ausdruckes und
Vehemenz der Erregung. Dann schnelles Zurücksinken. Es-dur fällt nach
d-moll. „Ohne Ausdruck", glanzlos, wie erstarrend die Schlußworte, im näm-

lichen Tonfall wie vorher „Mein Herz ist müde“. Molto espressivo die klagende
Weise der Oboe. Aus Horn und Fagott Echo, im dunklen Klarinettenklang
ersterbend. Sonne scheint nicht mehr, Liebe ist tot.

Nur Erinnerung lebt noch, als Sehnsucht, als Traum, läßt Bilder des Einst
aufsteigen: „Von der Jugend“, „Von der Schönheit“, von der glückhaften
Trunkenheit des Frühlingsrausches.

„Behaglich heiter“ das Lied von der Jugend, nach Li-Tai-Po, schon vom
Dichter als zierliche Miniatur der Sprachrhythmik gefaßt:

> Mitten in dem kleinen Teiche
> Steht ein Pavillon aus grünem
> Und aus weißem Porzellan.

> Wie der Rücken eines Tigers
> Wölbt die Brücke sich aus Jade
> Zu dem Pavillon hinüber.

> In dem Häuschen sitzen Freunde,
> Schön gekleidet, trinken, plaudern,
> Manche schreiben Verse nieder.

> Ihre seidnen Ärmel gleiten
> Rückwärts, ihre seidnen Mützen
> Hocken lustig tief im Nacken.

> Auf des kleinen Teiches stiller
> Wasserfläche zeigt sich alles
> Wunderlich im Spiegelbilde.

> Alles auf dem Kopfe stehend
> In dem Pavillon aus grünem
> Und aus weißem Porzellan.

> Wie ein Halbmond steht die Brücke,
> Umgekehrt der Bogen. Freunde,
> Schön gekleidet, trinken, plaudern.

Durch leise Triangelschläge geweckt, steigt das Stück in fantastischer Anmut auf,
unwirklich, ungreifbar in der tänzelnden Grazie seiner luftigen Erscheinung. B-dur
gibt das harmonische Kolorit. Glockenartig anschlagendes F des Hornes leitet ein,
zuerst in langhallenden Ganztakten rufend, dann in punktierten Viertelrhythmen
leicht klopfend. Darüber spannen sich fein gewobene Stimmen der Flöte und Oboe.
Sie nehmen das Grundthema auf, nicht
in der ursprünglichen, abwärts gerichteten Form des Kummermotives, sondern in Gegenbewegung aufwärts-
strebend, Leben, Heiterkeit kündend:

In der höheren Oktave fließt die Melodie weiter, darunter eine Tanzweise
der Klarinetten:

Nur Holzbläser und Horn spielen in der Einleitung vor. Erst mit dem Eintritt der Tenor-Stimme erklingen in hüpfendem Saltando die oberen Streicher. Die kleine Flöte läuft der Singstimme parallel und gibt ihr ein heiteres Glanzlicht:

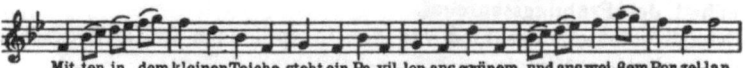

Ein exotisches Sprachbild folgt, das Grundmotiv ist eingewoben:

Liedartig im alten Stil — die Form wird zum Mittel archaisierender Charakteristik — folgt ein kurzes Bläsernachspiel mit Wiederholung der Melodie. Plötzlich Wechsel von B- nach G-dur. Trompete und Fagott teilen sich in die Melodie. Darüber zierliche Holzbläserstakkati. Lustig klingelt der Triangel. Violinen und Tenor singen „zart aber mit Empfindung" eine feine Schmeichelweise:

> Ihre seidnen Ärmel gleiten
> Rückwärts, ihre seidnen Mützen
> Hocken lustig tief im Nacken.

Die Melodie singt zart in der Solo-Violine weiter, wechselt über E-dur und e-moll nach g-moll, noch heimlicher flüsternd:

Eine seltsam bange Stimmung, betont durch die eigentümlich dehnenden Wort-wiederholungen, dämmert auf. Dort die Erscheinung, hier ihr umgekehrtes Spiegel-bild, eines das andere auf den Kopf stellend, beides gleich beweglich, gleich handelnd. Wie feiner Schauer läuft es leis dissonierend durch die gedehnten Moll-Klänge, die rhythmische Spannung läßt nach. Einen Augenblick scheint es, als wolle das Ganze sich in Dunst lösen. Kräftiger Anschlag des Hornes auf F. B-dur ist gewonnen, das Erschreckende der Spiegelerscheinung über-wunden. Nur das Närrische des Welttreibens, das bald aufrecht, bald umge-kehrt erscheint, bleibt haften:

> In dem Pavillon aus grünem
> Und aus weißem Porzellan,

Wie ein Halbmond steht die Brücke,
Umgekehrt der Bogen. Freunde,
Schön gekleidet, trinken, plaudern.

Die Musik klingt wie vorher, tänzelt, hüpft. Die Erscheinungen, was sind sie?
Gaukelspiel des Lebens, Schemen, belustigend im Scheine ihres Seins, das das
nämliche bleibt, auch wenn man es umkehrt. Wie ins Wesen-
lose verflattert die Musik in einen Quartsextakkord. In tiefer
Lage das F der großen Flöte, fast zweieinhalb Oktaven darüber
das hohe B der ersten Violinen, eine Terz höher das D der
kleinen Flöte. Der Grundton fehlt.

Traum der Jugend verweht, Traum von Schönheit und Liebe, wieder nach
Li-Tai-Po, steigt empor:

Junge Mädchen pflücken Blumen,
Pflücken Lotosblumen an dem Uferrande.
Zwischen Büschen und Blättern sitzen sie,
Sammeln Blüten in den Schoß und rufen
Sich einander Neckereien zu.
Gold'ne Sonne webt um die Gestalten,
Spiegelt sich im blanken Wasser wider,
Sonne spiegelt ihre schlanken Glieder,
Ihre süßen Augen wider,
Und der Zephir hebt mit Schmeichelkosen das Gewebe
Ihrer Ärmel auf, führt den Zauber
Ihrer Wohlgerüche durch die Luft.
O sieh, was tummeln sich für schöne Knaben
Dort an dem Uferrand auf mut'gen Rossen?
Weithin glänzend wie die Sonnenstrahlen;
Schon zwischen dem Geäst der grünen Weiden
Trabt das jungfrische Volk einher!
Das Roß des einen wiehert fröhlich auf
Und scheut und saust dahin,
Über Blumen, Gräser, wanken hin die Hufe,
Sie zerstampfen jäh im Sturm die hingesunk'nen Blüten,
Hei! Wie flattern im Taumel seine Mähnen,
Dampfen heiß die Nüstern!
Gold'ne Sonne webt um die Gestalten,
Spiegelt sie im blanken Wasser wider.
Und die schönste von den Jungfrau'n sendet
Lange Blicke ihm der Sehnsucht nach.
Ihre stolze Haltung ist nur Verstellung.
In dem Funkeln ihrer großen Augen,
In dem Dunkel ihres heißen Blicks
Schwingt klagend noch die Erregung ihres Herzens nach.

Auch dieser Gesang dolcissimo aufdämmernd: zwei in Terzen geführte Flöten mit zartem Trillermotiv, gedämpfte erste Violinen, das aufwärts gerichtete Thema umspielend, als Baßstimme ein glockenartiges Quartenmotiv des Hornes:

Mit dem Eintritt des Alt-Solos verschwinden die Einleitungsmotive. Eine in großem Bogen gespannte Liedmelodie setzt an, Harfe und zweite Violinen begleiten. In Flöten, Oboen, Klarinetten klingt, auf das einleitende Violinmotiv zurückdeutend, eine bewegliche Gegenmelodie mit eingewobenem Grundthema:

Immer heimlicher wird Stimmung, Vortrag, Klang. Horn und Glockenspiel schlagen leise an, Holzbläser schweigen, nur die kleine Flöte gibt aufflackernde Lichter. Die Begleitung fällt ausschließlich geteilten Bratschen und den hoch darüber schwebenden ersten Violinen zu:

Eine Melodie, deren ungebrochener Wuchs, Naivetät und Herzenswärme etwas von der Gefühlsinnigkeit eines altdeutschen Minneliedes hat. Wieder tönt das Glockenspiel, die Einleitungsmotive, diesmal ausschließlich den Streichern zugeteilt, geben ein kurzes Zwischenspiel. Die Stimme singt weiter im Tonfall der Anfangsmelodie:

Goldne Sonne webt um die Gestalten,
Spiegelt sie im blanken Wasser wider.

Sonne leuchtet auf, G-dur wechselt nach E-dur. Leben regt sich, Bewegungsreize locken. Im Orchester die Einleitungsmotive in anmutigen Flöten- und Klarinettenstimmen, dolcissimo espressivo umschmeicheln Violinen den Gesang:

Und der Zephir hebt mit Schmeichelkosen das Gewebe
Ihrer Ärmel auf, führt den Zauber
Ihrer Wohlgerüche durch die Luft.

Ein Idyll, das in dem ungreifbar zarten, melodischen und klanglichen Gewebe die feingetupften Worte des Dichters des letzten Restes begrifflicher Schwere entkleidet. Doch Schönheit bleibt nicht für sich bestehen, weckt Begehrlichkeit, trägt auch in sich unbewußt den Wunsch der Begierde. E-dur wandelt sich nach G-dur zurück. das leis lockende Nachspiel klingt weiter. Anstürmende Streicherskalen, aufrauschende Harfenglissandi, kurze Fanfaren der Hörner künden das Erwachen neuer Triebe. Die Harmonie wechselt in schneller Folge mit kräftigen Schlägen von G- über D- und Fis-dur nach es-moll, das Tempo belebt sich. Von schmetternden Trompeten und Bläsertrillern eingeleitet, vom Schlagwerk begleitet, klingt im vollen Orchester ein kraftvoller C-dur-Marsch:

 Es ist die Begleitmelodie der Bläser zum Anfang des Gesanges, das Grundmotiv, wechselnd in Auf- und Abwärtsbewegung, Motiv des irdischen Lebens, zum Ausdruck mutvoller Kraft und sinnlichen Verlangens geformt. Die Singstimme gibt der neuen Erscheinung Deutung:

O sieh, was tum-meln sich für schö-ne Kna-ben dort an dem U - fer-rand auf mut-gen Ros-sen,

Weithin glänzend wie die Sonnenstrahlen.
Schon zwischen dem Geäst der jungen Weiden
Trabt das jungfrische Volk einher!

„Flotter" und „immer fließender" drängt der Marsch, die Begier treibt, steigert sich zu leidenschaftlicher Erregung. In Posaunen und Tuba klingt das Marschmotiv in derber Härte wie drohend in c-moll, Allegro, eine grelle Fanfare gedämpfter Trompeten schrillt in den Abschluß des Posaunenmarsches: F-dur über:

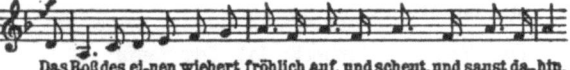

Chromatisch verzerrt klingen die Marsch- und Gesangmotive. Die Singstimme lenkt berichtend nach

Das Roß des ei-nen wiehert fröhlich auf, und scheut, und saust da-hin,

Über Blumen, Gräser, wanken hin die Hufe,
Sie zerstampfen jäh im Sturm die hingesunknen Blüten,
Hei! wie flattern im Taumel seine Mähnen,
Dampfen heiß die Nüstern!

„Immer noch drängender" der Marsch. Plötzlicher Umschlag, Abbrechen der Marschrhythmen. B-dur, Andante, Tempo primo. In den Violinen das Trillermotiv der Einleitung, in der Singstimme Wiederkehr von Wort und Melodie der Anfangsstrophe, nach B-dur gewendet:

Goldne Son-ne webt um die Ge-stalten spie-gelt sie im blan-ken Was-ser wi - der.

Leises Zurückgleiten nach G-dur. Das Spiel der Einleitung erneuert sich, die Singstimme aber klingt jetzt verwandelt, sehnsüchtig dem Erlebnis nachsinnend:

Und die schönste von den Jungfrauen sendet lange Blicke ihm der Sehn - sucht nach. Ihre sto-lze Haltung

ist nur Ver-stel - lung.

Erinnerunghaft tönt das Lied der Schönheit wieder auf, weitab aber sind die Gedanken vom wunschlosen Glück einstiger Heiterkeit:

> In dem Funkeln ihrer großen Augen,
> In dem Dunkel ihres heißen Blicks
> Schwingt klagend noch die Erregung ihres Herzens nach.

Verhallende Klage tönt aus der beseelten Innigkeit des Gesanges, aus dem kurzen Nachspiel mit Wechsel von Dur und Moll, den leise aufzuckenden Bratschenklängen. Ähnlich wie das Lied „von der Jugend" entschwebt auch dieses Bild in sphärenhaften Klängen eines Quartsextakkordes: dreistimmiger Flageoletts der Violoncelli, Harfe und drei Flöten. Der Halt im Irdischen, der Grundton fehlt. Jugend und Schönheit verwehen traumhaft.

> Wenn nur ein Traum das Leben ist,
> Warum denn Müh' und Plag'!?
> Ich trinke, bis ich nicht mehr kann,
> Den ganzen lieben Tag!
>
> Und wenn ich nicht mehr trinken kann,
> Weil Kehl' und Seele voll,
> So tauml' ich bis zu meiner Tür
> Und schlafe wundervoll.
>
> Was hör' ich beim Erwachen? Horch!
> Ein Vogel singt im Baum.
> Ich frag' ihn, ob schon Frühling sei,
> Mir ist als wie im Traum.
>
> Der Vogel zwitschert: Ja! Der Lenz
> Ist da, sei kommen über Nacht!
> Aus tiefstem Schauen lauscht' ich auf,
> Der Vogel singt und lacht!
>
> Ich fülle mir den Becher neu
> Und leer' ihn bis zum Grund
> Und singe, bis der Mond erglänzt
> Am schwarzen Firmament!
>
> Und wenn ich nicht mehr singen kann,
> So schlaf' ich wieder ein.
> Was geht mich denn der Frühling an!?
> Laßt mich betrunken sein!

So singt nach Li-Tai-Po der „Trunkene im Frühling", trunken von Freude sprießenden Lebens, vom Bewußtsein unbeschwerten, froh genießenden Seins. A-dur gibt die lichten Grundklänge, hell aufleuchtendes, in „kecken, aber nicht zu schnellen" Allegro-Halbtakten kräftig anschlagendes E der Bläser die Einleitung. Das Grundthema wird, aufwärtsgerichtet, in Oboen und Klarinetten zum leicht hingeworfenen Vorschlag, im Horn pocht es in übermütigen Rhythmen:

Nur drei Einleitungstakte als Vorspiel. Dann setzt die Stimme des Trunkenen ein, von der Grundtonart A-dur sofort einen halben Ton höher nach B-dur springend:

Lustig klingt das Lebensmotiv aus Flöten und Oboen, in frischer Rhythmisierung chromatisch ansteigend:

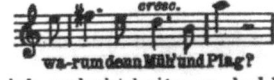

Dazu die Singstimme, selbstbewußt aussingend, in übermütiger Frage mit weit ausholendem Septimenschritt gleichsam alle Bedenken keck überspringend:

Die Tonart wechselt dauernd. Das Lebensmotiv formt sich zu bald heiteren, bald gesangvoll wiegenden Klängen:

Die Singstimme taumelt in kräftig stampfenden Rhythmen über F-dur, D-dur, G-dur, c-moll, E-dur nach A-dur:

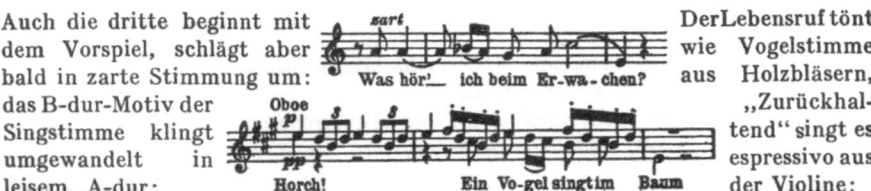

Wieder das Vorspiel. Die zweite Strophe ist der ersten im wesentlichen nachgebildet:

> Und wenn ich nicht mehr trinken kann,
> Weil Kehl' und Seele voll,
> So tauml' ich bis zu meiner Tür
> Und schlafe wundervoll!

Auch die dritte beginnt mit dem Vorspiel, schlägt aber bald in zarte Stimmung um: das B-dur-Motiv der Singstimme klingt umgewandelt in leisem A-dur:

Der Lebensruf tönt wie Vogelstimme aus Holzbläsern, „Zurückhaltend" singt es espressivo aus der Violine:

„Sinnend", chromatisch zart sich hebend, „zögernd", dann plötzlich leicht aufschwebend die Frage:

Lockend im Spiel der Holzbläser, von Triangelschlägen belebt, der Vogelruf. Die B-dur-Melodie des Sängers wird, ihres derben Charakters entkleidet, von Violinen in leicht hüpfenden Klängen aufgenommen, die Singstimme fügt sich an:

Die heitere Stimmung verdichtet zu inniger Wärme. In ernstem, von zwitschernden Holzbläserstimmen belebten Des-dur blüht das Frühlingsmotiv gesangvoll auf: Breit singend steigen „zögernd“, fast feierlich die Violinen empor. Ähnlich wie bei der Frage „ob schon Frühling sei“, aber tiefer sinnend, träumerisch ahnungsvoller tönt der Gesang:

Naturerwachen, doppelt eindrucksvoll innerhalb dieses Stückes, das Heiterkeit des Rausches feiert. Doch diese Heiterkeit ist nicht Frivolität. Sie erwächst aus tiefem Erleben des Frühlingswunders, entzücktem Sichhingeben an seinen Zauber. Es ist nur ein Augenblick der Selbstvergessenheit. Das Lachen des Frühlings, wie es aus den Bläsern klingt, weckt auch den Träumer. Die Sehnsuchtsweise formt sich in C-dur zum kräftigen Trinklied:

Übermut bricht wieder durch: A-dur ist gewonnen, Schwärmen und Sinnen vergessen. Jauchzend klingt die lustige Anfangsmelodie in B-dur, setzt aber mit den nämlichen Textworten gleich zum zweitenmal an; die Frühlingsmelodie begeistert den Sänger zu hymnischer Lobpreisung trunkener Lust:

> Und wenn ich nicht mehr singen kann,
> So schlaf ich wieder ein.
> Was geht mich denn der Frühling an?
> Laßt mich betrunken sein!

A-dur Jubel, in bacchantischer Erregung wirbelnde Skalen der Streicher und Holzbläser, schmetternde Trompeten und Hörner, Triangelgeläut. Frühlingsrausch hat die Sinne erfaßt. Lenz zieht über die Erde.

Jugend, Schönheit, Frühling, die lichten Bilder des dritten, vierten und fünften Stückes sind die Freuden der Erde. Jugend, geäfft vom wesenlosen Spiegelbilde, Schönheit, in Sehnsucht vergehend, Frühling, nur im Rausch erfaßbar — Tröstungen des Augenblickes, Traumbilder, in Dunst zerfließend. „Dunkel ist das Leben, ist der Tod." Die Sonne der Liebe scheint nicht mehr, die Tränen bleiben ungetrocknet, die kleine Lampe erlischt. Nur die traute Ruhestätte verheißt Erquickung. Der Lauf geht dem Ende zu. „Abschied" heißt das Gebot:

> Die Sonne scheidet hinter dem Gebirge.
> In alle Täler steigt der Abend nieder
> Mit seinen Schatten, die voll Kühlung sind.
> O sieh! Wie eine Silberbarke schwebt
> Der Mond am blauen Himmelssee herauf.
> Ich spüre eines feinen Windes Weh'n
> Hinter den dunklen Fichten!
> Der Bach singt voller Wohllaut durch das Dunkel.
> Die Blumen blassen im Dämmerschein.
> Die Erde atmet voll von Ruh' und Schlaf.
> Alle Sehnsucht will nun träumen,
> Die müden Menschen geh'n heimwärts,
> Um im Schlaf vergeß'nes Glück
> Und Jugend neu zu lernen!
> Die Vögel hocken still in ihren Zweigen.
> Die Welt schläft ein!
> Es wehet kühl im Schatten meiner Fichten.
> Ich stehe hier und harre meines Freundes;
> Ich harre sein zum letzten Lebewohl.
> Ich sehne mich, o Freund, an deiner Seite
> Die Schönheit dieses Abends zu genießen.
> Wo bleibst du? Du läßt mich lang allein!
> Ich wandle auf und nieder mit meiner Laute
> Auf Wegen, die von weichem Grase schwellen.
> O Schönheit! O ewigen Liebens — Lebens — trunk'ne Welt!
>
> Er stieg vom Pferd und reichte ihm den Trunk
> Des Abschieds dar. Er fragte ihn, wohin
> Er führe und auch, warum es müßte sein.
> Er sprach, seine Stimme war umflort: Du, mein Freund,
> Mir war auf dieser Welt das Glück nicht hold!
> Wohin ich geh'? Ich geh', ich wand're in die Berge.
> Ich suche Ruhe für mein einsam Herz.
> Ich wandle nach der Heimat! Meiner Stätte.
> Ich werde niemals in die Ferne schweifen.
> Still ist mein Herz und harret seiner Stunde!
> Die liebe Erde allüberall blüht auf im Lenz und grünt
> Aufs neu! Allüberall und ewig blauen licht die Fernen!
> Ewig . . ewig . . .

Dieser Schlußsatz des Werkes, nach Mong-Kao-Jen und Wang-Wei, 8. Jahrhundert, ist Hauptstück des Ganzen. Dem Umfang nach übertrifft er alle vorangehenden Gesänge, deren längster, das einleitende „Trinklied vom Jammer der Erde" nur etwa die Hälfte der Taktzahl des sechsten Stückes hat. Die Dehnung erklärt sich zum Teil daraus, daß Mahler zwei Gedichte „In Erwartung des Freundes" und „Der Abschied des Freundes" zusammengefaßt hat. Abgesehen von der äußerlichen Hervorhebung des Schlußstückes steht es der inhaltlichen Bedeutung nach außerhalb der vorangehenden Gesänge. So kostbar und ergreifend diese sind, dem „Abschied" gegenüber wirken sie nur vorbereitend. Es zeigt sich wieder das Grundgesetz Mahlerscher Sinfonik, die Hinlenkung auf das Finale, in dem alle vorangehenden Sätze zusammenfließen. So lagern sich die fünf ersten Gesänge wie ein bunter Kranz dunkler und lichter Lebensbilder kreisförmig um das letzte Stück. Die Verkündung des Abschiedes vom Leben und von der Erde gibt rückwirkend auch ihnen Deutung ihrer Einzelinhalte und Zusammenstellung.

Nicht nur dem Umfang und der poetischen Kraft nach ist der Schlußgesang das Hauptstück. Auch musikalisch bringt er den Höhepunkt, den stärksten Durchbruch neuer stilbildender Kraft. Einzelheiten waren schon in den vorangehenden Gesängen aufgefallen: Freiheit in der Behandlung der Diatonik, Hervorhebung der linearen Bewegung und Zurücktreten harmonischer Komplexwirkungen, ornamentale Lösung der Stimmen, charakteristische Anwendung der Chromatik zur Umfärbung des Ausdruckes, selbständige Führung der einzelnen Instrumente ohne Rücksicht auf Zusammenklang. Namentlich in den beiden ersten Stücken fand sich vieles von diesen, schon früher bei Mahler gelegentlich erkennbaren, jetzt bewußt hervordrängenden Kennzeichen neuer musikalischer Sprachweise. Auch Wunsch nach Lockerung fester Formarchitektur im alten Sinne, Streben nach rhapsodisch freiem Aufbau unter Wahrung groß zusammenfassender Gliederung zeigte sich. Die drei Mittelstücke von der Jugend, von der Schönheit, vom Frühling bedeuteten scheinbaren Rückfall in ältere Stilprinzipien, allerdings nur scheinbaren. Hier galt es, ähnlich wie in den Nachtmusiken der siebenten Sinfonie, Vergangenheitsbilder musikalisch zu charakterisieren. Die Art der Stilgebung war trotz vieler archaisierend gedachter Züge doch stark durchsetzt mit Elementen einer aus neuen Quellen fließenden Tonsprache. Nun ist der Rückblick abgeschlossen, der Zug durch die Vergangenheit vollendet. Der Künstler steht in seiner Gegenwart. Er hält bei sich selbst, er ist am Ziel. Die Verwandlungen des Lebens sind überwunden, nur noch die eigene Seele tönt durch die Einsamkeit.

Der „Abschied" zeigt großlinige Architektur. Mahler gliedert gleichsam in drei Strophen. Jede wird eingeleitet durch rezitativartige Erzählung, die zu einem liedartig geschlossenen Teil führt. Diese Liedsätze sind, ebenso wie die einleitenden Rezitative, einander gedanklich verwandt. Die Ausführung ist verschiedenartig und als breit ansteigende Steigerung gedacht. Ein ausführliches Orchesterzwischenspiel trennt die zweite und dritte Strophe und gibt Vorbereitung zur letzten Wandlung. Auch die Tonarten wechseln. Das erste Rezitativ steht in c-moll, das anschließende Lied in F-dur. Die zweite Strophe beginnt mit gekürztem Rezitativ in a-moll und bringt das Lied in B-dur. Das Orchester-

Intermezzo kehrt nach c-moll zurück, ebenso das dritte Rezitativ. Das letzte Lied löst c-moll nach C-dur.

„Schwer" beginnt das Stück. Dumpf anschlagendes, in Ganztakten hallendes Kontra-C des Kontrafagottes, der tiefen Hörner, der Harfe, der pizzikato klingenden Streichbässe. Tamtamschläge. Erst im dritten Takt harmonische Ergänzung Es—G der Hörner. Darüber ein Oboenmotiv wie ein Hirtenschalmei:

Violinen nehmen die Weise auf. Aus den harmonischen Füllstimmen der Hörner formt sich ein chromatisch absinkendes Terzenmotiv. In den Bässen die charakteristische Quarte C—G, ähnlich wie im ersten Satz der zweiten Sinfonie:

Alles bleibt schattenhafte Andeutung. Die Hirtenweise, von der Flöte in leichter Bewegung aufgenommen, klingt in zaghaften Oboentriller aus. Das absinkende Terzenmotiv bricht in Fagotten unvollendet ab. Der dumpf gleichmäßige Quartenschritt verhallt. „In erzählendem Ton, ohne Ausdruck" beginnt die Alt-Stimme:

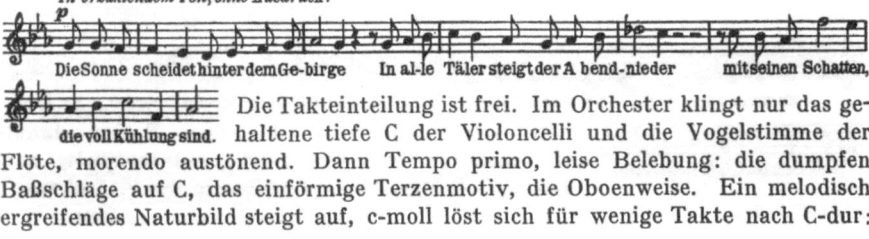

Die Takteinteilung ist frei. Im Orchester klingt nur das gehaltene tiefe C der Violoncelli und die Vogelstimme der Flöte, morendo austönend. Dann Tempo primo, leise Belebung: die dumpfen Baßschläge auf C, das einförmige Terzenmotiv, die Oboenweise. Ein melodisch ergreifendes Naturbild steigt auf, c-moll löst sich für wenige Takte nach C-dur:

Die melodische und harmonische Führung erinnert namentlich vom sechsten Takt ab an die Dur-Melodie aus dem Trauermarsch der fünften Sinfonie: schwankt in gleichmäßiger Bewegung:

Die kurz aufblühenden Stimmen verklingen, nur das Quartenmotiv

Noch einmal die Vogelstimmen, eine aufzuckende chromatische Linie, in Violoncelli auf f-moll verklingend. Abend ist gekommen. Leises Wogen der Harfe und

Klarinetten in F-dur. Darüber gespannt eine tiefatmend aussingende Oboenmelodie, der Abendruf des Anfanges mit eingewobenem Lebensmotiv:

Der Frieden der Natur klingt in die Seele hinüber. Wunschlos, nur die Schönheit
des umgebenden Lebens liebevoll erfassend, singt die Stimme:

Die Erde atmet voll von Ruh' und Schlaf.
Alle Sehnsucht will nun träumen,
Die müden Menschen gehn heimwärts,
Um im Schlaf vergeßnes Glück
Und Jugend neu zu lernen!
Die Vögel hocken still in ihren Zweigen,
Die Welt schläft ein!

Abwärts gleitende Harfenglissandi in vierfachem Piano, chromatische Skala der
Oboe, weiterklingend in Baßklarinette, verhallend im Fagott. In Baßklarinette
der Abendruf, das schwankende Quartenmotiv des „leisen Windes Wehen" in
Harfenbässen. Auf dem tiefen A der Kontrabässe erlischt alle Bewegung. Das
Lied der ruhenden Natur ist verklungen, die Seele des Einsamen singt weiter.
Ähnlich wie vorher beginnt die stille Klage, wieder begleitet vom leisen Vogelruf:

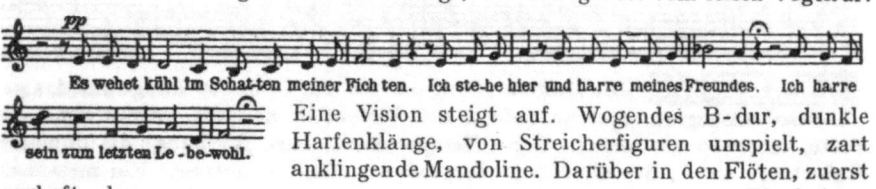

Eine Vision steigt auf. Wogendes B-dur, dunkle
Harfenklänge, von Streicherfiguren umspielt, zart
anklingende Mandoline. Darüber in den Flöten, zuerst
zaghaft, dann zu-   „Pianissimo,
versichtlich sich   aber mit innig-
emporrichtend das   ster Empfin-
Lebensmotiv: dung" eine Violinmelodie, Erinnerung an „Das Firmament blaut ewig und die Erde wird
lange feststehn" aus dem „Trinklied vom Jammer":

Die Schönheit der Erscheinung löst die bisher zurückgepreßte Empfindung:

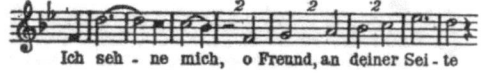

Die Schönheit dieses Abends zu genießen.
Wo bleibst du? Du läßt mich lang allein!

Das Lebensthema wacht im Gesange auf:

Auf Wegen, die von weichem Grase schwellen.
O Schönheit! O ewigen Liebens — Lebens — trunkene Welt!

Hymnischer Aufschwung, unvollendet ausklingender Abschluß, zerflatternd in a-moll. Tremolo der Violinen, schwankende Harfentriolen, durch die der Hirtenruf klingt. Im Violoncell ein Nachhall des ersten F-dur-Abendliedes. „Schwer" wieder das c-moll des Anfanges, der Tamtamschlag. Die lastenden Stimmungen der Einleitung sammeln, ballen sich. Das Terzenmotiv klingt wie Begleitung eines Trauerzuges. Das Lebensthema erscheint in schmerzlicher Verzerrung der Intervalle:
Von Bässen her aufsteigend, ergreift es in leidenschaftlich wachsender Erregung die Oberstimmen, schwillt zum Trauermarsch:

Gewaltig dröhnt dazu das herabzwingende Terzenthema der Bläser. In erschütternd harten, mitleidlosen Klängen richtet sich die Vision des Todes empor.

Der Marsch verhallt. „Erzählend und ohne Espressivo" singt die Stimme im Tonfall des Anfangs-Rezitatives:

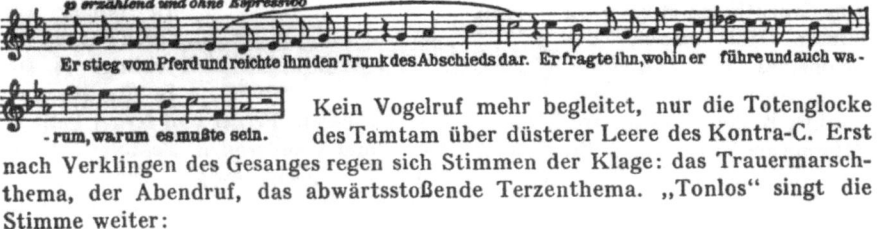

Kein Vogelruf mehr begleitet, nur die Totenglocke des Tamtam über düsterer Leere des Kontra-C. Erst nach Verklingen des Gesanges regen sich Stimmen der Klage: das Trauermarschthema, der Abendruf, das abwärtsstoßende Terzenthema. „Tonlos" singt die Stimme weiter:

Er sprach, seine Stimme war umflort:

Wie aus Übermaß des Schmerzes emporquellend mit plötzlicher Dur-Wendung eine Melodie von innerster Wärme des Gefühles, Lösung des gequälten Herzens:

Der Weg ist noch nicht zu Ende, aber er führt hinüber in ein anderes Land, das Land der Ruhe, das Land der Einsamen:

Heimat ist nicht hier. Heimat der Herzen ist, wo aus Nacht kein Tag mehr erwacht, keine Sehnsucht mehr das Herz bedrängt. Das F-dur des ersten Liedes mit sanft wogenden Triolen und darüber „schwebendem" Abendgesang kehrt wieder. „Sehr zart und leise" träumt die Singstimme:

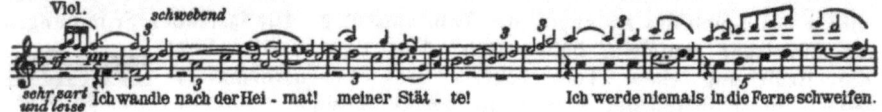

Still ist mein Herz und harret seiner Stunde!

Der Lauf des Einsamen ist vollendet, er strebt in die Ruhe. Wie er den Stab ergreift zur letzten Wanderung, wendet er den Blick mit innigster Liebe zurück auf die Erde. Was ihm Täuschung war: Jugend, Schönheit, Frühling, ist doch Wahrheit, weil es immer neu ist. Die Melodie vom ewig blauenden Firmament aus dem „Trinkliede vom Jammer" kehrt nochmals wieder, C-dur schimmert auf, Harfen und Streicher in ätherischen Harmonien, von ihnen umspielt die Ewigkeitsmelodie:

Allüberall und ewig blauen licht die Fernen!

Das Erdenthema steigt zum letzten Mal empor, des Schmerzes, der Täuschung ledig, den Sternen entgegen: stetiges Blühen, unstörbare Erneuerung verkündend. Ferner und ferner hallt die Stimme des Einsamen, in die Berge, in die Heimat Wandernden. Fast verlöschend, wie aus anderen Welten, sein Segensspruch: „ewig, ewig". Das Bild entschwebt. „Gänzlich ersterbend" die Schlußharmonie. In der Tiefe C-dur der Posaunen und Streicher, darüber gelagert das A der Oboe und Flöte. Das Erdenthema E—G—A in akkordischer Verschlingung, ruhend auf dem mystischen Urgrunde des tiefen C.

Im Sommer 1908, nach der Rückkehr von der ersten Amerika-Reise, war das „Lied von der Erde" entstanden. Ein Jahr darauf folgte die neunte Sinfonie. Man könnte meinen, Mahler, dessen Sinfonien im allgemeinen durch zwei Jahre voneinander getrennt sind, habe das Ende nahen gefühlt und sich beeilt, fertig zu werden. Das „Lied von der Erde" war für ihn nicht Abschluß, nur Vorbereitung dazu, Neuordnung der inneren Kräfte. So hoch es unter seinen bisherigen Schöpfungen steht, an innerlicher Überzeugungskraft fast noch die Achte übertreffend, als Äußerung schöpferischen Lebens ungeahnte Steigerung — für ihn selbst war hier kein Ende, vielmehr Anfang eines neuen Schaffenskreises. Die Rückschau auf Vergangenes, der seherische Fernblick auf Künftiges, beides von der Höhe aus erfaßt, die in der Achten erreicht war, diese Gesamtabrechnung mit dem Leben war im „Lied von der Erde" noch zu subjektiv bedingt, als daß Mahler sich damit hätte zufriedengeben können. Wie er sich selbst nur als eines der Fünkchen im Lichtmeer des Weltalls ansah, so strebte er als Künstler nach Verallgemeinerung eigenen Erlebens, Gestaltung persönlichen Schauens zum Symbol naturhaften Geschehens. Das Lied, selbst das sinfonisch empfundene, konnte diesem Drang nicht genügen. Es blieb an das einzelne Individuum gebunden. Das lyrische Erlebnis behielt auch in großgefaßter Darstellung akzidentellen Charakter. Es galt, die Singstimme als Repräsentantin des persönlich Bedingten wieder zu beseitigen, aus der Vereinzelung des lyrischen Erlebnisses den Weg zu finden in die kosmische Welt der Instrumentalsprache. Es galt, dem Gewinn der lyrischen Vorarbeit allgemein menschliche Deutung und Bedeutung zu geben.

So entsteht in unmittelbarem Anschluß an das „Lied von der Erde" eine neue Sinfonie, die neunte. Ein seltsames Werk. Seine äußere Erscheinung weicht ab von allen bisherigen Sinfonien Mahlers. Formaler Bau, klangliche und thematische Gestaltung zeigen Mahler auf bisher unerschlossenen Wegen. Eine viersätzige Sinfonie, aber nur die Satzzahl erinnert noch an die einstige Sinfonie. Zwei langsame Teile sind Rahmensätze, ein Andante, in größtem Umfange angelegt, als Anfang, ein langgesponnenes Adagio als Abschluß. Zwischen ihnen stehen zwei lebhafte Sätze, Scherzo („im Tempo eines gemächlichen Ländlers") und Rondo „Burleske". Das Tonartenverhältnis ist frei. D-dur beginnt, C-dur folgt, die Burleske steht in a-moll, das Finale in Des-dur. Jeder Satz ist gleichsam nur um seiner selbst willen da, die sinfonische Einheit ergibt sich erst durch das Gesamtbild. Dieses unbekümmerte Für-sich-selbst-sein jeder Einzelheit ist bezeichnend für den Stil des Werkes überhaupt. Wie die Stimmen im musikalischen Satz selbständig nebeneinander laufen, gleichgültig gegen Härte und Widersprüche des Zusammenklanges, so auch die instrumentale Behandlung. Der äußere Aufwand ist geringer, als in früheren Werken. Außer vierfach geteilten Flöten, zu denen kleine Flöte tritt, sind Holzbläser nur dreifach besetzt. Vier Hörner, drei Trompeten, drei Posaunen und Tuba bilden den Blechchor, Tasteninstrumente: Klavier, Celesta fehlen. Das Schlagwerk ist auf zwei Pauken, Glockenspiel und Triangel beschränkt. Die Behandlungsart dieser Instrumente freilich geht von anderen Gesichtspunkten aus, als bisher. Man kann von Mahlers Art der Orchesterbehandlung zwar sagen, daß sie niemals „instrumentiert", einer abstrakten Kompositions-Skizze angepaßt ist. Sie entspringt stets der Natur des Instrumentes und entspricht dem symbolischen Wert der besonderen Klangfarbe. Diese Betonung der Symbolik des einzelnen Klangcharakters wird jetzt aufs äußerste getrieben. Es gibt keine harmonischen oder dynamischen Funktionäre. Jedes Instrument wird zu höchster Beweglichkeit angespornt, jedes lebt für sich. Wenn Pauken, Trompeten, Posaunen tönen sollen, so ist es Mahler im höheren Sinne gleichgültig, in welcher klanglichen Umgebung sie stehen. Koloristik im gewohnten Sinne ist nicht mehr vorhanden. Es wirkt nicht der Gesamtkomplex der Farben, sondern ihr Einzelwert. Die linear horizontale Vorstellungsart, die Mahlers Stimmführung beherrscht, ist maßgebend auch für seinen Instrumentalstil. Es löst sich die bisherige Gebundenheit der Klangvorstellung an die Totalität des akustischen Bildes. Ideenmäßige Art des Musikempfindens tritt an Stelle sinnlich materialistischer Klanggewöhnung. Die Idee paßt sich nicht mehr den Forderungen der Wahrnehmbarkeit an. Das Wahrnehmbare wird unter die Idee gezwungen, empfängt aus ihr neue Gesetze. Es ist eine Art der Orchesterbehandlung, wie sie ähnlich vor Mahler nur Beethoven angewandt hat, während sie von der auf Beethoven folgenden Zeit vergessen, den Forderungen des Ohres angepaßt wurde.

Über Neuerungen in der Art klanglichen Denkens und Empfindens, über Veränderung der äußeren Satzfolge, des Tonartenverhältnisses hinaus gelangt Mahler in der Neunten zur Ausschaltung des Sonatenschemas als Grundlage des sinfonischen Baues. Sie war naturgemäße, aber schwerst zu verwirklichende Folge der übrigen Neuerungen. Das Sonatenschema, im Laufe von zwei Jahrhunderten gewachsen, hatte sich als fruchtbarstes, zugleich dehnbarstes formales Gestaltungsprinzip erwiesen. Jeder, der ursprünglich ausgezogen war, es zu vernichten, hatte damit geendet, es neu zu finden und zu rechtfertigen. Mahler selbst war es nicht anders ergangen. Von der ersten Sinfonie an hatte er sich als innerlich selbständige Schöpfernatur gegen Bindung an das Schema der Form gesträubt. Aber er war stets bei aller Freiheit im einzelnen auf den Grundtypus der Sonate zurückgekommen, hatte ihm schließlich im ersten Satz der Achten rückhaltlose Bestätigung gegeben. Die aufbauende Kraft, die Fähigkeit der Verwicklung, Steigerung und krönenden Lösung war in diesem Schema elementar eingeschlossen. Solange nicht Veränderung der musikalischen Vorstellungsart überhaupt erfolgte, solange nicht Bedeutung des Themas, Art der Aufstellung von Gegensätzen und ihrer Entwicklung sich von Grund auf geändert hatte, war Änderung des Wesens der Form nicht möglich. Nur eine im innersten verwandelte Art musikalischen Denkens und Fühlens konnte Veränderung in der Darstellung dieses Denk- und Gefühlsvorganges ergeben.

Mahler bedurfte hierzu der Arbeit fast eines Lebens. Erst mußte er alle Möglichkeiten der Sonate erschöpft, alle seinem Wesen entsprechenden Wandlungen ihrer Form, ihre Verbindung mit Elementen kontrapunktischen Stiles, ihre Steigerung durch die Fuge, ihre Ausweitung durch äußerste Häufung der Ausdrucksmittel in sich erlebt haben. Erst mußte er die achte Sinfonie geschrieben und damit die stärkste Begründung der Sonate aus neuzeitlichem Geiste gegeben haben, ehe er sie als erfüllt erkennen, ihr ein aus schöpferischer Notwendigkeit geborenes Neues entgegensetzen konnte. Dieses Neue, Notwendige ist die neunte

Sinfonie als Ganzes, ist insonderheit ihr erster Satz als formale Erscheinung. Hier versagen alle an Überlieferung gebundenen Erklärungsversuche. Ein monumentales Gebilde wächst hervor. Weder in Grundlinien der Struktur, noch im Gesetz der inneren Entwicklung, noch in der Art der Gedankenprägung ähnelt es dem alten Sonatensatz oder seinen Begleitformen. Hier wirkt eine bisher unbekannte, fantastische Art musikalischen Darstellungsvermögens, scheinbar regellos, improvisierend, und doch den Stempel innerlich bestimmender Gesetzlichkeit tragend. Es fehlt der Dualismus der Themen, ihre prägnante Gegenüberstellung, Durchführung im gewohnten Sinne. Und doch sind großgedachte Gliederungen zu erkennen. Es gibt thematische Grundcharaktere, die sich erweitern, sich zusammenfügen, sich aneinander reiben, enthüllen und wieder verschließen. Aber alles geschieht außerhalb der gebräuchlichen Darstellungsart. Am ehesten wäre von liedmäßiger Prägung, von variierender Durchbildung zu sprechen. Doch auch diese Kennzeichnung trifft den formalen Stil nur ungefähr und äußerlich. Sie bezeichnet nicht die innerlich treibende Kraft der Entwicklung, ebensowenig, wie die spätere Wiederholung der thematischen Kerngruppe und der koda-artige Schluß den Sonatencharakter ergibt. Es vollzieht sich eine Auflösung und neue Synthese bisheriger Gestaltungsprinzipien aus dem Willen eines innerlich frei gewordenen Geistes. Ihre Bedeutung und zukunftwirkende Kraft wird dadurch nicht geschmälert, daß sie kein neues Schema zum beliebigen Gebrauch darstellt, und daß Mahler selbst über die Einmaligkeit des Gelingens nicht hinausgekommen ist.

Es muß schöpferische Erregung tiefster Art gewesen sein, der das Werk entstammt. Erregung, die erklärbar wird aus der menschlich und künstlerisch gleich ergreifenden Spannung des „Liedes von der Erde", aus dem Bedürfnis, die in diesem Stück angeschlagenen lyrischen Stimmungen in der großen sinfonischen Form rückhaltlos ausklingen zu lassen. Daß die neunte Sinfonie im ganzen und namentlich ihr erster Satz unmittelbare Fortsetzung des „Liedes von der Erde" ist, ergibt sich nicht nur aus ihrer zeitlichen Nähe, aus Übereinstimmungen stilistischer Einzelheiten. Es ist von Mahler selbst zweifelsfrei ausgesprochen in den thematischen Beziehungen. Das Grundthema des „Liedes von der Erde", jene Intervallfolge Terz, Quinte, Sexte, deren Zusammenklang den Schlußakkord des „Liedes von der Erde" bildete, ist wiederum Anfangs- und Grundmotiv des ersten Satzes der Neunten. Seine Doppelbedeutung als Motiv des Kummers der Erde und der Hoffnung unvergänglichen Lebens wird nun durch die Orchestersprache ins Ueberbegriffliche gesteigert. Noch einmal klingt der Scheidegruß an das Leben, an die Erde, das wehmutvolle Lied an die Heimat jenseits der Berge. Jetzt nicht mehr als Gesang des einzelnen, sondern als Todeslied der großen, vielgestaltigen Natur. Es stirbt eine Welt und singt sich in den letzten Schlummer. Das Leben löst die Kräfte, aus denen es emporwuchs, und die nun zurückfließen in das All. Es ist ein Sterben ohne Bitterkeit, ohne Haß, doch nicht ohne Kampf, von heftigen Zuckungen letzter, innerlich widerstrebender Willensmächte unterbrochen. Im Ausklang aber Einssein von Willen und Schicksal, bewußtes Untergehen des Reifgewordenen, Vollendeten. Apotheose des Todes, erklingend in D-dur, der nämlichen Tonart, in der Mahler einst im Finale der ersten Sinfonie den Triumph des Lebens, im Finale der Dritten die göttliche Liebe, im Finale der Fünften die schöpferische Kraft verherrlicht hatte. Leben, Liebe, Schöpferkraft sieht der innerlich bereits im Jenseitigen Stehende nun wie aus einer höheren Welt, rückschauend. Der Tod erscheint ihm als Erfüllung alles dessen, was Lebenskampf und Lebenssehnsucht einstmals als Ziel boten. Leben wird Tod und Tod wird Leben. Nur aus solcher Einstellung ist dieses Werk zu begreifen. Nur aus solcher Umtauschung der Begriffe heraus könnte Mahler in der musikalischen Gestaltung Fähigkeit und Kraft zu stilschöpferischer Tat, konnte er das gedankliche Fundament für diesen grandiosen Epilog finden. Die heiße Lebensflamme der Achten hatte das Sterbliche in ihm verzehrt, am Irdischen hatte er keinen Teil mehr. Nur der unzerstörbare Geist lebte noch und sang, befreit von allem Lastenden stofflicher Bedingtheit, das Hohelied von der Herrlichkeit des Todes als des Vollenders. Schon früher einmal war diese Idee in ihm schöpferisch geworden, als er die „Kindertotenlieder" schrieb. Damals war es das junge, unenthüllte Leben, jetzt ist es die reife Menschheit, der das Lied vom großen Sterben erklingt. Ein zermürbender Gesang, eigentlich nicht für die Ohren der Welt geschaffen. Er erzählt von den letzten Dingen, Mahler selbst starb an ihm. Sein Wahrheitsdrang war ans Ziel gelangt. Er hatte Gott geschaut, in der letzten Offenbarung, die dem Menschenblick zu fassen gegeben ist: Gott als Tod. „Was mir der Tod erzählt" lautet die ungeschriebene Überschrift der neunten Sinfonie.

L eise schwebende Orgelpunktklänge auf A, in gelösten Rhythmen an Violoncelli und Horn verteilt, geben eine kurze Einleitung. In der Harfe schlägt wie Glockengeläut, das Urthema an:  In gestopftem Hornklang ein kurz aufstrebender, schnell zurücksinkender synkopierter Ruf:

Im Echo klingt er leise nach. Dunkles Tremolo der Bratschen auf den Tönen des Urmotives. In zweiten Violinen dämmert langsam das elegische Hauptthema auf, von der Gegenstimme des Hornes begleitet. Zuerst kaum erkennbar als thematisches Gebilde, von Takt zu Takt gleichsam Atem schöpfend, wie allmählich erst aus Unterbewußtsein als Erscheinung wahrnehmbar werdend. Eigentlich keine Melodie mehr, nur seelische Grundlinien einer solchen, innerliche Gefühlsakzente, naturhaft quellend, ohne äußere Bindung und Glättung aneinander gereiht. Durchzogen von den Intervallen des Urmotives, ruht es auf düsteren Glockenklängen der Harfe und Baß-Pizzikati:

Mahler schreibt Stricharten für die Violinen vor. Er will den Auftakt, das Urmotiv, durch schweren Herabstrich hervorgehoben haben. Im Horn klingt das Motiv träumend weiter. Erste Violinen nehmen den Gesang auf. Über der leisen Tremolo- und Pizzikato-Begleitung geteilter Bratschen, aufseufzenden

Gegenstimmen zweiter Violinen und Violoncelli, Baß-Pizzikati und gehaltenen Hornklängen tönt er wie ein Wiegen- und Schlummerlied:

Dur erlischt, das Gegenbild in Moll glüht leise auf. Im Horn der Anfangsruf des Themas, klagend:

In Streichern aufwühlende Bewegung. In einer leidenschaftlich emporgreifenden Violinmelodie gewinnt sie thematische Gestalt:

Die Erregung wächst, thematische Rufe klingen hinein. Im großen Bogen spannt sich die Linie zum hohen A, sucht es zu behaupten. Ein chromatisches Bläsermotiv dröhnt in gebieterisch markierten Rhythmen auf:

Die Trompeten übernehmen es in verschärfter Form:

Klage und Leidenschaft werden zurückgewiesen. Mit majestätischem Schwunge kehrt die Dur-Melodie wieder. Kein sanftes Wiegenlied mehr, ein feierlicher Gesang. Breitwogende Harfenklänge, das Urmotiv in kraftvoll gerissenen Pizzikati und rauschenden Tremoli, von Hörnern und Harfen gestützt. Darüber hymnisch gesteigert die Melodie in Umschlingung erster und zweiter Violinen:

Ein B-dur-Zwischensatz bringt Entspannung und weckt Erinnerung: die ländlerartige Triomelodie aus dem Totentanz-Scherzo der vierten Sinfonie klingt reminiszenzenhaft nach:

Noch einmal die D-dur-Melodie, ruhiger, stiller leuchtend als bei dem letzten Ausbruch, dann leise verdämmernd. Im gestopften Horn verhallt der Anfangsruf.

„Etwas frischer" setzt zum zweitenmal das Leidenschaftsthema der Violinen
ein. Auf B-dur-Harmonien
ruhend, wird es von Bläsern
sofort mit starkem Schwunge
in das gebieterische chromatische Motiv weitergeleitet:

Dieses führt jetzt. Mit seiner fest hämmernden Rhythmik gibt es den Grundton
hart andrängender Energie. Die Motive steigern sich aneinander, in weit-
gespannten Bögen verschlingen sich die Stimmen. Zu dem Leidenschaftsthema
und dem chromatischen Bläserruf tritt das synkopierte Quartenmotiv des Anfanges, jetzt mit dem Ausdruck entschlossener Kraft. Im dreifachen Forte
duettierend geführter Vio-  In steigender Erregung
linen und hoher Bläser er- drängt das Tempo zum
klingt eine neue thema- Allegro, die Streicher
tische Metamorphose: treiben in wachsender

Intensität empor, das Bläsermotiv erklingt fortissimo. Mächtiges es-moll-Glis-
sando beider Harfen, chromatisch abstürzende Triolen
der Posaunen und Hörner. Heftig gestoßene, fanfaren-
artige Umgestaltung des Grundmotives im Blech,
harte Triolen, schrille Triller auf den zweiten Viertel:

Die Fanfare klingt in allen Bläsern weiter, über es-moll hinweg einen Takt in
heroischem Es-dur aufleuchtend, dann in g-moll
verhallend. Die Streicher sind auf hohem B
verklungen. Alles schweigt, nur Paukenwirbel
und Kontrabässe auf B. In den Hörnern zuckt
der synkopierte Einleitungsrhythmus:

Gedämpfte Posaunen und Tuba dazu mit gehaltenem, tiefem Ges-B. In der Pauke
das Grundmotiv zum Wirbel der großen Trommel, von Hörnern beantwortet
und in das chromatische Triolenthema weiter geführt:

Klagend der thematische Gesang  Fortissimo abweisend der Ein-
der tiefen, gedämpften Streicher, leitungsruf in Posaunen und
Oboe und Englisch Horn: Hörnern. Wirbel der großen
Trommel und Pauke rollt weiter. Das Grundmotiv ruft aus Bässen und erster
Pauke, in tiefem Klarinettenklang zuckt das Leidenschaftsthema kurz empor.
Violinen nehmen die Klage auf, wieder zurückgestoßen vom Bläsermotiv. In
gedämpften Posaunen der Beginn des Anfangsgesanges mit dissonierendem F
zum Fis der Hörner:

Tamtamschläge. In den Violoncelli ringt sich „plötzlich sehr mäßig und
zurückhaltend" die gesangvolle Totentanzmelodie des B-dur-Zwischen-
satzes empor, aus der Flöte klingt der Auftaktruf des Dur-Themas. Gedämpfte Hörner nehmen ihn auf, das Grundmotiv läutet leise aus der
Harfe, klingt aus Violoncell-Tremoli. In zaghaft ansteigender chromatischer
Linie richten sich die Violinen langsam empor:

Ganz leise blüht D-dur wieder auf, die Melodie vom Horn „zart gesungen, aber
sehr hervortretend", die Violinstimme in Arabesken aufgelöst. Der B-dur-Gesang
folgt unmittelbar, von Motiven der Haupt-
melodie durchzogen. In ihn hinein klingen
Fanfaren gedämpfter Trompeten, stärker
werdend dröhnen sie aus der Pauke empor:

Plötzlicher Um-
schlag, Allegro riso-
luto „mit Wut".
Kampfrufe der Holz-
bläser und gestopften
Hörner:

In Bässen das chromatische Motiv,
zum Leidenschaftsthema überleitend.
Mit großem Schwunge entfaltet sich
die Dur-Melodie in Hörnern, Streichern
und Holz:

Vom chromatischen Triolenmotiv des
schweren Bleches und der Bässe getrieben, gipfelt die Steigerung in einer
grellen akkordischen Dissonanz. Aus
Tuba, Posaunen, Hörnern und tiefen

Holzbläsern klingt mit schneidender Fortissimo-Schärfe breit
gehalten der Septimenakkord
D—F—A—Cis:

Die Oberstimmen stürzen jäh ab.
Aus den Elementen der düsteren
Harmonie aber steigt mit verstärkter
Kraft das Leidenschaftsthema em-
por, nach b-moll gewendet, in stürmischer Aufwärtsbewegung molto appassionato das gesamte, in doppelte Stimmgruppen geteilte Streichorchester
erfassend:

Anfangs
führen
Streicher,
schwere

akkordische Akzente der Bläser und kurze klangliche Betonungen steigern
die Wucht der mächtigen Bewegung. Zu „höchster Kraft" wachsend, lenkt
sie von b-moll in den Dominantseptakkord auf A über. Vom Triolenmotiv der
Bläser vorbereitet und gestützt, dröhnt
der Anfang des Hauptthemas gerichtsartig aus den Hörnern, Frieden for-
dernd, Ruhe gebietend:

Wie zerknickt sinken die Stimmen der
Leidenschaft, in wenigen Takten ganz
langsam werdend, in der Tiefe verschwindend. Ernst schließt das chromatische
Bläsermotiv in Posaunen und Tuba:

In verschärfenden Moll-Terzenklängen der
Thema-Anfang in Hörnern und tiefen Klarinetten. Verhuschend in Violinen das
Leidenschaftsmotiv. Nochmals, nach Ges-
dur gewendet, der Posaunenruf:

Fermate. „Schattenhaft" aufsteigende
Tremoli. In dreifachem Piano streben die
Violinen chromatisch nach oben. Klagend
in es-moll der Hornruf:

„Allmählich an Ton gewin-
nend" festigen sich die Strei-
cherklänge. Ähnlich wie vorher, zarter noch, strahlt lang-

sam D-dur auf. Zwei Hörner, „weich geblasen", singen in Terzenparallelen die
Melodie. Violinen überschweben sie im Wechselspiel zweier Solostimmen, Flöten
und die übrigen ersten Violinen fügen frei umschreibende Gegenstimmen hinzu:

Die Melodie des einstigen
Kampfgesanges schließt
sich in leichter Steigerung
„etwas fließender" an:

Bewegter H-dur-
Aufschwung,
„quasi Allegro".
Das chromatische

Motiv in Trompeten, in Streichern enthusiastisch weitersingend, führt zu letzter,
äußerster Steigerung, klingt mit „höchster Kraft" im vollen Glanz der Streicher,
Holzbläser und Trompete über breit gelagertem Stringendo-Orgelpunkt Fis.
„Mit höchster Gewalt" die Gegenstimme, der Posaunenruf zum Wirbel der
großen Trommel und weithallendem Tamtamschlag:

„Wie ein
schwerer
Kondukt"
zieht es
heran. In der

Pauke das Trauergeläut des Grundmotives, in Holzbläsern das schmerzlich ver-
zogene Gesangthema, unterbrochen von Trompetenfanfaren:

Der Marsch lenkt nach D-dur, Hörner
singen die Melodie. Das Glockengeläut,
mit ihm der Gesamtklang wächst,
schwillt zu riesenhaft andringender
Totenklage. In chromatischen Umschreibungen, den Auftakt stets
schwer lastend betont, begleiten Violinen und Holzbläser die Melodie:

Weiter vor dringt der  Ganz kurz, nur
Gesang, greift in Um- für vier Takte,
 schlingungen der die Leidenschafts-
Oberstimmen nach B- melodie, beant-
dur über: wortet vom chro-
matischen Bläsermotiv. „Plötzlich bedeutend langsamer (lento) und leise " ein
„Misterioso". Der Vollklang des Orchesters bricht ab, die Stimmen zerflattern.
Über schwer zur Tiefe polternden Baßklängen tönt es aus Holzbläsern wie Vogelrufe. Nochmals das Moll-Thema, kurz, leidenschaftlich aufflammend in Streichern,
nochmals das abweisende Bläserthema. Dann letztes, lösendes D-dur. Auf emporstrebenden Harfenklängen „sehr weich hervortretend" der Horngesang, ausklingend in das jetzt seiner Härte entkleidete Bläsermotiv, abgeschlossen von dem
Sehnsuchtsruf der Klarinette:

„Sehr zögernd" lösen sich die Stimmen. Nur weiche Bläserregister und Harfe
klingen. „Schwebend" strebt die Flöte zur Höhe, senkt sich langsam wieder
herab. „Espressivo, schmeichelnd" die Dur-Melodie, kurz angedeutet in „zart
hervortretenden" Stimmen der Oboe, Klarinetten, Hörner, Violinen. „Zögernd",
wie in feinen Klangwölkchen zergehend, verhallt dolcissimo der Gesang. Immer
leiser klingt das Harfengeläut. Ein silbriges Flageolett der Violoncelli und kleine
Flöte geben den Schlußton. Es ist vollbracht. Aus irdischer Gebundenheit der
Kämpfe und Leidenschaften ist die Seele zur Heimat, zur Freiheit zurückgekehrt.

Als Freund und Erlöser, als sanft einwiegender Tröster erschien der Tod im
ersten Satz. Als Dämon beherrscht er die beiden Mittelsätze, Scherzo und
Rondo. Nicht wie einst in der vierten Sinfonie als mittelalterlich vermummter
Freund Hein mit der Totenfiedel. Diesmal als Beschwörer dunkler Gewalten und
Schatten, die auf sein Geheiß ihren Reigen tanzen, bald in grotesken Sprüngen,
bald in wild fantastischem Wirbel. Die Tanzbilder früherer Werke kehren zurück,
ähnliche Klänge, verwandte Rhythmen, teils urwüchsig derb, teils ins Fratzen-
hafte verzogen. Aber dies alles von einem Hauch grausiger Ironie überflogen,
wie von der Kehrseite erschaut, verzerrte Spiegelbilder einstiger Sinnenfreude.
Grelle Parodien des Lebens, aus ätzendem Spott empfangen, erschreckend, wo
sie erheitern sollten. Tänze, in denen nicht frische Glieder schwingen, sondern
Gebeine klappern. Eine unerhörte Dämonie des Rhythmus zieht ihre Kreise und
beherrscht die Stimmung.
„Etwas täppisch und sehr derb, im Tempo eines gemächlichen Ländlers"

beginnt der zweite Satz. Eine
ungeschlachte Baßfigur stolpert hervor, schrille Klarinetten
antworten wie in ironisch
knicksender Bewegung:

Nochmals die linkische Aufforderung, nochmals die Antwort, jetzt aus
Hörnern. Die Paare stehen, der Tanz hebt an. „Schwerfällig, wie Fiedeln"
stampfen die zweiten Geigen,
klobig wuchten die Bässe in
Ganztakten, das Horn mischt
eine „keck" trillernde Neben
stimme ein:

Die Weise kommt nicht zum Abschluß. Die schnippische Holzbläser-Antwort
klingt allein weiter, von Hörnern wie im Echoton wiederholt. Zum zweitenmal
setzt der Tanz ein, diesmal noch derber stampfend als vorher. Oboen und Klarinetten klingen mit den Streichern zusammen, von denen erste Violinen noch
pausieren. Wieder nach wenigen Takten kraftloses Zurücksinken des Tanzthemas, Weitertönen der wie spottend allein tänzelnden Bläser-Antwort mit ihren
Echoklängen. Ungestüm poltert das Baßthema einen halben Ton tiefer, mit der
Wendung nach F-dur neuen Ausweg suchend. Wieder die nämliche Bläserantwort:

Alles bleibt im Bereich des
Elementaren, plump, urwüchsig, Dämonie des Grotesken. Jetzt klingen weithallende Hörnerrufe als Begleitmusik: der
Quintsext-Schlußakkord des „Liedes von der
Erde" in platt verzerrter Vergrößerung, darunter bärenhaft tappend die Tanzweise der
Bässe:

Die Hörner kläffen weiter, schieben sich chromatisch abwärts. Das Bild gewinnt
feinere Züge, die Bässe
hüpfen in komischer Behendigkeit, erste Violinen
fügen grazioso eine zierliche Oberstimme hinzu:

Die Stimmen verspinnen sich in wechselnden Umschlingungen, schnell umschlagenden dynamischen Kontrasten. Polter- und Tanzmotive, Derbes und Graziöses
suchen und fliehen einander, führen einen zierlich gemessenen Reigen, tänzeln langsam ab, verschwinden plötzlich. Nur das Hörner-Echo klingt nach. Das Baßmotiv
stolpert wieder herauf, diesmal nicht im gemächlich schwerfälligen Anfangsrhythmus, sondern leicht anschwingend. Nach E-dur gewendet, lenkt es zu walzerartigem Poco piu mosso subito. Ein heftig zupackendes Thema klingt im Streichorchester, mehr unablässig antreibender Rhythmus als Melodie. Das
Grundmotiv ist hinein verwoben:

Gedämpfte Hörner, aufkreischende Holzbläserstimmen tönen hinein. Das Streich-
quintett führt zunächst, dann
klingen Posaunen, von nach-
schlagender Pauke begleitet, mit
dem parodierten Grundmotiv:
Der Tanz steigert sich. In chromatischem Wechsel schieben sich die Harmonien wirr ineinander. Eine Drehung nach Es-dur gibt Posaunen die
Führung mit wild aufjauchzendem Thema:

Immer heftiger reißt
die Bewegung. Die
Themen des ersten
Ländlers erscheinen
wieder, nicht mehr gemessen hüpfend, wie vorher, hineingerissen in den Strudel
des neuen Tanzes. Unablässig drängt es, steigert. Die kläffenden Hörnerakkorde rufen, Streicher hämmern, Holzbläser hasten und fliegen in Unisonoläufen. Harmonien wirbeln in kaum noch erkennbarem Wechsel, Posaunen und
Pauken klingen in kurzen, heftigen Zwischenrufen. Fantastischer Taumel ergreift
alles. Da tönen tiefe, langgehaltene Hornrufe. Die Bewegung läßt nach. Sanft
aufdämmernd im „ganz langsamen" Ländlertempo eine zarte F-dur-Weise:

Träumerisch weich singen
Violinen und Oboen. Ist
sie Erinnerung an das Dur-
Thema des ersten Satzes?
Die Tanzmotive des An-
fanges begleiten, treten episodisch hervor, in zarten A-dur-Klängen, dem
Charakter der neuen Weise angepaßt. Aber nur vorübergehend vermag sie die
wilden Kräfte zu bändigen. Das zweite Walzerthema drängt wieder empor, diesmal in D-dur beginnend, schneller als vorher, ungebärdiger in chromatischem
Wechsel und grellen Klangmischungen anstürmend. Noch einmal das langsame
Ländlerthema, die Stimmen feiner noch als vorher ineinander flechtend, unabgeschlossen in einen Dominantseptakkord auf H verhallend. Da tappt aus der
Stille das Baßmotiv des Anfanges wieder hervor, aus dem ersten Ländler mit
schneller Bewegung zum Walzer überleitend. Jetzt gibt es kein Suchen und
chromatisches Verwirren mehr. Wie eine riesige Drehorgel klingt das Orchester
in krasser Derbheit. Schweres Blech und Hörner begleiten mit aufdringlicher
Rhythmik, darüber schwingen Geigen und Holzbläser die ordinäre Walzermelodie:

Ein ebenso vulgäres
Ges-dur fügt sich an:
Unablässig peitscht der Tanz
vorwärts, lenkt ein in das
Anfangsthema des Walzers.
Blech, Streicher, Holzbläser klingen nur noch chorisch gegeneinander in massiv
geballten Harmonien, kreischenden Unisonoläufen, endigen nach grell aufjuch-
zendem As-dur in langgehaltenem Unisono-Triller G. „Klagend" aus der Trom-

pete die zweite Ländlermelodie, nur angedeutet, wie eine mahnende Erscheinung:

 Schroff wird die Erinnerung zurückgestoßen. Das Baßmotiv stolpert wieder empor, die burleske Anfangsstimmung kehrt zurück. Doch sie vermag sich nicht mehr zu halten.

 Eine schwere chromatische Wolke senkt sich, drückt zur Tiefe: Vereinzelte Bläserstimmen flattern empor. In mystischen Harmonien gedämpfter Po-

saunen, der Tuba und gestopften Hörner erstirbt die Bewegung:

Da und dort tappen verlorene Stimmen empor, Motive klingen abgebrochen, hier ein naher Ruf, dort eine entfernte, halbe Antwort. Im spukhaften Zusammenklang von Kontrafagott und kleiner Flöte entschwebt das Baßmotiv des Anfanges. Walpurgisnacht ist vorbei.

Rondo. Burleske" überschreibt Mahler den dritten Satz. „Meinen Brüdern in Apoll gewidmet," lautet der Zusatz der Originalpartitur. Auch dieses Stück ist Rückblick auf das Leben mit seiner unbändigen Geschäftigkeit, in die das Lied des Schaffens nur verzerrt hineinklingt, übertönt von den in immer neuen Verwandlungen ausbrechenden Mächten des Diesseitigen. Eine Selbstverhöhnung des Künstlers, geltend für alle, deren Heimat nicht diese Welt der Irrungen ist, und die gleich ihm hinüberstreben zum anderen Ufer. Ein Stück von ätzender Weltverachtung, und doch aus tiefer Tragik erwachsen. Der diese Welt so darstellt, der sie so ziellos taumeln und jagen läßt, der hat sie mit allen Fasern geliebt, liebt sie noch, nachdem er ihre Nichtigkeit im Spiegel des Todes erkannt hat. So wählt Mahler wieder seine tragische Tonart a-moll, wie er sie im zweiten Satz der Fünften, in der Sechsten, im „Trinklied vom Jammer der Erde" verwendet hat. Er greift sogar in der Themenprägung, namentlich in der rhythmischen Behandlung, auf eines der früheren Stücke offenkundig zurück. Der gestoßene Achtelrhythmus im Rondo der Neunten ist unverkennbar dem Anfangsmotiv des zweiten Satzes der Fünften nachgebildet. Noch ein anderes Symbol kennzeichnet die Bedeutung dieses Stückes. Das Lebensmotiv in chromatischer Verzerrung, die Intervallfolge umgestülpt, gibt, von der Trompete scharf angeblasen, den dissonierenden Aufklang des „Allegro assai, sehr trotzig":

Hörner nehmen den Trompetenruf auf. Schwerlastende, straffe Akkorde der Bläser und Streicher — sie erinnern an das Finale der Ersten — prallen in rücksichtsloser Härte der harmonischen Folge aneinander: Ihnen nach stürzt, vom Posaunenruf des Lebensmotives empfangen, ein Thema von unbändiger rhythmischer Kraft:

Anfangs beiden Violinen unisono zugeteilt, nur von Streichbässen in harten Rhythmen begleitet, breitet es sich schnell in verwirrender Mannigfaltigkeit der Motive über das ganze Orchester aus, gelangt dann, weiterstürmend, in Streichern zu trotzig kraftvollem Dominantschluß:

Hier fällt die Bewegung aus scharfem Forteklang plötzlich in piano um. In leisen Stakkatomotiven der Streicher arbeitet es weiter, vereinzelte, einschneidende Bläserrufe tönen dazwischen. Schnelles Anschwellen. Die Bläser sammeln sich chorisch, Hörner nehmen das Thema mit rhythmischer Steigerung auf:

Klarinetten geben die Fortsetzung, Flöten und Oboen klingen unisono. In Streichern pflanzt sich die wuchtige Triolenbewegung der Hörner fort, wächst und steigert sich im Durcheinanderwogen erregter Rhythmen, während Hörner ein späterhin selbständig ausgestaltetes Begleitthema intonieren:

Nun reißen wieder Streicher und Holzbläser die Führung an sich, die Einleitungsakkorde werden marschartig ausgeweitet:

Fast alles mit ausdrücklich vorgezeichneten, schweren Herabstrichen. Kein leichtes Spiel der Töne, noch im bewegtesten Lauf lastend, aufreizend durch Härte und Eigenwilligkeit. Posaunen treten mit machtvoll ausgreifenden Halbtaktschritten in d-moll hinzu, vier Flöten, drei Oboen und schrill pfeifende kleine Flöte geben die Unisonobegleitung des in eilende Achtel gelösten Themas:

Jetzt schmettert die Trompete das Thema, dann vertauschen sich die Stimmen: Violinen bringen die Halbtaktnoten in breitem Fortissimoschritt, in Bässen poltern die Achtelläufe. Ein moto perpetuo von unerschöpflicher Kraft der Bewegung und Wandlungsfähigkeit, äußerste Spannung aller Fibern. Plötzlich ein Umschlag. Das Hörnerthema fällt an die Streicher und wird von ihnen „leggiero" in gemächlich tändelnder Umbildung weiter geführt:

An Stelle ruheloser Ge-
schäftigkeit tritt behagliche
Breite. Eine gesangartig
tänzelnde Weiterführung des
Themas in Horn und Holzbläsern bleibt in der gleichen Stimmungssphäre:

Triangel tönt hinein. Scharfer Beckenschlag, Fortissimo - Stoß Es der
Hörner. Er ruft die Kräfte des ersten Themas wieder auf. Wilder als
vorher, von a- nach as-moll verdüstert, rasen sie empor. Posaunen und
Trompeten packen das Thema, die übrigen Orchesterstimmen laufen in
großen Gruppen unisono, so daß der Orchestersatz fanatische Gleichmäßigkeit
der Stimmenbewegung erhält. A-moll wird im Sturm wieder erreicht, die neu-
gewonnene Grundtonart gibt weitere Steigerung der Kraft. Sie teilt sich jetzt
nicht mehr in laufartige Bewegung. Sie verdichtet sich, ballt sich zusammen.
In choralartigen Ganztaktklängen schreiten die Oberstimmen:

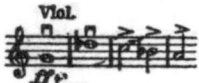

Aus Hörnern klingt, kräftig antreibend, der Lebensruf in
vierstimmigem Unisono, jedesmal zu gestopftem Fortissimo
schwellend:

Wieder lockt der Triangel. Zum
zweitenmal dämmert das behagliche Idyll auf, jetzt in A-
dur-Klängen, die Melodie
Horn, Oboe und Klarinette
in reizvoller Formung zu-
geteilt:

Leise umspielen Streicher die singenden Bläser. Die heitere Stimmung festigt
sich und kommt in
einer keck humoristischen
Hornmelodie zum Aus-
klang:

Mahnend tönt
das Ganztakt-
motiv im Po-
saunenruf:

Stärker wiederholen ihn drei Posaunen und zwei
Hörner unisono. Die Choralstimme wird im Zusammenklang der vier Hörner führend, darunter
stürmt in Bässen das Anfangsthema empor:

Der Cantus firmus klingt weiter. Eine neue Gegenstimme der Violinen wächst
heran, gemischt mit Bestandteilen des ersten Themas:

Weiter treibt es, mehr und mehr fallen die Motive des Anfangsthemas ab. Unter plötzlich aufleuchtendem Tremolo A der ersten Violinen und Flöten-Flatterzunge klingt sieghaft der Choral in Hörnern und Posaunen. Unmittelbar anschließend leise aufblühend in der Trompete die Gegenmelodie in D-dur, von Flöten ergänzt und bestätigt:

Ein Moment, der klanglich wie psychologisch an den diesem Rondo nah verwandten zweiten Satz der Fünften erinnert. Hier wie dort der a-moll-Sturm durch D-dur-Vision unterbrochen und beschwichtigt.

Hier wie dort D-dur-Verkündigung als Vorverheißung des Finale, denn auch das Schluß-Adagio der Neunten keimt aus dieser D-dur-Eingebung. Im einzelnen freilich Unterschiede. In der Fünften der Bläserchoral in voller Glorie, im Rondo der Neunten nur zart aufleuchtend. Keine Verheißung tatenfrohen Seins mehr wie einstmals, nur ein sphärischer Gruß, Hoffnung künftigen, lebensfernen Friedens. So steht dieses leis strahlende D-dur-Licht inmitten der Stürme und Gewalten der dämonischen Burleske. In zarten Solostimmen einzelner Bläser breitet es sich unter dem Tremolo der Violinen aus, bald nach Moll verzogen, dann „mit großer Empfindung" von Violinen aufgenommen und weiter gesponnen:

Aber es hält nicht. Ein düsterer Septimenakkord gedämpfter Posaunen und gestopfter Hörner klingt aus der Tiefe:

Verzerrt tönt die Dur-Melodie aus A- und Es-Klarinette:

Die Moll-Motive schwellen in Posaunen und Hörnern empor. Noch einmal klingt die Verheißung leise auf, dann verschwindet sie im Dunkel anwachsender Gegengewalten. Gespenstisch zuerst, leise tappend, dann mit Gewalt ausbrechend steigen sie an. Posaunen schmettern das Thema. Alles ist ins dämonisch Großartige gesteigert. Becken, Triangel, Glockenspiel klingen, Hörner mit hallenden Vorschlägen. Chorische Zusammenfassung der Gruppen, Sforzati auf unbetonten Taktteilen, Bläsertriller, in Gegenbewegung laufende Achtelharmonien des schweren Bleches. Das Gleichnis aus dem „Trinklied vom Jammer", das Bild des gespenstischen Affen, der auf den Gräbern der Vergangenheit sein Geheul ausstößt, erscheint ins Riesenhafte vergrößert. Ohne Unterbrechung, ohne mildernden Gegensatz tobt es vom Allegro zum piu stretto, dann in dreitaktig beschleunigtes Presto. Ganz kurz flammt noch einmal Erinnerung auf an die Verheißung:

Aber es ist nur noch höhnische Verzerrung, der Sturm findet keinen Widerstand mehr. Wütend peitscht er vorwärts, in grellen Dissonanzen scheint eine Welt zu zersplittern. Sieghaft schmettern Posaunen und Trompeten den Triumphruf der Vernichtung in den Schlußakkord.

War dies das Leben? Sinnloser Taumel, aus dem mühsam Ahnung höherer Welten sich emporrang, nicht vermögend sich zu halten, wieder herabgezwungen in die verbissene Wut des Kampfes ohne Schwung und Ziel? Aufstöhnen aus tiefstem Schmerz, Abwenden von diesem Weltbilde, Verlangen nach anderem Leben, nach einem Sein ohne Kampf und Willenstrieb. Beide Violinen gleiten langsam herab in schweren Akzenten:

Tiefes, ruhevolles Adagio klingt auf. Wieder, wie einst am Schluß der Dritten erzählt die göttliche Liebe. Aber es ist nicht mehr die Liebe der keimenden, emporblühenden, es ist die Liebe der sterbenden Natur. D-dur, Tonart der Lebenserfüllung, sinkt nach Des-dur, Tonart der Erhabenheit. Der große Pan erscheint nicht mehr als Schöpfer, sondern als Löser. Werden wandelt sich in Vergehen. Der Tod ist die göttliche Liebe, ihre Majestät strahlt auf aus dem Gesang der Streicher:

„Stets großer Ton, molto adagio, molto espressivo" lautet die Vorschrift. Höchste Intensität des Fühlens wird gefordert. Es ist kein Gesang der Trauer, sondern feierlicher Ergriffenheit, Offenbarwerden eines letzten Gesichtes. Nur das Streichquintett klingt in tiefer Lage, Violoncelli sind zur Steigerung der Klangfülle geteilt. Die melodieführende Bedeutung der Oberstimme tritt hervor, in den Nebenstimmen ringt sich mit nachdrücklicher Betonung, einstweilen nebengeordnet, das Verheißungsmotiv des Rondo empor:

Nach dem Verklingen des ersten Gesanges im morendo der ersten Violinen „langsam" im Solo-Fagott ein aus der Tiefe sich aufrichtendes Moll-Motiv:

Es mündet in das aus allen Baßstimmen plötzlich stark hervordrängende Verheißungsmotiv:

„Straffer im Tempo, molto espressivo" fügen sich Streicher mit breitem Ton den Bläsern an. Zum zweitenmal die Gesangmelodie, diesmal im Anfang dem „stark hervortretenden" Horn zugeteilt:

Streicher übernehmen die Weiterführung, anschwellend in Fülle und Dynamik des jetzt durch Teilung auch der Bratschen siebenstimmigen Streichkörpers. „Plötzlich wieder langsam und etwas zögernd." Aus Violoncelli und Kontrafagott tönt „ohne Empfindung" das cis-moll-Thema.

Darüber gespannt nur erste Violinen, aus der Höhe sich langsam herab-
senkend, der gleichsam rezitativisch geführten Baßstimme entgegen:

Die Stimmen nähern sich, greifen ineinander, wechseln. Die Violinmelodie
sinkt in die Tiefe der Bässe, die Baßstimme steigt auf zu den Violinen. Zarte
Bläserregister klingen vorbereitend an, molto

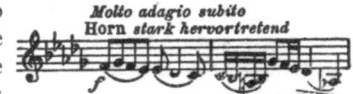

adagio setzt zum drittenmal die Hauptmelodie
ein, mehr noch als vorher aus der feierlichen Ruhe
des Anfanges in sanft fließende Bewegung gelöst:

Wieder übernehmen Streicher die Fortführung, breit aufquellend, die Bläser
mitziehend. Das Verheißungsmotiv tritt im zarten Geflecht der Streicherstimmen selbständig hervor:

Im mystischen cis-moll-Satz taucht das Moll-Thema der Bässe empor, aus ver-
schiedensten Stimmen und Klanglagen ertönend, bald vom Verheißungsmotiv,
bald vom Hauptthema beantwortet. Der Klang schwillt in drängender Bewegung langsam, mächtig an. Streicher, Holzbläser und Blechchor atmen
mit immer stärker wogender Bewegung. Über Wirbel der Pauke und großen
Trommel intonieren

Der stöhnende Ein-
leitungsruf der Vio-
linen wandelt sich
zum Ausdruck höch-
ster Erregung:

Posaunen und
Trompeten feierlich
das Verheißungs-
motiv:

Dreifaches Forte, „viel Bogen",
Sforzati auf jedem Ton, alles Herun-
terstrich — es ist als müßte die Seele
zerspringen vor zitternder Intensität. In erschütternder Pracht und
Glorie braust der Gesang im Chor der Posaunen und Tuba, überflutet von
breiten Klangwellen der Hörner, Streicher und Holzbläser. Die Majestät höchster
Kraft enthüllt sich. Diesseits und Jenseits sind nicht getrennte Welten mehr.
Sie fließen zusammen in dem Anblick des Ewigen. Bewußtsein des Individuellen,
des Schmerzes, der Freude schwindet. Der Mensch versinkt in das All der schaffenden, herrlich lebenden, unzerstörbaren Natur. Langsam löst sich das Irdische.
Es fällt wie Staub, leichter und leichter fließen die Stimmen empor, verschweben

in unfaßbaren Höhen. Adagissimo, „mit inniger Empfindung, zögernd" die letzten Klänge:

In äußerster Ferne verblaßt das Bild. Zweite Violinen, Violoncelli, zwischen ihnen, nur noch traumhaft sich bewegend, eine zarte Triolenwelle der Bratschen geben den Schlußklang „ersterbend":

Hier erlischt das nur noch leis flackernde Licht. Mahler stirbt, ein letztes Wort, seine Zehnte, auf den Lippen, unvermögend, es noch auszusprechen. Er kehrt wieder ein in die große Natur, der er entstammt, und in die den Weg zurückzufinden Sehnsucht seines Lebens war. Er hat ihr das Lied vom Himmel und von der Erde, von den Blumen und von den Tieren, von den Menschen und von den Engeln, von der Nacht und vom Tage, vom Schmerz und von der Liebe, vom Leben und vom Tode gesungen. Nun nimmt das Schweigen ihn auf. Die Flamme hat ihn von innen her verzehrt, die Hülle zerfällt.

Es ist das Schicksal eines großen Menschen, gelebt in seinen Werken. Eines zutiefst menschlichen Menschen, der ein Fremder unter Fremden auf der Erde wandelte und doch diese Fremdheit nicht begriff, weil er das Gebot der Liebe in sich fühlte. Der sich selbst nicht kannte und sich selbst suchte. Dieses Suchen war sein Schaffen. Er schuf, bis er an das Geheimnis des Todes gelangte, bis er auch diesen Schleier hob. Da war der Lauf vollendet.

War es Zufall, daß Mahler so starb? Ungelöste, nicht zu lösende Frage. So zeigt sich das Gesamtwerk: das hochgeschwungene Portal der ersten Sinfonie, die sechs mächtigen Säulen der drei Wunderhorn- und der drei Instrumental-Sinfonien, darüber gespannt die strahlende Kuppel der Achten, von ihr aus tönend der Abschiedsgesang des „Liedes von der Erde", und dann von eben dieser Höhe aus der seherische Fernblick ins unbekannte Land. Überschaut man dieses Ganze, so drängt sich, allen rationalistischen Erwägungen zum Trotz, die Überzeugung auf: Vollendet. Dieses Leben, wie es sich im Schaffen selbst darstellt, war das größte Kunstwerk Mahlers. Er hatte sich selbst erschaut. Was er dabei erfuhr, künden seine Werke. Wer sie nacherlebt, an dem erneuert sich dieses Leben mit seinen Entzückungen und Schmerzen, seinen erschütternden Ekstasen, seinem zermürbenden und doch befreienden Ausklang. Das Leben nicht eines Heros und prometheischen Halbgottes wie Beethoven. Das Leben eines Menschen. So lebt es weiter. Der magische Zauber dieses seelischen Geschehens zieht immer größere Kreise. Wer in seinen Bann gerät, kommt nicht anders los von ihm,

als daß er sich ihm hingibt und die Neugeburt aus ihm empfängt. Das ist die
Bedeutung der Kunst Gustav Mahlers. Das Bewußtsein des Artistischen schwindet,
nur die Macht der künstlerischen Offenbarung wirkt fort.

War Mahler eigentlich ein großer Musiker? Können wir an ihn denken,
wenn wir von Bach, Beethoven, Mozart, Schubert, Wagner sprechen? Die
Frage aufwerfen könnte heißen, sie verneinen. Scheint nicht vieles in seinen
Partituren zeitlich bedingt und begrenzt, des musikalischen Urtriebes ermangelnd,
mehr Erzeugnis hochfliegender geistiger Spannkraft als eines im Musikalischen
wurzelnden Schaffenszwanges? Ist es Aufgabe der Kunst, das Leben zu gestalten,
wie Mahler es tat? Webt und schafft der künstlerische Trieb nicht in anderen
Regionen, fern von Leiden und Freuden des Menschlichen?

Es mag sein, daß in der unmittelbaren Bezugnahme auf das eigene Erleben,
im Hervordrängen des Persönlichen, Leidensvollen, in dieser Selbstdarstellung
eine Schwäche der Natur Mahlers lag. Aus dieser Schwäche aber ergab sich
für ihn als Nachgeborenen der großen Schöpfererscheinungen die Möglichkeit
des Schaffens. Es galt, die Sinfonie mit neuem Lebensinhalt zu füllen, das Ethos
der Form neu zu begründen. Wo Mahler geschichtlich steht, vermögen wir heute
noch nicht zu ermessen. Er war vielleicht kein großer Musiker im Sinne des
musikalischen Urtriebhaften, wie es in Bach, Mozart, Schubert elementar zum
Durchbruch kam. Beethoven und Wagner stehen auf anderer Linie. Für sie
bedeuteten Pathos und Ethos der Form, wie es aus menschlichem Erleben erwuchs,
ein wichtiges Moment des Schaffens. Gleich ihnen war Mahler eine Prophetennatur, die aus Tönen und Klängen redete. Was er aussprach, war seelische Offenbarung, der das Klangliche nur Mittel der Vernehmbarmachung blieb. Maßstäbe
artistischer Spezial-Ästhetik sind hier unzureichend. Das Entscheidende der
unbegrenzten Wirkung solcher Schöpfernaturen liegt in der prophetischen Kraft
ihres Werkes.

Unsere Zeit ist arm an Fähigkeit nicht so sehr des Schaffens als des Schauens
und Erfassens, des Glaubens. Sie hat die Gabe des Blickes für das Wesenhafte
der Dinge verloren, sie mißt nach Handwerksregeln, was aus dem Geiste gezeugt
ist. Dieses Geistes, des Urschöpfers aller Dinge, war Mahler voll. Von ihm kündet
sein Werk. Wenn wir wieder hingelangen wollen zu diesem Quell des Lebens,
wenn wir wieder erfassen wollen, was göttlich und groß, erhaben und unsterblich
in der Natur des Menschen verborgen liegt, emporträgt über Schranken des
irdisch Bedingten, so wird das Werk Mahlers unser Führer sein müssen. Es ist
das einzige aus unserer Zeit, das den Weg weist zu jenen Höhen, zu denen Sehnsucht aller Zeiten drängt.

ANMERKUNGEN

Gustav Mahler wurde geboren am 7. Juli 1860 in Kalischt (Böhmen).

Sämtlichen Analysen liegen die Studien-Partituren zugrunde, die in Einzelheiten der Instrumentation von den für die Aufführung bestimmten, nachträglich korrigierten großen Partituren abweichen. Das es hier weniger darauf ankam, praktische Instrumentationslehre zu treiben, als die ursprüngliche Intention zu erkennen, glaubte ich mich der kleinen Partituren bedienen zu dürfen, zumal diese auch dem Leser leichter erreichbar sind als die großen. Die folgenden Daten sind, soweit nichts dazu bemerkt ist, Guido A d l e r s, im Literaturverzeichnis angeführter Mahler-Gedenkschrift entnommen. Andere Quellen werden im einzelnen erwähnt.

ERSTE SINFONIE

Von den vernichteten Frühwerken sind dem Namen nach bekannt:

Quintett für Streicher und Klavier.
Sonate für Klavier und Violine.
Oper „Herzog Ernst von Schwaben".
Oper „Die Argonauten".
Märchenspiel „Rübezahl".
Nordische Sinfonie. (Adler.)

Entwurf der ersten Sinfonie 1885, Fertigstellung 1888. 1. Aufführung 1889 in Pest, erschienen 1898.

Bei der Aufführung in Pest wurde ein Programm nicht mitgeteilt. Den beiden darauffolgenden Aufführungen in Hamburg und Weimar (Tonkünstlerfest) gab Mahler nach Mitteilung von Paul S t e f a n unter der Überschift „T i t a n" folgendes Programm bei:

I. Teil. Aus den Tagen der Jugend, Jugend-, Frucht- und Dornenstücke.

1. Frühling und kein Ende. Die Einleitung schildert das Erwachen der Natur am frühesten Morgen. (In Hamburg: Winterschlaf.)
2. Bluminenkapitel (Andante).
3. Mit vollen Segeln (Scherzo).

II. Teil. Commedia umana.

4. Gestrandet. Ein Totenmarsch in Callots Manier (Weimar: Des Jägers Leichenbegängnis). Zur Erklärung diene, wenn notwendig, folgendes: Die äußere Anregung zu diesem Musikstück erhielt der Autor durch das in Süddeutschland allen Kindern wohlbekannte parodistische Bild „des Jägers Leichenbegängnis" aus einem alten Kindermärchenbuch: die Tiere des Waldes geleiten den Sarg des verstorbenen Försters zu Grabe, Hasen tragen das Fähnlein voran, eine Kapelle von böhmischen Musikanten, begleitet von musizierenden Katzen, Unken, Krähen usw., und Hirsche, Rehe, Füchse und andere vierbeinige und gefiederte Tiere des Waldes geleiten in possierlichen Stellungen den Zug. An dieser Stelle ist dieses Stück als Ausdruck einer bald ironisch lustigen, bald unheimlich brütenden Stimmung gedacht, auf welche dann sogleich
5. Dall' inferno al Paradiso (Allegro furioso) folgt, als der plötzliche Ausbruch eines im Tiefsten verwundeten Herzens.

Das in dieser Erläuterung als Nr. 2 genannte „Bluminenkapitel" wurde vernichtet.

Die „Lieder eines fahrenden Gesellen", komponiert 1884, sind nicht durchweg von Mahler gedichtet, wie bisher angenommen wurde. Das erste Stück „Wenn mein Schatz Hochzeit macht" ist dem Wunderhorn entnommen. Mahler muß also schon in dieser frühen Zeit einzelne Gedichte der Sammlung gekannt haben und ist durch sie vielleicht auf das ganze Werk aufmerksam geworden. Den ersten öffentlichen Hinweis hierauf hat Siegfried G ü n t h e r gegeben. (Zeitschrift für Musik, August 1920.)

ZWEITE SINFONIE

Partitur abgeschlossen Juni 1894, erschienen 1896. 1. Aufführung 1895, Berlin (1., 2. und 3. Satz).

Der S. 69—70 mitgeteilte Brief findet sich bei Arthur S e i d l „Moderner Geist in der deutschen Tonkunst".

Der S. 73 erwähnte Brief an Oskar Eichberg befindet sich in meinem Besitz und wurde zuerst veröffentlicht in der „Frankfurter Zeitung" vom 4. Dezember 1917.

Der S. 92 mitgeteilte Brief an Anna Mildenburg wurde von der Adressatin veröffentlicht in der „Neuen Freien Presse" vom 23. April 1916.

Die Teilüberschriften des Finale: „Der Rufer in der Wüste" und „Der große Appell" gehören zu den später von Mahler ausgemerzten Bezeichnungen und fehlen in den Partituren.

DRITTE SINFONIE

Partitur abgeschlossen Sommer 1896, erschienen 1898.

1. Aufführung des 2. und 3. Satzes 1896 Berlin, des ganzen Werkes 1902 Krefeld, Tonkünstlerfest

Die S. 106 mitgeteilten Skizzenblätter befinden sich im Besitz von Frau Alma Maria Mahler.

Die S. 107 und ff. zitierten Briefe an Anna Mildenburg wurden veröffentlicht von der Adressatin in der „Neuen Freien Presse" vom 23. April 1916.

Die als endgültige Fassung angegebenen Titel der einzelnen Sätze sind mitgeteilt nach einer in meinem Besitz befindlichen Niederschrift Mahlers vom Januar 1907 für das Programmbuch eines Berliner Philharmonischen Konzertes. Der Zusatz lautet: „Die Überschriften, welche der Komponist ursprünglich den einzelnen Sätzen gegeben hatte, mögen dem mit dem Werke nicht vertrauten Hörer zur Orientierung über den Gefühls- und Gedankeninhalt dienen."

Die in dieser Analyse und weiterhin angeführten Zitate aus Gesprächen sind dem anonym erschienenen Aufsatz „Aus einem Tagebuch über Mahler" im Mahler-Heft des „Merkers" entnommen. Hier findet sich auch der bei Besprechung des 2. Satzes angeführte Brief an Richard Batka.

VIERTE SINFONIE

Partitur abgeschlossen Sommer 1900 in Mayernigg am Wörther See, erschienen 1901.

Das S. 145 mitgeteilte Skizzenblatt befindet sich in meinem Besitz. Es ist ein Notenblatt in großem Quartformat und hing anscheinend ursprünglich mit dem ähnlichen Skizzenblatt zur 3. Sinfonie zusammen.

Eine authentische Quelle für die Überschrift des 2. Satzes „Freund Hein spielt auf" vermag ich nicht anzugeben. Das Programm der Berliner, von Mahler selbst geleiteten Erstaufführung am 16. Dezember 1901 verzeichnet den 2. Satz nur als „Scherzo", doch kursierte damals bereits die erwähnte Überschrift. Adler gibt die Erstaufführung für 1902 in München an. Vermutlich ist die Jahreszahl unrichtig, andernfalls hätte die Berliner Aufführung schon vor der Münchener stattgefunden.

FÜNFTE SINFONIE

Partitur abgeschlossen 1902, erschienen 1905. 1. Aufführung 1904 im Kölner Gürzenich-Konzert.

Zur Bezeichnung des 1. Satzes „Wie ein Kondukt" ist zu bemerken, daß „Kondukt" der österreichischen Ausdrucksweise nach als Leichenzug zu verstehen ist. Die gleiche Bezeichnung kehrt im Verlauf des 1. Satzes der neunten Sinfonie wieder.

Von den „Kindertotenliedern" entstanden nach Adlers Angaben Nr. 1—3 im Jahre 1900—1901, Nr. 4 und 5 im Jahre 1901—1902. Mahlers älteste Tochter wurde geboren 1902 und starb 1907.

Die Kompositionszeit der übrigen fünf Rückert-Lieder setzt Adler in die Zeit 1901—1902.

SECHSTE SINFONIE

Partitur abgeschlossen 1904, erschienen 1905. 1. Aufführung in Essen (Tonkünstlerfest).

Auch dieser Analyse liegt die kleine Partitur zugrunde, nur in der Umstellung der Mittelsätze bin ich der späteren Fassung gefolgt. Alle übrigen Veränderungen beziehen sich auf Einzelheiten der Instrumentierung.

In der großen Partitur fehlt der dritte Hammerschlag (kleine Partitur S. 260). Da für diese Fortlassung wie für die sonstigen nachträglichen Änderungen zweifellos ausschließlich praktische Erwägungen maßgebend waren, die Idee der Hammerschläge aber ebenso zweifellos für die Konzeption außerordentlich bedeutsam war, schien mir die erste, von Mahler zur Veröffentlichung bestimmte Fassung in diesem Falle besonders wichtig. In bezug auf die Ausführung und wirksame klangliche Darstellung bleibt der Hammerschlag ein Problem. Auch Mahler hat den Klang nur beschrieben, aber keine Weisungen für die Ausführung gegeben. Soweit ich Aufführungen des Werkes hören konnte, ist der Hammerschlag akustisch nicht der Absicht entsprechend zur Geltung gekommen.

Der vollständige Text von Mahlers S. 208 erwähntem Abschiedsbrief an seine Wiener Künstler aus dem Jahre 1907 lautet nach Spechts Mitteilung:

„An die geehrten Mitglieder der Hofoper! Die Stunde ist gekommen, die unserer gemeinsamen Tätigkeit eine Grenze setzt. Ich scheide von der Werkstatt, die mir lieb geworden, und sage Ihnen hiermit Lebewohl.

Statt eines Ganzen, Abgeschlossenen, wie ich geträumt, hinterlasse ich Stückwerk, Unvollendetes, wie es dem Menschen bestimmt ist.

Es ist nicht meine Sache, ein Urteil darüber abzugeben, was mein Wirken denjenigen geworden ist, denen es gewidmet war. Doch darf ich in solchem Augenblick von mir sagen: ich habe es redlich gemeint, mein Ziel hochgesteckt. Nicht immer konnten meine Bemühungen von Erfolg gekrönt sein. Dem Widerstand der Materie, der Tücke des Objektes ist niemand so überantwortet wie der ausübende Künstler. Aber immer habe ich mein Ganzes daran gesetzt, meine Person der Sache, meine Neigungen der Pflicht untergeordnet. Ich habe mich nicht geschont und durfte daher auch von den anderen die Anspannung aller Kräfte fordern.

Im Gedränge des Kampfes, in der Hitze des Augenblicks blieben Ihnen und mir nicht Wunden, nicht Irrungen erspart. Aber war ein Werk gelungen, eine Aufgabe gelöst, so vergaßen wir alle Not und Mühe, fühlten uns alle reichlich belohnt — auch ohne äußere Zeichen des Erfolges. Wir alle sind weiter gekommen, und mit uns das Institut, dem unsere Bestrebungen galten.

Haben Sie nun herzlichen Dank, die mich in meiner schwierigen, oft nicht dankbaren Aufgabe gefördert, die mitgeholfen, mitgestritten haben. Nehmen Sie meine aufrichtigsten Wünsche für Ihren ferneren Lebensweg und für das Gedeihen des Hofoperntheaters, dessen Schicksale ich auch weiterhin mit regster Anteilnahme begleiten werde.   Gustav Mahler.“

SIEBENTE SINFONIE

Partitur abgeschlossen 1905, erschienen 1908. 1. Aufführung 1908 in Prag.

ACHTE SINFONIE

Partitur abgeschlossen 1907, erschienen 1910. 1. Aufführung 12. September 1910 in München. Das S. 273 erwähnte Skizzenblatt befindet sich im Besitz von Frau Alma Maria Mahler.

„DAS LIED VON DER ERDE"

Partitur abgeschlossen Sommer 1908 in Altschluderbach bei Toblach.
1. Aufführung November 1911 in München unter Bruno Walter.
Der Partiturentwurf zur zehnten Sinfonie befindet sich im Besitz von Frau Alma Maria Mahler. Von der Wiedergabe anderer Beischriften als der S. 312 erwähnten habe ich im Hinblick auf ihren intim persönlichen Charakter abgesehen.

NEUNTE SINFONIE

Partitur abgeschlossen 1909, erschienen 1912. 1. Aufführung Juni 1912 in Wien unter Bruno Walter.
Zur Bezeichnung „Wie ein schwerer Kondukt" im ersten Satz (Studien-Partitur S. 49) vgl. die Anmerkung zur fünften Sinfonie.
Mahler starb am 18. Mai 1911 in Wien, kurz vor Vollendung des 51. Jahres.

LITERATUR

Paul Stefan:

Gustav Mahler. Eine Studie über Persönlichkeit und Werk. (R. Piper & Co., München.)

Guido Adler:

Gustav Mahler. (Universal-Edition. Wien.)

Richard Specht:

Gustav Mahler. Biographie. (Schuster & Loeffler, Berlin.)
Analyse der 8. Sinfonie. (Universal-Edition, Wien.)

Artur Neißer:

Gustav Mahler. Biographie. (Reclams Universal-Bibliothek.)

Ludwig Schiedermair:

Gustav Mahler. (Seemann, Leipzig 1900.)

August Halm:

Die Sinfonie Anton Bruckners. (Georg Müller, München.)

Artur Seidl:

Moderner Geist in der deutschen Tonkunst. (Harmonie, Berlin.)

Otto Ernst Nodnagel:

Analysen der 2. und 3. Sinfonie. (Hermann Seefeldt, Charlottenburg, und Eduard Roether, Darmstadt.)

Hermann Kretzschmar:

Führer durch den Konzertsaal. 1. Abteilung. (Breitkopf & Härtel, Leipzig.)

Mahlers Sinfonien.

Analysen. Meisterführer Nr. 10. (Schlesinger, Berlin.)

J. V. v. Wöss:

„Das Lied von der Erde", Analyse. (Universal-Edition, Wien.)

Der Merker:

Zeitschrift für Musik und Theater. Gustav-Mahler-Heft. 1. März 1912.